ISE-011

PIERAMEDEO BALDRATI

LA SAN MARCO SULLA LINEA GOTICA

Dall'ottobre del 1944 al 22 aprile del 1945 due divisioni italiane, che ancora indossavano l'antico grigioverde del Piave, del Don e di El Alamein, quella dei fanti di marina "San Marco" e la divisione alpina "Monterosa", per sei mesi fermarono e tennero testa alle divisioni anglo-americane che premevano verso il nord [...]Così, fino all'Oratorio di San Rocco, a Palleroso dove di fronte allo spettacolo stupendo della valle inondata dal sole in una chiesetta nuda e semplice, il sacrario delle due divisioni eretto dai reduci sopravissuti. Una chiesuola di campagna toscana, con un vecchio San Rocco di legno in una bacheca di vetro, sulle cui pareti sono state fissate sette grandi lapidi fitte dei nomi dei caduti. Oltre mille e centoquaranta nomi che coprono tutta la onomastica della penisola. Fanti, bersaglieri, alpini, marò, giovani ufficiali, sergenti e caporali, semplici soldati. Senza frasi retoriche di compianto e di esaltazione, nomi di ragazzi di leva che sentirono il dovere, comunque, di rispondere alla chiamata alle armi in difesa della Patria.

CARLO MAZZANTINI, "IL TEMPO", 2 MAGGIO 2005.

ISBN: 978-88-9327-5460 1A EDIZIONE: FEBBRAIO 2020
TITLE LA SAN MARCO SULLA LINEA GOTICA (ISE-011) DI PIERAMEDEO BALDRATI
EDITOR: LUCA CRISTINI EDITORE. COVER & ART DESIGN: L. S. CRISTINI.
PRIMA EDIZIONE 2012 A CURA DI ASSOCIAZIONE ITALIA STORICA - GENOVA

PIERAMEDEO BALDRATI

A CURA DI ANDREA LOMBARDI

LA SAN MARCO
SULLA LINEA GOTICA

Introduzione

In questo libro il ciclo di operazioni del II/6° (il famoso Battaglione *Uccelli*) e il III/5° (Battaglione *Blotto*) della Divisione Fanteria di Marina *San Marco* della RSI sulla Linea Gotica nei settori della Garfagnana e dell'Abetone sono ricostruiti giorno per giorno attraverso la pubblicazione dei diari di guerra delle due unità, integrati con testimonianze e memorie di veterani, fornendo così al lettore un quadro documentato e vivido dei durissimi combattimenti nell'inverno 1944-1945, che videro i Marò della *San Marco* tenere testa con apprezzabile efficienza militare alle superiori forze Alleate. Quest'efficienza dimostrata sul campo, in difficilissime condizioni operative, vista l'enorme supremazia Alleata in uomini e mezzi, e in particolare in artiglieria e logistica, oltre alla totale padronanza dei cieli, e il dato storico stesso del ciclo operativo degli elementi delle Divisioni dell'Esercito Nazionale Repubblicano *Monterosa*, *San Marco* e *Italia* sulla Gotica contro gli Alleati contrastano in pieno con l'orientamento storiografico ancora corrente. Per questa *vulgata*, infatti, le Divisioni dell'ENR, schierate in Liguria lontano dal fronte e lì tenute data la sfiducia dei tedeschi, sono presto completamente sfaldate dagli attacchi partigiani e dalle diserzioni, e lungi dal combattere contro gli Alleati, i pochi effettivi rimasti si prodigheranno solo in rappresaglie contro civili e partigiani, obbedendo ciecamente all'occupante nazista[1].

La realtà, se vista obiettivamente da una prospettiva storico militare, è diversa. Il predominio navale Alleato, unito alla supremazia aerea, aveva reso possibile tutta una serie di sbarchi sulle coste italiane: dallo sbarco in Sicilia, a Salerno, sino a Nettuno. Per l'Alto Comando tedesco era quindi naturale pensare che gli Alleati potessero tentare dei nuovi sbarchi, particolarmente a Nord, dietro la linea del fronte (e in effetti sbarchi di diversione furono eseguiti nell'aprile del 1945 durante l'ultima offensiva Alleata sul Senio). Di conseguenza, nella seconda metà del 1944 i tedeschi si trovarono a dover presidiare sia la costa nord-occidentale italiana sia quella orientale; scopo arduo, con i mezzi risicati di cui disponeva l'*Heeresgruppe C* [2]. Le unità

---

[1] Tra gli ultimi esempi, degni di nota il professor Robert Ball dell'Università di Glasgow, autore del libro *The Bitter Sea*, Londra 2009, che a pag. 241 del testo citato riduce le intere FF.AA. della R.S.I. ad un manipolo di "depravate squadre della morte", la "maggior parte nate dai resti della Decima MAS", che "non otterranno nulla se non pareggiare vecchi conti", e il professor Roberto Chiarini, direttore del Centro Studi e Documentazione sul periodo storico della RSI, il quale nel suo *L'ultimo Fascismo. Storia e memoria della Repubblica di Salò*, Venezia 2009, trattando della formazione e dell'organizzazione dell'ENR ripete pedissequamente tutti i ricordati punti della *vulgata*, dando poi nuovamente sfoggio di tale approssimazione storiografica durante un'intervista televisiva a *Rai Parlamento*, Rai Due, il 26 novembre 2009, ore 09.50, dichiarando:

La Repubblica Sociale Italiana è uno strano stato che non è neanche un vero stato, vogliamo dire... perché se uno stato lo si giudica dal fatto che ha un esercito, e non è riuscito ad avere un vero esercito... ha avuto varie compagnie di ventura, potremo dire, oltre un suo esercito ufficiale che è stato la fonte dei suoi guai per la guerra civile... mi spiego ...nel momento in cui, a novembre del 43, lo stato ...fondato da Mussolini decide di dotarsi di un esercito, ha il problema di che esercito darsi, di volontari o di leva. Volontari... da la fiducia di avere soldati fidati, fare un esercito di leva significa fare un esercito della nazione o della presunta nazione. Solo che mandare la cartolina precetto ai ragazzi significa che gli si pone di fronte l'alternativa drammatica o arruolarsi o disertare, disertare vuol dire la fucilazione e lì è l'inizio della guerra civile in Italia.

Tra queste affermazioni del Chiarini, invero piuttosto confuse, la più stupefacente è forse quella per cui il "mandare la cartolina precetto" alle classi di leva della RSI significò "l'inizio della guerra civile in Italia".
Per chi volesse approfondire scientificamente queste ultime tematiche, rimandiamo a Elio Lodolini, *Dal governo Badoglio alla Repubblica Italiana – Saggio di storia costituzionale del "quinquennio rivoluzionario" 25 luglio 1943 – 1° gennaio 1948*, Genova 2010, mentre uno studio equilibrato e aggiornato sulle FF.AA. della RSI è Carlo Cucut, *Le Forze Armate della RSI, Forze di terra*, Trento 2005.

[2] Basti pensare che diverse delle unità tedesche con le quali operarono o furono alle dipendenze il II/6° e III/5° *San Marco* erano unità di seconda linea, inviate al fronte in emergenza, come le *148.*, *162.* e *232. Infanterie-Division* (v. relative note).

dell'Esercito Nazionale Repubblicano permisero quindi ai Comandi tedeschi di poter liberare delle loro unità inviandole al fronte, impiegandole contro gli Alleati, e, nonostante le diserzioni[3], le GG.UU. dell'ENR eseguirono fino al termine della guerra la loro funzione di presidio (e non solo, considerate le numerose piccole azioni condotte sulle Alpi al confine con la Francia). Vista la superiorità numerica e in mezzi Alleata il poter inviare al fronte anche solo un paio di Divisioni, piuttosto che doverle tenere a scopo di presidio nelle retrovie, dovette rappresentare per i tedeschi un vantaggio operazionale notevole, e nuovo filo da torcere per gli Alleati nella loro lenta avanzata verso nord, dove ogni metro era fatto pagare a caro prezzo dalle veterane unità della *Wehrmacht*.

Inoltre, seppur limitatamente[4], le Grandi Unità dell'ENR, o loro aliquote, furono poi impiegate al fronte contro gli Alleati: oltre alle citate operazioni sul confine italo-francese, ricordiamo

---

[3] A proposito delle diserzioni della *San Marco*, è innegabile che la dispersione in capisaldi della Divisione, lo stillicidio degli agguati partigiani, e la freddezza della popolazione, timorosa di rappresaglie dall'una e dall'altra parte, oltre all'incapacità di reagire alla situazione di alcuni Ufficiali, portò ad un notevole abbassamento del morale, e a numerose diserzioni. Su questo argomento faremo solo due considerazioni, frutto dell'analisi di dati di fatto e non di preconcetti ideologici: la prima, è che a fronte di queste diserzioni (stimabili alla fine del 1944 in 2.000 su 15.000 effettivi), che la *vulgata* presenta come la prova principale dell'inefficienza dell'*Esercito di Graziani*, rimane il fatto difficilmente controvertibile, trattandosi di un semplice calcolo aritmetico, che la maggior parte dei Marò rimase invece al suo posto, e che anzi, negli ultimi giorni di guerra, in una atmosfera di pesantissima tensione psicologica e fisica, la Divisione, con ancora circa 10.000 uomini in armi, dimostrò sul campo, come sulla Gotica, la sua efficienza combattiva, superando diversi sbarramenti dei partigiani, mantenendo coesione d'unità nonostante il precipitare degli avvenimenti. In secondo luogo, osserviamo le statistiche relative alle diserzioni di alcune unità di fanteria dell'8ª Armata inglese nell'agosto-dicembre 1944 (da Eric Morris, *La guerra inutile*, Milano 1995, pag. 522): 1ª Divisione: 626; 4ª Divisione: 664; 46ª Divisione: 1.059; 56ª Divisione: 990; 78ª Divisione: 926. Lo storico israeliano Martin van Creveld riporta poi come il rateo di diserzione tra le unità americane giunse a 45.2 per migliaio nel 1944, e a 63 per migliaio nel 1945 (posta a circa 14.000 uomini la forza teorica di una Divisione di Fanteria americana nel 1944, possiamo stimare quindi 600-900 disertori per Divisione); la condiscendenza dell'*US Army* verso le diserzioni può essere facilmente rilevata dal fatto che dei "centinaia di migliaia di casi di diserzione o *AWOL* [assenza senza licenza], solo 2.854 furono mai processati; e di questi solo uno fu giustiziato", Martin van Creveld, *Fighting Power: German and U.S. Army performance, 1939-1945*, Westport 1982, pag. 116. Come si vede cifre quindi di tutto rispetto, e teniamo conto che per i soldati inglesi o americani, seppur coinvolti in aspri scontri, era evidente come la supremazia Alleata nello scontro di *matériel* li avrebbe condotti presto alla vittoria. Venendo poi alle diserzioni nella *Wehrmacht*, se il fenomeno risultò ovviamente in aumento nel 1944-1945, il numero dei disertori fu comunque di molte volte inferiore a quello delle unità Alleate, aumentando notevolmente solo nelle ultime settimane di guerra, e particolarmente in unità di "tedeschi etnici" (*Volksdeutsche*) o di volontari dell'Est (*Osttruppen*). Nello specifico poi delle unità italiane schierate sulla Linea Gotica citate in questo libro, i reparti della *Monterosa* e il II/6° *San Marco* ebbero un numero ridotto di diserzioni, quasi tutte di singoli individui; nel III/5° questo numero fu in qualche modo maggiore, ma non in maniera tale da compromettere in maniera determinante l'efficienza del reparto, mentre rilevanti furono le diserzioni nella Divisione *Italia*, particolarmente nel primo periodo dell'entrata in linea; il fenomeno tese poi a ridursi nelle settimane successive.

[4] "Limitatamente" come anche le unità dell'Esercito del Regno del Sud, viste con sfavore dagli Alleati dal punto di vista militare e politico, che ne accettarono malvolentieri la formazione e in seguito l'impiego. Anche queste formazioni ebbero poi dei notevoli problemi di diserzioni; citiamo dallo studio di Emanuele Mastrangelo *"Presenti arbitrari". I disertori nelle FF.AA. della RSI*, di prossima pubblicazione:

[...] il Regio Esercito ebbe una riduzione degli effettivi di oltre 100.000 unità (su meno di 400.000 uomini) nel corso di dieci mesi a cavallo del 1943-1944, di cui una consistente frazione a causa di diserzioni, che, dichiarò il generale Dapino, erano oramai generalmente tollerate e di fatto legalizzate. Il Maresciallo Messe riferì a Bonomi una cifra di 200.000 perdite, tra renitenti e disertori, al termine del 1944, cifra elevatissima, anche confrontandola con quella repubblicana: sebbene la renitenza fosse estremamente diffusa al nord, l'efficace azione coercitiva e di convincimento del governo riuscì a tamponare in maniera soddisfacente il fenomeno, talché il numero complessivo di disertori e renitenti non pentiti non raggiunge le proporzioni del Regio Esercito al sud.
Quando il Governo Bonomi richiamò sotto le armi nel dicembre 1944 le classi di leva 1924 e 1925, su oltre 70.000 attesi si presentarono in poco più di 14.000. Inoltre, in Sicilia ci fu una serie di sommosse contro la leva (rivolte dei *Non si parte*):

brevemente la partecipazione di – per l'appunto – parte della *San Marco* e della *Monterosa* alla riuscita Operazione *Wintergewitter* nel Natale 1944, e della Divisione *Italia* alla difesa della Linea Gotica. I Marò della *San Marco* e gli Alpini della *Monterosa* in particolare ebbero un buon comportamento al fronte, sia nelle dure condizioni della guerra di posizione, sia durante *Wintergewitter*, come testimoniato anche dagli encomi dei Comandi tedeschi, e come il lettore potrà leggere nelle pagine di questo libro.

Andrea Lombardi

---

venne dato l'assalto ai distretti militari e agli uffici comunali, e distrutti i documenti dell'anagrafe. Furono fondate in tutta la Sicilia repubbliche autonome di ispirazione indipendentista e trotzkista (l'ultima delle repubbliche autonome, quella di Piana degli Albanesi, durò oltre cinquanta giorni). Ci volle il deciso intervento del Regio Esercito e delle forze dell'ordine per soffocare la rivolta, gli insorti si difesero con le armi e ci furono numerosi morti dalle due parti, e ci furono centinaia di arresti.

e da Marco Ruzzi, *Dalla RSI alle formazioni partigiane. Analisi di un percorso*, Istituto per la Storia della Resistenza e la Società Contemporanea in provincia di Asti, pag. 1, nota 3:

Nel I Raggruppamento motorizzato, costituito nel Regno del Sud, dalla nascita al 6 febbraio 1944, si contano almeno 277 casi di allontanamento o diserzione e nei Gruppi di combattimento, un anno dopo, le cifre sono rilevanti: il "Friuli" registra 1.489 assenti ingiustificati ed il "Cremona" 1.262.

Il saggio di Ruzzi omette però di citare, oltre i disertori dalle unità della RSI, tedesche e Alleate, anche i numerosi disertori dalle unità partigiane che si presentarono alle autorità o ai reparti militari della RSI, specie dopo i bandi di amnistia, e furono incorporati nelle FF.AA. della RSI: segnaliamo gli ex partigiani nel Battaglione *Risoluti* e nel Battaglione *NP* della Decima MAS, nei Btg. *Ruggine* della GNR, nel Battaglione Raccolta della stessa Divisione *San Marco*, etc.

Il II Battaglione del 6° Reggimento
sul fronte della Garfagnana
Ottobre 1944-Aprile 1945

Ordine di battaglia del
Il Battaglione del 6° Reggimento, Div. F.M. San marco

Dopo l'addestramento in Germania, il Battaglione venne schierato nel settore di Andora, nel ponente ligure, tra Capo Santa Croce e Capo Cervo, operando poi in operazioni di controguerriglia in Val Bormida e Albenga. Il 20 ottobre, il Battaglione partirà per la Garfagnana, al comando del Capitano di Corvetta Luigi Uccelli.

Il Battaglione, organizzato su una Compagnia Comando e cinque Compagnie, e dalla forza in uomini pari a 800 tra Ufficiali, Sottufficiali e Truppa, era dotato dell'armamento standard per i Reparti F.M. della Divisione: fucili a ripetizione ordinaria *Mauser K98k* (dei quali dodici con tromboncino lanciagranate da 3 cm e dodici con ottica *ZF41* a 1.5 ingrandimenti, teoricamente), fucili semiautomatici *Gewehr 41*, moschetti automatici *MAB 38A* e pistole mitragliatrici *MP 40*, mitragliatrici *MG 42* e lanciagranate controcarro *Panzerfaust 30* e *60* per le Squadre Fucilieri, e come armi d'appoggio sei mortai *mittlere Granatwerfer 34* da 8 cm su tre Squadre e due obici leggeri da fanteria *leichtes Infanterie-Geschütz 18* da 7.5 cm (10ª Compagnia).

COMANDO
Posta da Campo n. 83 623

Comandante:
Cap. Corv. UCCELLI Luigi sino 27.02.1945
Cap. Freg. UCCELLI Luigi sino 28.04.1945
Cap. FERIANI Umberto sino 29.04.1945
Aiutante Maggiore:
Ten. SOMMAIUOLO Ugo
Ufficiale Addetto:
S.Ten. PIANTATO Luigi
Ufficiale Operazioni:
Ten. ORSELLI
Ufficiale Amministrazione:
Ten. INFANTE Riccardo †
Ten. NATALE Giovanni dal 03.11.1944
Ufficiale Medico:
Ten. Med. DEL VECCHIO
Ten. Med. MARZIALE
Sottocapo Inf. LAMARRA Remo
Ufficiale ai Viveri:
Serg. Magg. I.G.S. RIVA
Cap. BURRONE Giulio

Ufficiale Cappellano:
Ten. CARREGGIO don Aldo
V.O.:
Maj. HAUCH Valentin

Hptm. HEINSEN Heinrich
Ltn. KULWEIN Adalbert
Ltn. RITTNER
Feldw. BEDAL Hermann
Feldw. KUMMER
Uffz. ZACH
O. Gefr. AMSCHEL
O. Gefr. FUCHS
O. Gefr. NEUMITKA Max
Aggregati:
Cap. ZAMBON Angelo (distaccato dal Comando Gruppo Armate *"Liguria"* dal 20.11.1944)
S.Ten. LUONI Adriano (distaccato dal IV Btg. Colleg./4ª Divisione Alpina *"Monterosa"* dal 16.11.1944)

COMPAGNIA COMANDO
Posta da Campo n. 83 623/A

Comandante:
Ten. MONTEVERDE Carlo
Ufficiali:
S.Ten. RATTI Aldo
Sottufficiali:
Capo 2ª Cl. CARRARESI Elio †
Serg. Magg. FIOCHI Sergio †
Serg. CORVAGLIO Donato
Serg. LIBERALE Angelo †
Graduati:
Sottocapo ZECCA Carlo Alberto †

6ª COMPAGNIA
Posta da Campo n. 83 623/B

Comandante:
Ten. TALAMO Rodolfo sino 28.02.1945 †
Ten. SETH Giulio sino 30.04.1945
Ufficiali:
S.Ten. BAGNARESI Carlo †
S.Ten. CARNIO Bruno †
S.Ten. MARIANI Luigi
S.Ten. ROLANDO Francesco
S.Ten. VILLANI Giuseppe
Aspirante MAGNANI Renato
Sottufficiali:
M.llo ZERBINATI Guglielmo
Capo 3ª Cl. MATTEUCCI Radio
Serg. BRIOSCHI Adamo †
Serg. FOCA
Serg. LIBERATO Alessandro
Serg. MAGNAGHI Osvaldo
Serg. MORELLI Ezio
Serg. NARDINI Gino
Serg. PUNTONI Piero
Graduati:

Cap. Magg. AMADEO Gaetano
Cap. Magg. BOTTA Aldo
Cap. Magg. CAROGNATO Antonio
Sottocapo CHIRIDINO
Sottocapo GRISERI Giuseppe †
Sottocapo RIZZI
Sottocapo ROCCHETTO Dino
Sottocapo ROCCHI Arrigo
Scelto BORGHIERO Camillo
Scelto CERIELLO Raimondo
Scelto CHIDICHINO Angelo
Scelto MOTTA Italo
Scelto VIANELLO Bruno
Scelto VOLPI Giacomo †

7ª COMPAGNIA
Posta da Campo n. 83 623/C

Comandante:
Cap. BURRONE Giulio sino al 02.1945
Ten. ARENA Remolo successivamente
Ufficiali:
S.Ten. ABRIANI Mario
S.Ten. BERTINI Luciano
S.Ten. CAPASSO Elio
S.Ten. DEL NERO Franco †
S.Ten. GRANCHI Danilo
S.Ten. ZAMGIACOMI Franco †
Sottufficiali:
Capo 3ª Cl. LAGGETTO Tommaso †
Secondo Capo TOSCANI Ciro
Serg. A.U. FERRABOSCHI Ernesto †
Serg. A.U. NUVOLARI Eteocle
Serg. CAPUCCI Francesco
Serg. FANELLO Vittorio
Serg. FERRARI Romeo
Serg. MASCANZONI Loris †
Serg. MASCHERONI Franco †
Serg. MONTONATI Domenico
Serg. SALATA Numitore
Serg. SPETTOLI Carlo
Serg. VERGANI Enzo
Graduati:
Sottocapo DELLA GUARDIA Goliardo
Sottocapo LIBERATI Alessandro
Sottocapo TORRETTI Erminio
Sottocapo VALSECCHI Giovanni Battista †
Sottocapo ZANOLINI Ruggero
Sottocapo ZANOTTI Fulvio
Sottocapo ZARDINI Italo
Scelto AMADEO Fedele
Scelto DE PICCOLI Adalberto
Scelto PARINI Ollone

Scelto POZZI Giancarlo
Scelto VALENTINI Ettore

8ª COMPAGNIA
Posta da Campo n. 83 623/D

Comandante:
Cap. FERIANI Umberto
Ufficiali:
Ten. SETH Giulio (poi alla 6ª Cp.)
S.Ten. AGOSTINI Agostino
S.Ten. BOTTI Alessandro
S.Ten. GATTI Aniello
S.Ten. LE ROSE Salvatore
S.Ten. MARTINOLA Franco
S.Ten. MARZON Giuseppe
S.Ten. SARA Fausto
Sottufficiali:
2° Capo SECCHIONI Renzo
2° Capo TOSCANO Pietro
2° Capo VARICCHIO Ennio
Serg. MAGGIORA
Serg. MARZI Serg. RIZZI
Graduati:
Sottocapo BORTOLATO Silvio †
Sottocapo CONTENTA Guido
Sottocapo LUTTI Bruno
Sottocapo PACASSI Romeo
Sottocapo VITA Renato (degradato e fucilato)
Cap.le PALLONI
Scelto BARLOZZI Antonio
Scelto BERATI Giovanni
Scelto CASIMIRI Walter
Scelto LAMBERTI Giovanni †
Scelto MAZZI Pietro
Scelto PIRETTI Luigi
Scelto UNDONE Ugo
Scelto VOLPI Giovanni

9ª COMPAGNIA
Posta da Campo n. 83 623/E

Comandante:
Cap. BERGONZI Alfredo sino 10.03.1945
Ten. DE CARLI Remolo successivamente
Ufficiali:
Ten. CALCATERRA
S.Ten. BELARDINELLI Franco
S.Ten. MAJORANA Giovanni
S.Ten. TORDI Giuliano
Aspirante JACCARELLI
Sottufficiali:
M.llo LEPORE

2° Capo FELICIONI Radio
Serg. A.U. RINALDI Carlo
Serg. BERGONZIO
Serg. BRIOSCHI Adamo †
Serg. BUFFA Francesco
Serg. MORACHIELLO Lamberto †
Serg. PAVESI Alvaro
Serg. ROSSETTI Giuseppe
Serg. SANTARELLI Domenico
Graduati:
Sottocapo BORTOLATO Silvio †
Sottocapo COROS Giuseppe †
Sottocapo MORONI Attilio †
Sottocapo PACASASSI Romeo †
Sottocapo PORTERI Giulio †
Sottocapo SCASSA Giovanni
Sottocapo TROIA Andrea
Sottocapo ZECCHINI Walter
Scelto AMEDEI Virgilio
Scelto BARLOZZI Antonio †
Scelto COBIANCHI Elio †
Scelto LUGARI Dante
Scelto PICCOLI Adalberto
Scelto TONDONI Primo †
Marò BELLISSIMO Vincenzo
Marò RIGATO Lino

10ª COMPAGNIA
Posta da Campo n. 83 623/F

Comandante:
Cap. MESSINA Antonio
Ufficiali:
Ten. DI NATALE Riccardo (dal 03.11.44 al C.do Btg.)
S.Ten. CARONNI Carlo
S.Ten. COSTANTINI Silvano
S.Ten. GALLISAI Sergio †
S.Ten. GUERRA Giuseppe
S.Ten. MARCHESELLI Giuseppe
S.Ten. PAZZINI Peppino †
Aspirante PESSINA Federico
Sottufficiali:
Capo 3ª Cl. LAMINA Tito
Capo 2ª Cl. PERAGGIO Nicola †
Capo 1ª Cl. RONCAGLIA Cesare

Capo 1ª Cl. SARACENO Ernesto
Serg. Magg. VITALI †
Serg. AVERNA Michele (degradato a soldato)
Serg. BERGAMO Giacinto
Serg. BOZZI Luigi
Serg. CESALE Sergio †
Serg. MACCAGLI Renato
Serg. NEGRETTI Giovanni
Serg. PESSINA Federico (promosso a Com.te di Plotone)
Graduati:
Sottocapo ARBICÒ
Sottocapo CASSOL Tranquillo
Sottocapo FRASSETTO Marcelle
Sottocapo MANCINI Aita
Sottocapo MANTOVANI Carlo †
Sottocapo ROSSETTI Giuseppe
Scelto DI COSTANZA Luciano
Scelto INTROINI Giovanni
Scelto LAMBERTI Giuseppe
Scelto NAVAROLI Michele †
Scelto PEDEMONTE Carlo
Scelto TIENGO Oreste
Scelto VOLPI
Marò BONVICINI Renato
Marò GIAMBARDA Osvaldo

LA PARTENZA DEL BATTAGLIONE "UCCELLI"
VERSO IL FRONTE DELLA GARFAGNANA

Il 15 ottobre 1944, il Generale Amilcare Farina, comandante la Divisione Fanteria di Marina *San Marco*, annotava:

Nel primo pomeriggio vado al Comando di Corpo d'Armata[5] con Alberti e Distler[6] che per tutto il percorso restano taciturni, sembrano preoccupati.

A Novi mi trovo alla presenza inattesa del Maresciallo [Graziani]; accompagnato dal Generale Sorrentino, presso il Generale Jahn[7].

È Jahn che impartisce l'ordine...: "Il Capitano di Corvetta Uccelli, con il suo Battaglione (II/6°) riportato a numero – 800 combattenti – deve raggiungere la Divisione *Monterosa* passando alle sue dipendenze. Partenza dalla stazione di Celle il mattino del giorno 18 con movimenti a cura del Comando dell'Armata. Dotazioni, munizionamento, equipaggiamento, quadrupedi e carriaggi al completo. Se vi fossero delle deficienze la Divisione provveda con i suoi mezzi, avrà reintegro".

Ricevo l'ordine senza batter ciglio e senza sollevare obiezione alcuna, ciò sembra sollevare tutti da una preoccupazione.

Sorrentino e il Capo di Stato Maggiore del Corpo d'Armata mi chiedono però come mi regolerò per la sicurezza delle retrovie, tolto il II/6° infatti la zona di Millesimo-Cengio-Ceva rimarrà sguarnita, alcuni reparti dovranno ora battersi molto più a ovest.

Rispondo che provvederò con la molta gente che c'è a Cairo che d'ora in avanti lavorerà un po' di più come combattente, a Millesimo basterà una Compagnia ben comandata.

Il Generale Jahn approva mentre il Maresciallo rimane silenzioso. Chiedo a von Alberti: "È un onore per la Divisione che io ho già sollecitato proprio dopo la prova del Battaglione Uccelli[8] ed è l'inizio del mantenimento di una promessa solenne fatta a tutta la Divisione" e guardo fisso il Maresciallo che rimane silenzioso.

Chiedo a von Alberti di far telefonare perché al nostro rientro in Altare siano presenti il Capitano di Vascello Tortora ed il Capitano di Corvetta Uccelli, così da non perdere tempo.

Subito dopo, cammin facendo il Generale von Alberti chiede come spiega il contegno del Maresciallo così riservato e freddo... "Che importa – gli rispondo – bisogna preparare il Battaglione Uccelli molto bene, pur nella convinzione che non ci sarà reintegrato né un uomo né alcun materiale".

Alle ore 18, in Altare, i due Comandanti ricevono l'ordine con molta allegria... chiedono solo 50 complementi! Al resto provvederà per tutto il Reggimento stesso.

La notizia circola rapidamente tra i Reparti... fin verso la mezzanotte piovono telefonate di Ufficiali ed anche di Marò che vogliono andare al Fronte volontari!![9]

---

[5] Il Corpo d'Armata *"Lombardia"*, subordinato all'Armata *"Liguria"* comandata dal Maresciallo Rodolfo Graziani; i suoi Capi di Stato Maggiore furono il *Generalmajor* Walter Nagel e in seguito il *Generalleutnant* Max Pemsel.

[6] Il *Generalmajor* Konrad von Alberti era il Capo del *DVK 182* (Comando tedesco di collegamento), il *Major* Ernst Distler l'*Ia* (Ufficiale alle operazioni) del *DVK*.

[7] Il Generale Curt Jahn, comandante il Corpo d'Armata *"Lombardia"*.

[8] Ci si riferisce all'operazione di controguerriglia a Cortemilia e Vesime tra il 1° ottobre e il 5 ottobre 1944.

[9] Pieramedeo Baldrati, *San Marco... San Marco... Storia di una Divisione*, Milano 1989, pag. 180.

E il 17 ottobre 1944:

Il II/6° subirà probabilmente un certo ritardo nella partenza, le ferrovie vanno a rilento, né alcuno può intervenire per sollecitare, l'aviazione nemica fa sempre nuovi danni. [...]
Durante il giorno al Comando è stata una vera processione di Ufficiali e Sottufficiali che chiedono di andare con il Battaglione Uccelli, sono giunte anche vere e proprie domande (in piena
regola) di Marò accampanti i più strani motivi per andare al Fronte. [...][10]

---

[10] Ibid, pag. 183.

Il Diario di guerra
del II Battaglione del 6° Reggimento
Ottobre 1944 – Aprile 1945

Ottobre 1944 [11]

15-10-1944: il Comandante del Btg. riceve ordine di presentarsi alle ore 18.00 al Comando Divisione in Altare unitamente al Comandante del 6° Rgt. Pertanto egli raggiunge Altare all'ora fissata. Il Sig. Generale Comandante, rientrato da rapporto tenuto presso il Comando di Corpo d'Armata, rende edotti i due Ufficiali che il Btg. "A 72 ore" dovrà essere pronto a muovere diretto al Fronte Sud e chiede loro quanto necessiti in uomini, dotazioni e materiali. Il Comandante di Btg. richiede solo 50 complementi, il Comandante del Rgt. assicura che provvederà in proprio per eventuali altre necessità.
In serata le Compagnie ricevono ordine di raggiungere, via Millesimo, Cairo Montenotte e danno inizio ai movimenti relativi.

16-10-1944: Le Compagnie 6ª e 7ª raggiunta Millesimo procedono per Cairo Montenotte. La 8ª Compagnia procede su Millesimo, la Comando, la 9ª e 10ª sono in movimento. Tutti i detti movimenti hanno luogo per via ordinaria.

17-10-1944: le Compagnie 6ª e 7ª hanno raggiunto Cairo Montenotte, la 8ª Millesimo, la Comando, 9ª e 10ª sono in movimento. Perviene dal Comando Rgt. a quello di Btg. la comunicazione che il movimento verso il Fronte verrà ritardato di qualche giorno causa indisponibilità materiale rotabile ferroviario.

18-10-1944: le Compagnie 6ª e 7ª sono in sosta a Cairo Montenotte dove giunge la 8ª; la Comando; la 9ª e 10ª sono in movimento. Presso le Compagnie in Cairo hanno inizio le operazioni interne di approntamento.

19-10-1944: il Btg. è tutto riunito in Cairo Montenotte (meno un Plotone della 7ª Cp. che permane in Dego). Continuano le operazioni di riassetto uomini e di reintegro e riparazione vestiario, equipaggiamento e calzature. Alle dette operazioni partecipano anche calzolai e sarti del luogo nonché barbieri civili.
Il Sig. Generale Comandante, giunto in visita, rivolge un saluto al Btg. sottolineandone i meriti che ne hanno determinato l'invio al Fronte (primo Reparto della Divisione per il suo comportamento sul Campo) ed autorizzando tutto il personale a portare il pugnale per l'arditezza delle operazioni sin qui compiute. Il Btg. risponde intonando l'Inno di San Marco.

---

[11] Il seguente diario di guerra del II/6°, riportato in Pieramedeo Baldrati, *San Marco... San Marco... Storia di una Divisione*, Milano 1989, è stato integrato dal curatore da testimonianze di veterani in fonti primarie e secondarie (v. bibliografia) e note.

Presso il Btg. sono completate anche, per quanto possibile, le operazioni di revisione armi e ripianamento dotazioni-munizioni.

Il Comando Btg. riceve gli ordini relativi al movimento che si possono così sintetizzare:

I Scaglione di Marcia (suddiviso in tre Unità di Marcia):

- Comando e Compagnia Comando;
- 6ª Compagnia;
- 8ª Compagnia;
- movimento: ferroviario sino a Celle indi autocarrato.

II Scaglione di Marcia (suddiviso in due Unità di Marcia):

- Base Logistica;
- Materiali;
- movimento ferroviario sino a La Spezia indi autocarrato.

III Scaglione di Marcia (suddiviso in tre Unità di Marcia):

- 7ª Compagnia + 1 Plotone Mortai;
- 9ª Compagnia + 1 Plotone Pionieri;
- 10ª Compagnia;
- movimento: per via ordinaria sino ad Altare indi autocarrato.
Plotone distaccato a Dego: isolato in un secondo tempo (II/7ª Compagnia).

20-10-1944: hanno luogo i movimenti:

- Comando Btg. partito isolato su automezzi con piccola scorta;
- I Scaglione: raggiunge Celle come previsto e vi sosta;
- II Scaglione: raggiunge Celle e vi sosta;
- III Scaglione: raggiunge Altare e vi sosta.

21-10-1944: il Comando Btg. ha raggiunta La Spezia e vi sosta:

I Scaglione: imbarca su autocarri e procede su Genova che attraversa nella notte procedendo poi su La Spezia. Si verificano inconvenienti agli automezzi dovuti a vetustà e sovraccarico;
- II Scaglione: parte da Celle per Genova;
- III Scaglione: in sosta ad Altare in attesa mezzi di trasporto.

22-10-1944: il Comando Btg. raggiunge Castelnuovo Garfagnana e vi sosta:

- I Scaglione: in sosta a La Spezia;
- II Scaglione: procede da Genova per La Spezia;
- III Scaglione: in sosta ad Altare;

Giunge ad Altare Reparto Trasporti dell'Armata per i movimenti del III Scaglione. Esso è costituito per intero da autocorriere.

23-10-1944: movimenti effettuati:

- I Scaglione: su autocarri del IV Btg. Trasporti *"Monterosa"* procede su Aulla e, raggiuntala, vi sosta;
- II Scaglione: raggiunta La Spezia scarica e vi sosta; - III Scaglione: in sosta ad Altare.

24-10-1944: movimenti effettuati:

- I Scaglione: in sosta ad Aulla;
- II Scaglione: procede autocarrato (mezzi del IV Btg. Trasporti *"Monterosa"*) su Aulla e, raggiuntalo, vi sosta;
- III Scaglione: lascia Altare autocarrato per Genova e, raggiuntalo, vi sosta presso il Lido di Albaro.

25-10-1944: movimenti effettuati:

- I Scaglione: procede autocarrato su Camporgiano, raggiuntolo, vi sosta;
- II Scaglione: procede autocarrato su Camporgiano, raggiuntolo, vi sosta;
- III Scaglione: procede su Chiavari e, raggiuntala, vi sosta.
Nella giornata le condizioni meteo sono peggiorate ed hanno luogo violente precipitazione piovose.

26-10-1944: movimenti effettuati:

- I Scaglione: sosta a Camporgiano;
- II Scaglione: sosta a Camporgiano;
- III Scaglione: procede su Aulla e giuntovi, sosta. Continuano cospicue precipitazioni piovose.

27-10-1944: movimenti effettuati:

- I Scaglione: il movimento, (ripreso autocarrato nel corso della notte passata) ha termine a Castelnuovo Garfagnana dove si effettua lo scarico definitivo;
- II Scaglione: idem, la Base Logistica si impianta a Castelnuovo Garfagnana mentre un Plotone Mortaisti rimane in sosta a Camporgiano;
- III Scaglione: procede su Castelnuovo Garfagnana e giuntovi sosta.

Nella giornata sono continuate le precipitazioni piovose. Il Comandante del Btg. ha ricevuto dal Comando del Gruppo da Combattimento *"Schirowsky"* (dal quale dipende operativamente) gli ordini relativi alla entrata in linea che avverrà domani. Il Comandante del Btg. tiene quindi rapporto ai Comandanti di Compagnia in Castelnuovo Garfagnana, in un ristorante abbandonato, circa le modalità esecutive e gli itinerari da seguire per la sostituzione delle unità germaniche in linea. Al rapporto presenziano Ufficiali Italiani del Comando 4ª Divisione e germanici del Comando Gruppo da Combattimento.

28-10-1944: nella mattinata il Plotone Mortaisti rimasto a Camporgiano raggiunge, a piedi, Castelnuovo Garfagnana. Nella giornata hanno luogo le ricognizioni in linea. Le condizioni atmosferiche permangono pessime con forti precipitazioni piovose a carattere temporalesco. Al calare della luce hanno inizio i movimenti verso le linee dove il Btg. deve dare il cambio al I/285° germanico. Nel corso della notte la pioggia cessa e le subentra una fitta nebbia.

29-10-1944: nella decorsa notte il Btg. è entrato in linea dando il cambio al I/285° germanico. La responsabilità del sottosettore destra-Serchio è stata assunta alle ore 03.00:

- da Le Rocchette (incluso) in collegamento con il Btg. Alpini *"Intra"*;
- al solco tra Taverna e Fiattone (escluso) in collegamento con il Btg. Alpini *"Brescia"*.

La dislocazione assunta dai Reparti è la seguente:

- Comando Btg.: Monte Rotondo in prefabbricato di legno occultato presso il greto del torrente a fianco della rotabile Castelnuovo Garfagnana-Monte Perpoli;
- Base Logistica: Castelnuovo Garfagnana in vasto fabbricato isolato della periferia;
- Posto di Medicazione: tra Castelnuovo Garfagnana e Torrite alla confluenza delle mulattiere in vecchia cappella sul fianco della rotabile;
- Posto interramento Caduti: Montaltissimo;
- Compagnia Comando: Castelnuovo Garfagnana con riserva di decentramento specialisti alle Compagnie in linea;
- 6ª Compagnia: Le Rocchette - Grottorotondo - sud di Monte Anima - Case Foce (inclusa)
- 7ª Compagnia: Case Foce (esclusa) - Case Croce Sotto - q. 395 (inclusa);
- 8ª Compagnia: q. 395 (esclusa) - Cantonbacci - Taverna (inclusa);
- 9ª Compagnia: decentrata con Posto Comando a Eglio;
- 10ª Compagnia: Montaltissimo.

La sistemazione difensiva ritrovata in posto consiste in:

- apprestamenti di campagna a carattere misto e cioè:
buche per tiratori isolati intervallati da elementi non continui di trincea; a cielo libero;
ricoveri di gruppo o squadra protetti con tondoni e strato di terra resistenti a fuoco di mortaio;
posti-Comando (Plotone e Compagnia) o in ricoveri del tipo anzidetto o in cantine di abitazioni isolate.
- Ostacolo passivo:
reticolato semplice o trapezoidale: nessuno;

grovigli: nessuno;

mine antiuomo (*Stockmine* e *Schumine*[12]) sul davanti della 7ª Compagnia (registrato);

mine i.c.s. sparse (non registrato) e bombe a mano intrappolate sul davanti delle posizioni delle Compagnie 6ª e 8ª.

- Collegamenti: a filo realizzati con cordoncino di campagna non sempre interrato, apparati M. 33[13] e centralini il tutto germanico. Potenzialità scarsa per mancanza di bobine di pupinizzazione[14] in linea. Linee tra Comando Btg. e Comandi Compagnia e tra questi ed i Comandi di Plotone (non tutti).

- Truppe nemiche a contatto:

Nazionalità: brasiliana;

Razza: mista (bianchi, negri e mezzosangue);

Unità: Distaccamento F.E.B.[15]; pluriarma;

Entità: Un Reggimento di Fanteria;

Artiglierie: da Campagna (cal. 105) e semoventi (stesso calibro) complessivamente 3 Gruppi;

altre Armi: presumibili elementi del Genio, Collegamenti, Sanitarie etc.;

valore combattivo: 70%;

attività: negli ultimi due giorni si sono sviluppati attacchi che hanno conseguito successi locali.

- Dipendenze del Btg:

Amministrativa: Comando 1° Reggimento Alpini 4ª Divisione Alpina "*Monterosa*" dislocato a Castelnuovo Garfagnana;

Operativa: Comando Gruppo da Combattimento "*Schirowsky*" dislocato a Filicaia.

- Novità della giornata: il cambio si è effettuato senza eccessive difficoltà. Tutti i Reparti hanno subito iniziato i lavori di perfezionamento degli apprestamenti. Qualche tiro di disturbo dell'Artilglieria da Campagna nemica.

Il Btg. perfeziona il proprio schieramento in linea ed in particolare si dà inizio agli scavi per realizzare trincee continue, ed in collegamento con i ricoveri, prima che i rigori imminenti dell'inverno induriscano il terreno. Vengono del pari migliorate tutte le sistemazioni, invero piuttosto primitive, lasciate dal Btg. germanico. La 10ª Compagnia effettua, nel pomeriggio, tiri di inquadramento. L'Artiglieria nemica da Campagna ha effettuato concentramenti a scacchiera alle ore 08.00 ed alle ore 14.00 evidentemente su obiettivi registrati, nessun danno, nessuna perdita. Dette azioni di fuoco sono state brevi. Permane nebbia fitta sull'intero schieramento. Si ha notizia che l'ultimo reparto del Btg. rimasto in Liguria (II/7ª Compagnia) è partito

---

[12] Mine antiuomo; le temute *Schrapnellmine 35* e *44* "saltanti" e le *Schumine 42* con involucro in legno, e le economiche *Stockmine 43* con corpo in cemento e frammenti metallici.

[13] Il telefono da campo d'ordinanza tedesco *Feldfernsprecher 33*.

[14] La pupinizzazione consiste nell'interporre lungo la linea delle bobine a intervalli regolari, le quali hanno il compito di aumentare l'induttanza chilometrica che dipende dal valore delle bobine. Il vantaggio di questo metodo è che l'attenuazione del segnale diventa bassa e costante.

[15] Un documento della *San Marco* riportava per il distaccamento della F.E.B. una forza di 237 Ufficiali e 4.331 Sottufficiali e truppa, rinforzati da una Cp. del 701° Btg. *Tank Destroyer* (cacciacarri *M-10* da 76 mm) e una del 751° Btg. carri e da un Plt. Trasmissioni.

da Dego su due autocorriere condotte da personale germanico e per Altare, Carcare, Savona e Genova è pervenuto al Passo del Bracco dove sosta perché i conduttori germanici (per asseriti motivi di sicurezza) preferiscono proseguire in convoglio scortato.

30-10-1944: presso tutte le Compagnie vengono continuati i lavori di perfezionamento e rafforzamento resi gravosi al personale dalla inadeguatezza degli attrezzi e dal terreno molle di pioggia il che rende necessario procedere a numerosi puntellamenti. Il Comandante di Btg. convoca a rapporto i Comandanti di Compagnie ed i loro Vice.

Argomenti trattati:

- compiti: necessità di localizzare al più presto e con esattezza l'andamento della linea avversaria mediante ricognizioni notturne e possibilmente con cattura prigionieri;
- vestiario/equipaggio: stante gli imminenti rigori invernali e la non brillante situazione dei capi indossati dagli uomini, necessità di prelevamenti presso l'Intendenza della 4ª Divisione Alpina di ricambi biancheria, uniformi, cappotti e calzature;
- munizioni: stante la loro relativa esiguità (sole dotazioni d'arma e di aliquota di prima linea) necessità di prelevamenti immediati presso gli organi logistici della 4ª Divisione Alpina;
- collegamenti: necessità di raffittire la rete a filo a cura della Compagnia Comando;
- vettovagliamento: rifornimenti da tergo a cura della Base logistica con salmerie di circostanza (e conducenti polacchi) sino ai Comandi di Compagnia ove preleveranno i Reparti in linea. Confezione cibi a cura dei Plotoni, consumazione cibi a rotazione (30% al rancio e 60% in linea). Cibi sempre caldi.
Nella mattinata dopo la consueta azione di fuoco dell'Artiglieria da Campagna nemica (ore 08.00) notati alcuni cauti movimenti. Dalla linea del Btg. si è aperto il fuoco, al limite gittata armi a tiro teso. Il nemico non ha proceduto nei movimenti.
Dopo il tiro nemico delle ore 08.00 forze avversarie valutabili a due Compagnie hanno attaccato le posizioni degli Alpini presso Le Rocchette e Lama di Sotto. L'attacco dura dalle ore 09.45 alle ore 11.45 e risulterà poi portato dal I/6° Fanteria brasiliano. Forze del II Btg. dello stesso Reggimento svolgeranno nel pomeriggio (dopo il tiro di Art. delle ore 14.00) alcuni movimenti di pattuglie forse allo scopo di far svelare le nostre sorgenti di fuoco. Durante l'intera giornata il tiro della Artiglieria nemica è stato di media entità, sostenuto invece nel settore tenuto dal Btg. Alpini *Brescia*.
Si ha notizia che il II/7ª Compagnia, in movimento dal Passo del Bracco per La Spezia, Aulla, Fivizzano, per un errore del Sottufficiale germanico del Collegamento, dirige per Castelnuovo ne' Monti e vi giunge sul mezzogiorno. Consumato il rancio presso la cucina da campo di un reparto germanico il Plotone inverte direzione e per Fivizzano-Rometta giunge finalmente a Castelnuovo Garfagnana sostandovi in fabbricato isolato, accantonato, presso la Base Logistica del Btg.

Di seguito, i ricordi del 2° Capo MBVM Ennio Varicchio dei primi giorni al fronte:

Appena giunsi in Garfagnana, il 30 ottobre del 1944, il comandante di Compagnia mi destinò al plotone cannoni, comandato dal tenente Carlo Caronni. Per inciso, io non avevo mai fatto addestramento cannoni. Il tenente, al quale mi presentai, mi spedì subito all'Osservatorio a quota 619. Vi si arrivava percorrendo, sempre in salita, una strada bianca che partiva da Castelnuovo. Ad un certo punto questa strada svoltava bruscamente a destra, per inerpicarsi dietro le nostre linee difensive, ma per raggiungere quota 619, alla curva si doveva abbandonare la camionabile e proseguire diritti su un prato. Dopo cinquanta metri si era a destinazione. L'osservatorio era collocato in un piccolo bunker, pieno d'acqua, sufficiente appena per una sedia e un telefono da campo. Dalla vetta della 619, che sopravanzava le nostre teste di due o tre metri, si dominava il paese di Molazzana, che era in mani nemiche, e tutta la valle del Serchio, entro la quale eravamo incuneati. Alle nostre spalle un campo pianeggiante, limitato da una ripida salita che portava alla squadra mortai. Al mio arrivo un soldato brasiliano sparava verso di noi dall'alto del campanile di Molazzana, e qualcuno dei nostri ogni tanto rispondeva. Già dal mio primo giorno fummo oggetto dell'attenzione dell'artiglieria nemica, e così per tutti i giorni a seguire. Ogni giorno aumentava la precisione del tiro.

31-10-1944: nel corso della notte, contrariamente al solito, l'Artiglieria nemica ha battuto con fuoco d'interdizione più che le linee le retrovie dei Reparti del Btg. Nella notte il Comando Btg. ha ricevuto da quello del Gruppo da Combattimento gli ordini relativi al contrattacco che dovrà portare alla riconquista delle posizioni di recente perdute. Il Btg. vi concorrerà con sola azione di fuoco a sostegno degli Alpini dell' *"Intra"*. L'azione ha inizio all'alba e rapidamente consegue netto successo. Tutte le posizioni dovute abbandonare sono ripristinate. La truppa brasiliana lascia sul terreno 13 Caduti, vengono catturati 7 prigionieri ed i feriti presumibili (veduti sgomberare) sono una novantina. L'Artiglieria nemica anziché passare al tiro di repressione effettua quello di sbarramento (!) e, nel pomeriggio, non rinunzia a quello di disturbo. Il II/7ª Compagnia portatosi in mattinata a ridosso delle linee si avvia, dopo il tiro nemico del primo pomeriggio, alle posizioni designate quanto il Tenente Galisai (10ª Compagnia) con personale coraggioso intervento evita tempestivamente che i Marò procedano oltre su un nostro sbarramento minato antiuomo nel quale, ignorandone l'esistenza, si erano incamminati. La nebbia si è infittita nel pomeriggio.

NOVEMBRE 1944

01-11-1944: le forze nemiche (brasiliani) trasferiscono le loro attività verso la destra Serchio portando azioni di pattuglie contro le posizioni della 6ª Compagnia. Esse sono tutte respinte con il fuoco. Altre azioni di analoghe specie ed identici esiti sono segnalate fra Casa Croce Sotto ed il Grottorotondo ed al punto si sutura con il Btg. Alpini *"Intra"*.

Nella giornata solito fuoco ad orario dell'Artiglieria da Campagna nemica. Il Comando di Btg. avverte le Compagnie che sul retro dello schieramento sono state segnalate presenze di nuclei partigiani[16].

Nella giornata nebbia persistente e qualche precipitazione piovosa.

02-11-1944: sulla destra dello schieramento del Btg. (6ª Compagnia) e contro le posizioni del Btg. Alpini *"Intra"* si sono ripetute nella mattinata, subito dopo l'azione di fuoco delle ore 08.00, azioni di pattugliamento nemiche tutte respinte con il fuoco. Nel pomeriggio due azioni di fuoco di Artiglieria nemica. Nella giornata la Base Logistica del Btg. a Castelnuovo Garfagnana è stata attaccata con il fuoco da banda partigiana; deceduto il Tenente Infante, Ufficiale di Amministrazione.

Condizioni meteo: precipitazioni piovose e nebbia.

03-11-1944: nell'azione di fuoco consueta delle ore 14.00 l'Artiglierià nemica inonda le posizioni delle Compagnie in linea di manifestini in lingua italiana dedicati al Btg.; vengono per lo più destinati a carta igienica. Il Comando di Btg. informa le Compagnie che, secondo notizie fornite dagli organi "I" Divisionali, è imminente la sostituzione in linea delle truppe brasiliane con altre nordamericane di colore. In relazione a ciò viene ordinato che nella veniente notte siano dislocate fuori dalle postazioni numerose "sonnettes"[17] a cura delle Compagnie in linea, e vengano rafforzate le misure di sicurezza. Condizioni meteo: pioggia intermittente e nebbia.

04-11-1944: durante la decorsa notte rientrati senza novità gli elementi di vigilanza fuori dalle linee. Nell'ultima parte della notte intenso cannoneggiamento sulle linee del Btg. in ispecie sulla destra. Avvertiti colpi di Artiglieria pesante campale (cal. 155 mm). Tali azioni di fuoco si vanno esaurendo all'alba e subito dopo forze nemiche valutabili ad un Btg. di Fanteria costituito da truppa di colore (identificate poi in elementi della Divisione nordamericana *"Buffalo"*, n°92[18]) attaccano le posi-

---

[16] La Divisione Garibaldi *"Lunense"*, comandata dall'Ufficiale inglese Anthony John Oldham, poi sciolta il 28 novembre 1944 dopo il suo fallito attacco sul retrofronte delle unità della RSI. Dall'altra parte del fronte erano presenti delle bande di minore entità numerica, e il "Battaglione autonomo patrioti italiani", v. Mario Pellegrinetti, *La fine della Divisione Garibaldina "Lunense"*, in appendice al presente libro.

[17] Letteralmente "campanelli": accorgimenti d'allarme improvvisati (scatole di latta fissate al filo spinato, etc.).

[18] La *92nd Infantry Division "Buffalo"* schierava in Garfagnana alla fine del 1944 il *370th Regimental Combat Team*, comprendente il *370th Infantry Regiment* (meno il suo III Btg.), il *II/366th Infantry Regiment*, la Compagnia *B/760th Armored Bn.*, la Compagnia *A/317th Engineer Bn.*, il *598th Artillery Bn.*, e altre unità divisionali.

zioni fra la 6ª Compagnia ed il Btg. Alpini *"Intra"*. La penetrazione avversaria giunge sino alla q. 892 di Monte Anima e, nel settore dell'*"Intra"*, sino a Case Cornola. Mentre il Btg. (sia pure con qualche sfasatura) riesce a contenere il nemico, presso il Btg. Alpini è necessario l'intervento di una Compagnia germanica. Da tergo, in serata, affluisce intanto il 2° Squadrone del IV Gruppo Esplorante *"Monterosa"*. Condizioni meteo: pioggia intermittente.

05-11-1944: all'alba la nostra Artiglieria (Gruppo *"Bergamo"*) effettua breve ma intenso tiro di preparazione sulle posizioni raggiunte ieri dal nemico cui segue, da parte di una Compagnia dell'*"Intra"*, del 2° Squadrone Esplorante e della 6° Compagnia del Btg. un violento contrattacco. La Fanteria nemica abbandona le posizioni e rompe il contatto sparendo alla vista. Relativamente al Btg. le posizioni sono ripristinate come e dove erano (q. 876-Case Foce). Ad azione ultimata il 2° Squadrone Esplorante entra in linea fra la 6ª Compagnia ed il Btg. Alpini *"Intra"* a nord-est del Grottorotondo. Con ciò il settore del Btg. si restringe.
Condizioni meteo: in peggioramento.

06-11-1944: nessuna novità sostanziale nella giornata. Il personale dei Collegamenti ha ormai ultimato lo stendimento delle linee telefoniche così che tutti i Comandi di Plotone sono ora collegati con le rispettive Compagnie e con il Comando Btg. Nonostante l'inclemenza del tempo atmosferico sono continuati i lavori di trinceramento e rafforzamento posizioni. Il Comando Btg. reitera alle Compagnie l'ordine di catturare possibilmente prigionieri. Nella notte escono pattuglie delle Compagnie 6ª e 7ª.

07-11-1944: le pattuglie uscite nella scorsa notte hanno recuperato in gran copia cordoncino telefonico da campagna abbandonato dal nemico. Il che dimostra come le pattuglie avversarie si spingano avanti nella terra di nessuno. Detto cordoncino (migliore di quello da noi in uso) viene subito impiegato per migliorare le comunicazioni a filo. Nella giornata nuovo lancio di manifestini da parte delle Artiglierie da Campagna avversarie. Nebbia e pioggia. Giunge notizia dal Btg. Alpini *"Brescia"* che una pattuglia, giunta fortunosamente sino all'abitato di Gallicano penetrando in un casa, dopo breve violenta sparatoria, ha catturato due soldati nordamericani negri. Rientrata nelle linee con due prigionieri la pattuglia alpina. In relazione alle notizie da uno dei prigionieri (l'altro è deceduto nelle nostre linee per ferite) dal Comando Btg. viene impartito l'ordine di intensificare le azioni di pattuglie e di provvedere ad ulteriore rafforzamento delle posizioni. Tutte le Compagnie fanno pertanto uscire pattuglie nella notte. Nebbia fitta per l'intera giornata.

Ecco il resoconto delle azioni di queste giornate del 2° Capo Ennio Varicchio:

Davanti a noi la Divisione "Buffalo"
Dal 31 ottobre cominciarono i contatti a fuoco con i brasiliani, e dal 4 novembre con i nordamericani di colore della Divisione *"Buffalo"*, che si rivelarono ben più tosti dei brasiliani. Più che attacchi veri e propri, erano azioni di pattuglia con lo scopo, credo, di individuare bene le nostre posizioni e saggiare le nostre forze. Il 2 novembre l'attacco fu molto più forte per pre-

parazione di artiglieria, per volume di fuoco individuale, per campo di azione e durata dell'attacco. Fu il primo scontro serio, teso ad impadronirsi della nostra postazione. Noi non ci spostammo di un centimetro e rispondendo fuoco a fuoco, con le nostre mitragliatrici (*Maschinengewehr*) bombe a mano e fucilate, respingemmo l'assalto. Anche nei giorni seguenti continuarono gli scontri a fuoco e l'azione dell'artiglieria nemica. Il giorno 6 novembre solito bombardamento seguito dal solito attacco americano, che respingemmo. In quel momento, con mio grande stupore, vidi quattro o cinque Marò con in testa il Sergente Lamberto Morachiello scendere di corsa dal monte sopra di noi, un po' spostato sulla destra, inseguendo il nemico in ritirata. Ma arrivati ad un certo punto gli americani si fermarono e risposero al fuoco degli inseguitori, che si bloccarono e poterono rientrare senza perdite. Il brusco arresto dei nemici e la loro improvvisa resistenza mi avevano dato da pensare, e decisi quindi di andare a dare un'occhiata.

Di pattuglia coi volontari provenienti dalla G.N.R.
La mattina del 7 novembre, verso le 10, mi accinsi a muovermi. Un marò, che non conoscevo e che mi guardava, chiese di accompagnarmi e, al mio cenno di assenso, si fecero avanti altri quattro marò, tutti giovanissimi, chiedendo la stessa cosa. Volli sapere chi fossero, e mi risposero che venivano dalla G.N.R. ed erano appena stati presi in forza dalla *San Marco*. Eravamo in troppi, ma nessuno volle rinunciare. Traboccavano di entusiasmo. Partimmo.
A soli 180-200 metri dalla nostra postazione, nascosti da una siepe, ci trovammo dentro ad un dispositivo americano: oltre la siepe un gruppo di soldati americani neri scavava delle buche più o meno allineate. Mentre stavamo per sparare tutti insieme, fummo investiti a nostra volta da un fuoco intensissimo alle spalle. Altri neri, forse di sentinella, ci avevano scoperti, diedi l'ordine di ritirarsi, e i miei soldati volarono via velocissimi. Io mi attardai un momento per piazzare uno o due colpi... ma non mi riuscì di premere il grilletto contro dei soldati inermi. Tralascio le peripezie del ritorno. All'Osservatorio cercai i giovanissimi della G.N.R.: nessun colpito. Li guardai: erano eccitatissimi e felici. La presenza all'Osservatorio di quei ragazzi non rappresentava un caso isolato. Ogni giorno venivano da noi dei marò, non so da dove ed autorizzati da chi, a visitare e a stazionare nella nostra postazione, cioè nel prato alla base del costone della 619: si era diffusa la voce che ogni giorno, lì da noi, si avevano degli scontri a fuoco, e venivano da ogni parte per parteciparvi.

08-11-1944: rientrate prima dell'alba le pattuglie delle Compagnie in linea. Il Comando Btg. comunica che il prigioniero fatto dagli Alpini ha dichiarato che nella truppa nordamericana circola voce che i prigionieri fatti dalle nostre truppe prima vengono torturati indi uccisi. L'Artiglieria nemica effettua violenti concentramenti sulle linee. Nel pomeriggio il nemico attacca la Postazione "Lupo" spingendo avanti diverse pecore allo scopo di far saltare le mine antiuomo. Una nostra mitragliatrice fa strage degli ovini prima che raggiungano gli sbarramenti. Il nemico non insiste nell'azione e ripiega. Condizioni meteo pessime.

09-11-1944: nelle azioni di pattugliamento rimane ferito il Sergente Maggiore Secchioni dell'8ª Compagnia in uno scontro con pattuglia nemica a Villa Sala. Condizioni meteo in peggioramento ulteriore, cade neve mista a pioggia. Il Sig. Generale Comandante la 4ª Divisione invia al Comandante dell'Armata una relazione sugli avvenimenti dei giorni 2 e 6 scorsi (Doc. 1). Condizioni meteo: neve.

10-11-1944: il nemico batte intensamente con mortai medi ed Artiglieria da Campagna le posizioni di Chiesa Cascio, poi vi si porta. Il Btg. risponde con tutti i mortai ed i cannoni cosicché la truppa avversaria è costretta a sloggiare. Immediatamente sulla posizione si porta un Plotone di formazione (Serg. Magg. Buffa). Nel rastrellare l'abitato viene scoperto dell'ottimo vino in una cantina.

Nella giornata il Plotone Pionieri ha rafforzato gli sbarramenti antiuomo davanti alle Compagnie in linea.

Il Sig. Generale Comandante la 4ª Divisione invia il suo saluto a tutte le Truppe dipendenti. Condizioni meteo sempre pessime: neve.

11-11-1944: sporadiche azioni di fuoco dell'Artiglieria da Campagna nemica. Continuano le pessime condizioni atmosferiche. Uscita pattuglie nella notte (S.Ten. Capasso e Serg. Toscani). Condizioni atmosferiche pessime: neve.

12-11-1944: il Comandante del Btg. tiene rapporto ai Comandanti di Compagnia ed illustra dettagliatamente le nostre e le posizioni dei reparti laterali nonché (sin dove possibile) quelle nemiche. Considerato che il tratto affidato alla 7ª Compagnia è il più delicato vi assegna di rinforzo due Squadre mitraglieri ed ordina che il Plotone Pionieri costituisca riserva in caso di attacco nemico. Il Comandante sottolinea l'importanza del pattugliamento notturno ed ordina alla 8ª Compagnia di provvedere a chiarificare la situazione a sud di Cascio. Il Tenente Feriani, Comandante della Compagnia assume in proprio l'incarico di guidare la pattuglia che esce dalle linee alle ore 22.00. Condizioni meteo nella giornata pessime. Neve a intermittenza.

13-11-1944: la pattuglia Feriani non fa rientro oltre le nove ore previste e dall'8ª Compagnia viene avvertito il Comando di Btg. Il Comandante consiglia di soprassedere ad eventuali iniziative di recupero al Ten. Seth Vicecomandante. A metà pomeriggio la pattuglia rientra nelle linee al comando del Sergente Marzi: i sei componenti sono tutti presenti e molto provati, manca il Ten. Feriani. Dopo avere rifocillato gli uomini il Ten. Seth riesce ad avvere l'esatto racconto dei fatti che danno il Ten. Feriani ucciso. L'Ufficiale decide allora di uscire al calare della luce per recuperarne il corpo facendosi accompagnare dal Serg. Marzi e da altri uomini. Presso Cascio viene recuperato il Tenente Feriani ferito. Il recupero viene comunicato subito al Comando Btg. che si complimenta con l'8ª Compagnia. Condizioni meteo: nebbia.

L'Autore, allo scopo di far comprendere meglio come si svolgevano le attività di pattuglia, inserisce nel diario il rapporto Marzi ed i racconti Feriani e Seth sulla operazione:

Rapporto del Serg. Marzi: "Usciti dalle posizioni puntammo in direzione di Cà di Matte con l'intenzione di piegare poi a nord-ovest verso San Rocco di Cascio. Il Tenente voleva tastare il polso al nemico per accertarne la presenza. A Cà di Matte sparammo qualche raffica che ci venne subito restituita. Rimanemmo appostati per un po' di tempo sperando succedesse qualcosa. Non accadendo alcunché riprendemmo a muoverci verso San Rocco. Anche qui spariamo noi, sparano loro. Solito appostamento, solita conclusione... niente. Il Tenente decide di proseguire verso Cascio ma siamo costretti a puntare a nordest per evitare la parte, a noi sfavorevole, del costone in cima al quale sta il paese. Nella deviazione ci imbattiamo in una specie di grossa cascina con le pareti dipinte di bianco, un bianco intenso anche di notte. La cascina sorge in uno spazio piatto isolata; sul davanti a circa 90 metri dalla costruzione c'è un muro a pietroni irregolari. Il Tenente ci ordina di sistemarci dietro e di carpirlo con il fuoco perché lui andrà a vedere cosa c'è nella casa. Prendiamo posizione come ci ha ordinato e lui si muove; davanti a lui la facciata dov'è una porta, per arrivarci diversi gradini. Il Tenente con il mitra spianato mette i piedi sui primi gradini e succede il finimondo... la porta si apre ed una raffica di mitra investe il Tenente che cade all'indietro. Dalla cascina altre raffiche tutt'intorno. Ci sentiamo sperduti, la morte del Tenente ci rende incapaci di reagire; ci muoviamo fermandoci soltanto quando riteniamo di essere lontani ed al sicuro. Ormai è giorno. Siamo stati vigliacchi... non abbiamo nemmeno recuperato il cadavere del nostro Tenente. Siamo rimasti nascosti finché, giorno o non giorno, abbiamo deciso di tentare il ritorno. Ora Tenente sapete tutto... qualsiasi decisione prenderete nei nostri confronti noi l'accetteremo"

Racconto del Ten. Feriani: (reso nel bunker-Comando del Plotone Seth): "Giunto davanti alla porta della cascina me la sono vista spalancare improvvisamente e subito una raffica di mitra mi ha investito da breve distanza. Ho perso l'equilibrio e sono caduto all'indietro, riuscendo così ad evitare la maggior parte dei colpi tranne quelli che mi hanno colpito al braccio sinistro alzato a mo' di difesa ed alla testa. Sono rimasto stordito per pochissimo tempo poi, sicuro dell'appoggio dei miei uomini, mi sono portato sul fianco della costruzione e, accucciato sotto una finestra, ho lanciato un paio di bombe a mano. Ho gridato ai miei uomini di attaccare sul davanti ma nessuno si è mosso; mi sono così reso conto di essere rimasto solo. Mi sono allora portato sul retro della casa (privo di finestre) e da lì, dopo parecchi minuti, vedo sfilare verso Cascio gli uomini della pattuglia nemica recanti sulle spalle alcuni corpi inanimati. Ferito e stanco sono rimasto a lungo disteso nella neve, soffrendo più che per la ferita del fatto che gli uomini mi avevano piantato in asso azione durante. Al calare della luce ho deciso di tornare".

Racconto del Ten. Seth: "Feriani raccontò dalla mia brandina poi rivoltosi a Marzi disse: "Senti, se mi dai una ragione valida che giustifichi il comportamento tuo e degli altri ti giuro che metto una pietra sopra a tutta la faccenda e non se ne parlerà più".
Marzi con estrema semplicità e tanta, tanta dignità gli rispose: "Comandante, eravamo certi che vi avessero ucciso sui gradini della cascina; abbiamo avuto una paura tremenda e ce la siamo filata. Eravamo incapaci di ragionare, avevamo solo paura, questa è la pura verità. Ma la responsabilità di quel che è successo è mia in quanto ero il più alto in grado dopo di voi. Perciò se c'è da punire uno, sono solo io... eccovi i gradi di Sergente... sento di non meritarli più". E gli porse i gradi.
Feriani drizzatosi a sedere sulla brandina ci guardò tutti; poi, fissando bene Marzi, gli disse: "Ragazzo mio, in tutta la mia carriera di soldato non ho sentito giustificazione più valida della tua. Sì amico, avere paura è da tutti, ma non tutti hanno il coraggio di confessarlo come hai fatto tu. Adesso riprenditi i gradi e levati di torno perché voglio dormire"".

14-11-1944: con il miglioramento delle condizioni meteo fa la sua comparsa un monomotore nemico da osservazione[19] che però non oltrepassa la linea degli avamposti. Il Comandante del Gruppo di Combattimento elogia, con apposito Ordine del Giorno, il Tenente Feriani per l'azione svolta (Doc. 2). Condizioni meteo: sereno poi coperto sulle

---

[19] Aerei leggeri da osservazione *Piper L-4 Grasshopper* e *Stinson L-5 Sentinel*.

cime più alte. Nella seconda parte della notte l'Artiglieria nemica intensifica il fuoco sulle posizioni dell'8ª Compagnia. In relazione a ciò il Comando Battaglione ordina misure di sicurezza rinforzate.

Sempre dal diario del 2° Capo Ennio Varicchio, i suoi appunti su questi ultimi avvenimenti:

Ancora di pattuglia: cade il Sergente Morachiello
Il giorno 8 novembre il sergente Morachiello venne a dirmi di aver ricevuto dal Comando di Compagnia l'autorizzazione ad andare di pattuglia purché io fossi con lui per fare uno schizzo degli scavi che avevo visto il giorno prima.
Era una follia farlo alle 9.30 del mattino, col sole, in buona parte allo scoperto, con la convinzione da parte mia che gli americani non si sarebbero più fatti sorprendere. Infine io avevo già una spiegazione di quello che avevo visto: il nemico stava preparando una linea difensiva dove fermarsi in caso di ritirata e bloccare ogni nostro contrattacco o iniziativa, e comunque per soffocarci da presso e mantenerci in continuo allarme. Ma Morachiello teneva moltissimo allo schizzo per poter colpire al momento opportuno le nuove trincee americane con i suoi mortai. Partimmo, seguiti da un tenace volontario, il marò Renato Bonvicini. Io procedevo con molta prudenza, specie dopo i primi cento metri, mentre Morachiello mordeva il freno e Bonvicini ci seguiva. A circa 100-120 metri dall'osservatorio mi fermai in una mezza buca per ascoltare dei rumori che mi misero in allarme. Feci cenno agli altri di appiattirsi sul terreno. Morachiello invece, che era indubbiamente un ragazzo di grande coraggio, forse perché non aveva capito le ragioni del mio arresto, d'improvviso si alzò in piedi e e si portò davanti a me rimanendo diritto. Gridai: "a terra!" ma nello stesso momento una raffica lo raggiunse in pieno e cadde. Io risposi al fuoco col mio fucile. Bonvicini si alzò anche lui gridando che andava a chiedere rinforzi. Gli spararono ed io lo vidi cadere alla curva che lo avrebbe defilato. Come appresi dopo, era inciampato ma non era stato colpito. Non potevo lasciare Morachiello. Trascinai il suo corpo più vicino alla mia buca, davanti a me. Aspettai molte ore. Ogni tanto sentivo gli americani muoversi intorno a me. I rinforzi non arrivavano e di questo mi rallegrai perché un attacco dei nostri su quel terreno così insidioso, poco conosciuto da tutti sarebbe stato micidiale per i nostri. Pensavo o volevo illudermi di poter arrivare a sera, e allora, con l'oscurità, avrei portato Morachiello nelle nostre linee. Ad un certo punto smise di rantolare (io al momento mi ero illuso che dormisse), e spirò. Da quel momento il mio dovere era quello di rientrare e così feci. All'Osservatorio trovai parecchia gente e molta confusione: nessuna decisione era stata presa. Non c'erano né ufficiali né sottufficiali.

Prendo il comando del plotone mortai
Dal Comando di Compagnia, informato del mio rientro e della morte di Morachiello, ricevetti l'ordine di prendere il suo posto al comando del plotone mortai. Prima di raggiungere la mia destinazione non lontana, chiesi al telefono della Compagnia di diffondere la voce che cercavo un volontario per recuperare il corpo del caduto.
Ai mortai erano molto depressi e addolorati. Verso sera, dopo un furioso cannoneggiamento, dall'Osservatorio mi informarono che erano attaccati da forze preponderanti, e di appoggiarli. Io feci sparare 40 colpi di mortaio, dopo di che scesi per veder come stavano le cose. A notte inoltrata mi si presentò il 2° Capo Cesare Roncaglia, vicentino, campione triveneto di lotta libera, che si disse pronto a seguirmi. A noi si accodò il Marò Tiengo, del Plotone Pionieri, e partimmo, io in testa perché conoscevo il terreno e il luogo dove Morachiello era caduto. Non ci aspettavano, come io temevo. Era notte inoltrata e gli americani erano rientrati certamente alle loro basi. Roncaglia si caricò sulle spalle il corpo ormai rigido del nostro camerata, e lo

riportammo alla postazione. Il giorno seguente vennero a prenderlo, per seppellirlo nel cimitero di Montaltissimo. Fu un giorno di lutto per tutti: era un ragazzo vivace, intelligente, coraggioso fino alla temerarietà e un buon amico. Era il primo della *San Marco* caduto in Garfagnana. Dal Plotone Cannoni venne ad unirsi a noi il Marò A.U. Eugenio Zernitz, amico da sempre di Morachiello, veneziano e anche lui studente di ingegneria. Alla notizia della morte dell'amico chiese ed ottenne di venire a quota 619 mettendosi ai miei ordini. Il suo comportamento fu sempre esemplare.

Prima azione nemica contro la postazione
All'Osservatorio la vita riprese con qualche novità. Si era diffusa la voce che i neri assalivano di notte le sentinelle e le pugnalavano. Difficile verificare questa voce, che peraltro non veniva smentita.
I Marò di notte avevano paura di stare di sentinella. Decisi quindi di passare ogni notte alcune ore sveglio, spesso di sentinella anch'io, sdraiato in una buca rettangolare scavata dai tedeschi a misura d'uomo sul cocuzzolo della 619, profonda 20 centimetri e spesso, ma direi sempre, piena d'acqua. Oppure rimanevo sveglio tutta la notte affiancandomi ogni tanto alle varie sentinelle. Verso il 10 novembre ci fu un tentativo nemico di prenderci alle spalle. Dietro alle nostre linee, ad una trentina di metri, c'era una casetta diroccata dove si erano sistemati due o tre nostri Marò.
Quella mattina vidi avanzare verso di me uno di loro agitatissimo. Mi disse che c'erano dei soldati americani che salivano lungo il costone ed erano già vicinissimi. Capii che bisognava agire immediatamente. Seguito dal Marò mi spostai velocemente sul versante parallelo a quello dei nordamericani, in modo di portarmi in basso diagonalmente dietro di loro. Un americano mi vide e m'indirizzò una raffica. Io risposi immediatamente scaricando verso di loro il fucile e la mia *P 38*, dopo di che raggiunsi di corsa la zona defilata. Da parte sua la pattuglia nemica, in probabile perlustrazione, rinunciò a proseguire l'azione e si dileguò verso il basso. La nostra reazione dovette essere efficace, perché nei giorni successivi e persino durante la grande offensiva dei giorni 16, 17 e 18 non ritentarono mai quella manovra. Certamente non si erano resi conto che una manovra del genere, cioè un attacco alle nostre spalle per quella via per noi sarebbe stata mortale, non avendo alcuna possibilità di ripararci. Dalla casetta, infatti, c'era una spianata fino alla parete del cocuzzolo a cui ci appoggiavamo, e per gli americani saremmo stati un facile tiro a segno.

15-11-1944: nella mattinata il nemico (valutabile a una Compagnia Fucilieri) attacca la postazione Le Rocce. La reazione è vivace ma l'attacco prosegue, interviene allora efficacemente la postazione di Case Cascio che sorprende il nemico alle spalle. I fanti nemici sono così presi fra due fuochi mentre stanno per iniziare la fase dell'assalto; dapprima si arrestano, poi si sbandano, e infine ripiegano sulle loro linee di partenza di Molazzana. Dopo tale azione la nebbia diventa fitta e persistente, e la visibilità è di 50 metri. Il Comando Btg. conferma per la notte lo stato di massima vigilanza in linea.

16-11-1944: nella notte l'Artiglieria nemica ha sottoposto le linee del Btg. a fuoco (campagna e pesante campale) persistente. Vengono fatti affluire sulle posizioni tutti gli uomini validi e le munizioni di riserva. La visibilità è scarsa. Non appena cessato il fuoco di artiglieria, nella mattinata, Fanteria nordamericana negra, valutata ad una Compagnia rinforzata da mortai, riusciva con numerose infiltrazioni a raggiungere le pendici sud di q. 832 e ad impossessarsi del colletto compreso fra la detta quota e la q. 1029. La Squadra della 7ª Compagnia che difendeva la q. 832, avuti alcuni uomini dispersi, si ritirava verso Case Foce dove, nel frattempo, era giunto il Tenente Calcaterra con alcuni uomini del Plotone Comando della 9ª Compagnia. Contemporaneamente, altre forze nordamericane attaccavano la posizione di Case Croce e Case Rossole. La Squadra Mitraglieri della 9ª Compagnia che difendeva Case Croce, perduto il Caposquadra, si ritirava verso Eglio. Un'altra Compagnia nordamericana dalle pendici sud di q. 1031 attaccava la quota stessa. La Squadra della 7ª Compagnia che la difendeva e la Squadra della 9ª Compagnia, appostata a q. 1029, si ritiravano con il Sottotenente Guerra verso la q. 1068.

Verso le ore 12.00 il nemico si era perciò impadronito del tratto di linea di resistenza compreso fra Case Rossole, validamente tenuto dal 2° Squadrone del IV Gruppo Esplorante e dalla 6ª Compagnia, e q. 1068 dove si andavano raccogliendo i resti della 7ª Compagnia.

L'avanzata nordamericana, preceduta da intensi concentramenti di Artiglieria e mortai che battevano le nostre retrovie sino oltre l'abitato di Sassi, procedeva lenta e guardinga.

Alle ore 14.00 giungeva a Monte d'Anima il Maggiore Marcarino (inviato dal Comando 4ª Divisione) per raccogliere le truppe della zona e mantenere, ad ogni costo, le posizioni di Eglio-Monte d'Anima. La Squadra della 6ª Compagnia, ritiratasi da Case Croce di Eglio, veniva riunita al Plotone Carboni del 2°/IV Gruppo Esplorante, dislocato nelle vicinanze di Eglio, occupando la quota di Monte d'Anima. Su tale quota rimaneva al proprio posto l'Osservatorio di artiglieria del 1154° Gruppo[20] con il Maresciallo Huchterbrech.

Verso le ore 15.00 l'avanzata nemica riprendeva e la Fanteria negra sferrava un attacco dal colletto lanciando pattuglie verso Case Foce, sulle pendici di q. 1029 e verso q. 832. Su quest'ultima, provenendo da Case Rossole, era avanzata una Squadra del 2° Squadrone che, fatta segno a forte fuoco di armi automatiche dalle pendici di q. 1029 ed a concentramenti di mortai, era però obbligata a ritirarsi sulle posizioni di partenza alle ore 15.30.

A Casa Foce resisteva la Squadra della 9ª Compagnia con il Tenente Calcaterra i cui Marò, ritiratisi ai piani superiori del fabbricato, tenevano testa con il fuoco alla progressione avversaria. Su detta Casa si concentrava intenso fuoco di Artiglieria e, verso le ore 16.00, i difensori dovevano abbandonarla con perdite. L'Ufficiale ed i suoi uomini ripiegavano allora lungo le pendici di Monte d'Anima sino ad Eglio dove, nella tarda serata, venivano solo in parte recuperati.

L'avanzata nemica era però validamente contrastata dalle nostre azioni di Artiglieria che il Sottotenente Holler (del 1154° Gruppo) dal suo osservatorio presso Case Rossole, dirigeva sui rincalzi fatti affluire dall'avversario nei dintorni di Case Rossole, dirigeva qui rincalzi fatti affluire dall'avversario sulle pendici di q. 832 e da quello che il Maresciallo Huchterbrech dirigeva sul colletto e sulle pendici di q. 1029.

Nondimeno l'avanzata nemica, verso le ore 16.30, raggiunto Case Foce, accennava ad aggirare verso sud le posizioni di Monte d'Anima, avvicinandosi al Cimitero di Eglio. Per arrestarla venivano impiegate le riserve che, sino ad allora, erano rima-

---

[20] Unità a diretto controllo d'armata, l'*Heeres-Artillerie-Abteilung 1154* era formato su tre Batterie. Nel dicembre 1944 fu rinominato *IV/Artillerie-Regiment 1057*.

ste a difesa di Monte d'Anima Cima.

Mentre l'Artiglieria nostra batteva le pendici di q. 1029, i mortai della 6ª Compagnia concentravano il loro fuoco nel vallone compreso fra q. 832 e q. 1029 ed il Plotone Carboni (al quale si era aggiunto volontariamente il Sottotenente Paruzzi del Comando 4ª Divisione) avanzava sul crinale di Monte d'Anima obbligando il nemico a ripiegare da Case Foce.

Una Squadra della 9ª Compagnia, al comando del Sottotenente Coggi, avanzava sulle pendici est di Monte d'Anima e riusciva a battere, con azione di fuoco di sorpresa, i negri che si erano infiltrati nel vallone. Tale azione è stata coronata da successo.

Alle ore 17.30 l'avanzata nemica si poteva dire arrestata. Il Plotone Pionieri tedesco (Tenente Solimann), giunto nel frattempo, occupava le posizioni di Eglio e le pendici est di Monte d'Anima dando sicurezza sul fianco. Sulla sinistra era possibile collegamento con la 6ª Compagnia mentre ciò non era possibile sulla destra con la 7ª.

Nel corso della notte due pattuglie, comandate rispettivamente dal Sottotenente Paruzzi e dal Sottotenente Coggi avanzavano sino a Case Foce ed accertavano la presenza di elementi nemici intenti a rafforzarsi sulle pendici di q. 1029 e q. 832.

Di seguito, la visione "a raso di trincea" dell'offensiva americana nel diario del 2° Capo Ennio Varicchio, in posizione sulla quota 619:

Arrivammo così al 15 novembre. Quel giorno fummo bombardati pesantemente, ma non attaccati. Arrivò alla postazione un Maresciallo del nostro Plotone per darmi il cambio. Gli esposi la situazione sottolineando il fatto che da alcuni giorni avevo notato spostamenti e concentramenti di truppe nemiche e gli indicai i vari punti. Era chiaro che anche noi della 619 saremmo stati investiti dall'offensiva. Secondo me l'attacco era imminente ed esteso a tutto il fronte. Salutai alla voce i ragazzi, e partii raggiungendo la base cannoni. Feci pulizia. Erano 17 giorni che non mi toglievo scarpe e calzini. Mi lavai, mi cambiai e mi buttai finalmente sul pagliericcio aspettando il sonno. A notte inoltrata un Marò telefonò dall'Osservatorio che il Maresciallo aveva febbre altissima e chiedeva il cambio.

Dopo una mezz'ora lo stesso Marò richiamò da lassù per dire che il Maresciallo aveva lasciato la postazione e stava tornando alla base. Il Tenente Caronni a questo punto mi chiamò e mi disse di rivestirmi e di tornare la stessa sera all'Osservatorio. Il Marò Savini mi chiese di portarlo con me, e insieme, in una brutta notte di pioggia e vento raggiungemmo il posto che avevo lasciato poche ore prima, dove fummo accolti con gioia. Iniziò l'attesa. Io avevo maturato la convinzione che il possesso di quota 619 fosse vitale per impedire la rottura del nostro fronte, mentre per il nemico rappresentava la porta da far saltare per dilagare nella valle di Castelnuovo. Il 16 novembre mi alzai all'alba e mi misi ad osservare il terreno in mano al nemico. Tutti gli uomini erano ai loro posti di combattimento. Per la difesa della quota avevo fissato un punto fermo: impedire che il nemico mettesse anche soltanto una testa oltre la cresta del monte perché non vedessero e capissero quanto fosse precario il nostro dispositivo di difesa e quanto pochi fossimo noi difensori. Bisognava quindi sparare, sparare sempre fino all'ultimo colpo o fino all'ultimo respiro. Mi ero reso conto combattendo assieme ai tedeschi sulla Linea Gotica della "ritrosia" degli americani a venire all'assalto finché dall'altra parte ci fosse qualcuno che sparava.

L'attesa non fu lunga

Improvvisamente il fronte esplose e fu subito inferno, mentre l'aria si riempiva di fumo. L'artiglieria nemica prese a vomitare tonnellate di bombe sulle nostre linee e così i mortai, e presto divenne intensissimo anche il fuoco della fanteria. Noi sentimmo avvicinarsi lentamente i nostri nemici e aspettammo che aprissero il fuoco. Li avevamo di fronte, dalla parte opposta del cocuzzolo, e a destra all'altezza della curva del sentiero che portava a Molazzana, dove finiva la nostra visuale. Noi rimanemmo in attesa, immobili. Non sentendoci sparare gli americani si insospettirono e, come era successo tutte le altre volte, aprirono il fuoco per primi. Noi rispondemmo subito con le nostre terrificanti mitragliatrici, una puntata di fronte e l'altra sulla destra, e con un lancio di bombe a mano e colpi di fucile. Fu un inferno, il volume di fuoco scatenato era impressionante, sembrava che centinaia di soldati sparassero contemporaneamente. Infine gli americani si calmarono e si ritirarono, ma poco dopo ripresero a bersagliarci l'artiglieria ed i mortai nemici.

Altri otto duri attacchi nella prima giornata

Alla fine del bombardamento ecco pronto un nuovo attacco. Questa alternanza di bombardamenti ed attacchi si ripeté, senza praticamente soluzione di continuità, lungo tutto l'arco della giornata, per nove volte. Ma all'assalto, cercando il corpo a corpo o lo sparo a bruciapelo, non vennero mai. Io lo avevo previsto, e avevo puntato tutto su questo. Noi sparavamo a filo della cresta sollevando dei buffetti di terra con lo scopo preciso di mettere loro una paura matta ad affacciarsi. Intanto i nostri portaferiti avevano il loro d'affare, e lo facevano bene, tempestivamente. Lo stesso elogio va rivolto agli uomini dei collegamenti. Più volte nella giornata i bombardamenti avevano interrotto la linea telefonica in prossimità della nostra postazione e, il più delle volte in breve tempo, anche sotto il fuoco dell'artiglieria, i collegamenti erano stati ripristinati. Nel corso del 16 novembre avvenne anche un episodio di cui mi sono ricordato solo scrivendo queste note, e, infatti, nessuno lo conosce. Osservando la linea del fronte, vidi dei soldati americani che salivano sul fianco della collina sulla quale era piazzata la postazione del S.Ten. Capasso, della 7ª compagnia. Il loro scopo appariva quello di prenderli alle spalle o di fianco. La distanza era grande, diverse centinaia di metri, comunque io feci voltare immediatamente una nostra mitragliatrice che sparò alcune raffiche. In un lampo gli assalitori scomparvero verso il basso.

Notizie poco allegre

Ma dal resto della linea giungevano notizie poco allegre. L'attacco nemico era stato sferrato su tutto il fronte e in diversi punti i nostri erano stati costretti ad indietreggiare. Si parlava di infiltrazioni, si diceva anche che i partigiani[21] si muovessero alle nostre spalle tagliando le linee telefoniche. Tenni per me queste notizie. Al telefono del Comando di Compagnia mi avevano anche chiesto con ansietà se alla nostra sinistra si sparava. Dovetti dire di no. Ma cosa significava? Comunque stetti più attento al telefono – si diceva anche che i partigiani si inserivano nelle conversazioni – per evitare che qualche uomo rispondesse al posto mio. Misura forse inutile in quanto i Marò parlavano pur sempre con i portaferiti e gli uomini dei collegamenti. Col passare del tempo la nostra situazione si faceva sempre più difficile. Avevamo le due mitragliatrici fuori uso, ed erano finiti i pacchetti di medicazione. Il gruppo dei difensori nel corso della giornata era andato assottigliandosi fino a ridursi a poche unità. Ricordo Zernitz, e, mi

---

[21] Sull'attività dei partigiani nel retrofronte della *San Marco* e della *Monterosa* durante questi combattimenti, v. Mario Pellegrinetti, *La fine della Divisione Garibaldina "Lunense"*, in appendice al presente libro.

pare, Pattare e Pegoraro. Avevamo subito otto attacchi e aspettavamo il nono. Possedevamo solo fucili – questi in abbondanza – e li caricammo tutti, insieme alla mia *P 38*. Certo che se gli americani, avvertito il nostro ridotto volume di fuoco, avessero di slancio superata la cresta della montagnola, col concorso magari dei soldati piazzati sulla nostra destra, avrebbero perso forse solo qualche uomo, ma avrebbero poi eliminato tutti noi in pochi secondi, occupando così quota 619 e affacciandosi alla valle di Castelnuovo, ma soprattutto sulla strada bianca che, se a destra scendeva verso il fondo valle, a sinistra saliva passando immediatamente dietro alle nostre postazioni situate più in alto di quota 619.

Anche le "Ballila" fanno molto bene il loro dovere
Strizzandomi il cervello per trovare una via di uscita, perché ero conscio che questa volta non li avremmo fermati se non interveniva qualche santo, ricordai che la prima volta che ero passato per il Comando di Compagnia, avevo adocchiato una cassetta di bombe a mano italiane: le famose "Ballila" che io avevo già usato in Istria con successo.
Mi caricai la cassetta sulle spalle e la portai all'Osservatorio; scoperchiatala, distribuii un certo numero di bombe a ciascuno, assicurandogli che sarebbero state la nostra salvezza.
Quando gli americani, arrivati ormai vicino alla cresta, cominciarono a sparare, diedi il via prima ad un intenso fuoco di fucileria, poi ad un nutrito lancio di bombe a mano fino ad esaurire il contenuto della cassetta. L'effetto fu notevole. I nemici in breve smisero di sparare – anche loro saranno stati stanchi! – e si ritirarono. Ancora una volta ce l'avevamo fatta! La strada per Castelnuovo e per le nostre difese poste più in alto rimaneva in mano nostra.
Non ci sarebbero stati altri attacchi nella giornata. Era calato il buio, non si sparava più e c'era silenzio. La linea telefonica era ancora interrotta. Dopo un certo tempo sentii gridare il mio nome dall'alto della postazione mortai. Era il Marò Castellani inviato dal Comando per sapere se all'Osservatorio c'eravamo ancora noi o no. Naturalmente risposi. Castellani, forse preso dall'entusiasmo della scoperta, promise anche un rancio caldo, che non vedevamo da venti giorni, ma quello poi non arrivò. Poco più tardi, riallacciata la linea telefonica, ricevetti una telefonata del Generale Carloni, comandante della Divisione *"Monterosa"*: poche parole sulla importanza di aver tenuto quota 619 e l'annuncio che presto sarebbe iniziata la nostra controffensiva. Aggiunse anche che avrebbe messo da parte una bottiglia di brandy.

Ed ecco lo stesso attacco nelle parole del Marò mortaista Giancarlo Leonardi della 1ª Squadra Mortai:

Era la notte del 16 novembre quando la situazione precipitò. Un portaordini sporco di fango si affacciò nel nostro ricovero, e urlò come un forsennato l'ordine di fare entrare in azione i mortai, scomparendo nel sottobosco in direzione di Cornola. In pochi istanti lo spazio si riempì di un boato inverosimile, una scena accecante, apocalittica, tra vampate di granate, di traccianti, di esplosioni di *schrapnel* in aria.
Noi, come ombre zigzaganti, ci buttammo ai pezzi. Reparti americani ci stavano attaccando in massa. Le bocche dei mortai incominciarono a vomitare fuoco in direzione della Quota 1031, le comunicazioni ci pervenivano attraverso il telefono dal Comando di Cornola, dove c'era il Capitano Burrone. La terra, ora, era arata, sbriciolata. Si insaccavano nel tubo bombe ad una velocità folle. Dovemmo incominciare a ruotare il puntamento. Era quasi l'alba, e i mortai avevano girato i 180°: tra il nostro stupore e terrore avevamo eseguito una mezza rotazione del mortaio; il nemico era quindi ora alle nostre spalle.

17-11-1944: nella notte sono giunte nuove forze per il contrattacco in approntamento allo scopo di ripristinare la linea, esse sono:
- 4ª Compagnia *Hochsgebirgsjäger* (Sottotenente Ziegler) Case Rossole;
-2ª Compagnia /25° *Jäger* (Sottotenente Ceialer[22]) Eglio;
- Squadra Mortai/Btg. Alpini "*Brescia*" (Maggiore Marcarino) Monte d'Anima.

Risultano occupate dal nemico:

- quota di destra della 832 ed il colletto;
- cima di q. 1029;
- cima di q. 1031.

Oltre a ciò elementi avversari discendono verso Case Cornola.
All'alba ha inizio la nostra preparazione di Artiglieria contro la q. 832.
Alle ore 07.45 ha inizio l'attacco della Compagnia Ziegler contro la stessa quota mentre i mortai del "*Brescia*" battono la quota di destra ed il colletto. Alla stessa ora la 2ª/25° *Jäger*, rinforzata da un Plotone Bersaglieri del 2°/IV Gruppo Esplorante (Sottotenente Carboni) con il Sottotenente Coggi, dalle pendici di Monte d'Anima inizia l'attacco alla q. 1029.
Alcuni concentramenti di mortaio del "*Brescia*" (particolarmente ben diretti) obbligano il nemico alla fuga e q. 1029 viene rioccupata recuperando su di essa armi della 9ª Compagnia. Dopo l'occupazione della detta quota il movimento procede sulla q. 1068 che viene conquistata. Gli elementi avversari, che erano in movimento verso Case Cornola, riguadagnano in fretta la linea di cresta e spariscono alla vista sull'altro versante. Il Plotone Carboni può così percorrere tutta la cresta e riprendere collegamento con due Squadre della 7ª Compagnia (Sottocapo Torretti) che avevano conservate le proprie posizioni sulla linea di resistenza per quanto isolate.
Intanto la Compagnia Ziegler riconquista la q. 832 dopo una intensa preparazione effettuata dalla nostra Artiglieria. L'Artiglieria nemica dal canto suo effettua forti concentramenti a sostegno delle proprie truppe in difficoltà. La Fanteria avversaria, stretta fra la tenaglia rappresentata dalle quote riconquistate (la 832 e la 1029), cerca di ripiegare, lasciando comunque sul terreno alcune decine di morti ed un mortaio. Rimane in mani nemiche solo la q. 1031.
Una pattuglia di Bersaglieri del IV Gruppo Esplorante (Sottotenente Cogli) raggiunta la cima di q. 1031 si scontra alle minime distanze con la forza nemica. Muove a suo sostegno un Plotone germanico della 2ª/25° *Jäger* che riesce anch'esso a raggiungere la cima. Un aereo leggero da osservazione nordamericano dirige il tiro della propria Artiglieria e dei mortai sulla quota 1031 dove piovono forti concentramenti. Sotto tale azione di fuoco, e senza peraltro subire perdite, la nostra pattuglia ed il Plotone tedesco sono costretti ad abbandonare la quota ripiegando sulla q. 1029. La q. 1031 rimane così nella terra di nessuno.

---

[22] Nome molto probabilmente errato.

18-11-1944: nella notte sono giunti:
- 4ª/I/286° *Grenadier-Regiment*;
- 1° Squadrone/IV Gruppo Esplorante.

La Compagnia germanica viene assegnata alla Compagnia Ziegler con il Plotone Carboni, compito: ricacciare definitivamente il nemico dalle pendici sud della q. 832.
Lo Squadrone, che ha raggiunto il costone di Case Cornola, riceve la 2ª/25° *Jäger* e tutti i Marò della 7ª Compagnia; compito: riconquistare la q. 1031 e rioccupare tutta la destra della linea di resistenza.
Dopo opportuna preparazione di Artiglieria, alle ore 08.00 la Colonna di attacco Ziegler ricaccia il nemico fin presso Brucciano arrecandogli gravi perdite. Fatta segno a forte fuoco di sbarramento rimane sulle posizioni raggiunte pur subendo perdite.
La 2ª/25° *Jäger* e lo Squadrone, in unione ai Marò della 7ª Compagnia, alle ore 10.30 rioccupa di slancio la q. 1031. Sottoposta a forti concentramenti di Artiglieria la colonna d'attacco è costretta ad abbandonare la quota ma vi si rafforza immediatamente sotto, sulle pendici settentrionali.
Nel pomeriggio l'attacco di due Compagnie nordamericane (sempre truppa di colore) viene respinto sulla q. 832 con il fuoco che obbliga il nemico a ripiegare con forti perdite.
Nella notte:

- il nemico è costretto a sgombrare le pendici sudorientali della q. 1029;
- azioni di pattuglie hanno luogo oltre la q. 832;
- la dislocazione in linea delle truppe viene modificata in relazione a fuoco nemico di Artiglieria a tiro registrato.

Di seguito, la fine dell'attacco Alleato nelle memorie del 2° Capo Ennio Varicchio:

L'offensiva americana si esaurisce al terzo giorno
Passò la notte. Ricevemmo rinforzi e iniziò il giorno 17 sulla falsariga del giorno 16, ma la spinta e la determinazione dei soldati americani non era più quella del primo giorno. E nella stessa giornata arrivarono anche le buone notizie; i nostri avevano iniziato con successo quasi ovunque il contrattacco, che si concluse il giorno 18 novembre con il ripristino totale della vecchia linea di difesa. La grande offensiva americana era finita.
Il 19 lasciai l'Osservatorio senza fermarmi al Comando di Compagnia né a quello di Battaglione, ma con l'ambulanza proseguii per l'ospedale da campo avendo il braccio destro inerte e dolorante a causa della frattura della clavicola.
Al mio ritorno, dopo alcuni giorni, seppi che il Comandante Uccelli voleva vedermi. Mi porse una Medaglia al V. M. "sul campo", e il brevetto firmato dal Generale Carloni, poi mi congedò con una forte stretta di mano.
A chiusura di questi ricordi sento il dovere di aggiungere che dagli uomini che erano con me in quei giorni nella difesa di quota 619 non uscì mai una lamentela per le dure condizioni di vita, senza pasti caldi per venti giorni in novembre, e senza giacigli su cui riposare. Tanto me-

no nessuno chiese di ritirarsi nei giorni in cui sembrava che tutto l'esercito americano ci fosse addosso per vederci morti.

Io li ricordo come eroi. Tutti eroi. E credo che sapessero che li avrei portati fino all'estremo sacrificio. Oggi sono anziano, e lo posso confessare: quando ripenso a loro e al loro spirito di sacrificio mi viene un nodo alla gola e fatico a respirare. Mi porto dietro i loro volti di allora, non ricordo tutti i nomi anche perché molti venivano da altri reparti, non so se volontari o mandati dal Comando. Quegli uomini saranno con me fino all'ultimo giorno e forse, chissà, anche dopo. San Marco!

19-11-1944: l'attività nemica sul fronte del Btg. si limita a fuoco di artiglierie e mortai che non provoca perdite. Vengono rafforzate le posizioni raggiunte, ripianate le scorte di munizioni, inviati generi di conforto, rastrellato il terreno sul davanti delle posizioni, bonificato il campo di battaglia con cospicuo recupero di armi e materiali abbandonati dall'avversario.

Si è proceduto al riordino della 7ª Compagnia. I Pionieri hanno provveduto nella giornata allo stendimento di ostacolo minato antiuomo speditivo. Una pattuglia della 7ª Compagnia porta in salvo, barellandola, una donna ultraottantenne che, ostinatamente, non aveva voluto abbandonare la propria casa nonostante i combattimenti. La donna, che poi convivrà con loro in postazione, provvede alla confezione del rancio ai Marò che l'hanno tratta in salvo. Gli uomini ne ammirano la forza d'animo, la calma e la serenità.

20-11-1944: prosegue l'assestamento dei Reparti in linea così come la bonifica del campo di battaglia. L'Artiglieria nemica ha esplicato nella giornata alcune azioni di fuoco che, peraltro, non hanno provocato perdite. Il Battaglione cessa dalle dipendenze operative del Gruppo da Combattimento Schirowsky per passare a quelle del Comando Sottosettore destra-Serchio (Ten. Col. Pasquali, Comandante del 1° Rgt. Alpini/4ª Divisione "*Monterosa*") dislocato a Fosciandora.

Il Colonnello Schirowsky indirizza alle Truppe il suo saluto (Doc. 3).

Il Sig. Generale Comandante della 4ª Divisione con il proprio O.d.G. n° 52 saluta le Truppe alle sue dipendenze in occasione della assunzione di responsabilità del Settore.

Il Supplemento per le Truppe del Giornale Divisionale della 4ª Divisione reca un editoriale di saluto degli Alpini ai Marò.

Il Sig. Generale Comandante della Divisione (4ª) dopo essersi collegato telefonicamente con talune postazioni del Btg. invia in linea dei generi di conforto.

21-11-1944: vengono conteggiate le perdite subite dal Btg. negli scorsi giorni. Viene accertato che, in connessione con l'attacco nemico, hanno operato contro il Btg. anche bande partigiane italiane che, fra l'altro, sono riuscite a catturare elementi della 7ª e della 10ª Compagnia (di questa ultima la 1ª Squadra composta da 17 uomini azioni durante). I Marò sono da considerarsi dispersi.

Sulla destra del Btg. entra in linea l'intero IV Gruppo Esplorante "*Monterosa*" dando il cambio al III/285° *Grenadier-Regiment* che, divenendo Riserva Divisionale va a dislocarsi a Piazza al Serchio. Attività dell'Artiglieria da Campagna nemica nel corso della giornata.

Il Plotone Pionieri raffittisce l'ostacolo minato antiuomo fra Eglio e Montaltissimo.

22-11-1944: modesta attività dell'Artiglieria nemica per l'intera giornata. Sono rientrati da Chiavari, dove si erano presentati a quel Comando Presidio, i 17 Marò della 10ª Compagnia dati ieri per dispersi. Essi sono tutti sfuggiti alle bande, sia isolatamente sia in gruppo, ed hanno portato precise importanti notizie su specie, consistenza e dislocazione delle stesse (Doc. 4).
Viene ordinato alle Compagnie in linea di contare e segnalare, relativamente all'incrementata attività dell'Artiglieria avversaria, tipo di intervento e di tiro, colpi caduti, calibro presumibile.

23-11-1944: nella decorsa notte, partigiani hanno attaccato sulla destra del Btg. un Plotone del IV Gruppo Esplorante facendolo prigioniero. Due Bersaglieri sono però riusciti a fuggire ed hanno dichiarato che la banda, con i catturati, si è diretta verso le posizioni nordamericane di Vergemoli. Il Comando Btg. è informato che i partigiani sono usi indossare uniformi nostre. La notizia deriva dal fatto che presso Case Foce una pattuglia ha rinvenuto il cadavere di uno sconosciuto indossante perfetta uniforme da bersagliere del IV Gruppo Esplorante. L'uomo è risultato ignoto nel Gruppo stesso.
L'Artiglieria nemica da Campagna oggi è stata piuttosto attiva in specie nel settore della 7ª Compagnia dove è rimasta semidistrutta la postazione del Sottotenente Capasso che ha riportato ferite.
Condizioni meteo: in peggioramento.

24-11-1944: nella decorsa notte i partigiani hanno nuovamente attaccato il IV Gruppo Esplorante sulla destra del Btg. tendendo agguato ad un Plotone di Bersaglieri e riuscendo a catturarne due Squadre. La terza Squadra è riuscita a disimpegnarsi con il fuoco rimanendo indenne. Anche in questa circostanza i partigiani indossavano uniformi da bersagliere. Il nemico nordamericano ha tentato oggi un'azione contro la postazione Le Rocce. Sotto l'urto parte dell'8ª Compagnia ha ripiegato. L'azione di contrassalto, subito montata, è stata condotta con il concorso del Plotone Pionieri (S.Ten. Costantini) positivamente. Nonostante una iniziale resistenza in posto la Fanteria avversaria è stata costretta a ripiegare e le posizioni primitive sono state ripristinate dall'8ª Compagnia. Nella notte escono pattuglie delle Compagnie 6ª e 7ª.

25-11-1944: nella giornata intenso fuoco di Artiglieria da Campagna nemica su Eglio. Nel pomeriggio il Comando della Divisione "Monterosa" invia al Comando Btg. precise informazioni circa il porto e l'uso di nostre uniformi da parte dei partigiani. Tali notizie sono ritrasmesse subito alle Compagnie tutte. Tempo atmosferico in continuo peggioramento, temperatura in abbassamento. La notte uscita nostre pattuglie (8ª Compagnia).

26-11-1944: rientrate pattuglie senza novità di rilievo. Durante la giornata sporadico fuoco nemico di Artiglieria a scacchiere. A sopperire le perdite subite dal IV Gruppo Esplorante entra in linea sulla destra del Btg. la C.C.R./1° Rgt. Alpini (Capitano Gosen). Condizioni meteo: densa nebbia ed intense precipitazioni piovose. A sera inoltrata uscita nostre pattuglie (6ª e 7ª Compagnia).

27-11-1944: rientrate pattuglie poco oltre la mezzanotte. Notati movimenti avversari nella terra di nessuno. Dopo azione esplorativa svolta da pattuglia nemica nelle prime ore del mattino (03.45) nel settore di destra, avanti alla nostra postazione avanzata n°114, alle ore 07.50 reparti nordamericani di negri sono apparsi nella zona antistante le nostre linee compresa fra la Postazione "Alfa" e la n°113. Tali Reparti sono stati preceduti da intensa concentrazione di fuoco di artiglieria sulle nostre postazioni con l'impiego anche di nebbia artificiale.

Alla reazione delle nostre armi il nemico ha momentaneamente ripiegato sulle sue posizioni per riprendere poi, decisamente, l'attacco in forze sotto la protezione del fuoco di Artiglieria.

Superando lo sbarramento del nostro fuoco di mortai e cannoni, preponderanti forze avversarie hanno quindi investito le nostre linee tentando penetrarvi senza peraltro riuscire nell'intento.

Scopo del nemico era quello di raggiungere, attraverso una rapida infiltrazione, il vallone a levante della q. 832 che porta direttamente a Castelnuovo Garfagnana.

Alle ore 09.00 il nemico, con forze superiori ad una Compagnia e con rinnovato impegno, ha investito su ambedue i fianchi la Postazione n°114 gravitando con altre forze sulla zona antistante Casa Pozza, incontrandovi però una anche più dura resistenza da parte degli uomini della difesa. Nonostante le forti perdite subite, il nemico ha insistito nell'azione riuscendo a portarsi a distanza ravvicinata sotto la Postazione n°114.

Alle ore 10.00, forte della superiorità numerica, il nemico dopo un'ora di lotta, quasi sempre all'arma bianca, riusciva a porre piede nella casa già diroccata della Postazione n°114. Un pronto contrassalto condotto con estrema decisione dagli uomini ancora validi guidati dall'A.U. Aldo Gennaro e dal Sergente A.U. Ciro Toscani, ricacciava il nemico a colpi di pugnale e bombe a mano cosicché, alle ore 10.45, la linea era completamente ristabilita mentre le riserve locali intervenivano nella lotta.

Il nemico tentava subito un contrassalto contro la postazione, esso però veniva stroncato dalla difesa (Capo di 3ª Classe Lamina e Sergente Bergamo). Visto fallire qualsiasi tentativo di penetrazione il nemico, a seguito delle gravissime perdite subite, desisteva dalla lotta iniziando (ore 11.25) il ripiegamento, che si è mutato in rapida fuga, abbandonando sul terreno numerosi morti che aveva tentato trasportare, inseguito dal fuoco concentrato dei nostri mortai e da quello della nostra Artiglieria che effettuava sbarramento. Alle ore 14.00 l'azione aveva termine.

Perdite subite: un Caduto e 18 feriti oltre ad altri, leggeri, che fattisi medicare sono rimasti in linea.

Perdite inflitte: solo davanti alla Postazione n°114 sono stati contati 12 morti, altri giacevano avanti alla n°113, Casa Pozza ed "Alfa".

Si possono così valutare ad oltre 30 i morti avversari salvo le ulteriori perdite inflitte dalla nostra Artiglieria, feriti in proporzione. Condizioni meteo: cielo coperto.

28-11-1944: nella mattinata, si presentano al Comando 8ª Compagnia alcuni civili abitanti a Calomini, affermando di avere diverse dichiarazioni da fare al Comandante di Btg.

Avviati al Comando Btg. vi dichiarano per iscritto che truppa negra nordamericana avrebbe violentato due bambine sui 10-12 anni. Dal Comando Btg. si informano gli organi "I" della 4ª Divisione "*Monterosa*", tramite il Comando del 1° Rgt. Alpini del fatto proponendo, inoltre, di lanciare un avviso, via radio ed in chiaro, al Comando nemico. Per motivi di sicurezza i civili non sono fatti rientrare nel territorio invaso.

Nella notte uscite pattuglie (6ª Compagnia) su ordine specifico del Comando 1° Rgt. Alpini. Condizioni meteo: cielo coperto.

29-11-1944: il Comando Btg. è informato da quello del 1° Rgt. Alpini che il Comando Divisione (4ª) ha provveduto a lanciare in chiaro il proposto avviso radio al Comando nemico e nel contempo ha reso edotte le SS.AA. del gravissimo fatto, rappresentato ieri dagli abitanti di Calomini, per appropriato intervento della Croce Rossa Internazionale.

Fuoco sporadico dell'Artiglieria avversaria.

Nella notte uscita pattuglie 7ª e 8ª Compagnia.

Condizioni meteo: cielo coperto.

30-11-1944: rientrate pattuglie nessuna novità di rilievo.

Nella giornata il fuoco dell'artiglieria nemica è stato rilevato, dal conteggio dei colpi caduti e dalla concomitanza degli interventi, accresciuto. Presumibilmente si è aggiunto un altro Gruppo da Campagna.

Nella notte uscita pattuglie della 7ª Compagnia e del Plotone Pionieri. Condizioni meteo: cielo coperto, nubi basse, nevischio.

DICEMBRE 1944

01-12-1944: rientrate le pattuglie della notte, una delle quali, scontratasi con pattuglia nemica, riporta un prigioniero.
Voli di aerei nemici da osservazione e tiri di disturbo dell'Artiglieria nemica. Temperatura in abbassamento: precipitazioni nevose. Nella notte uscita pattuglie 6ª e 8ª Compagnia.

02-12-1944: nella seconda parte della notte due pattuglie (8ª Compagnia e Btg. Alpini), incontratesi nella terra di nessuno, sono sottoposte a fuoco di mortai proveniente da Ca' di Matte e San Rocco. Rientrano senza danni. Si ha notizia, e vengono notati sorvoli, di azione aerea nemica sui centri logistici arretrati della 4ª Divisione.
Sporadica attività dell'Artiglieria nemica durante la quale però si nota strana precisione di tiro su postazioni. In relazione a ciò il Comando Btg. ordina che, azioni di pattuglia durante, vengano attentamente frugati i casolari isolati dove potrebbero trovarsi alcuni civili, fonte probabile di informazioni al nemico.
Temperatura in ulteriore abbassamento cosicché la neve ghiaccia. Uscita pattuglie della 7ª e 8ª Compagnia, ed una pattuglia osservazione della 10ª.

03-12-1944: non rientrata la pattuglia della 10ª Compagnia (al comando del Sottotenente Gallisai). Rientrate pattuglie 7ª e 8ª. La pattuglia della 8ª, notata una luce intermittente in un casolare, vi perviene sorprendendovi un civile disarmato che tenta sottrarsi alla cattura. Interrogato, al rientro egli afferma di fare segnalazioni con torcia elettrica alla sua innamorata che abita entro le linee nemiche. Gli viene trovato addosso un foglio contenente infuocate parole d'amore che hanno però la strana caratteristica di avere le maiuscole alle parole che precedono la punteggiatura. Il civile viene pertanto avviato sotto scorta al Comando di Btg. Le condizioni meteo peggiorano e la temperatura si abbassa oltre i -5°.

04-12-1944: nella ricorrenza di Santa Barbara vengono inviati a tutti i Reparti in linea generi di conforto. Giunge al Comandante di Btg. una lettera dal Sig. Generale Comandante della Divisione [non ritrovata nel carteggio, NdA].
In relazione alla cattura effettuata ieri dall'8ª Compagnia ed alle ipotizzabili notizie al nemico fornite da civili nella terra di nessuno il Comando Btg. ordina l'intensificazione del controllo da parte delle pattuglie. Escono pattuglie nella notte.
Condizioni meteo: cielo coperto, nebbie.

05-12-1944: rientrate pattuglie: nessuna novità, nessuna reazione nemica. Il procedere del personale è stato reso difficile dalla neve ghiacciata. Sono giunti al Btg. quali Complementi i seguenti Ufficiali:

- Sottotenente Bertini assegnato alla 7ª Compagnia;
- Sottotenente Granchi assegnato alla 7ª Compagnia;
- Sottotenente Piantato assegnato alla Comp. Comando;

- Sottotenente Ratti assegnato alla Comp. Comando;
- Sottotenente Rolando assegnato alla 6ª Compagnia.

Continua temperatura rigida, nebbia a banchi sulle posizioni. Uscita pattuglie nella notte.

Il Sottotenente Luigi Piantato, tra i Complementi provenienti dalla Scuola AA.UU. della GNR di Rivoli ricorda l'avviamento e l'arrivo al fronte:

Al termine del corso, e dopo gli esami molto severi, fui inviato in licenza per quindici giorni. [...] In seguito arrivò la destinazione: fui fortunato. La maggior parte dei presenti fu destinato ai vari Comandi Provinciali della Guardia, mentre io e alcuni colleghi siamo stati assegnati al 1° Reggimento Divisione Alpina "Monterosa", centro smistamenti di Chiavari (GE).
Eravamo un gruppo d'ufficiali "pivelli" con tanto di cappello alpino e molta rabbia in corpo: la burocrazia del Regio Esercito si era trasferita anche sui tavoli di quello Repubblicano! [...]
Finalmente, con l'ausilio di un autocarro civile che trasportava viveri, giungemmo a La Spezia scampando fortunosamente a diversi attacchi aerei. Da lì, sempre con mezzi di fortuna – militari – abbiamo raggiunto la sede del comando a Camporgiano (LU). Così giungemmo, dopo varie attese e vicissitudini, al 1° Rgt. Allora dislocato in Garfagnana sulla cosidetta "Linea Gotica": era l'ottobre '44. Trascorse più di un anno dal fatale 8 settembre!
Questo gruppo di pivellini – come ci avevano battezzto subito i "Veci" – fu smistato tra i vari reparti presenti al fronte. In quattro siamo stati destinati al II Battaglione del 6° Reggimento Fanteria di Marina, Divisione San Marco, che era alle dipendenze del Reggiemnto Alpini. Giunto al comando di Battaglione incontrammo il Comandante Uccelli, l'aiutante maggiore Sommaiuolo – architetto napoletano – e il Tenente Rittner, ufficiale di collegamento tedesco.
Destinato alla compagnia comando, come ufficiale addetto, ero a disposizione del comandante. Fu per me una gran iattura. Ero il jolly che poteva essere inviato, anche senza preavviso, dove necessitasse un ufficiale. La vita non era facile, lui era molto esigente ed io accorrevo ogni qualvolta un collega, ferito o temporaneamente richiamato al reparto, doveva essere sostituito.

06-12-1944: rientrate pattuglie. La pattuglia comandata dal S.Ten. Seth (8ª Compagnia) ha scoperto in abitazione isolata, ad ovest di Villa Sala, una cospicua riserva di vino. Il Sergente Rizzi (studente tecnico) dopo sommarie rilevazioni opina esservi altri locali murati che in effetti vengono scoperti. Vi si trovano ammassati sci, effetti di biancheria in grande quantità, maglierie, calzature. L'Ufficiale decide di tenere segreta la fortunata (e fortunosa) scoperta e, trasportato parte del ritrovato nelle linee, inizia a farne beneficiare il proprio Plotone.
Artiglieria nemica calma. Nebbia sulle posizioni.
A notte uscita pattuglie.

07-12-1944: le pattuglie uscite dell'8ª Compagnia iniziano il trasporto nelle linee del vino e del materiale ritrovato ieri, con alacre impegno. Giunge notizia che il Sottotenente Gallisai ed i suoi uomini sono stati impiccati da partigiani italiani entro le linee nemiche. La notizia è portata da informatori. Tramite il Comando del 1° Rgt. Alpini il Comando Btg. ne informa quello di Divisione e richiede di lanciare, per radio ed in chiaro, al Comando nemico una intimazione relativa a rappresaglie che andrebbero in essere su militari nordamericani fatti prigionieri, in uno con protesta alla Croce Rossa Internazionale.

Nessuna attività dell'Artiglieria nemica. Nebbia in lento diradamento. Uscita pattuglie nella notte.

08-12-1944: è continuato il trasporto delle prede da oltre le linee da parte dell'8ª Compagnia. Nessuna reazione di fuoco al movimento delle pattuglie delle altre Compagnie.

Il Comando Btg. venuto a conoscenza delle prede fatte dall'8ª Compagnia vi invia il Sottotenente Piantato che addiviene ad un accordo con il comando 8ª secondo il quale tutte le Compagnie del Btg. potranno recarvicisi per prelevare.

La temperatura permane molto rigida e nelle Compagnie si hanno numerosi ammalati.

09-12-1944: la distribuzione delle prede fatte dall'8ª Compagnia consente di migliorare, sia pure di poco, la situazione delle altre Compagnie per quanto attiene vino e vestiario. Ma essa rimane grave e la lista ammalati aumenta stante la rigidissima temperatura, i lunghi turni di guardia e le relative possibilità di asciugatura panni e riscaldamento nell'interno delle postazioni. Anche la situazione calzature permane precaria. Il Sig. Generale Comandante della XIV Armata invia alle Truppe il proprio compiacimento che il Sig. Generale Comandante della 4ª Divisione fa suo con O.d.G. n°57 (Doc. 5).

10-12-1944: stasi completa sulle linee del fronte. In relazione all'alto numero di ammalati il Comando Btg. ordina che i turni di guardia vengano ridotti da 120 minuti a 30.

Perviene al Comando Btg. la situazione della 148ª Divisione germanica[23].

11-12-1944: il Sig. Comandante del Btg. convocati a rapporto gli Ufficiali pattugliatori delle Compagnie ordina loro di reperire oltre le linee (a preferenza di prigionieri) indumenti, calzature e coperte onde sopperire alle necessità della Truppa. Egli sottolinea che tutto il reperito dovrà essere equamente distribuito. Confida agli Ufficiali che nessun aiuto potrà pervenire dalla Divisione in Liguria e che il Btg. dovrà contare sulle sue sole forze. Stessa situazione per i più volte richiesti Complementi e per un eventuale cambio in linea. Gli Ufficiali informano il Comandante che, più che le privazioni e le malattie incide sui Marò la prolungata, logorante attesa di uno scontro con il nemico.

Stasi durante la giornata. Temperatura -10°.

---

[23] La *148. Infanterie-Division*, formata nel 1939 come unità d'istruzione, sarà poi ricostituita in una Divisione di Riserva, ricevendo altri reparti (tra i quali un *Ost-Bataillon* russo). Inviata nel 1942 di guarnigione in Francia, sarà dislocata alla fine del 1943 al confine italo-francese, contrastando nel 1944 lo sbarco Alleato in Provenza, combattendo nel settore dell'Esterel in seno alla 19. Armee. Subordinata poi all'*Heeresgruppe C* e nonostante fosse qualificata come unità di seconda linea, il Comando tedesco fu costretto a impiegarla in prima linea dall'ottobre 1944 sino all'aprile 1945, al comando del *Generalleutnant* Otto Fretter-Pico, quando sarà distrutta tra il Po e Cremona durante il ripiegamento finale delle truppe italo-tedesche.

12-12-1944: gli osservatori nella notte avvertono movimenti nemici a Vergemoli, Brucciano e Calomini. Di primo mattino l'Artiglieria da Campagna avversaria inizia fuoco di preparazione che batte, con cortine alternate, tutto il fronte tenuto dal Btg. assumendo poi carattere di concentramento sulla destra (IV Gr. Esplorante e C.C.R./l° Rgt. Alpini). Compare poi l'aviazione nemica che batte con mitragliamenti lo stesso settore. Si è notato fuoco di mitragliatrici laterale e dietro le nostre posizioni: si suppone siano azionate da partigiani. La Fanteria nemica attacca ma viene contenuta e ributtata dagli alpini della C.C.R. mentre il IV Gruppo Esplorante mette in azione quattro cannoni. La Fanteria nordamericana, valutata a due Compagnie fucilieri, ripiega sulle posizioni di partenza verso Vergemoli sfruttando gli impluvi e la sua azione si esaurisce così. Il Btg. ha concorso sul fianco sinistro del movimento avversario con il fuoco dei mortai della 10ª Compagnia.

Il Marò mortaista Giancarlo Leonardi ricorda così il suo ritorno in prima linea[24] e quest'ultima azione di fuoco:

Eravamo a Stazzana. Una località con un gruppo di case e casoni. La 1ª Squadra mortai, dopo lo scrollone del novembre, stava rimettendosi in piedi. Ci si ritrovò con Bozzi, Arbicò, Giambra, Miotti e con qualcuno che era appartenuto alla 2ª Squadra mortai, mezza decimata. Innanzitutto, bisogna dire che noi cinque ultimi arrivati vivevamo in disparte, esiliati e degradati. Il Bozzi e l'Arbicò erano riusciti, in quella terribile notte del 16 novembre, a riagganciarsi alle Rocche con la Squadra dei fucilieri di Arena. L'Osvaldo, pur percorrendo in mezzo ai partigiani un tratto di strada, aveva trovato il coraggio di defilarsi sul Passo del Cerreto e riunirsi poco dopo alla *San Marco* di Aulla. Il resto della Squadra, una volta ad Aulla, era rientrata al fronte. Quindi noi eravamo stati gli ultimi a rientrare nei ranghi, e questo non deponeva a nostro favore. Peraltro, modestia a parte, Teruzzi della smobilitata 2ª Squadra e Sala della 1ª erano i migliori e più veloci puntatori mortaisti del Reggimento. Ed io mi reputavo il migliore telemetrista e direttore di tiro. A parte una certa predisposizione per cose del genere, mi avevano formato bene i corsi di tiro nel *West Lager*. Durante le manovre di tiro in Germania, la 1ª Squadra mortai ricevette l'elogio dal Comandante in Capo del grande Lager, von Alberti. Ci classificammo sempre primi in tutte e tre le prove, colpendo diciotto su venti alla prima, quattordici alla seconda, e diciotto alla terza. Per due mesi e mezzo avevo seguito i corsi nel campo di Auerbach. Conoscevo e ricopiavo le carte topografiche, facevo calcoli comparati alla scala della carta per le distanze, controllavo le distanze col binocolo graduato. Ci sapevo fare. Giambra e Arbicò si erano improvvisati telemetristi, ma non erano molto competenti. Noi, in questa nuova squadra non eravamo molto apprezzati, anzi eravamo tenuti in disparte. Come ultimi arrivati, infatti, il nostro incarico era di fare la guardia ai mortai e di portare munizioni. Si scavavano così piazzole per le bocche dei mortai, che da due erano diventati quattro, e si pulivano i pezzi: piastra, tubo, bipiede, goniometro. Eravamo semplici serventi; un poco avvilente, ma d'altronde si doveva accettare questa nuova realtà. I mortai erano piazzati molto sopra la cascina di Stazzana. All'interno delle piazzole erano disseminate le palette. Le palette erano tondini di ferro a strisce bianche e rosse, una volta piantati nel terreno servivano a dare la direzione del bersaglio. Tale bersaglio poteva essere puntato se si riusciva a vederlo direttamente, oppure, poteva essere stabilito attraverso la carta topografica con la bussola. Di queste palette conficcate ce ne erano parecchie, ad indicare gruppi di case, paesi, passaggi obbligati, posizioni nemiche. Arrivò comunque il giorno che tutti gli uomini della Squadra ci ridiedero la loro stima ed

---

[24] I Marò della 1ª Squadra mortai, tra i quali Leonardi, rimasti isolati nel corso dell'offensiva Alleata di novembre, erano stati catturati dai partigiani e solo dopo diversi giorni erano riusciti a fuggire, v. le giornate del 16, 21 e 22 novembre del Diario e il documento N. 4 in appendice.

amicizia. Da Montealtissimo giunse a mezzo radiotelefono l'ordine di sparare immediatamente su Vergemoli e nella vallata di Verni. Una volta aggiustato il tiro, fu ordinato il "fuoco a volontà". Si aprì il fuoco, noi portavamo fuori dalle riservette le cassette in ferro che contenevano ciascuna tre bombe da 80 millimetri e pacchetti di cariche aggiuntive. Non passò un quarto d'ora che dall'altra parte arrivò la voce tonante del Comandante Uccelli in persona: "Massa di goldoni, state tirando sui nostri che stanno a Case Rio". Non dico che si scoppiasse a ridere, ma poco ci mancò. Il Bozzi, incazzato come non mai, si mise le mani nei pochi capelli che aveva, gettando il basco per terra. Noi ci eravamo fermati a mezza strada, con le granate in mano. Distendendo le carte topografiche per terra, Giambra, Arbicò e lo stesso Bozzi, ginocchioni, cercavano di capirci qualcosa. Ricontrollarono le palette, dirigendo la bussola a dritta e a manca. Ad un tratto, Bozzi ruppe gli indugi: "Teruzzi, Sala, Leonardi, ai pezzi, e non fatemi andare in bestia!". Bozzi era un irascibile, montava sui muri per un nonnulla. [...] Ricalcolai direzioni e distanze aiutato dal righello e dalla bussola. Erano carte topografiche magnifiche, con ogni probabilità stampate dai tedeschi su indicazione di turisti tedeschi venuti in tempo di pace a mangiare castagnaccio in Garfagnana... C'erano da rifare parecchie direttrici. Incominciai a ripiantare le palette per Vergemoli, poi, su del cartone ritagliato dagli involucri delle cariche aggiuntive e con una matita grassa, scrissi le località e relative distanze, mentre Sala tramite il goniometro, mi diede l'angolo di tiro. Lo stesso feci con Verni, nella postazione del Teruzzi. Dissi a Bozzi che si era pronti ad aprire il fuoco e di farci dire dal Comando se tutto andava bene. Mentre i due mortai di Sala e quelli del Teruzzi sparavano, continuai con bussola, matita, carta e con le insostituibili paline a segnare le altre località: Trassilico, Molazzana, Gallicano, Calomini, Brucciano. Su ogni paletta, il suo cartoncino col nome del bersaglio. Il cicalino del telefono gracchiò: Vergemoli era stata centrata in pieno, ora si trattava di spostare in più o in meno la caduta delle bombe. Per ciò che riguardava Verni eravamo un poco corti. Comunque era tutto *Gut*. Dopo circa un'ora arrivò l'ordine di cessare il fuoco. Si rimase tutti un pò di tempo in postazione, poi, notando che non succedeva più niente, si lasciarono due uomini di guardia e si ridiscese a Stazzana.

13-12-1944: tramite il Comando del 1° Rgt. Alpini il Comando di Divisione informa quello di Btg. che, da documenti catturati alle bande dalla 148ª *Infanterie-Division* germanica, risulterebbe che quattro Ufficiali del IV Gruppo Esplorante "*Monterosa*" siano stati con esse in stretto contatto. Ciò spiegherebbe alcune riuscite azioni delle bande contro il Gruppo Esplorante nel mese scorso.
Nella giornata fuoco di artiglieria da campagna nemica di disturbo. Il Comando Btg. informa le Compagnie del contenuto del proclama del Maresciallo Alexander alle bande.
Condizioni meteo: cielo coperto, temperatura in diminuzione.
A sera giunge notizia che i quattro Ufficiali del Gruppo Esplorante "*Monterosa*" sospettati di collusione con le bande sono scomparsi dai loro reparti. La notte uscita nostre pattuglie (6ª, 8ª Compagnia e Pionieri).

14-12-1944: nel corso della notte violente e copiose nevicate hanno investito l'intero settore della Divisione. Rientrate pattuglie: nessuna novità. Nessuna novità nella giornata, stasi dell'Artiglieria nemica.
Dal Comando Btg. (con ordine di fornire ogni possibile assistenza) giunge al Comando 8ª Compagnia un Gruppo di Stato Maggiore germanico che si impianta, con osservatorio, nelle immediate vicinanze del Posto Comando del IV Plotone/8ª (Cima Picchiarelli – q. 514) con vista su tutta la Valle Serchio sulla destra sino a

Gallicano e sulla sinistra sino a Barga. Condizioni meteo: cielo coperto, temperatura attorno a 0°.

15-12-1944: in relazione alle nevicate, che sono riprese copiose nella giornata, il Comando Btg. ordina alle Compagnie la intensificazione delle misure di sicurezza in linea per la presumibile diminuzione del valore impeditivo dell'ostacolo minato davanti alle posizioni.
Nessuna azione di fuoco dell'Artiglieria nemica. Condizioni sanitarie truppa in peggioramento.
Condizioni meteo: cielo coperto, temperatura in diminuzione.

16-12-1944: nella giornata bufere di neve si sono alternate a schiarite da vento. Continua la stasi dell'Artiglieria nemica. La temperatura accenna a diminuire. Le condizioni sanitarie della truppa si fanno precarie e circa un terzo della forza è in preda a febbri. A sera fuoco di disturbo dell'Artiglieria nemica. Il Sig. Generale Comandante della 4ª Divisione Alpina invia a tutte le Truppe dipendenti gli auguri per le prossime festività natalizie con proprio O.d.G. n° 58. Nella notte uscita nostre pattuglie (7ª e 8ª Compagnia).
Condizioni meteo: cielo coperto, temperatura in diminuzione.

17-12-1944: rientrate pattuglie che non hanno trovato sul manto nevoso traccia di passaggi nemici. La pattuglia della 8ª Compagnia ha rinvenuto in casolare abbandonato 350 litri di grappa ad alta gradazione alcoolica. I rapporti di pattuglia accennano tutti aver avvertito musica leggera proveniente dalle posizioni avversarie.
Il Comandante della 8ª Compagnia ha rappresentato al Comandante di Btg. la necessità di non affidare oltre il pattugliamento ai soliti Ufficiali ma di addivenire ad un turno fra tutti i Subalterni del Btg. La proposta non è accolta considerate l'abilità specifica degli Ufficiali sin qui impiegati e la necessità di non esporsi a perdite impiegando personale non addestrato ancora al non facile compito.
Fuoco di disturbo intermittente dell'Artiglieria nemica.
Condizioni meteo: temperatura in diminuzione, cielo libero.

18-12-1944: il Comando Divisione ha comunicato dati informativi provenienti da oltre le linee, essi si possono così condensare:

- il 16 scorso al Passo della Futa ha avuto luogo lo scambio di consegne, relativo al Comando della 5ª Armata USA fra il Generale Mark Clark, cedente, ed il Generale Lucian Truscott, subentrante;
- il Generale Mark Clark subentrerebbe all'inglese Sir Harold Alexander nel Comando misto angloamericano del Teatro di Operazioni del Mediterraneo.

Grazie alle prede, di materiali ed effetti, fatte dalle pattuglie è stato possibile distribuire al personale di che meglio equipaggiarsi: pertanto la situazione sanitaria è andata migliorando. In materia è stata preziosa anche l'opera dei due Ufficiali Medici del Battaglione.

Il gruppo di Stato Maggiore germanico ha lasciato le posizioni. Alle Compagnie iniziano ad affluire cospicui quantitativi di munizioni. Condizioni meteo: temperatura rigida, cielo libero.

19-12-1944: il Comandante del Battaglione riceve dal Comando 1° Rgt. Alpini ordini operativi particolari diramati dal Comando della Divisione. Durante l'arco diurno sporadico fuoco di disturbo della Artiglieria nemica.

In relazione agli ordini ricevuti il Comando del Btg. ordina l'uscita di una pattuglia speciale della 10ª Compagnia (Sergente Negretti) i cui componenti dovranno essere armati solo di pugnale e pistola e permanere 48 ore, occultati, nella terra di nessuno (Doc. 6 e 7). La detta pattuglia speciale esce alle ore 23.30 e, lasciata Brucciano sulla destra, si dirige su un'altura dominante Calomini dove si occulta in osservazione secondo gli ordini. Non vengono fatte uscire altre pattuglie.

21-12-1944: giornata trascorsa sostanzialmente calma. La pattuglia speciale oltre le linee ha osservato verso le ore 07.00 movimenti di civili in Calomini; verso le ore 10.00 movimenti di militari nemici tra il primo ed il secondo gruppo di case di Calomini stessa: uomini contati 20. Tale gruppo avversario rimane in detta posizione per tutta la giornata. Notate postazioni di mortai medi a 50 metri sulla destra della strada presso il secondo gruppo di case. Al calare della notte la pattuglia speciale scende dall'altura e si reca a "l'Eremita" [dal rapporto del Sergente Negretti compilato al suo rientro nelle linee, NdA].

Allo scopo di non compromettere l'esito della missione affidata alla pattuglia speciale è sospeso il pattugliamento notturno nella terra di nessuno. Condizioni meteo: cielo libero, giornata assolata, temperatura + 2°.

22-12-1944: la pattuglia speciale ha raggiunto "l'Eremita" verso le ore 03.00 e sino all'alba non rileva movimenti e presenze nemiche. Dopo l'alba sul pendio che conduce a Calomini vengono notati:

- militari nemici di colore in una capanna ed in un bunker;
- una postazione di mitragliatrice pesante e due postazioni per fucilieri;
- se ne deduce essere un Plotone di fanteria in avamposto.

Alle ore 18.30 la pattuglia dopo essersi spostata lateralmente inizia il rientro; tra Calomini e l'"Eremita" viene avvistato in controluce un individuo in movimento. Il Sottocapo Montonati ed il Marò Barlozzi, riconosciuto nel detto individuo un militare nemico, lo uccidono a pugnalate, ne occultano il cadavere e ne prelevano i documenti e quant'altro utile. La successiva marcia non presenta difficoltà ed alle ore 20.00 la pattuglia speciale rientra nelle linee (dal rapporto del Sergente Negretti). Il Comando del Btg. viene subito informato del rapporto di pattuglia e riceve i documenti del militare nemico ucciso. Immediatamente dopo (ore 22.30) il Comando Btg. ordina il ripristino del pattugliamento notturno alle Compagnie, il che avviene alle ore 23.00.

23-12-1944: al loro rientro (ore 05.30) tutte le pattuglie uscite compilano dettagliato rapporto su quanto notato nella notte. Tutti i rapporti sono inviati con carattere di urgenza dal Comando Btg. al Comando 1° Rgt. Alpini. Nella giornata fuoco nemico di Artiglieria da Campagna.

Nel pomeriggio il Comandante del Btg. tiene rapporto ai Comandanti di Compagnia ed ai Vice; eccone la sintesi:

- elogio preliminare per il comportamento dei reparti;
- preavviso di prossima importante operazione offensiva concomitante con altra in corso su altro teatro di operazioni (Ardenne);
- succinta disamina dei compiti del Btg. durante la detta operazione;
- auguri di Natale da comunicarsi agli uomini:
- consegna di busta chiusa con gli ordini di dettaglio.

Nella tarda serata (ore 22.30) uscita pattuglie.
Condizioni meteo: cielo semicoperto, temperatura attorno a 0 gradi.

24-12-1944: rientrate pattuglie, novità riscontrate comunicate di urgenza al Comando Btg. Nuovo afflusso di munizioni alle Compagnie il che ha ingenerato nel personale la convinzione di prossima offensiva che, in unione all'imminente Natale, ne ha nettamente risollevato il morale. Nella mattinata fuoco di disturbo dell'Artiglieria nemica. Nel pomeriggio le Compagnie ricevono generi di conforto per le giornate di domani e dopodomani e l'ordine (verbale) del Comando Btg. di "fare preparativi udibili dal nemico per i festeggiamenti e di celebrare la mezzanotte rumorosamente".

Nel tardo pomeriggio un Plotone Mitraglieri della 9ª Compagnia, al comando del Sergente Magg. Buffa, viene inviato presso il I/285° *Grenadier-Regiment* germanico. Non escono pattuglie. Condizioni meteo: cielo libero, temperatura + 1°.

25-12-1944: Quinto Natale di guerra.
Nella mattinata il Comandante di Btg. si collega via filo con tutte le postazioni per gli auguri al personale.

Calma assoluta nell'intero settore del Btg. ed in quelli laterali. Alle ore 12.00 perviene al Comando Btg. (tramite il Comando 1° Rgt. Alpini) l'ordine della Divisione (parola *Wilhelm-Gustav*) per l'apertura buste, il che viene subito ritrasmesso ai Comandi di Compagnia.

Presso le Compagnie vengono subito diramati gli ordini esecutivi di dettaglio per l'attacco salvo, per motivi di sicurezza, l'ora di inizio. Nel tardo pomeriggio, al calare della luce diurna, si inserisce in linea tra il Btg. ed il IV Gruppo Esplorante il I/285° Gr. Reg. germanico. La prima parte della notte è assolutamente tranquilla in tutto il settore [tanto che il Comandante della Divisione scriverà nel suo diario "Il fronte è in perfetta quiete", NdA].

A notte il Comando 8ª Compagnia invia al Comando Btg. alcune bottiglie di champagne francese *Cristal Roederer* (annata 1926) che erano state ritrovate nella terra di nessuno (e in numero di 50) da una pattuglia comandata dal Sergente Maggiora. Tramite un Ufficiale della Divisione alcune bottiglie sono inviate anche al Generale Carloni.

Condizioni meteo: cielo sereno, temperatura rigida.
Alle ore 22.00 il Comando Btg. mette in allarme tutte le Compagnie.

Nota: per le giornate dal 26 al 30 dicembre 1944 viene qui riprodotto il Diario operativo della 4ª Divisione Alpina "Monterosa" al fine di mettere chi legge in grado di avere una visione d'assieme dell'intera Operazione *Wintergewitter*. Il II/6° F.M. "San Marco" fece parte della 1ª Colonna d'attacco. Del Battaglione presero parte all'azione offensiva:

- le Compagnie 6ª, 7ª ed aliquota dell'8ª;
- un Plotone della 10ª.

Tutti gli altri reparti rimasero, offensiva durante, sulle posizioni.

26-12-1944:
- alle ore 00.00 tutte le Truppe sono in posto pronte a muovere;
- alle ore 00.01 inizia il fuoco di Artiglieria da Campagna e Pesante Campale con preponderanza del tiro sulla sinistra del Serchio;
- alle ore 00.30 la 3ª Colonna d'Attacco inizia il movimento investendo Sommacolonia che occupa alle ore 03.20 dandone avviso al Comando Divisione; in queste tre ore la reazione delle Artiglierie nemiche è stata fiacca e tardiva, quella delle Fanterie quasi nulla;
- alle ore 03.30 muovono:
la 1ª Colonna di Attacco investendo Vergemoli che, difesa da vasto sbarramento minato antiuomo e sostenuta dal fuoco di un Gruppo Art. Campagna, oppone forte resistenza. Questa viene pertanto fissata da uno Squadrone del IV Gruppo Esplorante e Vergemoli viene oltrepassata lateralmente dagli altri tre Squadroni. Sulla sinistra il I/285° Gr. Reg. ed il II/6° F.M. procedono occupando Molazzana e, oltrepassatala, si affacciano sul Turrite di Gallicano in vista del paese. La truppa nemica si ritira senza combattere;
la 2ª Colonna di Attacco, occupata Castelvecchio Pascoli, procede poi nel solco del Serchio in direzione sud.
- Alle ore 06.30 la situazione è la seguente:
1ª Colonna di Attacco: sta riducendo sulla destra la resistenza a Vergemoli; sulla sinistra, oltrepassato il Turrite di Gallicano, investe il paese che è minacciato anche dal procedere della 2ª Colonna;
2ª Colonna di Attacco: eliminate le residue resistenze a Castelvecchio Pascoli contribuisce alla minaccia su Gallicano e, posti in fuga deboli distaccamenti avversari, punta su Fornaci di Barga;
3ª Colonna di Attacco: investe Barga e ne elimina i difensori (catturati prigionieri in grande numero); a Coreglia si scontra con isola di resistenza che sembra presidiata da partigiani italiani.
- Alle ore 12.00: valutazione generale dell'*Ia* Divisionale trasmessa al Comando di Corpo d'Armata:

sorpresa riuscita in pieno; nelle case sono stati rinvenuti cibi caldi, alimenti addentati, fuochi accesi: ritrovati in quantità cospicua equipaggiamenti, armi individuali e collettive con riservette munizioni intatte;
ritrovati in quantità alimenti in scatola (immagazzinati); catturati intatti due Centri Logistici;
catturati 250 prigionieri (pochissimi dei quali feriti);
spirito combattivo del nemico scarso;
spirito combattivo delle truppe impegnate elevatissimo;
perdite subite: minime.

Situazione:
1ª Colonna di Attacco: occupata Vergemoli e fatta cadere per manovra Gallicano (pure essa occupata) si stabilizza oltre il Turrite di Gallicano su una linea che, ad un dipresso, è la seguente: Fornovolasco – Trobacco Sotto – sud l'Eremita – sud Sant'Andrea – alla Rena – Greto Serchio (riva destra). Il II/6° F.M. spinge innanzi suoi elementi della 6ª e 7ª Compagnia;
2ª Colonna di Attacco: oltrepassata Stazione di Gallicano procede su Fornaci di Barga lungo la sinistra Serchio;
3ª Colonna di Attacco: con la sua destra punta su Fornaci di Barga e con la sinistra fissa la resistenza a Coreglia.
- alle ore 15.00: cessa la resistenza a Coreglia;

Alle ore 24.00 la situazione è la seguente:
1ª Colonna di Attacco: attestata sulle già dette posizioni con elementi del II/6° F.M. in avanti sulla destra del Serchio;
2ª Colonna di Attacco: procede su Fornaci di Barga;
3ª Colonna di Attacco: procede su Fornaci di Barga.
Condizioni meteo: cielo sereno, temperatura rigida.

27-12-1944: dalle notizie pervenute nella notte dalle Colonne di Attacco la valutazione trasmessa dal Comando 4ª Divisione a quello di C.A. è la seguente: "Il nemico ha rotto il contatto e ripiega in disordine verso Bagni di Lucca".
Nella scorsa notte tutte le Colonne di Attacco hanno proseguito il movimento in avanti sia sulla destra sia sulla sinistra del Serchio.
Col il sorgere del giorno l'aviazione nemica ha iniziato una serrata attività di mitragliamento e spezzonamento delle nostre truppe in movimento tentando rallentarne la progressione.
Alla fine della giornata la situazione è la seguente:
- 1ª Colonna di Attacco: ha proceduto nel solco del Serchio;
- 2ª e 3ª Colonna di Attacco: con azione congiunta hanno fatto cadere Fornaci di Barga.
Cospicuo il numero dei prigionieri rastrellati, ingenti materiali ed armamento rinvenuti.
Uomini e cose sono della 92ª I.D. "*Buffalo*" - Esercito USA
Il contatto con il nemico è pressoché inesistente ed al calare della luce i movimenti in avanti riprendono. Condizioni meteo: cielo libero, temperatura rigida.

28-12-1944: il movimento è continuato nel corso della notte. Alle ore 12.00 la situazione è la seguente:

- 1ª Colonna di Attacco:
IV Gruppo Esplorante "Monterosa": spinge elementi in avanti raggiungendo Castagnola – Monte Albano – Monte Palodina; I/285° Gr. Reg.: oltrepassa Colle Tigliora;
II/6° F.M.: spinge elementi sino a Bolognana.
- 2ª Colonna di Attacco: oltrepassa Piano raggiunge ed infine occupa Ghivizzano;
- 3ª Colonna di Attacco: assicuratasi il possesso dì Lucignana si spinge con le punte avanzate su Calavorno, e sulla propria sinistra raggiunge le località di Monti di Villa e Granarola.

Dopo le ore 18.00 nel greto del Serchio sono avvistate pattuglie indiane sostenute da qualche carro *Sherman*. Elementi del II/6° distruggono due dei detti carri con i *Panzerfaust* a Caronne. Con ciò queste truppe nemiche sono fermate e respinte sino ad una linea a nord del Ponte della Maddalena. Alle ore 20.00 punte avanzate della 3ª Colonna di Attacco raggiungono Bagni di Lucca.
Per l'intera giornata l'aviazione nemica ha condotto attacchi incessanti su tutto il Fronte di battaglia. Due *Jabo*[25] sono stati probabilmente abbattuti dal tiro delle nostre truppe a terra. Oltre alle nostre colonne ippotrainate ed automobili sono state colpite due autoambulanze in movimento verso Castelnuovo di Garfagnana a bordo della quali si trovavano anche militari nemici feriti. Castelnuovo stessa è stata violentemente bombardata. Per tutta la giornata si è proceduto all'avvio verso nord dei materiali e gli armamenti rinvenuti nel territorio riconquistato.
Fonti informative oltre le linee hanno comunicato che sbandati negri della 92ª *Infantry Division* USA sono stati catturati dalla Polizia Militare nemica tra Lucca e Firenze. Le stesse fonti hanno comunicato che i Campi di transito e sosta delle truppe nemiche ed i porti di Pisa e Livorno sono stati messi in allarme ed in stato di difesa.
Condizioni meteo: cielo libero, temperatura rigida.

29-12-1944: il Comando Divisione valutata nella notte la situazione e tenuto conto che:

- l'offensiva non può essere alimentata;
- gli scopi sono stati raggiunti;
- probabilmente ingenti forze avversarie sono in movimento da altri settori ed è da attendersi una loro controazione che, in campo aperto, sarebbe esiziale alle nostre truppe; decide di interrompere i movimenti e di ordinare un arretramento su posizioni forti e già riconosciute.

Al fine di incrementare il recupero di tutto il materiale asportabile l'ora di inizio movimento retrogrado dei reparti è stabilita ale 12.00.

---

[25] Acronimo per *Jagdbomber*, cacciabombardiere.

I movimenti tutti dovranno avere carattere di celerità allo scopo di evitare di farsi agganciare dal nemico in campo aperto. Viene ordinata la distruzione dei depositi di Artiglieria nemici rinvenuti.

Nella mattinata l'aviazione nemica ha continuato gli attacchi su tutto il Fronte di battaglia: il Tenente Cesare Fiaschi, del Gruppo Artiglieria Bergamo della Monterosa scriveva nel suo diario:

L'offensiva aerea degli alleati ogni giorno si intensifica. Ormai l'intera valle dei Serchio è sorvolata in continuazione da mattina a sera da un gran numero di cacciabombardieri che bombardano e mitragliano tutto quello che potenzialmente potrebbe costituire un bersaglio. Purtroppo il tempo è bello e favorisce la visibilità e pertanto l'attività degli aerei. Fortunatamente non c'è più necessità di muoversi e quindi possiamo rimanere nascosti nelle postazioni e nei bunker. Dal punto di vista strettamente operativo, questa forsennata offensiva aerea non ha grande influenza, però provoca una quantità enorme di distruzioni e molte perdite di vite umane, sia civili[26] sia militari. Il giorno 26 è stato colpito il Comando del IV Reggimento artiglieria a Villetta S. Romano causando otto morti e il comando dei Gruppo Mantova a Pieve di Fosciana con un morto. Il giorno 27 è stata spezzonata la postazione della compagnia anticarro piazzata sulla riva destra dei Serchio, ai margini della S.S. 445, provocando due perdite. Il giorno 28 è stata centrata una carretta del Gruppo Bergamo con due morti. Questi sono solamente alcuni dei casi verificatisi. L'8ª Divisione Indiana dell'esercito britannico, che per il momento ha sostituito in linea la sconfitta 92ª divisione, dopo alcuni giorni inizia a spingere in avanti pattuglie esploranti, e dopo aver accertato la mancanza di qualsiasi ostacolo, avanza fino a prendere cautamente contatto. La posizione della 6ª batteria è rimasta immutata risultando ottima.

Nel pomeriggio tutte le nostre Artiglierie da Campagna e Pesanti Campali hanno effettuato tiri di sbarramento a sostegno del movimento in corso. La nuova linea si attesterà sulle posizioni (abitati compresi) di Pania Secca – Campanile – Vergemoli – Brucciano – Calomini – Monte Faeto – Gallicano – Castelvecchio Pascoli – Albiano

---

[26] Infatti il giorno successivo il Tenente Fiaschi annotava:

Prosegue ininterrottamente l'offensiva aerea alleata. Gli americani vogliono far pagare a caro prezzo il successo dell'operazione *Wintergewitter* che, dati i mezzi di cui dispongono, li ha non poco ridicolizzati. Cacciabombardieri spezzonano e mitragliano la zona dove sono alloggiate le salmerie della linea pezzi della nostra batteria. Terminata l'incursione, ricevo telefonicamente notizia dal sergente Rabitti loro comandante, che non vi sono state perdite. Felice, scendo di corsa le scale per recarmi al piano terra e comunicare agli uomini la buona notizia, ma alla porta d'ingresso della costruzione incontro una giovane donna con un bambino in braccio. La mano destra della donna che sorregge la testa dei piccolo è sanguinante e il bambino ha la testa sfracellata. La ragazza, tutta coperta di sangue, è venuta chi sa da dove per cercare soccorso. È in stato di shock; certamente non si è resa conto che il bambino è morto. Questa improvvisa, inaspettata visione mi fa passare in un istante da uno stato di contentezza ad uno stato di sconvolgente costernazione; ho un capogiro, devo appoggiarmi alla costruzione per non cadere per terra, non riesco a guardare. Qualcosa in me rifiuta questa realtà, ho sopportato la visione di corpi straziati divenuti irriconoscibili ma l'espressione di quella madre, impietrita dal dolore e dalla disperazione, non riesco a sostenerla. Per fortuna arriva l'ufficiale medico che immediatamente soccorre la sfortunata ragazza e la ricovera nell'infermeria. Senza l'intervento del dottore, non sarei riuscito a combinare niente di positivo, in quanto in un istante la mia mente ha cessato di ragionare. Maledirei il mondo e le atrocità della guerra.

La piccola bambina di cui si parla si chiamava Cassettai Ada, figlia di Carlo e di Regoli Silvia, la giovane madre che la teneva in braccio (da Pellegrinetti, v. bibliografia).

– Barga – Sommacolonia [al Btg. è assegnato il tratto di linea: Vergemoli – Calomini – Monte Faeto – q. 437 – Gallicano, NdA].
I movimenti delle nostre Truppe proseguono nella notte così come gli sbarramenti della nostra Artiglieria.

30-12-1944: nella notte e nella mattinata sono proseguiti i movimenti delle Truppe verso le nuove posizioni. Con il sorgere del giorno l'aviazione nemica ha ripreso la sua attività[27].
Il Battaglione, che è giunto nel primo pomeriggio sulle posizioni, ne inizia l'approntamento. In pratica esso occupa una linea che domina il solco del Turrite di Gallicano da quote alte, poco accessibili da sud.
Nel tardo pomeriggio viene segnalato che alcune caute pattuglie nemiche, appoggiate da carri *Sherman*, sono giunte a contatto a Barga senza però insistere nell'azione.
Il Comando Divisione dirama quindi, a sera, le informazioni relative alle Truppe indiane a contatto[28] ed al Battaglione Corazzato, in loro appoggio, che risulterebbe essere il 9° *Lancers* della 2ª Brigata della 1ª *Armoured Division* britannica. Notizie provenienti da oltre le linee (informatori) darebbero in afflusso, a sostegno eventuale degli indiani, due *Regimental Combat Team* (Reggimento di Fanteria Rinforzato) della 85ª *Infantry Division* USA e precisamente il 337° ed il 338°. Tali Truppe USA costituirebbero Riserva di Corpo d'Armata. Alla fine del pomeriggio il Comandante del Btg. ha tenuto rapporto ai Comandanti di Compagnia ed ai loro Vice. Argomenti del rapporto:

---

[27] Uno degli attacchi aerei colpirà anche l'Ospedale Militare di Camporgiano, causando la morte di diversi feriti ricoverati.

[28] L'8ª Divisione indiana, comandata dal *Major-General* Sir Dudley Russell, era formata dalla 17ª, 19ª e 21ª Brigata di Fanteria, tre Reggimenti d'artiglieria campale, uno contraereo e uno controcarro, un Btg. mitraglieri e unità divisionali. Diversi autori inglesi e americani scrivono – in errore – che l'unità inglese "bloccò in duri combattimenti l'ulteriore avanzata italo-tedesca", mentre, come evidente, i reparti attaccanti si erano già fermati una volta raggiunti gli obiettivi della loro riuscita offensiva limitata. La stessa storia della 8ª Divisione indiana, inclusa nel libro *The tiger triumphs: The story of three great divisions in Italy*, pubblicato nel 1946 a cura del *His Majesty's Stationery Office for the Government of India* alla fine del capitolo 16 riporta quanto segue:

[...] Il Generale Russell trovò la 19ª Brigata schierata come forza di blocco. Sfruttando al meglio le risorse a sua disposizione, il Brigadiere Dobree schierò i suoi uomini nelle località più difficili da aggirare. Leggermente a sud di Barga, il *3/8 Punjabi* trovò una buona posizione, si trincerò, e attese. Sulla sua sinistra, il *6/13 Frontier Force Rifles* coprì la strada tortuosa, e si preparò a ricevere l'assalto. A sud del fiume, dietro la copertura di alcune pendici boscose, l'*Argyll and Sutherland Highlanders* si allargò a ventaglio osservando verso nord per avvistare le avanguardie del nemico. Che non arrivarono mai. [...]

Ad aggiungere errore su errore è in particolare lo storico inglese James Holland, il quale, a pag. 467 del suo per il resto interessante libro *Italy's Sorrow*, scrive che nell'offensiva "La Divisione Monte Rosa non si era certo coperta di gloria, confermando al Comando tedesco, una volta per tutte, l'inadeguatezza delle nuove Divisioni italiane". Affermazioni queste facilmente smentite dai fatti e da numerosi documenti, specialmente per quanto attiene alle valutazioni tedesche sull'efficienza delle unità della *Monterosa* e della *San Marco* in Garfagnana, e che possono essere spiegate soltanto con il radicato pregiudizio anti-italiano ancora presente in molti storici anglosassoni o da una pessima ricerca sulle fonti.

- nuova situazione tattica;
- diminuizioni di forza (Caduti, feriti, ammalati);
- probabilità di arrivo di Complementi;
- organizzazione di avamposti (composizione, turni settimanali, cambio in ore notturne, itinerari, rifornimenti);
- auguri di Capodanno.
Condizioni meteo: cielo libero, temperatura rigida.

Dopo il rapporto ufficiale, ecco il ricordo della riuscita offensiva scritto dal Marò mortaista Giancarlo Leonardi nelle sue memorie:

Sul fronte era la calma, qualche colpo di cannone, qualche lontana raffica di mitragliatrice, l'uno-due di lontani semoventi. Ma calma. Si arrivò così 26 dicembre 1944. […] Dietro gli sporchi ed appannati vetri di questa lurida bicocca, fuori c'è un mare di aria blu dove navigano lentamente una processione di stelle. Di tanto in tanto, più in basso, a filo della dorsale, iniziarono a sfrecciare proiettili traccianti, barlumi di luci colorate, scie di polvere luminosa delle armi americane. Uno spettacolo di autentici fuochi di artificio che vanno a cadere quà e là, e la tua spina dorsale è percorsa da un brivido. La guerra e siamo a Natale! "Che scrivi", mi fa Sala, mettendomi una mano sulla spalla, "Le mie prigioni?".
"Pensieri", rispondo e *Scireseta*, cioè il Maggi, seraficamente mi apostrofa: "Guarda che le ha già scritte il Pellico".
"Ah sì? Non lo sapevo. Beh, ci cambierò il titolo, dopo, a casa". "Se ci si arriva", mi fa lui di rimando. Erano forse le dieci o le undici di notte. Gli anziani erano attorno al grosso camino, ad un certo punto arrivò l'inconfondibile stridio dei cicalino. Grande trambusto. Il Comando ci ordinava di prendere immediatamente posizione ai pezzi. Si salì alle postazioni, e si dette il cambio ai due uomini di guardia, che scesero a riscaldarsi. La tela scura della notte era ora chiazzata da bagliori rossi, giallastri, e da cascate di scintille fosforescenti. Arrivò l'ordine di entrare in azione. Puntare i mortai su Molazzana e Gallicano, e tenersi incollati al radiotelefono. La comunicazione del Comando era che i nostri reparti avevano sferrato una offensiva a sorpresa contro la 92ª Divisione americana. Alcuni reparti dalla parte di Cascio erano già in prossimità del Serchio.
Venne dato l'alt per Molazzana. Significava che i nostri avevano conquistato il paese. L'ordine era ora di centrare Gallicano con tutti i pezzi. Si era corti: allungammo di due o tre linee, nel nostro gergo significava due o trecento metri. È naturale che, essendo il tiro dei mortai per caduta, noi correggessimo "di più o meno uno" sia a sinistra che a destra. Poi passammo a Monte Faeto. Eravamo elettrizzati. Dopo tante umiliazioni da parte di indiani, senegalesi e di mastica gomma, anche noi ci mettemmo a dare sberle. La luna bianca e senza espressione, se ne era andata a coricarsi dietro il fogliame secco dei castani. Arrivò il "buono" ed il perentorio stop del Gran Capo: "Bel lavoro, goldoni. Grazie" e ancora: "Siamo a Gallicano e procediamo". Era ancora buio quando arrivammo a Stazzana. La gente dentro era in apprensione, forse era impaurita.
Noi eravamo entusiasti. Accendemmo le lampade a petrolio e si appiccò un nuovo fuoco nel camino. Una delle vecchie si affacciò per dirci se volevamo un poco di latte caldo, era un pretesto per sapere qualcosa. La tranquillizzammo, dicendole che gli americani erano stati scacciati da Gallicano, e che se ne stavano fuggendo lontano. Riprendemmo a mangiare quello che c'era rimasto, e a bere del buon vino fresco. Buon Natale! Quanti morti? Sarebbe servita a qualcosa, questa nostra azione? Personalmente ne dubitavo! Era l'alba. Salimmo a Montealtissimo e scendemmo su Molazzana. L'ordine era di approvvigionarsi col bottino di guerra.

E riportiamo di seguito anche alcune testimonianze relative a *Wintergewitter* raccolte dal ricercatore Mario Pellegrinetti:

Dalle testimonianze di persone dei luoghi emergono alcuni episodi abbastanza singolari, che vale la pena di raccontare. Don Turriani, parroco di Eglio, racconta che il giorno di Natale alle ore 13 i militari che erano in loco annunciarono che stava per avere inizio un'offensiva e che i civili (quelli rimasti erano a disposizione per trasporto di merci e feriti) dovevano tenersi pronti. Anche Mons. Lombardi di Barga racconta che alle ore 7 del 25 seppe da qualcuno (non dice da chi) che i "nordisti" stavano per scatenare una offensiva. In giornata un ufficiale americano di origine italiana, tale Sabatino, va da Monsignore a chiedere notizie, ma il prete dice di non sapere nulla. Più tardi altri negri chiedono del prete ma non lo trovano. Quindi non riescono a sapere nulla ma il sospetto che c'era in aria qualcosa dovevano pur averlo. Malgrado ciò non sembra che avessero predisposto delle difese più consistenti, salvo il fatto che avevano da tempo minato il ponte superstite di Barga detto di Macchiaia (che, però, dice Mons. Lombardi, "si dimenticarono di far saltare").
Evidentemente c'era preoccupazione ma l'intenzione era di non resistere più di tanto (pare che anche in Versilia i "*Buffalo*" fossero pronti a ritirarsi in caso di necessità).
In effetti l'unica resistenza di un qualche rilievo fu a Sommocolonia, dove combatterono a fianco degli americani anche partigiani italiani. Sommocolonia, dopo essere stata massicciamente cannoneggiata, fu il primo obiettivo dell'attacco e fu il primo paese ad essere conquistato dopo un sanguinoso combattimento (molti morti rimasero insepolti per alcuni giorni). Nelle prime ore del 26 il Ten. Pier Donato Sommati dei partigiani di Pippo non riesce a convincere gli americani di Barga increduli che i tedeschi sono a Sommocolonia. Il Sommati verrà ferito a morte in quella battaglia. Poi gli americani si rendono conto e cominciano a cannoneggiare a loro volta Sommocolonia. Vi morirà, ucciso da un tiratore scelto tedesco, il Ten. Fox, osservatore avanzato del 598° Btg. Art. della 92ª Div. "*Buffalo*", che stava sul campanile del paese e che, prima di essere colpito, fece dirigere il fuoco delle artiglierie americane sul paese di Sommocolonia dove lui stesso si trovava, ma che stava, ormai, per cadere nelle mani degli attaccanti, già abbondantemente infiltrati fra le case. Nel 1997 il Presidente U.S.A., Clinton, conferirà alla memoria del Ten. Fox la *Medal of Honour*, la più alta onorificenza dell'esercito americano.
Ora è Barga sotto il tiro dei cannoni tedeschi. Ma verso sera gli americani se ne vanno abbandonando tutto. E alle 7,30 del 27 Mons Lombardi vede i primi tedeschi: "tranquilli, coi fucili in spalla, sembravano pacifici cacciatori". E trovano anche il tempo di salvare una donna. È sempre Mons. Lombardi che racconta di una signora, tale Teresa Rocchiccioli, gravemente ammalata, che sta per morire. Qualcuno si rivolge ai tedeschi per chiedere aiuto e i tedeschi fanno pervenire dei farmaci adatti che la salvano.
Un altro episodio singolare e, francamente, poco comprensibile è quello narrato dall'ex Sergente americano William Wyett, dello stesso Btg. del Ten. Fox e suo amico:

La sera prima dell'attacco, insieme a Gill, incontrammo una pattuglia tedesca in compagnia di un'anziana signora che abitava nella casa da noi occupata e che stava recandosi presso l'abitazione dei suoi parenti. Questi individui erano carichi di munizioni ed erano armati di mitra. Io avevo la pistola calibro 45 e Gill la carabina. Inizialmente credevamo che fossero italiani, ma ci accorgemmo che l'uso della lingua italiana era peggiore del nostro. Capimmo che volevano delle sigarette. Demmo loro tutte le sigarette che avevamo; ci ringraziarono profusamente e inchinandosi e sorridendo continuarono per la loro strada passando vicino alla casa dove alcuni dei nostri soldati stavano giocando a carte. Il mattino seguente, all'inizio dell'attacco, i loro cannoni e mortai conoscevano già la nostra posizione.

Intanto anche le truppe italiane hanno disceso la valle incontrando qualche resistenza nella zona di Vergemoli, che, sul momento, viene aggirato e, come già detto, occupano tutti i centri della valle fino a Calavorno, vicinissimo a Bagni di Lucca. Pare che gli americani fossero pronti a ritirarsi fino a Lucca e pare che considerassero problematica anche la difesa di questa città, ma gli italo-tedeschi non avevano i mezzi (e non era nelle loro intenzioni) per proseguire più a lungo. Così il 28 inizia il lento ripiegamento, che avviene soprattutto di notte per evitare gli attacchi aerei divenuti martellanti. A Barga alle ore 15 si sa che i tedeschi si ritirano.
Nella notte arriva la prima pattuglia di indiani, chiamati a dar man forte ai "*Buffalo*".
L'offensiva è finita e, nei giorni seguenti, gli americani si riavvicineranno cautamente alle posizioni che avevano lasciato.
In quei giorni, e anche nei giorni seguenti, l'aviazione americana attaccherà forsennatamente tutti i paesi della valle provocando gravi distruzioni.

31-12-1944: il Battaglione è schierato sulle nuove posizioni, in relazione agli ordini ricevuti le Compagnie organizzano il sistema di avamposti ponendovi i presidi (una Squadra rinforzata). Viene stabilito il piano dei fuochi e di intervento mortai e cannoni di accompagnamento. Le dislocazioni del Comando, Posto di Medicazione, Base Logistica e Posto Interramento Caduti non subiscono mutazioni.
Le Compagnie si schierano nell'ordine: 6ª, 7ª, 8ª, la 9ª decentrata per Plotoni alle Compagnie Fucilieri, la 10ª in posizione centrale.
Rispetto alla precedente l'attuale linea è spinta verso sud di 2 km ed occupa speroni dominanti (Vergemoli – Calomini – Monte Faeto – q. 437) consentendo così di sbarrare il solco del Turrite di Gallicano, dando altresì profondità più ampia alla dislocazione difensiva e copertura al nodo strategico di Castelnuovo Garfagnana.
Il Comando Btg. riceve avviso dal Comando del 1° Rgt. Alpini che dalle ore 24.00 la 4ª Divisione Alpina cessa dalle dirette dipendenze del LI Corpo d'Armata da Montagna per ritornare a quelle del Gruppo Divisioni "*Fretter-Pico*".
Nella giornata su tutto il Fronte le armi hanno taciuto.
Condizioni meteo: cielo libero, temperatura rigida specie nelle ore notturne. Nelle operazioni dei giorni 26-30 il Btg. ha subito perdite tra i feriti il S.Ten. Rolando della 6ª Compagnia [che perderà un braccio, NdA].

Il Sottotenente Piantato ricorda l'offensiva di Natale e l'inserimento della quota 437 nella nuova linea difensiva del Battaglione:

A furia di scaramucce si arrivò all'offensiva di Natale quando, non certo per rimandare il nemico sulla battigia siciliana, tutto il [nostro settore del] fronte della Gotica si mosse per migliorare le posizioni, essere più sicuri e tenere sotto tiro i reparti avversari da postazioni più efficaci. Finalmente la nostra artiglieria potè sparare tutti i colpi a disposizione, le *MG* fecero correre a gambe levate i soldati della 92ª Divisione "*Buffalo*" [...] Il nostro spirito era ai sette cieli nonostante le perdite e i feriti.
Grazie a quella avanzata che fruttò armi, munizioni, ma soprattutto viveri, si creò un avamposto incuneato nello schieramento nemico, la collina "437"; punto cruciale della nostra nuova linea difensiva: ben difesa, ben armata, con giovani meravigliosi! Nonostante fosse una riga sottile di buche, fu per gli alleati invalicabile. Quell'avamposto dovetti raggiungerlo per sostituire il Comandante del plotone im-

piegato. La squadra di marò che occupava la quota aveva il cambio ogni notte, perché la quota era un inferno, non si resisteva più di 24/48 ore; io avrei dovuto starci due giorni e due notti: ce ne rimasi quindici! Non mi annoiai; fui bersaglio di colpi d'artiglieria e di mitraglia, ma soprattutto di mortaio, quei tremendi colpi "silenziosi" da 60 e 81 mm!

Gennaio 1945

01-01-1945: durante l'intera giornata sono proseguiti i lavori di rafforzamento delle posizioni nell'intento di collegare con camminamenti i vari centri di fuoco e di migliorare gli avamposti. I lavori sono stati faticosi e complessi. L'armamento di preda bellica ha consentito di raffittire lo schieramento delle nostre armi. E stato iniziato lo stendimento di nuovo ostacolo passivo antiuomo. Sono stati distribuiti capi di vestiario preda bellica. e purtroppo, per quanto attiene alle calzature, poche delle catturate sono state utilizzate in quanto quasi tutte superiori alla taglia n°45. Calma assoluta sulle posizioni.
Condizioni meteo: cielo semicoperto, temperatura rigida.

02-01-1945: nella giornata l'Artiglieria nemica da Campagna ha iniziato tiri di inquadramento su quelle che ritiene essere le nostre nuove posizioni. I Pionieri ultimano lo stendimento degli sbarramenti antiuomo.
Condizioni meteo: cielo libero, temperatura rigida.

03-01-1945: nella mattinata sorvolo di aereo nemico da osservazione. Novità in linea nessuna. Il Comando Btg. ordina l'uscita di pattuglie diurne. Una parte del personale (al coperto dalla osservazione terrestre avversaria) si dedica agli... sport invernali utilizzando le doghe delle botti rinvenute, sia usandole come sci sia come pattini da slitta applicandole a vecchie reti da letto.
Condizioni meteo: cielo libero, temperatura rigida.

04-01-1945: nella mattinata il nemico con forze valutate ad una Compagnia Fucilieri, ha attaccato le posizioni di Case Rio e nel contempo, con forza identica, quelle di Monte Faeto e Case Termini.
L'attacco è preceduto da tiro di Artiglieria a cortine fumogeni. Dal campanile di Brucciano e dalla Postazione "Alfa" i nostri osservatori riescono però a dirigere ottimamente il tiro di sbarramento dei mortai della 10ª Compagnia. Interviene l'aviazione nemica con mitragliamento e spezzonamento. Allo scopo di stroncare l'attacco intervengono anche i cannoni della 10ª Compagnia. Lo sforzo nemico è nettamente respinto poco dopo mezzogiorno. Caduto il Sergente Zernitz, feriti otto Marò due dei quali in modo grave.
Calma nel pomeriggio.
Condizioni meteo: cielo libero, temperatura rigida.

Monte Faeto divenne rapidamente, come la Quota 437, uno dei punti focali dei combattimenti. Di seguito, la testimonianza del Tenente Remolo De Carli, tra gli Ufficiali che si avvicendarono al comando del presidio su questo monte:

L'avamposto del Faeto comprendeva due quote collegate tra loro da un breve colletto. La quota di sinistra, dove risiedeva il bunker del comando con il telefono, era la meglio attrezzata. La quota di destra, invece, completamente scoperta e priva di camminamenti, bersagliata di continuo dai mortai e dalle armi automatiche, anche dalla collina di Calomini che risultava alle spalle del nostro schieramento, era una quota impossibile...

Combattevamo in condizioni impossibili, contro uomini freschissimi, perfettamente equipaggiati e potentemente armati, che ricevevano il cambio ogni giorno. Eppure noi, male approvvigionati, stanchi, senza mai un turno di riposo, resistevamo... Era una liberazione poter uscire di notte di pattuglia per sgranchirsi le gambe. Ricordo di aver visto uomini che dopo due o tre giorni di buca, sotto la pioggia, il vento, il sole, al momento del cambio, non riuscivano a drizzarsi in piedi perché la continua posizione rattrappita nella buca toglieva loro l'uso delle ginocchia.

E quella del Marò mortaista Giancarlo Leonardi:

[...] facevamo tiri di sbarramento anche sotto il Monte Faeto, l'avamposto più avanzato tra le linee americane. Là in alto vi erano cinque uomini arroccati nel fango, armati di tutto punto, che segnalavano al Comando tutti i movimenti di automezzi, di autoblindo, di semoventi, di carri armati, sulla strada di Lucca, Barga, e Gallicano, strada che saliva poi all'Abetone. Gli americani non erano mai riusciti a salire fin lassù, o per lo meno, chi saliva ci restava secco. Quelli di monte Faeto, al pari di quelli della Quota 437, erano dei pazzi. Li chiamavamo *gli svitati della San Marco*, beninteso con grande rispetto.

05-01-1945: nella mattinata sorvoli di *Jabo* nemici. La loro azione si è sviluppata sull'Ospedale da Campo settoriale di Camporgiano. Numerosi ricoverati nazionali, germanici ed anche nordamericani sono deceduti; fra essi un Marò del Battaglione.

Le pattuglie uscite, e rientrate alle ore 13.30, non hanno trovato traccia del nemico nonostante si siano spinte a 1.000 metri oltre la linea degli avamposti.

Nel pomeriggio il Comando Divisione, tramite quello del 1° Rgt. Alpini, fa pervenire al Comando di Btg. una situazione-informazioni secondo la quale:

- in data 2 gennaio scorso il Generale Clark, nuovo Comandante del XV Gruppo Armate angloamericano avrebbe trasferito il suo Q.G. nelle vicinanze di Firenze;
- del detto Comando risulterebbe il seguente organigramma:

Comandante Gen. Mark Waine Clark
Capo di S.M. Gen. Gruenther
Sottocapo Brig. Gen. Saltzmann
G.1 (Personale) Brig. Gen. W.C. Mc-Mahon
G.2 ignorasi
G.3 (Operazioni) Brig. Gen. Brann
Collegamenti: Brig. Gen. R.B. Moran.

Nessuna azione dell'Artiglieria nemica nella giornata.
Condizioni meteo: cielo coperto, temperatura rigida, nebbia.
Uscita notturna di pattuglia dell'8ª Compagnia.

06-01-1945: rientrata pattuglia dell'8ª Compagnia, eccone il Rapporto:

A Villa Sala nelle cantine sotterranee sono stati scoperti 30 civili di ambo i sessi (e tra essi alcuni bambini) dei quali sinora si era ignorata l'esistenza. Essi hanno dichiarato di essere contadini della zona. L'arrivo della pattuglia ha seminato tra di loro il panico che i suoi componenti hanno faticato a sedare. Non sono state rinvenute armi. Tutti gli interrogati hanno, concordi, dichiarato ancora di essersi rifiutati a suo tempo di seguire in ritirata le truppe germaniche e, dopo, di aver opposto stesso rifiuto a truppe brasiliane che li invitavano a mettersi al sicuro. Condizioni di abbigliamento pessime, condizioni di vita precarie, alloggiamento pessimo. Circa l'alimentazione limitata a castagne secche, farina e quanto raccolto di notte sul campo di battaglia. Condizioni sanitarie: una persona ammalata di diabete, malattie da iperfrigerazione in atto. Necessità di rifornimento viveri e cure mediche. Nessuno di loro vuol lasciare la sistemazione sin qui usufruita.

Il Comando 8ª viene pertanto autorizzato a rifornire, pattugliamento durante, in futuro i civili di Villa Sala.
Nella giornata si è provveduto alla distribuzione di sigarette e viveri in scatola di preda bellica a tutte le Compagnie.
Sporadica attività dell'Artiglieria da Campagna avversaria. Condizioni meteo: cielo coperto, temperatura rigida, nebbia.

07-01-1945: nessuna novità nella giornata. Condizioni meteo: cielo coperto, nevischio.

08-01-1945: il Comando di Btg. ordina uscita pattuglie nella veniente notte. Nella giornata fuoco di mortai nemici; nessun'altra novità. Alle 22.00 uscita pattuglie.
Condizioni meteo: cielo coperto, temperatura rigida, nebbie.

09-01-1945: rientrate pattuglie. L'8ª Compagnia ha rifornito i civili di Villa Sala di medicinali, viveri ed indumenti di preda bellica.
Nessuna novità nella giornata.
Condizioni meteo invariate.
Alle ore 20.30 tiri illuminanti a percussione ed a tempo (Artiglieria).

10-01-1945: nella mattinata il nemico effettua concentramenti di mortai medi e pesanti sulle posizioni di Case Rio. Due Marò Caduti. Calma nel pomeriggio. Condizioni meteo invariate.

11-01-1945: nella giornata si sono ripetuti i concentramenti di mortai nemici sulle posizioni. Altre novità nessuna.
Condizioni meteo: ciclo semicoperto, nebbia.

12-01-1945: ai consueti concentramenti di mortai si sono aggiunti oggi anche interventi di Artiglieria nemica da Campagna a scacchiera. Oltre a ciò nessuna novità.
Il Comando di Btg. è informato (da oltre le linee) di largo impiego di aerofoni da parte nemica.
Condizioni meteo: nebbia densa.

13-01-1945: in mattinata il Comando Btg. ordina l'uscita di pattuglie notturne con lo scopo di:

- interrompere la rete di ascolto avversaria;
- danneggiare eventuali reti a filo rinvenute;
- catturare prigionieri.

Nessuna azione di fuoco nella giornata.

Condizioni meteo: ciclo coperto, temperatura rigida, nebbia. In aggiunta alle pattuglie dei Fucilieri esce anche pattuglia della 10ª Compagnia. Ora uscita pattuglie 21.00.

14-01-1945: le pattuglie uscite hanno fatto rientro fra le ore 03.40 e le ore 04.00. Sono stati asportati una trentina di aerofoni ed oltre 1.000 metri di cordoncino telefonico da campagna. Nella terra di nessuno non sono state incontrate pattuglie avversarie. Nel corso dell'azione di pattugliamento si è udita distintamente, provenire dalla parte del nemico, musica leggera, tale musica è stata in parte avvertita anche agli avamposti.

Nella giornata, gli avamposti di q. 451 e rapporti di pattuglie germaniche informano che, oltre il Turrite di Gallicano ai piedi del costone di Verni, attorno ad una cascina non segnata in carta si sono notati movimenti di truppa nemica in senso parallelo alla nostra linea. Il Comando Btg. in relazione a ciò ordina l'effettuazione di particolare pattuglia rinforzata per la notte. Pertanto nel pomeriggio gli Ufficiali Feriani e Seth si recano presso il Comando della 7ª Compagnia (competente per settore) per concertare l'azione. Essa dovrà avere caratteri di sorpresa e rapidità, in caso di scoperta dovrà essere subito interrotta. Ora di uscita le 02.00 di domani, ora prevista di arrivo sull'obiettivo 03.30, ora prevista rientro fra le 04.30 e le 05.00.

Alla pattuglia si uniranno il *Feldwebel* Kulwein e l'interprete Himmelhofer nonché due mitraglieri della 9ª Compagnia già in posto sull'itinerario.

Condizioni meteo: cielo coperto, temperatura rigida, nebbia.

10-01-1945: nella mattinata il nemico effettua concentramenti di mortai medi e pesanti sulle posizioni di Case Rio. Due Marò Caduti. Calma nel pomeriggio.

Condizioni meteo invariate.

11-01-1945: nella giornata si sono ripetuti i concentramenti di mortai nemici sulle posizioni. Altre novità nessuna.

Condizioni meteo: cielo semicoperto, nebbia.

12-01-1945: ai consueti concentramenti di mortai si sono aggiunti oggi anche interventi di Artiglieria nemica da Campagna a scacchiera. Oltre a ciò nessuna novità.

Il Comando di Btg. è informato (da oltre le linee) di largo impiego di aerofoni da parte nemica.

Condizioni meteo: nebbia densa.

13-01-1945: in mattinata il Comando Btg. ordina l'uscita di pattuglie notturne con lo scopo di:

- interrompere la rete di ascolto avversaria;
- danneggiare eventuali reti a filo rinvenute;

- catturare prigionieri.

Nessuna azione di fuoco bella giornata.

Condizioni meteo: cielo coperto, temperatura rigida, nebbia. In aggiunta alle pattuglie dei Fucilieri esce anche pattuglia della 10ª Compagnia. Ora uscita pattuglie 21.00.

15-01-1945: rientrata pattuglia Feriani-Seth alle ore 04.30 con un ferito. Gli avamposti hanno avvertito attorno alle ore 03.40-04.00 intensa azione di fuoco avversario (anche di mortaio) in direzione del costone Verni.

Il Comandante del Btg. riceve a rapporto il Tenente Seth.

Il Comando di Btg. riesce a stabilire ormai, con una certa approssimazione, l'andamento delle posizioni nemiche: una linea guarnita permanentemente ci fronteggia oltre il Turrite, risultano occupate in modo analogo Casa Marciana, parte del costone di Verni, e q. 711.

Pattuglie nemiche hanno lasciato traccia presso Brucciano. Per quanto possa essere precaria la situazione dei nostri avamposti alla q. 451 alla 437 ed a Case Termini in caso di attacchi nemici in forze, il Comando Btg. decide continuarne la occupazione stabile ad oltranza.

Condizioni meteo: invariate.

Stralcio del rapporto del Sottotenente Seth al Comandante di Btg.

Si inizia la discesa verso il Turrite di Gallicano. Il terreno è gelato e per quante precauzioni vengano prese l'andare provoca scricchiolii. Vi è nebbia e sino al torrente si procede faticosamente. L'immersione nell'acqua è gelida, il guado si effettua comunque tenendo le armi alzate. Si decide di procedere subito per evitare assideramento muovendosi; Feriani si apposta in copertura su una piccola altura. La pattuglia procede verso il luogo dove dovrebbe trovarsi la costruzione. Si incontra dapprima una capanna seminterrata dove vi devono essere alcune bestie delle quali si avverte il respiro ed il puzzo. La pattuglia si divide in due gruppi uno con me di 4 uomini l'altro con Kulwein e l'interprete con altri 4 uomini; intese: contatto visivo sin che possibile altrimenti a voce (ciò però avrebbe messo in allarme il nemico), direzione di movimento costone di Verni. Movimento lento sinché si odono alcune voci ("Hello" con risposta "Hello", la prima in basso l'altra apparentemente in alto). Il nemico inizia il fuoco al quale rispondiamo, e lancia bombe a mano. Raggiungo una costruzione bassa e mi apposto, mentre sulla destra odo Kulwein urlare in tedesco e, alla luce delle vampe, scorgo una sagoma allungata a terra. Essendo venuta a mancare la sorpresa decido il rientro e vengo raggiunto dal gruppo Kulwein i cui uomini trasportano a braccia l'interpete, ferito in faccia da scheggia di bomba a mano.

Kulwein vorrebbe tornare di nuovo all'attacco e si lancia verso la cascina (che in realtà è una costruzione di tre piani dalla cui terrazza si sviluppa il fuoco nemico) azionando il *Panzerfaust*, il che scatena una forte reazione nemica cui partecipano anche mortai.

Altre postazioni nemiche si evidenziano sui lati della costruzione. Raggiungiamo Feriani, e con lui e con i mitraglieri riattraversiamo il Turrite puntando agli avamposti; ci si alterna nel trasporto dell'interprete. Alle 04.30 raggiungiamo tutti l'avamposto di q. 451.

16-01-1945: di primo mattino l'osservatorio-mortai del campanile di Bracciano (10ª Compagnia) avverte, sulla strada di Trassilico, traffico auto nemico. Alle ore 07.40 la 10ª Compagnia interviene con i mortai centrando la strada dove rimangono distrutti tre autocarri medi nemici. Il traffico si interrompe subito.

Nella mattinata il Comandante del Btg. ha chiamato a rapporto i Comandanti delle Compagnie 6ª, 7ª, 8ª ed il Tenente Seth. Presenti al rapporto anche due giovanissimi Ufficiali germanici. Su richiesta del Comandante il Ten. Seth illustra l'azione della pattuglia mettendone in rilievo le manchevolezze che ne hanno determinato il fallimento. Il Ten. Arena illustra il suo pensiero in merito alla ripetizione dell'azione (impiego di un Plotone rinforzato, maggior numero di fucili a tromboncino e di *Panzerfaust*) al fine di eliminare la costruzione sul costone di Verni. Il Ten. Talamo esprime alcune perplessità, il Ten. Feriani sottolinea le difficoltà (peso delle armi ritardante il movimento; individuazione degli uomini sul terreno innevato) che renderebbero impossibile la sorpresa. Ciononedimeno il Comandante decide di approvare il piano del Ten. Arena e ordina la stesura degli ordini di dettaglio. Per tutta la giornata, forse in relazione all'azione dei nostri mortai al mattino, si sono alternati sulle posizioni del Btg. aerei nemici da osservazione. Essi comunque non hanno oltrepassato la verticale della nostra linea di resistenza.
Altre novità nella giornata: nessuna.
Condizioni meteo: cielo libero, temperatura rigida.

17-01-1945: per quanto sulla strada di Trassilico non siano stati oggi notati movimenti nemici, la 10ª Compagnia ha effettuato alcuni concentramenti discontinui di mortaio, a scopo dissuasivo.
Nessun'altra novità nella giornata.
Condizioni meteo invariate.
Uscita pattuglie nella notte.

18-01-1945: pattuglie rientrate senza novità. La giornata è trascorsa tranquilla.
Novità in linea nessuna.
Condizioni meteo invariate.

19-01-1945: nella mattinata il nemico ha tentato infiltrarsi fra le nostre posizioni avanzate di Case Rio, Case Termini e sotto Monte Faeto. Intervenuta con fuoco di cannoni e mortai (sbarramento) la 10ª Compagnia. I dati di tiro sono stati forniti dall'8ª cosicché è stato possibile passare in breve al fuoco di efficacia (su correzioni) mediante l'osservazione diretta. Il nemico comunque non è riuscito a giungere a contatto con gli avamposti ed ha alfine ripiegato scomparendo alla vista. Il Comandante dell'8ª Compagnia si è congratulato con il personale che ha fornito ottima prova nel comunicare i dati di tiro. Il nemico ha riportato perdite.
Nel pomeriggio elementi del Battaglione, per quanto sotto il fuoco a scacchiera dell'Artiglieria nemica, hanno posto in salvo una trentina di orfanelli, in tenera età, ospiti dell'Istituto "Santa Zita" sfollati a Monterotondo. Le bimbe sono state per lo più portate a spalla dai Marò, per svariati e non facili chilometri, sino a Giuncugnano. Con loro sono state sgomberate alcune religiose.
Condizioni meteo: cielo libero, temperatura + 2°.

20-01-1945: in seguito ad ordine specifico del Comando Btg. nella mattinata la 10ª Compagnia effettua concentramenti di mortaio su Vergemoli e sulla strada per Calomini. Successivamente a questa azione di fuoco, ritenendo che la postazione del S.Ten. Del Nero sia minacciata da movimenti di Fanteria nemica, la 10ª Compagnia interviene ancora con tiro di sbarramento. L'Ufficiale dal canto suo fornisce i dati di correzione con tutta calma. Questa ultima azione di fuoco dura 25'.

Nel pomeriggio dalle postazioni avanzate e dagli osservatori viene segnalato movimento di automezzi e semoventi avversari che risultano però fuori portata per le armi del Btg. Conseguentemente i dati sono forniti all'Artiglieria Divisionale che però non ritiene di intervenire. Condizioni meteo invariate.

21-01-1945: novità della giornata nessuna.
Condizioni meteo: cielo libero, temperatura oscillante attorno allo 0°.

22-01-1945: novità della giornata nessuna. Condizioni meteo invariate.

23-01-1945: nella mattinata l'Artiglieria Divisionale ha tenuto sotto violento fuoco Fornaci. L'Artiglieria da Campagna nemica ha controbattuto solo con tiro di interdizione su tutto il settore tenuto dal Btg. Le postazioni avanzate non hanno segnalato movimenti di Fanteria avversaria. Sempre nella mattinata si sono avute azioni di mitragliamento da parte di *Jabo* a due code bimotori su tutto il settore.
Pomeriggio trascorso in quiete.

Condizioni meteo: cielo libero, temperatura attorno allo 0°.

24-01-1945: novità della notte nessuna. In giornata sulla sinistra del Btg. il II/1° Rgt. Bersaglieri, 1ª Divisione "*Italia*" dà il cambio al I/286° Gr. Rgt. germanico.
Condizioni meteo: invariate.

25-01-1945: il nemico ha sottoposto a violento concentramento di mortai le posizioni delle armi della 10ª Compagnia; cade sul Campo Capo Laggetto. Nessun'altra novità.
Condizioni meteo invariate.
[Nella giornata il Sig. Generale Comandante della 4ª Divisione fa rapporto al Capo dello Stato sulla Divisione stessa, NdA].

26-01-1945: per l'intera giornata fuoco alternato a scacchiera della Artiglieria da Campagna nemica.
Il 1° Rgt. Bersaglieri ed il I Gr. Espl./Iª Divisione "*Italia*" passano alle dipendenze del Comando della 4ª Divisione Alpina "*Monterosa*". Il Generale Comandante della Divisione invia al Maresciallo un promemoria nel quale, tra l'altro, propone per la promozione "Per merito di guerra" il Comandante del II/6° Rgt. F.M.
Novità di rilievo in linea nessuna.
Condizioni meteo: cielo coperto, temperatura in aumento.

27-01-1945: nella mattinata la 10ª Compagnia interviene con i mortai con tiro di sbarramento su Faeto e Case Termini mentre il Tenente Seth con una quarantina di uomini dell'8ª Compagnia dalla Postazione "Alfa" dirige verso il nemico. L'azione di fuoco della 10ª Compagnia prosegue sul davanti delle nostre posizioni sino all'esaurimento della dotazione. Dalla posizioni dei fucilieri pervengono ai mortaisti telefonate di ringraziamento perché le Fanterie nemiche, sotto il fuoco, non hanno potuto né procedere né mettere in postazione armi collettive. Il cospicuo volume del fuoco dei mortai è stato possibile per l'impiego, per lo più, di granate USA di preda bellica da 81 mm (Tipo *M43/A1* a piccola capacità ed *M45/B1* e *H.E./M56* a grande capacità) con i tubi da 80 mm (germanici in dotazione) fortemente ovalizzati. Questo particolare, subito noto alla Truppa, desta ilarità perché il nemico ha riportato perdite dovute al suo stesso munizionamento.

In giornata sono ripianate le dotazioni dei mortai. Pomeriggio sostanzialmente calmo. Condizioni meteo: invariate.

28-01-1945: nella notte si è provveduto a far pervenire viveri agli osservatori (ne erano privi da ieri) perché tutta la potenzialità dei rifornimenti era stata impiegata al trasporto munizioni da mortaio. Le pattuglie uscite hanno riferito al rientro che sono state rilevate tracce di passaggi nemici, nella terra di nessuno, in senso parallelo alla linea dei nostri avamposti. Fuoco di Artiglieria nemica nel pomeriggio.

Condizioni meteo: cielo semilibero, temperatura rigida.

29-01-1945: le pattuglie della notte hanno confermato quanto già noto ieri. Nessun movimento è stato rilevato nella giornata dagli avamposti e dagli osservatori.

Condizioni meteo: cielo libero, temperatura in diminuzione.

30-01-1945: dai rapporti di pattuglia il Comando di Btg. ha tratto la convinzione che il nemico stia preparando alcune azioni, con carattere di colpo di mano, contro i nostri avamposti. Viene pertanto diramato l'ordine alle Compagnie di raddoppiare la vigilanza nelle ore notturne o con nebbia e di aprire il fuoco sulle direzioni di arresto automatico al minimo rumore.

Giornata calma.

Condizioni meteo: invariate.

31-01-1945: nella prima mattinata gli avamposti di Molazzana sono investiti da attacco deciso di una Compagnia fucilieri nordamericana. Essi (Sergente Pastorelli) devono cedere terreno anche per la sopravvenuta avaria di due mitragliatrici. Il Comando della 9ª Compagnia invia immediatamente sul posto il Sergente Magg. Buffa con alcuni Gruppi tiro mitraglieri. Il Sottufficiale giunge mentre l'effettivo dell'avamposto sta retrocedendo; riordinati i Marò e riparate le due armi inceppate riesce a bloccare il movimento avversario. Il nemico desiste dallo sforzo e ripiega.

Nel pomeriggio forti concentramenti dell'Artiglieria nemica (forse in relazione allo scacco subito) investono tutto il settore del Btg. Ciò rende problematiche le comunicazioni a filo, risultando interrotte quasi tutte le linee con le postazioni avanzate e gli osservatori. Il Plotone Collegamenti a tarda notte riceve ordine di ripristinare le linee.

Condizioni meteo invariate.

FEBBRAIO 1945

01-02-1945: nel corso della notte sono stati ristabiliti a cura di mortaisti e guardafili del Plotone Collegamenti, le comunicazioni con Brucciano, Monte Faeto, q. 437 e Case Termini. Nella seconda parte della notte sono state notate luci in movimento oltre le linee nemiche. La ristabilita nostra posizione di Case Pozzi apre pertanto intenso fuoco indiretto di mitragliatrici.
Altre novità nella giornata: nessuna.
Il Btg. muta dipendenza operativa passando da quella del 1° Rgt. Alpini a quella del 1° Rgt. Bersaglieri (Ten. Col. Zelli-Jacobuzzi) che, dislocato a Turrite, assumerà dalle ore 24.00 la responsabilità del settore Destra-Serchio.
Condizioni meteo: cielo semicoperto, temperatura rigida, nebbia fitta.

02-02-1945: nella giornata elementi del I/1° Rgt. Bersaglieri entrano in linea guarnendo posti avanzati in unione ai Marò del Btg. Nessun'altra novità in linea. Condizioni meteo: invariate.

03-02-1945: nella mattinata intenso concentramento di Artiglieria nemica su Calomini al quale poi si uniscono anche mortai medi e pesanti. Il Plotone Del Nero chiede eventuale appoggio di mortai, all'osservatorio di Brucciano, nel caso compaia Fanteria nemica. Da Monte Faeto giunge avviso di transito di Fanteria nemica da Gallicano verso Verni. Tutta la linea viene messa in allarme. A mezza mattina una Compagnia nemica investe un avamposto a q. 437 tenuto da mitraglieri della 4ª/I/1° Rgt. Bersaglieri al comando del Cap. Magg. Gian Battista Sorbi. L'avamposto infligge all'attaccante numerose perdite che però non ne fermano il procedere. Alle minime distanze i Bersaglieri riescono a respingere il nemico con bombe a mano e raffiche di mitra. Accortosi che un Plotone nemico investe altro caposaldo, il Cap. Magg. Sorbi dirige su di esso il tiro delle mitragliatrici sventandone i tentativi [il valoroso Graduato verrà decorato di Medaglia di Bronzo al V.M. "sul Campo", NdA].
Nella tarda mattinata l'azione di fuoco dell'artiglieria nemica si esaurisce ritorna così la calma nel settore, calma che perdura per l'intero pomeriggio. Rimarchevole il coraggio dimostrato dai Marò Passoni e Pasqua che sotto il fuoco dell'Artiglieria hanno ricontrollato il cordoncino telefonico fra Brucciano e Calomini.
Condizioni meteo: schiarite alternantesi a foschie.

04-02-1945: sulla destra del Btg. il IV Gruppo Esplorante "*Monterosa*" riceve il cambio in linea dal I/1° Rgt. Bersaglieri "*Italia*" mentre sulla sinistra il Btg. Alpini "*Brescia*" ultima il cambio con il II/1° Rgt. Bersaglieri "*Italia*". Attività consueta delle artiglierie nemiche.
Condizioni meteo: nevischio.

05-02-1945: nella mattinata il nemico ha sviluppato intensi .attacchi di Fanteria che è stata valutata dell'entità di un paio di Btg. di truppe negre. L'avamposto del Btg. di q. 437 è stato costretto a ripiegare di circa 700 metri, quello di Calomini di 500 metri. Truppa nemica, rinforzata da partigiani in uniforme nordamericana con cappello alpino, ha violentemente attaccato sulla sinistra del Btg. le posizioni del II/1° Rgt. Bersaglieri. In particolare la destra dell'8ª/III/1° e la sinistra della 7ª/II/1° fra Pradoscello e q. 906. In questo tratto, sommersi gli avamposti, il nemico intaccava la linea di resistenza fra q. 1048 e q. 906. Contro la 6ª/II/1° la penetrazione avversaria veniva fermata dal fuoco della nostra Artiglieria.

Il Comando del II/1° Bersaglieri inviava nel tratto intaccato una propria Compagnia (9ª) ed una Compagnia germanica e riusciva a ripristinare tutte le posizioni grazie anche ad intenso appoggio della nostra Artiglieria e dei propri mortai (10ª/II/1°). Nelle prime ore del pomeriggio il nemico ripiegava lasciando dinanzi alle posizioni del Btg. ed a quelle del II/1° Bersaglieri 15 Caduti.

Il Comando Settore ha disposto che, a tergo del II/1° Rgt. Bersaglieri, si schieri il II/286° I.R. germanico e che il Gruppo Esplorante "*Italia*" si porti a Castelnuovo Garfagnana. Tali movimenti avvengono nella prima parte della notte. Sempre nella notte il III/1° Rgt. Bersaglieri raffittisce lo schieramento del II/1°.

Condizioni meteo: cielo semicoperto.

06-02-1945: all'alba, in ottemperanza alle disposizioni del Comando 1° Rgt. Bersaglieri è stato effettuato un attacco su Calomini. Il Btg. vi ha concorso con guide. Vi hanno partecipato: un Plotone della 12ª/III/1° Rgt. Bers., una Squadra della 11ª/III/1°; una Squadra Mitragliatrici ed una Squadra Comando per un totale di 66 partecipanti, al comando del Ten. Peyretti con una mitragliatrice e 5 f.m., e appoggio di fuoco della 5ª Batteria/II/1° Rgt. Artiglieria. Alle ore 03.30 la colonna, forte dei reparti suddetti, partiva dal bivio di quota 832 e raggiungeva Marianna dove con guide fornite dal Btg. e preceduta da elementi del Plotone Pionieri (che già avevano ieri riconosciuto un varco) attraversato alle ore 06.00 il campo minato si avviava in direzione della valle del Canale della Mociaccia per portare a termine il compito affidatole. L'attacco doveva iniziare verso le ore 06.30 dopo tiro di Artiglieria, sennonché poco dopo le ore 06.00 due elementi del Plotone della 12ª Compagnia sulla sinistra (nord-ovest Calomini) andavano a cadere in una buca dove quattro negri stavano lavorando. Questi si davano alla fuga abbandonando un fucile automatico ma dando nel contempo l'allarme. Nel medesimo istante il Plotone Pionieri era giunto alla prime case dell'abitato (Case ovest Calomini).

L'allarme provocava l'immediata reazione con volume di fuoco considerevole che investiva gli attaccanti. La reazione di fuoco e movimenti di Truppa nemica fra i gruppi di case facevano comprendere che l'intero paese era tenuto da forze superiori di numero ed era difeso ad oltranza.

La colonna di attacco non aveva ancora potuto spiegarsi e rimaneva investita dal fuoco nemico. Ciononostante gruppi di ardimentosi Bersaglieri riuscivano ad occupare le Case ovest Calomini eliminandovi centri di resistenza. Nel dirigersi verso un secondo gruppo di case i Bersaglieri venivano fermati dal fuoco di due mitragliatrici da 12,7 e dal tiro di due mortai. Non valse l'esempio del Comandante, Tenente Peyretti, ferito gravemente, né quello di altri ardimentosi slanciatisi avanti. Feriti anche il Comandante del Plotone Pionieri ed alcuni graduati. Il Ten. Peyretti, allo scopo di evitare ulteriori perdite dava l'ordine di ripiegare sulle posizioni di partenza. Caduto sul Campo il Cap.

Magg. Quinto Solaini (C.C./III/1° Rgt. Bersaglieri) già valoroso sabotatore paracadutista in Sicilia nel 1943 che, individuata una mitragliatrice nemica, vi si slanciava contro con le bombe a mano rimanendo gravemente ferito. Ai Camerati che lo avevano trascinato al coperto togliendogli l'arma, chiedeva di riavere il mitra per poter ancora sparare sul nemico e negli ultimi sussulti dell'agonia esclamava "Vendicatemi, vendicatemi, Viva l'Italia!" [il valoroso graduato verrà decorato di Medaglia d'Argento sul Campo al V.M., NdA].

Nel corso della mattinata, preceduto da intensa azione di fuoco di Artiglieria e mortai, il nemico ha lanciato sulla sinistra del Btg. numerosi attacchi contro le posizioni tenute dai Bersaglieri (II/1° Rgt.) a Colle, Monte San Quirico, Case Becchelli realizzando penetrazioni in quattro punti. Immediati contrattacchi ributtavano il nemico e le posizioni venivano ripristinate. Ai contrattacchi hanno partecipato elementi della C.C.R. e della 101ª Compagnia Distruttori Carro del 1° Rgt. Bersaglieri, ed elementi germanici. Unica penetrazione nemica stabile a Colle e Battesi. Verso sera il nemico ha sviluppato intensa azione di fuoco il che ha lasciato supporre una prosecuzione dell'attacco per domani.

Condizioni meteo: invariate.

07-02-1945: nella mattinata il nemico ha iniziato forte attacco sulla sinistra del Btg. contro il II/1° Rgt. Bersaglieri nel tratto San Quirico – Battosi. Il Btg. concorre con azioni di fuoco. L'aviazione avversaria ha sviluppato intense azioni di spezzonamento e mitragliamento sulla linea di resistenza e dietro di essa. Contrassalti locali hanno permesso di fermare la progressione avversaria.

Il Comando Btg. chiede ed ottiene che l'Artiglieria Divisionale effettui tiro di distruzione sulla q. 437 in mani nemiche.

Condizioni meteo: schiarite in alternanza con foschie.

08-02-1945: all'alba il Btg., in unione al I/1° Rgt. Bersaglieri, con energica e ben condotta azione riconquista definitivamente la q. 437 dove si stabilisce un presidio misto di Marò e Bersaglieri: il nemico ha lasciato sulla quota morti, feriti ed ingente quantitativo di armi e materiali.

Sempre all'alba elementi del II e del III/1 ° Rgt. Bersaglieri e germanici hanno ripreso le posizioni di Colle e Battosi e respinti tentativi nemici su q. 1048 e Monte San Quirico. In genere oggi il nemico si è dimostrato fiacco nell'intero settore, mentre risulta accresciuta l'aggressività dei Bersaglieri dell'"*Italia*".

Nel pomeriggio sulla sinistra del Btg, tutte le posizioni del II/1° Rgt. Bersaglieri sono ripristinate salvo quella di Battosi-abitato.

A sera il nemico conduce un ultimo, serrato attacco contro il riconquistato Monte San Quirico dove però la 6ª/II/1° Rgt. Bersaglieri oppone irriducibile resistenza e lo ributta. Cade sul Campo il Comandante della Compagnia (S. Tenente Muciaccia).

Altre novità nella giornata: nessuna.

Condizioni meteo: piovaschi e foschie.

09-02-1945: la giornata è trascorsa tranquilla su tutto il fronte del Btg. Condizioni meteo: foschia:

Il Sig. Generale Comandante della 4ª Divisione invia al Maresciallo un rapporto di situazione (Doc. 8).

10-02-1945: il Comando Btg. ha notizia della costituzione, in Savona, di una colonna di Complementi diretta al fronte. Novità in linea nessuna. Condizioni meteo: cielo semisereno.

11-02-1945: il Comando Btg. riceve avviso sulla partenza da Savona della colonna Complementi.
Novità in linea: nessuna. Condizioni meteo: invariate.

12-02-1945: gli avamposti hanno segnalato che, in relazione alle aumentate ore di luce diurna ed al crescere del calore dei raggi solari, il fetore emanato dai numerosi cadaveri davanti alle postazioni è divenuto intollerabile. Il Comando Btg. dispone quindi l'invio in linea di calce viva, il trasporto della quale non è agevole. Si è proceduto comunque ad una sommaria bonifica.
Nessuna reazione nemica a tali operazioni.
Condizioni meteo: cielo libero, temperatura +4°.
In relazione a prevedibili sorvoli di aerei nemici da osservazione vengono piazzate due mitragliatrici a Monte Perpoli in funzione contraerea.

13-02-1945: l'aviazione nemica ha mitragliato e spezzonato nella mattinata. Le mitragliatrici di Monte Perpoli hanno abbattuto un *Jabo* tipo *Thunderbolt* che è andato a schiantarsi poco a nord di Castelnuovo Garfagnana. Il pilota nordamericano è stato sottratto a stento ad un tentativo di linciaggio da parte di civili ed avviato al Comando Divisione.
Qualche azione di Artiglieria nemica nella giornata.
Condizioni meteo: cielo libero, temperatura notturna rigida, di giorno sopra lo 0°.

14-02-1945: il Comando Btg. è informato che, dall'interrogatorio del pilota nordamericano abbattuto ieri, si è appreso che il suo campo-base sì trova a Pisa e che quindi le azioni aeree degli *Jabo*, data la vicinanza, possono svilupparsi per più di mezz'ora sulle nostre posizioni. Giornata calma sulle posizioni.
Condizioni meteo: invariate.
Nella notte uscita pattuglie.

15-02-1945: rientrate pattuglie senza apprezzabili novità e senza scontri con il pattugliamento nemico.
Mattinata tranquilla. Alle ore 14.30 un attacco nemico si sviluppa contro le posizioni della 7ª Compagnia. L'aviazione nemica appoggia con azione di mitragliamento, poi inspiegabilmente i quattro *Jabo* iniziano a colpire le proprie truppe. L'attacco così si interrompe e la Fanteria nemica (all'incirca una Compagnia) si sbanda dirigendosi, con perdite, verso le proprie linee. Si presentano agli avamposti quattro militari negri nordamericani che consegnano le armi. Il loro stato d'animo è piuttosto depresso e, all'attacco della loro aviazione, hanno preferito consegnarsi ai "fascisti" per quanto

sia stato detto loro che da noi si usi seviziare i prigionieri. Dopo aver consumato il rancio caldo con i Marò della 7ª Compagnia i militari nemici sono avviati al Comando Battaglione. A notte escono pattuglie per il recupero delle armi abbandonate sul campo dal nemico.

Condizioni meteo: cielo limpido, temperatura invariata.

16-02-1945: nella mattinata una Squadra dell'8ª Compagnia, inviata a sostituire il presidio di avamposto di q. 451, si scontra con pattuglia nemica. Nel corso del combattimento che ne segue rimangono sul terreno due militari negri nordamericani, uno morto e l'altro gravemente ferito ad un polmone. Il Ten. Gatti decide il trasporto di quest'ultimo sino all'avamposto dove viene praticata una sommaria medicazione. Il prigioniero ha dichiarato che fra la Truppa nemica è stata fatta circolare dalla propaganda la voce che "gli italiani sono usi seviziare i prigionieri" prima di... mangiarseli! Al prigioniero viene sequestrata una pistola, sulle guancette della quale sono incollate fotografie di donne italiane nude. Il Ten. Gatti, tenuto conto delle incredibili dichiarazioni del soldato nemico lo assicura che prima di farlo cuocere lo evirerà... indi lo affida ai Marò rientranti del cambio smontante e lo fa trasportare al Comando dell'8ª Compagnia. Il trasporto non è facile. Giunto nelle linee il soldato nemico, terrorizzato, viene affidato al Servizio Sanitario per le cure mediche urgenti e necessarie [si salverà, NdA].

Nulla da segnalare nel pomeriggio.

Condizioni meteo: invariate.

17-02-1945: nelle primissime ore del mattino l'Osservatorio della 6ª Compagnia e quello O.C. del Gruppo "Bergamo" avvertono d'urgenza il Comando Btg. che sono in movimento oltre le linee ingenti forze nemiche anche di Artiglieria. L'osservazione è stata facilitata dalla eccezionale limpidezza dell'atmosfera. Il Comandante del Btg. dirama subito ordine di allarme a tutti i reparti, convoca poi un rapporto Ufficiali.

Nella mattinata ha luogo il rapporto: ad esso partecipa anche il V.O. [*Verbindugs-Offizier*, Ufficiale di Collegamento, NdC] *Ltn.* Rittner. L'argomento principale verte sulla possibilità o meno degli avamposti di resistere a sforzo nemico accentuato. Il *Ltn.* Rittner ha proposto l'immediato invio di pattuglia da ricognizione germanica nella zona di q. 352. In base ai risultati si potrebbe decidere un'azione più impegnativa allo scopo di dare maggior respiro agli avamposti della 6ª Compagnia. Il Comandante del Btg., approvata la proposta, dà facoltà di procedere ed ordina alla 6ª Compagnia di predisporre appropriata azione in forze. Vengono poi trattati argomenti di carattere logistico-amministrativo quali il rifornimento dei tabacchi, la lentezza dell'approvvigionamento munizioni in linea e, ancora una volta, la esiguità degli effettivi e la scarsità del vestiario-equipaggiamento. Al termine del rapporto il Comandante del Btg. comunica la promozione al grado di Tenente di Fregata dei Tenenti di Corvetta Arena, De Carli, e Seth.

Nel tardo pomeriggio esce la pattuglia da ricognizione al comando del *Feldwebel* Micke; essa è composta esclusivamente da personale germanico del Btg.: suo compito spingersi fin sulla q. 352 per accertarvi la eventuale presenza del nemico.

La pattuglia rientrata a notte inoltrata riferisce che la q. 352 e le sue vicinanze sono sgombre dal nemico; in relazione a ciò il Comandante del Btg. ordina al Comando 6ª Compagnia di eseguire la progettata operazione contro la quota e di occuparla stabilmente. Condizioni meteo: cielo limpido, temperatura invariata.

18-02-1945: al cadere della notte dalle postazioni di Montaltissimo i mortai iniziano violento concentramento sulla q. 352. Al termine della breve intensa preparazione il Comandante della 6ª Compagnia con due Plotoni rinforzati (S. Ten. Bertini e S. Ten. Del Nero) da Case Appioli esce dalle linee. Il movimento verso la q. 352 è silenzioso. Tutto appare tranquillo, nostre mitragliatrici sono appostate indietro e lateralmente pronte ad intervenire. Superata una valletta si procede. A circa un centinaio di metri dalla quota gli assalitori sono investiti improvvisamente da intenso fuoco di mitragliatrici che ne arresta il procedere. Il fuoco nemico proviene proprio dalla quota ritenuta sgombra e ad esso si aggiungono ben presto granate da fucile e colpi di mortaio. Dopo un breve tempo di arresto il Ten. Talamo ordina agli uomini di diradarsi e di tenersi al coperto. Intervengono i nostri mortai con alcuni precisi concentramenti che presto si devono interrompere stante la vicinanza fra la nostra truppa e quella nemica. Il Ten. Talamo, al cessare del fuoco dei mortai, ordina di riprendere il movimento. Tutti gli uomini vanno avanti ma di nuovo un fitto fuoco li arresta. Cade sul Campo il Tenente Talamo ma i suoi uomini testardamente ancora avanzano, sinché visto inutile ogni ulteriore sforzo il S. Ten. Bertini ordina di ripiegare, il che avviene con gli uomini visibilissimi sul manto nevoso che ricopre il terreno. Il tiro nemico si accanisce sinché tutti i validi sono rientrati nelle linee. Con il Comandante della 6ª sono rimasti sul campo tre Marò, numerosi sono i feriti.
Nella tarda mattinata il Comandante del Btg. ha tenuto nuovo rapporto ai Comandanti di Compagnia. Messo sotto accusa, il *Feldwebel* Micke che aveva escluso presenze avversarie sulla q. 352, categoricamente mantiene la sua versione, dal che si deduce come forze nemiche abbiano occupato la quota nella notte anticipando di qualche ora il movimento della 6ª Compagnia e determinando così il fallimento dell'azione e dolorose perdite. In relazione alla morte del Ten. Talamo il Comandante del Btg. ha ordinato al Ten. Seth di assumere il comando della 6ª Compagnia recandovicisi al più presto. Tale decisione il Comandante ha mantenuto nonostante la richiesta dell'Ufficiale di voler restare con i propri uomini alla 8ª. Gli viene concesso di portarsi al nuovo reparto dall'8ª la sola ordinanza. Il rapporto ha poi preso in esame la situazione degli avamposti, resa ora più precaria dalla occupazione nemica stabile della q. 352. Ne è seguita una lunga discussione fra i Comandanti delle Compagnie al termine della quale, però, il Comandante di Btg. ha deciso (pur tenendo debite conto degli aspetti negativi: individuazione, probabili concentramenti di mortai e Artiglierie, difficoltà dei cambi) di mantenerne la occupazione. Nessuna attività nemica nel pomeriggio.
A sera sono giunti dalla Liguria due Ufficiali e 40 uomini, quali Complementi. Il Sottotenente Abriani è stato destinato alla 7ª, il Sottotenente Sara all'8ª Compagnia, gli uomini sono stati suddivisi fra le Compagnie. Tutti raggiungono subito le linee. Condizioni meteo: invariate.

Pubblichiamo di seguito questa corrispondenza di guerra, dal Fronte della Garfagnana, di Mario Morosini, caduto in combattimento, relativa all'attacco alla 352 e alla morte del Tenente Talamo.

L'attacco alla 352
"...e quando i nostri mortai, alle dieci e tre quarti cesseranno il tiro, noi passeremo all'attacco. Intesi? Ed ora regolate i vostri orologi: sono le otto e trentasette minuti."
Il tenente Talamo ci guardò e sorrise compiaciuto. Aveva letto nello sguardo di tutti noi quanto desiderava sapere. Poi fu la volta dei soldati. Furono radunati i gruppi e anche a loro fu spiegata l'azione.
Il sottotenente M., magnifico ufficiale di San Marco, dal viso abbronzato dal sole, con una barba incolta da sembrare un brigante, parlò ai suoi uomini: "Ragazzi, stasera abbiamo da assolvere un compito importante. Dobbiamo buttare fuori i negri dalla 352. Noi in tutto siamo in cinquanta, ma contiamo per centocinquanta e, in centocinquanta, siamo anche in troppi. Attaccheremo alle dieci e tre quarti partendo dai piedi della quota. Completamente inutile domandarvi le solite cose: camminare leggeri, silenzio assoluto, distanza fra gli uomini. Piuttosto, quello che vi raccomando, è di non fregarvi tutte le sigarette americane, ch'io stasera son quasi senza".
Nella stanzetta c'era un'atmosfera di elettricità, un'aria densa di fumo. Nell'altra stanza un gruppo folto di marò erano intorno al camino. Un fuoco brillante, con fiamme alte, guizzanti, serviva anche per illuminare l'ambiente. Sopra, un grosso paiolo con il rancio in cottura.
M'interessava studiare questi soldati, cercare di penetrare nei loro pensieri, nel loro animo.
Sempre un attacco presenta grandi sorprese. Si può vincere e si può perdere. Ci si può comportare da eroi o meno. Si può rimanere feriti. Si può anche morire. Sì, sempre quando si attacca, si può facilmente morire. Dei soldati, alcuni parlano forte, parlano di cose passate. Donne belle, avventure, cuscini morbidi. Come cose lontane ne parlano e con rimpianto. I giovani che hanno la ragazza che aspetta, si sono trovati i punti più riparati, più nascosti alla luce e pensano e fantasticano. Sono un po' tristi. Ne ho sentito uno che sussurrava al compagno: "Si chiama Maria, se succedesse qualcosa, un giorno ci andrai e le dirai che l'ultimo pensiero mio è stato per lei".
Nell'angolo ne ho visto un altro che ha tenuto un fiammifero acceso sino a scottarsi per ammirare una fotografia piccola di una piccola bimba. Quante dolci, piacevoli e tristi sensazioni provavano allora quegli uomini! Ero quasi seccato di essere lì il corrispondente di guerra, seccato di snidare, di far mie le cose loro, seccato di non potere anch'io cercarmi un posticino per abbandonarmi solamente. In quel momento uno gridò forte: "Forza ragazzi, il rancio è pronto; non vorrete, spero, che ve lo porti a domicilio. Forza, cacciate via i cattivi pensieri"... e li risvegliò tutti più o meno bruscamente. Ma consumammo il rancio con poco appetito, che l'ora si avvicinava e l'eccitazione con lei. Alle dieci e trenta uscimmo all'aperto. I mortai già picchiavano la quota nemica. Le esplosioni violente si ripercuotevano nella valle, ma la luna lassù, persisteva nella sua indifferenza completa. Una luna bella, grande, rotonda che illuminava tutti e tutto con strani riflessi. La guardai come per chiederle di schierarsi con noi, di accompagnarci. Con insistenza la guardai, ma rimase lassù indifferente. I soldati si calarono l'elmetto sugli occhi, rimaneggiarono le armi, provarono ancora una volta gli scatti. Poi il tenente Talamo si mosse e dietro di lui uno, due, tre, tutti in fila indiana con gli occhi aperti oltre il normale. Sulla quota nemica le granate dei mortai scoppiavano fragorose, incuranti e noi invece si camminava leggeri, leggeri come piume, muti come pesci malati, tutti attenti a non pestare arboscelli e rametti. Ed ogni passo ci portava più vicino al nemico che ormai abbastanza vicino già era. Alle dieci e tre quarti, puntuale, il fuoco dei mortai cessò. Sentimmo lo scoppio dell'ultima bomba che ci disse: "Auguri ragazzi". Eravamo rimasti soli ai piedi della quota,

noi soli con le nostre armi e tutt'intorno un silenzio opprimente. Avremmo forse già preferito una reazione di fuoco, ma il nemico non si era accorto di noi che salivamo lenti, curvi, da un albero all'altro. Arrivammo quasi fin su e ancora silenzio. Possibile, che il nemico abbia abbandonato la quota? Avanti e silenzio. Andammo ancora più avanti, eravamo già sulla cresta. Troppo quel silenzio cominciava a pesare, ma... "Attenzione ragazzi, i negri" un grido e una raffica lunga di mitra. Il sottotenente M. li aveva visti per primo a sei metri, due in una buca con occhi spalancati, fucili imbracciati. Risposero pronti, e d'incanto, si sviluppò un fuoco formidabile, incessante di armi automatiche.

Accanto a me c'era un soldato. Prese una bomba a mano, si sollevò in ginocchio – via la sicura con i denti e lancio... lanciò un grido e la bomba che, nello stesso istante, una raffica lo aveva investito in pieno sul viso. Cadde all'indietro, si sollevò e ricadde per sempre. Ci fu un po' di sorpresa. Non ci aspettavamo un fuoco tanto violento. Oltre alle armi automatiche, ai fucili, alle bombe a mano, il nemico sparava con mitragliere pesanti con tromboncini, coi semoventi di colpo arrivati a fianco della strada. Lo sapemmo più tardi, la sera precedente i negri avevano ricevuto una compagnia di rinforzo, centocinquanta uomini e più. Ma i soldati presto tornarono calmi, pensavano... e in centocinquanta noi siamo anche in troppi. Non molto tempo passò che anche i mortai del nemico si misero a tirare, però le granate scoppiavano troppo indietro per darci fastidio. Si calmarono e si posero a semicerchio sul limite massimo della quota. Le mitragliatrici furono piazzate e aprirono il fuoco. Qui così cominciava il combattimento furioso. Le raffiche delle pistole mitragliatrici, dei fucili mitragliatori, delle mitragliatrici pesanti, a volte brevi, a volte lunghissime, si succedevano ininterrotte. Sembra che ognuno voglia dominare sull'altro. Sono rabbiose, petulanti, insistenti come vecchie ma vispe zitelle. E fanno un baccano tremendo. Non si sente più il sibilo dell'una pallottola ma nell'insieme ululato di vento. Ci siamo rannicchiati cercando di farci piccoli, piccoli, per offrire minore bersaglio e spariamo, spariamo all'impazzata sperando che il nemico non si accorga della nostra forza modesta. Ma questa volta la fortuna sembra non voglia assisterci. Due dei fucili mitragliatori si inceppano riducendo di molto il volume di fuoco. Il combattimento è infernale. Ormai non riusciamo più a ingannare il nemico numerosissimo che cerca avvicinarci per restringere il cerchio. Le vampate delle bombe, le granate illuminanti e fumogene, le scie delle pallottole nemiche, quasi tutte traccianti, fanno apparire la quota stranamente incendiata. Fra il crepitio delle mitragliatrici, gli scoppi delle bombe, si leva forte una voce: "Ragazzi tenete duro, vendichiamo il comandante che è morto". Il tenente Talamo era infatti caduto colpito da una raffica. Dalla bella fronte larga il sangue, scendendo, gli aveva abbassato le ciglia, gli aveva chiusi gli occhi per un sonno infinito. Un attimo. I soldati tutti sparano più intensamente con accanimento maggiore. Il pensiero di tutti è uno solo: se non possiamo occupare la quota... uccidiamone tanti. Il nemico ora si trova a non più di trenta metri e cerca di portarsi ancora avanti, cerca di raggiungere il ciglio della quota per dominare meglio dall'alto e buttarci di sotto. Sento ad un tratto un soldato che grida: "Attenzione tenente qui al fianco"... e agli scoppi di due bombe a mano vedo due negri che saltano in piedi. "Giù le teste ragazzi" urlo all'istante e dal mitra parte una raffica precisa micidiale. Due negri, due enormi negri, precipitano giù per la scarpata stecchiti. Ma ormai non possiamo rimanere mollo più a lungo. Per il fuoco troppo intenso siamo a corto di munizioni. Da tre quarti d'ora dura l'inferno, tre quarti d'ora in cui, tante più volte, abbiamo vendicato il comandante. Il sottotenente M. mi sembra un Dio della guerra. Salta di qua e di là come una lepre. Regola il fuoco, sprona i soldati magnifici, da ordini secchi. A voce facciamo l'inventario: sei bombe a mano. Spariamole tutte. Sei scoppi potenti poi, giù per la scarpata a precipizio a rischio di romperci il collo, giù in mezzo agli alberi fuori dal tiro nemico. E questi spara ancora, all'impazzata, nel buio. Ma spari pure quanto vuole maledetto, che ormai non ci piglia. Arriva il sottotenente M. che ha preso il comando, guarda i suoi uomini a lungo poi dice: "Prima erano tanti, ora sono un po' meno. La quota la piglieremo domani". E si è voltato, ma l'ho visto lo stesso. Due lacrime grosse, fra la terra sul viso, gli hanno lasciato due solchi profondi.

Si mosse e dietro di lui uno, due, tutti in fila indiana, con gli occhi aperti oltre il normale. I soldati più forti aiutano i compagni feriti. E sulla quota nemica le granate dei mortai ripresero fragorose, incuranti a scoppiare.

19-02-1945: il Ten. Seth raggiunta la 6ª Compagnia ne diviene Comandante titolare. Constatato come gli uomini siano abbastanza scossi dalla perdita del Comandante e dallo scacco subito ieri, fa nota tale situazione al Comandante del Btg. e richiede per il Reparto alcuni giorni di quiete allo scopo di riordino. Il Comandante di Btg. aderisce alla richiesta per quanto ritenga sia miglior "terapia" inviare uomini della Compagnia a recuperare i corpi dei Caduti sotto le posizioni nemiche.
Nella giornata sono giunti al Comando Btg. i Complementi ed i rifornimenti partiti dalla Liguria. I Complementi assommano a: tre Ufficiali e 84 uomini fra Aspiranti, Sottufficiali ed uomini di Truppa. Essi vengono così assegnati:

- Sottotenente Botti: alla 8ª Compagnia per assumervi il comando di un Plotone Fucilieri;
- Sottotenente Mariani (che conserva il comando del proprio Plotone tutto composto da volontari istriano-veneti a maggioranza studenti, diplomati e laureati, Vicecomandante il Sergente Puntoni, figlio del Generale Aiutante di Campo del Re) alla 6ª Compagnia;
- Sottotenente Tordi: alla 9ª Compagnia per assumervi il comando di un Plotone Mitraglieri;
- altro personale di Truppa: suddiviso fra le varie Compagnie.

Tutti gli Ufficiali giunti sono aggiornati sulla situazione presso il Comando di Btg. ed il Comandante li trattiene a cena prima che raggiungano i loro Reparti. Nella giornata scambi di raffiche di mitragliatrice. Condizioni meteo: cielo sereno, gelate notturne.

20-02-1945: nella mattinata forze nemiche di Fanteria valutabili ad una Compagnia Fucilieri rinforzata attacca la postazione di Case Pozzi (Sergente Magg. Buffa, 8 uomini, 2 mitragliatrici). Interviene con fuoco di sbarramento la 10ª Compagnia con mortai e con reazione di movimento un'aliquota della 8ª (S.Ten. Martinola). I mitraglieri di Case Pozzi sviluppano intensissima azione di fuoco, positiva anche grazie a due feritoie praticate a fior di terra in uno scantinato. L'attacco nemico è respinto dopo due ore di combattimento. Le due mitragliatrici del Serg. Magg. Buffa hanno sparato nell'azione 15.000 colpi e sono fuori uso. Ne viene avvertito il Comando della 9ª Compagnia che provvede alla sostituzione delle armi.
Pomeriggio tranquillo.
Condizioni meteo: invariate.
Nella notte il Ten. Seth comanda in prima persona una pattuglia da ricognizione della 6ª Compagnia.

21-02-1945: rientrata senza danni né novità la pattuglia della 6ª Compagnia. Nella mattinata presso il Comando della 9ª Compagnia sono state esaminate le armi impiegate ieri dalla postazione Buffa. Si constata che le valvole di recupero delle mitragliatrici sono pressoché disintegrate. Il Ten. De Carli comunica via telefono il tutto al Sergente Magg. Buffa. Nessuna novità in linea nella giornata. Condizioni meteo: invariate.

22-02-1945: tutti gli avamposti segnalano che Fanteria nemica si sta portando sotto.
L'Artiglieria avversaria, dal canto suo, batte per settore con concentramenti (presumibilmente di Gruppo) sia la linea degli avamposti sia quella di resistenza: detto fuoco gravita sulla sinistra del settore del Battaglione.
Condizioni meteo: invariate, inizio di disgelo.
Nel settore di Fronte Apuane – Serchio, le nostre forze in campo passano dalle dipendenze del Comando 4ª Divisione Alpina a quelle della 1ª Divisione Bersaglieri della quale il Generale Mario Carloni ha assunto il comando.

23-02-1945: il Comando di Btg. decide una operazione allo scopo di scacciare il nemico dalla quota 352. A tale scopo concorrono all'azione:

- 18 elementi del Plotone Pionieri II/1° Rgt. Bersaglieri;
- 11 elementi della 6ª/II/1° Rgt. Bersaglieri;
- Una Squadra della 101ª Compagnia Cacciatori Carro/1° Rgt. Bersaglieri;
- il Comandante la 6ª/II/1° Rgt. Bersaglieri (Capitano Ogulnio Fracassi).

Tali truppe giungono in linea di partenza alle ore 00.45.
Alle ore 01.00 una colonna di salmerie nemiche scortata da circa 20 militari negri, oltre ai conducenti, proveniente da Gallicano si avvicina ai Bersaglieri in movimento diretti alla q. 352.
Il Capitano Fracassi con una parte dei Bersaglieri attacca decisamente gli elementi nemici a bombe a mano e raffiche di mitra. Alla reazione della truppa nemica un secondo attacco dei Bersaglieri la disperde. La colonna nemica viene dispersa e restano sul terreno 3 militari negri e 4 muli carichi, gli altri muli rotolano nei burroni così come soldati nemici che, feriti, tentano di sottrarsi alla cattura. Per non mancare ai compiti affidatigli il Capitano Fracassi deve rinunziare all'inseguimento. Da q. 352 il nemico sottopone i Bersaglieri ad intenso fuoco di mortai e mitragliatrici. Di fronte al risvegliarsi della reazione nemica ed alla conseguente mancata sorpresa il Comando Btg. decide di non effettuare l'azione programmata ed alle ore 02.30 viene recapitato al Capitano Fracassi l'ordine di retrocedere. Prima però di rientrare nelle linee del Battaglione, il Capitano Fracassi scorto un fascio di linee telefoniche nemiche corrente tra la q. 352 e Gallicano si tratteneva sul posto facendone asportare 1.500 metri.
Alle ore 03.00 i Bersaglieri, giunti a Cà Broglio, si portavano alle pendici nord della q. 352 a scopo esplorativo provocando una reazione di fuoco avversaria che permetteva di localizzare 2 mitragliatrici e 7 mortai medi. Alle ore 04.30 il Capitano Fracassi chiedeva al proprio Comandante di Battaglione l'autorizzazione di attaccare con soli Bersaglieri la q. 352. Il Capitano i.g.s. Ciancio, in accordo con il Comando Btg., non concedeva l'autorizzazione rischiesta ed i Bersaglieri rientravano così alle ore 05.00 al loro Battaglione [il Capitano Fracassi verrà decorato "sul Campo" di Croce di Guerra al V.M., per azione svolta il 24 marzo successivo, NdA].
Nella giornata fuoco a settore dell'Artiglieria nemica da Campagna.

Condizioni meteo: invariate.

24-02-1945: nella mattinata il Comando della 6ª Compagnia segnala che a Case Termini una mitragliatrice nemica (evidentemente portata avanti nella notte) che prendeva d'infilata la nostra postazione, è stata messa a tacere ed ha avuto tutti i serventi uccisi dal preciso cecchinaggio del Marò Guastella (siciliano) che, fuori dalle postazioni, ha provveduto con il proprio semiautomatico[29].
Nel pomeriggio concentramenti di Artiglieria nemica e bombe di *Jabo* da 50 libbre fra la linea degli avamposti e quella di resistenza. Condizioni meteo: invariate.
Nella notte uscita pattuglia 6ª Compagnia.

25-02-1945: la pattuglia della 6ª Compagnia rientrata di primo mattino ha riferito (Rapporto Aspirante Magnani, Comandante) che ha scoperto per caso una galleria del vecchio acquedotto in disuso. Risalita la galleria si è constatato che essa sfocia in mezzo alle linee nemiche presso Case Broglio. Viene avvertito il Comando di Btg. che ordina una ricognizione in forze nei prossimi giorni.
Concentramenti a scacchiera dell'Artiglieria avversaria. Condizioni meteo invariate, forte vento.

26-02-1945: per tutta la giornata è proseguito intenso fuoco dell'Artiglieria nemica sulle nostre posizioni. Non è stato possibile far giungere alcunché agli avamposti.
Alle ore 19.00 il S. Ten. Abriani avverte per telefono la postazione Le Rocce (S. Ten. Tordi) che truppa nemica affluisce in forte numero sul fianco di Monte Faeto e chiede concorso di fuoco. Le mitragliatrici della 9ª da Le Rocce intervengono subito, prima con fuoco di sbarramento poi con fuoco di efficacia non appena riescono a scorgere il nemico. La progressione nemica ciononondimeno continua ed il S. Ten. Abriani è costretto a chiedere che le mitragliatrici tirino sulla propria posizione dove i Fanti nemici sono giunti ormai a distanza di assalto. Il tiro si effettua ora sotto la direzione del Sergente Magg. Buffa [meritamente chiamato "il miglior mitragliere della Divisione": appellativo ampiamente meritato, NdA] che lo effettua al di sopra delle Truppe amiche con particolare abilità radendo con le raffiche il ciglio degli appostamenti dell'avamposto[30]. Grazie all'intenso fuoco delle mitragliatrici il nemico dapprima si scompiglia poi inizia a retrocedere, sottoposto anche a lancio di bombe a mano dagli uomini del S. Ten. Abriani.
Monte Faeto appare avvolto dal fumo delle esplosioni. La Fanteria nemica è costretta a desistere dall'azione e ripiega con perdite. Poco prima delle ore 20.00 il S. Ten. Abriani comunica al S. Ten. Tordi di cessare il fuoco. Una quarantina di corpi di soldati nemici giacciono davanti alla postazione di Monte Faeto.
Condizioni meteo: cielo limpido, temperatura in diminuzione.

---

[29] Il fucile semiautomatico *Walther Gewehr 41* calibro 7.92x57 *Mauser*, con ottica *ZF41*.
[30] L'Autore, che è stato mitragliere, invita chi legge a considerare la prestazione tecnica altamente qualificante del Sergente Magg. Buffa tenendo conto come e quanto sia difficile il tiro sopra le truppe amiche disponendo di armi a brandeggio libero e senza meccanismi micrometrici di elevazione; con lui l'Autore ricorda anche il portarma tiratore Dalmeri distintosi nella stessa azione, NdA.

Di seguito, un ricordo dell'esperto mitragliere Sergente Maggiore Buffa scritto dal S.Ten. Giuliano Tordi:

C'era un personaggio nel II Btg. del VI Reggimento: il famoso Btg "*Uccelli*" che merita davvero un capitolo tutto per lui: il Serg. Francesco Buffa, della 9ª Compagnia Mitraglieri. Siciliano puro sangue ne ha del resto tutte le caratteristiche, non era giunto alla *San Marco* dall'Italia ma dal Montenegro, dove aveva aderito volontariamente il 28 ottobre 1943 ad Urosevac (Cossovo). Era già in Germania, quando si formò la Divisione e quindi si può ben dire che fu la Divisione *San Marco* a raggiungere Francesco Buffa e non lui, la Divisione. Uomo maturo non vecchio, maturo per tante esperienze, possedeva una dote molto comune fra la gente della sua terra. Un potere di adattamento, fatto di pazienza, di tenacia, di ottimismo, nei confronti di ogni tipo di situazione. Molti "polentoni" ad Auerbach battevano i denti per il freddo, Ciccio Buffa, terrone del profondo Sud se la rideva. C'era da rimediare qualcosa a "borsa nera", si fa per dire, perché la borsa nera in Germania non era conosciuta, almeno lì dove era la divisione *San Marco* e da chi andavi se non da Buffa?... Lui non prometteva mai niente però alla fine riusciva in un modo o nell'altro ad accontentare tutte le richieste. Questo era il Buffa "mercante", ma dall'altra parte della facciata c'era il "Mago" dell'*MG 42*. Entro brevissimo tempo riuscì ad avere una tale padronanza di quell'arma meravigliosa, il mitragliatore mod. 42, da stupire gli stessi istruttori tedeschi.
Era in grado di smontare e rimontare l'arma in 30 secondi, ad occhi bendati. Ma la sua bravura non finiva qui. Era al poligono che riusciva a trarre dal suo strumento gli acuti più entusiasmanti. Chi conosce la frequenza di tiro dell'*MG 42* (1.200-1.300 colpi al minuto) sa anche che è molto difficile poter sparare raffiche inferiori ai 10-15 colpi ognuna, ebbene Ciccio Buffa, con grande delizia del suo *Feldwebel* istruttore, riusciva a sparare raffiche di due soli colpi, naturalmente a bersaglio. Ad Auerbach era diventato un mito. Rientrata la divisione *San Marco* in Italia, seguì le sorti del II Btg. "*Uccelli*" in Garlagnana. Finalmente per il Serg. Buffa, soprannominato "Generale Buffa", era arrivata l'ora di dimostrare le sue virtù di mitragliere. Già durante l'attacco di novembre alla I Compagnia il suo apporto fu notevolissimo per la ricacciata dei negri della 92ª divisione "*Buffalo*". In quanto poi comandante di squadra di armi d'appoggio poteva circolare per tutta la linea senza limitazioni. Era diventato il barometro degli umori del Btg. Anche il Magg. Uccelli doveva accettare i consigli del "Generale Buffa". "Bedda matri, comandante, alla 6ª ci dovete mandare più munizioni", oppure "per Santa Rosalia, comandante, alla 9ª Compagnia come si deve fare per avere un poco di olio lubrificante?..."
Dal Ten. Seth. comandante della 6ª Comp. dopo la morte di Talamo, alla 352, poi era di casa. Aveva saputo del vino e di tutto il resto di cui Seth disponeva, e non c'era volta che mandasse in buca una visita! Era diventato anche un efficientissimo collaboratore del Cap. Sgarlatta del gruppo "*Bergamo*" quindi dei pezzi da 100 della "*Monterosa*".
Aveva creato un sistema simbiotico molto semplice. Il Cap. Sgarlatta dall'alto del suo osservatorio comunicava a Buffa i dati per un fuoco indiretto di interdizione sui movimenti dei camion o altri mezzi nemici e Buffa dal suo posto di osservazione, molto più avanzato, "ordinava" al Cap. Sgarlatta. in base ad un preciso punto di riferimento stabilito prima, di aprire il fuoco con un pezzo sempre pronto. Il bersaglio doveva giustificare l'impiego del cannone. Questa collaborazione fra Buffa e il Cap. Sgarlatta dette risultati eccellenti. Il fuoco notturno di interdizione delle mitragliatrici pesanti del Secondo Capo Buffa causò non pochi guai agli americani durante i loro cambi. Era uno spettacolo assistere al fantasmagorico fiume di pallottole traccianti che, nel buio come la coda di una cometa, copriva le basi nemiche. Il "Generale" Buffa, questa piccola parentesi biografica, anche se troppo breve per tutto quello che si potrebbe dire e scrivere di lui, se la merita ampiamente.

Nella notte per ordine del Comando Btg., considerato che a Monte Faeto non è stato possibile confezionare il rancio, dalla postazione Le Rocce il S. Ten. Tordi invia al S. Ten. Abriani i Marò Grandi, Pozzi, Olivieri e Santamaria (9ª Cp.) in cambio di quattro Marò della 7ª che scendono a Le Rocce per confezionarvi il rancio, del presidio di Monte Faeto e per portarvelo.

27-02-1945: alle prime luci dell'alba il Comando Btg. mette in allarme gli Osservatori e gli avamposti. Da Calomini il S. Tenente Del Nero (7ª Compagnia) che presidia l'avamposto con 16 uomini ed una *MG* segnala pacatamente al telefono che ritiene l'attacco nemico imminente. Alle ore 07.50 l'Artiglieria nemica effettua intenso concentramento su Calomini che prosegue ed al quale si unisce alle 08.15 bombardamento da parte di una Sezione di *Jabo*. L'Osservatorio mortai del campanile di Brucciano (S.Ten. Pazzini e Marò Leonardi) segnala movimento di truppa nemica in buon numero verso la q. 652 (chiesa sullo sperone) pertanto i mortai iniziano il tiro di sbarramento, cortina a ritmo lento verso la chiesa e cortina a ritmo accelerato nella vallata tra Brucciano e Calomini. Mitragliatrici pesanti nordamericane tentano di distruggere l'Osservatorio (evidentemente noto) sul campanile di Brucciano senza peraltro riuscirvi. Intorno alle ore 08.40 la Fanteria nemica, stimata a due Compagnie, investe Calomini contenuta dal Plotone Del Nero; nell'infuriare delle esplosioni si avvertono tra quelle delle mitragliatrici avversarie le raffiche della *MG*. Verso le 09.30 il S. Tenente Del Nero comunica al Comando di Compagnia che ripiega sul centro di Calomini. I nostri mortai investono altra Fanteria nemica che per l'alto tenta di approssimarsi alla nuova posizione dei Marò. Il combattimento in Calomini si protrae e di nuovo l'Artiglieria nemica interviene, così come la nostra, attorno all'abitato. Obici dell'Artiglieria da Montagna a puntamento diretto da q. 1028 danno sostegno a Calomini sbarrando il progredire avversario.

Dagli osservatori si nota molta fanteria nemica attorno a Calomini. Alle ore 12.30 il Plotone Del Nero non risponde alle chiamate telefoniche. Verso le ore 13.00 la Fanteria nemica interrompe il movimento ed il combattimento sembra avere una sosta. Dal campanile di Brucciano, Calomini appare occupata dal nemico per due terzi. Alle 15.00 gli osservatori riferiscono che il Plotone Del Nero sta abbandonando l'ultima frazione di Calomini e, pertanto, alle 15.10 i nostri mortai investono le ultime case di Calomini con concentramento di repressione e con cortina di sbarramento gli impluvi sud del Canale delle Nociacce. Alle ore 16.00 i mortai smettono il tiro. Il Plotone Del Nero si attesta al Canale delle Nociacce. Il S. Tenente Del Nero, ferito, viene trasportato dapprima a Brucciano indi all'Infermeria del Btg. [dove decederà per cancrena gassosa nonostante le cure del S. Tenente Medico Del Vecchio, NdA].

Ecco il resoconto del Marò mortaista Giancarlo Leonardi, che assistè al combattimento dal suo posto d'osservazione sul campanile di Brucciano:

Era la mattina del 27 o 28 febbraio. Limpidissima. Tutto d'un tratto si scatenò l'inferno, il fuoco di tutte le Batterie della 92ª si abbatté sulle nostre linee, il violento bombardamento investì Calomini e noi, a questo si aggiunsero quattro cacciabombardieri che facevano la spola con altri quattro. Lo spezzonamento fu violentissimo, e poco dopo ricevemmo attraverso radiotelefono l'ordine di puntare tutti e quattro i mortai su Calomini. Sentivamo nitidamente le *Machinengewehr*, sentivamo le calibro *.30* americane. Calomini doveva essere stata attaccata con decisione, del resto era una posizione saliente e valida sia per noi che per loro per l'osservazione. Pazzini era con me sul campanile, tentammo di chiamare il Tenente Del Nero ma inutilmente, poi presi io il telefono e dissi a Sala e Teruzzi di tenersi pronti. A tratti, lungo lo straducolo di Calomini si distinguevano netta-mente gli elmetti tipici degli americani. Non ci si poteva sbagliare: Calomini, a giudicare del numero di avversari che scorgevamo, stava per essere occupata da reparti americani in forze. La Chiesa nella quale eravamo appostati distava circa seicento metri in linea d'aria dal punto d'irruzione nemico, mentre il fondo del paese era a meno di quattrocen-to metri. Avevamo piazzato due *Machinengewehr 42* sullo sperone che scendeva ripido a valle, altre due dalla parte dove c'era il famigerato declivio erboso disseminato di mine, e altre due quasi dirimpetto a Calomini; con questo potevamo proteggere Del Nero e i suoi uomini, che ci aspettavamo si sganciassero da un momento all'altro. Il bombardamento, una vera valanga, era terribile, dalla strada di Gallicano erano avanzati anche i semoventi americani, distinguevamo il tipico doppio rimbombo dei loro pezzi e il loro tiro rapido, alla fine il cielo davanti a noi si illuminò di tre razzi rossi, che sfrecciarono uno dietro l'altro: capimmo che il gruppo di Del Nero si era sganciato e richiedeva il nostro aiuto. Diedi l'ordine a Teruzzi e Sala di spazzare Calomini, aprendo il fuoco a volontà. I due mortai del terrazzo dovevano centrare il fondo del paese e spostarsi poi uno a destra e l'altro a sinistra, battendo un raggio di circa duecento metri.

A quelli nella piazza, che avevo sotto di me, ordinai loro di prendere di mira la frazione della Chiesa. Dirigevo il tiro in maniera accurata, dal campanile potevo osservare con precisione dove cadevano le bombe. Anche le *Machinengewehr* entrarono in azione, si attendeva da un momento all'altro che dalla mulattiera sottostante, attraverso i castagni, venissero su i nostri. Fu una lunga attesa, ma nel frattempo una postazione di mitragliatrici nemiche ci aveva indi-viduato sul campanile; evidentemente avevano visto me o il Pazzini, che tra l'altro si credeva di essere sulla torre di una corazzata a distanza di trenta o quaranta chilometri dal nemico. Ci investì quindi una raffica di proiettili, che sbrecciò le aperture ad arco, e alcuni colpi finirono sulle campane, facendole risuonare di un suono staccato. Ci mettemmo al riparo e tirai due cri-sti, mentre il Pazzini rispose con una filastrocca lunga quanto la Divina Commedia. Mi misi persino a ridere, dove le trovava mai quelle tirate! Gli *Yankee* concentrarono il tiro di alcuni mortai e cannoni su di noi. La loro traiettoria era alta, e capimmo che andavano cercando la nostra Batteria. Ma non potevano immaginare che i nostri mortai da 80 mm fossero schierati sulla piazza della Chiesa, appena defilati, e gli altri due pezzi posti su un terrazzo, riparati dal tiro nemico da delle macerie. La loro rabbiosa reazione tentava di scovarci dietro il paese o in qualche anfratto della collina. Finalmente, incominciammo a vedere qualcuno che, strisciando lungo la mulattiera, stava raggiungendoci. Con i mortai continuammo un bel po' di tempo a sparare per "azione di disturbo", poi arrivò l'ordine da Bozzi di cessare il fuoco. Si scese dal campanile e ci raggruppammo tutti quanti, tranne le sentinelle, nella nostra casamatta. Ai fuci-lieri della sesta e settima messi insieme, in tutto circa diciassette uomini, mancavano tre marò, morti e abbandonati. Gli altri si erano portati a spalle a turno il Sottenente Del Nero, crivellato di colpi. Tutti questi uomini si distesero come morti su della paglia e materassi vecchi, nelle due stanze del ricovero rinforzato da noi costruito. Gozzi avvertì il Comando a Montealtissimo che avevamo recuperato i fucilieri di Calomini, che mancavano tre uomini più Del Nero, e che lo avrebbero portato al Comando, e così fu. Aspettammo il buio sul sentiero minato e, su una barella improvvisata con dei rami di albero, si portò il caro Del Nero, avvolto in una coperta.

Verso le ore 17.00 viene avvertito fra gli opposti schieramenti il lamento di un Marò ferito che invoca la mamma: ciò viene subito comunicato al Comando di Btg. che, via radio, trasmette in chiaro al Comando nemico una richiesta di tregua per uscita portaferi-ti. La tregua è così concordata ma dal Comando Btg. si avverte di far iniziare subito fuoco di mortai se il nemico dovesse portarsi avanti tregua durante.

Verso le ore 18.15 sulle nostre e sulle posizioni nemiche le opposte Truppe, in piedi e con le armi ostensibilmente rivolte in alto, assistono al recupero del Marò ferito. La tregua ha termine alle ore 19.00.

Al Comando Btg. giunge comunicazione telegrafica che il Capitano di Corvetta Uccelli, titolare, è stato promosso al grado di Capitano di Fregata. Nessun'altra novità nella giornata.

Condizioni meteo: cielo sereno, temperatura rigida.

28-02-1945: il mattino, dopo breve e violenta preparazione di Artiglieria, cui partecipa almeno una Batteria pesante Campale; il nemico attacca nuovamente la posizione di Monte Faeto (Sottotenente Abriani, 7ª Compagnia). Concentramenti di mortai investono anche la postazione Le Rocce (S.Ten. Tordi). Su Monte Faeto una mitragliatrice di preda bellica si inceppa e quindi il nemico riesce ad infiltrarsi in un camminamento immediatamente sotto la postazione. Il Sottotenente Abriani fa accorrere a difesa degli uomini dai lati meno minacciati, mentre la postazione Le Rocce inizia un fuoco accelerato con le proprie mitragliatrici. I mitraglieri della 9ª sono costretti di lì a poco a cessare il fuoco per un'arma in avaria e l'altra con la canna surriscaldata; il Sottotenente Abriani telefona subito al S.Ten. Tordi che senza il suo appoggio sarà problematico respingere il nemico che, in buon numero, è serrato sotto e si trova ormai a contatto con gli apprestamenti principali di Monte Faeto. Grazie alla velocità di un servente che porta con sè delle canne di ricambio, le mitragliatrici da Le Rocce riprendono il fuoco, mentre il nemico è riuscito a superare alcune buche, difese da Bersaglieri, sul Monte Faeto. È a questo punto che il S.Ten. Abriani, chiesto al collega di cessare il fuoco, esce con una Squadra al contrassalto e ributta il nemico con le bombe a mano. Da Le Rocce è chiaramente distinguibile il S.Ten. Abriani e udibile il grido suo e dei Marò "SAN MARCO... ITALIA... ITALIA... ITALIA...!". Trasportati dalla foga l'Ufficiale ed i Marò scendono per la collina sinché il nemico scompare alla vista. Il presidio di Monte Faeto è ristabilito in tutte le sue postazioni. Sono caduti due Bersaglieri del II/1° Rgt. Bersaglieri e due Marò sono rimasti leggermente feriti. Di seguito, la trascrizione della telefonata del S.Ten. Abriani al S.Ten. Tordi:

Ho catturato sei soldati ed un maresciallo... ho avuto due feriti leggeri tra i miei Marò... due Bersaglieri uccisi nelle buche... loro non erano meno di un centinaio... i loro – tra morti e feriti – ... gli abbiamo dato una buona lezione... (dal Diario Tordi)

Fuoco di Artiglieria nemica nel pomeriggio.

Condizioni meteo: cielo sereno, temperatura rigida.

Sulla sinistra del Battaglione il II/1° Rgt. Bersaglieri riceve il cambio in linea dal I Gruppo Esplorante *Italia* col calare della luce diurna. Con analoghe modalità una Compagnia del I/1° Rgt. Bersaglieri si disloca presso la 7ª Compagnia del Battaglione[31].

---

[31] Nello stesso periodo, nelle linee avversarie i *365th* e *366th Infantry Regiment* erano avvicendati dal *473rd Regimental Combat Team*.

MARZO 1945

01-03-1945: per tutta la giornata l'Artiglieria nemica ha effettuato intensi concentramenti su obiettivi evidentemente registrati, con il che non è stato possibile far giungere i rifornimenti ad avamposti ed Osservatori.

È stato osservato con i binocoli che il nemico ha recuperato il cadavere del Ten. Talamo.

Al calare delle tenebre è stato ripristinato il rifornimento agli elementi avanzati.

Tre Compagnie Bersaglieri hanno serrato sotto le linee delle tre Compagnie Fucilieri del Battaglione.

Condizioni meteo: nebbioso.

02-03-1945: nel corso della notte i Bersaglieri hanno sostituito in linea le Compagnie 6ª, 7ª e 8ª; rimangono nelle attuali dislocazioni i gruppi tiro della 9ª e della 10ª decentrati, così come alcuni avamposti della 7ª Compagnia. Una pattuglia della 7ª si è scontrata nella terra di nessuno con pattuglia nemica; il Sottotenente Abriani è sfuggito miracolosamente a raffica di arma automatica tiratagli da soldato nemico appostato che è stato subito ucciso con una bomba a mano dal Marò Giancarlo Pozzi. Mentre l'Ufficiale fa rapporto al Comando di Compagnia, si inserisce in linea il Comandante di Battaglione che gli promette l'invio di due Pionieri allo scopo di rendere più sicuro il procedere di future pattuglie.

Nella giornata fuoco di Artiglieria nemica ad intermittenza. I Reparti del Btg. avvicendati si recano nella zona di Dezza dove si accantonano nelle subfrazioni di Antisciana, il Colle e Boccasciutta.

Condizioni meteo: cielo coperto.

03-03-1945: i Reparti avvicendati non hanno mutato, rispetto a ieri, la propria dislocazione. In essi si è provveduto anche con l'ausilio di civili in posto alla bollitura degli effetti personali e delle coperte in uno con il riassetto esteriore degli uomini. Nella zona di sosta non vi è più neve e la temperatura risulta più accettabile che in linea. Condizioni meteo: cielo semisereno, inizio del disgelo.

04-03-1945: nessuna variazione alla dislocazione dei Reparti. Nessuna novità. Condizioni meteo: cielo sereno.

05-03-1945: nessuna variazione nella dislocazione dei Reparti. Nel pomeriggio il Comando del 1° Rgt. Bersaglieri ordina al Comando Btg. di far risalire i Reparti in linea e riprendere tutte le dislocazioni tattiche in atto prima del cambio.

Al calare della luce i movimenti hanno inizio. Condizioni meteo: cielo sereno.

06-03-1945: tutte le Compagnie hanno ripristinato le dislocazioni tattiche, quali erano prima del cambio, avanti il sorgere del sole. Nella giornata fuoco consueto dell'Artiglieria nemica.

Condizioni meteo: cielo sereno temperatura in ulteriore aumento. Uscite pattuglie 6ª, 7ª e 8ª Compagnia.

07-03-1945: rientrate pattuglie: quella della 6ª Compagnia non ha potuto procedere lungo la galleria del dismesso acquedotto per avvenuto crollo dell'uscita dalla parte del nemico (forse da esso ad arte provocato), quella della 7ª ritornata in traccia di postazioni nemiche, reperite in precedenza, ha incontrato, poco oltre le stesse reazione di fuoco alla quale ha controbattuto per poi far rientro all'ora fissata.

Prima dell'alba il Comando Btg. informa le Compagnie che, stando a quanto comunicato da informatori oltre le linee, il nemico effettuerà, in giornata, forti concentramenti di Artiglieria e che, pertanto, all'inizio del fuoco tutto il personale dovrà porsi a reparto, salva restando la rete di osservazione.

In effetti alle ore 07.30 l'Artiglieria nemica inizia preciso tiro con concentramenti su osservatori, avamposti e linea di resistenza. Verso le ore 08.15 al fuoco di Artiglieria (ipotizzabili almeno tre gruppi, dai colpi caduti) si aggiunge l'arrivo di sei *Jabo* che stranamente attaccano Calomini anziché Brucciano. L'attacco è talmente preciso che gli osservatori, ritenendolo portato da aviazione nazionale, lo comunicano ai rispettivi Comandi in tali termini. Alle ore 09.30 un secondo attacco aereo (sempre sei *Jabo*) investe ancora Calomini e questa volta gli aerei sono esattamente identificati risultando evidenti le stelle bianche USA su ali e fusoliere. Al termine dell'attacco la 10ª Compagnia, su ordine, effettua concentramento con mortai su Calomini al fine di eliminarvi ciò che resta del presidio nemico. Il fuoco dura 120' ed è effettuato in parte con granata USA di preda bellica. Attorno al mezzogiorno ritorna calma assoluta sull'intero settore. Nel primo pomeriggio si presenta in Brucciano, al ricovero dell'Osservatorio mortai, un Maresciallo negro nordamericano che, abbandonata Calomini, ritenendo dirigersi verso le proprie linee ha seguito un filo telefonico USA ignorandone evidentemente l'uso fattone dal Btg. Il Sottufficiale, che viene fatto prigioniero dai mortaisti, dichiara che l'attacco dell'aviazione ha provocato forti perdite nel presidio nemico di Calomini, che è stata abbandonata dai superstiti.

Nessuna attività nemica nel pomeriggio.

Al calare della luce il Sottufficiale nemico prigioniero giunge al Comando di Battaglione.

A tarda serata giunge al Comando Btg., tramite corriere, il preavviso del cambio in linea.

Condizioni meteo: cielo sereno, temperatura ritornata rigida. Il Comando 7ª Compagnia ha fatto uscire due pattuglie da ricognizione dirette a Calomini.

Di seguito, la trascrizione integrale del racconto del combattimento del mortaista Giancarlo Leonardi:

Era mattina quando ricevemmo l'ordine dal Comando di metterci al riparo, in quanto ci avrebbero bombardato, e forse attaccato.

Mi trovavo alla "Postazione 3" assieme al Maggi. Era una caverna costruita come rifugio da chi aveva abitato nella cascina a fianco. Si stava fumando una sigaretta tranquillamente, e stavo pensando che oramai eravamo ai primi di marzo, ed era un anno e più che non vedevo casa. Ritornai alla reltà poiché ad un tratto incominciarono i sibili delle granate dell'artiglieria americana, arrivando in un rapido crescendo ad un vero pandemonio, un boato dietro l'altro, assordante. Seguimmo ad un tratto sopra di noi una formazione di cacciabombardieri, i quali, volteggiando a bassa quota, incominciarono a sganciare grappoli di bombe su Calomini, tenuta dagli americani. Dapprima credemmo fosse la nostra aviazione, ma la seguente ondata di sei apparecchi aveva le stelle sulle ali, per cui gli americani stavano bombardando i propri stessi uomini. Bozzi mi richiamò ai pezzi, così i mortai furono puntati nella vallata dove gli americani stavano precipitandosi per mettersi in salvo o forse per attaccarci. Scaricammo più dei due terzi delle bombe che avevamo in riserva. Al tiro dei mortai si aggiunsero le nostre micidiali *Maschinengewehr* e i *Mayerling*[32]. Il nostro fuoco durò quasi due ore, finchè, non vedendo affacciarsi nessun elmetto americano, cessammo il fuoco di sbarramento.

Improvvisamente, come d'incanto il fronte era precipitato nel silenzio assoluto... una calma immensa, irreale, quasi terrificante. Smontai dal mio posto di osservazione sul campanile e rientrai al rifugio insieme con gli altri che erano stati ai pezzi. Il Sottotenente Pazzini e il Sergente Magg. Bozzi erano sdraiati nella prima stanza, il resto nella seconda, io ero a fianco della stufa e voltavo la schiena alla porta d'entrata che dava su uno stretto vicolo. Passoni stava davanti alla stufa appoggiato al muro, Sala gli era a fianco, Teruzzi era dall'altra parte della stufa di fronte a me. Stavo girandomi una salamella infilzata su un filo di ferro, altrettanto stava facendo Passoni (egli aveva un viso pacioccone da lombardo però era di pelle scura come un arabo ed una barbaccia nerissima e lurida. Ma chi si lavava a Brucciano... e con quale acqua?). Comunque mentre si sta assaporando il salamino teutonico, Passoni con gli occhi diventati bovini (tanto erano sbarrati) senza muoversi mi fa: "Leo gh'è un negher su la porta". Guardandolo sorridendo alzai le spalle e: "Pirla" gli risposi aggiungendo "te ghe semper voia de scherzà...". "Tel giuri, Leo, ghè un negher..." Non fu tanto lui a convincermi quanto Sala impietrito con un pezzo di pane in mano e Teruzzi che fissava chissà cosa! Mi girai lentamente e vidi così la figura massiccia di un negro completamente armato che, appoggiato allo stipite della porta, salutava mormorando qualcosa.

La reazione di Passoni fu quella di afferrare il cordino di una bomba a manico subito impugnata e pronta al lancio, ma per fortuna ci ripensò... Il negro stava fermo sulla porta salutava con la mano all'elmetto, aveva la rivoltella al cinturone dentro una fondina di canapa; lui continuava a salutare mentre noi, non pensando a quel che diceva, immaginavamo quanti ce ne fossero dietro di lui... perciò dissi a Passoni: "Non fare lo scemo... siamo disarmati, se vuole ci inchioda tutti... cerchiamo di spiegarci invece...". Così, gesticolando all'italiana gli andammo incontro... lui stava sempre fermo occupando il vano della porta e salutava... Tutto ciò dovette durare non più di un paio di minuti, ma lo ricordo come un'eternità! Sala alla fine urlò: "Bozzi.. Tenente... c'è un negro... ce ne devono essere di più... ". Ci sentimmo rispondere che eravamo degli "abbelinati" dal Sergente mentre il Tenente aprì il suo rosario toscano aggiungendo che lui "voleva dormire...". Invitammo il negro a venire avanti ed allora capimmo che era solo, l'avevamo quindi in pugno ma lui non pareva spaventato. Capirnrno alfine cosa voleva dirci.., voleva un po' d'acqua. Gli demmo vino ché acqua non ce n'era. Lo disarmammo togliendogli la pistola... era una Beretta. Le guanciole erano di plastica trasparente con alcune foto sotto: una di una bella donna negra con un gran cappello di paglia appoggiata ad una lussuosa macchina americana, l'altra della stessa donna con un bambino sorridente in braccio. Passoni, smontate le guanciole, restituì le foto. Lo invitammo a sedere, gli demmo salame tedesco, bevve altro vino. Aveva gli occhiali, ma dietro le lenti si vedevano gli occhi cerchiati di rosso, forse dalla polvere, forse dalla paura. Ci spiegò che era un paramedico e ci svelò, finalmente, il mistero del "casino" che era successo. L'aviazione nordamericana aveva grossolanamente sbagliato obiettivo... prendendo Calomini per Brucciano il che fece fuggire in valle la Fanteria, la valle dove noi avevamo poi scaricato il nostro fuoco. Ci spiegò che nella valle c'erano parecchi morti e feriti e che lui aveva seguito il filo (che era americano) credendo di tornare nelle sue linee. Gli spiegammo che noi usavamo quasi solo filo ameri-

---

[32] Nome dato dai Marò della *San Marco* ai fucili semiautomatici *Gewehr 41*.

cano. Ci spiegò anche che aveva seguito una mulattiera e che, arrivato sulla piazza, aveva sempre seguito il filo per paura di essere ucciso invertendo la marcia. In gamba questo Maresciallo paramedico... pensa, ma che c... facevano le nostre sentinelle... lui poteva andare... venire...! Il nostro parlottare scosse finalmente il Sergente Bozzi che intravedendo una uniforme nemica si precipitò urlando dal Tenente... ritornarono entrambi con un mitra ma si accorsero che era inutile... così ci sedemmo tutti attorno alla stufa girando salamelle e bevendo vino... familiarizzammo... perché no? Eravamo sì nemici ma tutti dei poveri Cristi nella stessa bagna...! Sala si mise ai fornelli, scendeva la notte, ora bisognava avvertire il Comando di Btg... scendeva la notte... ma prima bisognava mettere le cose in chiaro con la sentinella della postazione 2 (un torinese, non ne ricordo il nome, ma bravo soldato), Lo si chiamò... Bozzi appena lo vide entrare apostrofò tutti: "Fate largo così può vedere...!". Il Marò guardò il negro, guardò noi e disse: "Che bravi siete stati, dove l'avete preso?". Bozzi impietrito da questa uscita lasciò la stanza mentre... con grande gentilezza Teruzzi diede un calcio in culo alla sentinella e... con altrettanto garbo gli disse che quell'americano, ben visibile perché alto più di un metro e ottanta, aveva passeggiato sotto la sua postazione e che, se avesse voluto, avrebbe potuto ammazzare lui e tutti noi. Tutti poi ci zittimo per l'arrivo della pastasciutta di Sala, con sugo speciale e salamelle con contorno di fette di pane all'aglio abbrustolito... si trovò un piatto pulito per il nemico e insieme mangiammo in silenzio. Era calata la notte.

08-03-1945: le pattuglie della 7ª Compagnia, rientrate indenni, hanno riferito che Calomini abitato ed il tirreno, sino alla scarpata verso il Turrite di Gallicano, sono totalmente liberi dal nemico. Sono stati rinvenuti cadaveri, armi e munizioni. L'abitato appare semidistrutto.
Mattinata priva di avvenimenti.
Nel tardo pomeriggio in concomitanza con intenso fuoco nemico di mortai medi e pesanti sui posti Comando delle Compagnie 6ª e 7ª, partigiani hanno attaccato un avamposto della 7ª Compagnia. L'attacco ha investito anche un Plotone di Bersaglieri. Si ode gridare in italiano "Arrendetevi, siete circondati" al che Marò e Bersaglieri reagendo violentemente con raffiche e bombe a mano sono uditi rispondere "Veniteci a prendere". L'azione di contrassalto fa dileguare la banda. Feriti, tra i Bersaglieri, un Sottotenente ed un uomo.
Tiri indiretti dell'Artiglieria nemica hanno scoperchiato in parte il Posto Interramento Caduti del Battaglione.
Condizioni meteo: cielo sereno.
Uscite, a notte, alcune pattuglie della 7ª e 8ª Compagnia.

09-03-1945: pattuglie rientrate indenni. Nella prima parte della mattinata, appreso dal Marò Montalbetti che – in un casolare abbandonato nella terra di nessuno – si trovano numerosi libri fra i quali alcuni di Medicina (Facoltà che frequenta), il Sottotenente Mariani esce con il Marò dalle linee. Raggiunta la casa i due trovano i libri e se ne impadroniscono ma i loro movimenti di rientro attraggono l'attenzione di tiratori scelti nemici [i temibili *Snipers* armati di Fucile *M 1 Garand* munito di cannocchiale e spegnifiamma[33], NdA]. Il movimento dell'Ufficiale e del Marò assume carattere di gioco a rimpiattino con le fucilate dei cecchini ma fortunatamente si

---

[33] Era anche usato dai tiratori scelti americani lo *Springfield M 1903A4*, a ripetizione ordinaria, sempre calibro .30-06.

conclude senza danno. Il fatto non ha mancato di suscitare vasto interesse sportivo negli Osservatori e negli avamposti, in specie alla 6ª Compagnia.

Salve di Artiglieria nemica nel pomeriggio. Nella prima parte della notte improvviso fuoco nemico di Artiglieria ha disperso una colonna di somarelli carichi di rifornimenti diretti in linea: numerosi carichi sono andati perduti.

Condizioni meteo: cielo sereno.

10-03-1945: giornata trascorsa sostanzialmente calma. Alle ore 19.00 il nemico attacca quota 437, tenuta da un Plotone dell'8ª Compagnia, investendola con violenti concentramenti di mortai e di Artiglieria il cui ritmo, in breve, diventa parossistico. Muove poi all'attacco Fanteria nemica, valutabile ad una Compagnia Fucilieri. Dalle altre postazioni dell'8ª e dalla postazione Le Rocce intervengono a sostegno nostre mitragliatrici. Sulla quota 437 iniziano ad abbattersi salve di granate da 105 al fosforo bianco che, tra l'altro, incendiano i ripari lignei ed annebbiano i dintorni. Il Comandante della postazione, Sottotenente Botti, è investito dall'esplosione di una di queste granate proprio mentre la Fanteria nemica giunge a contatto. L'Ufficiale riporta grave ferita agli occhi il che lo pone in condizioni di non poter guidare il contrassalto ma solo di consigliarne le fasi ai dipendenti. Mentre dalle postazioni laterali le nostre mitragliatrici accelerano al massimo il fuoco, i Marò del S.Ten. Botti, pur senza il loro Comandante, effettuano con successo il contrassalto che ributta il nemico, con perdite, verso le sue posizioni di partenza. L'Ufficiale ferito, ad azione ultimata, viene sgombrato al Posto di medicazione di Btg. e da lì avviato a Parma [dove in Ospedale sarà possibile salvargli la vista con una operazione d'urgenza, NdA].

Nel corso del combattimento si è, ancora una volta, distinto il mitragliere Dalmeri (9ª Compagnia) portarma-tiratore di mitragliatrice nord americana di preda bellica, azionata allo scoperto.

Condizioni meteo: cielo sereno.

Riportiamo questo articolo pubblicato dal periodico "Sveglia" nel marzo del 1945, opera del corrispondente di guerra Mario Morosini che, qualche giorno dopo, cadde in combattimento durante un attacco dei negri della 92ª Divisione "*Buffalo*". La "Quota dell'inferno", ben nota ai Marò della VI e VII Compagnia, era la famosa "437", la collina a ridosso del paese di Gallicano.

La "Quota dell'inferno"
Zona operazioni, marzo 1945
L'hanno nominata "Quota dell'inferno". Il nemico l'attacca: ogni giorno, ogni notte. Ed ogni giorno, ogni notte la martella con le artiglierie e i mortai quasi senza interruzioni.

Non può sopportarla, così profondamente incuneata nel suo schieramento: non può rassegnarsi a quel continuo, vigile controllo d'ogni sua mossa; a quel continuo svelare ogni sua intenzione, non può rassegnarsi allo smacco tremendo.

La quota dell'inferno è un nostro avamposto, l'avamposto più spinto di tutto il fronte della Garfagnana, tanto spinto che supera gli stessi avamposti avversari ficcandosi quasi dentro la linea principale di combattimento americana; tanto avanti che per raggiungerlo dal punto per cui si oltrepassa la linea del fronte, ci vogliono due ore di marcia. Per il nemico rappresenta la beffa più amara, una beffa continua e appunto ogni giorno, ogni notte l'attacca: ogni giorno ogni notte la martella. Sette volte è stata perduta sette volte è stata riconquistata con un contrattacco. Ora i nostri soldati la tengono decisi, risoluti. E benché abbiano l'ordine di ripiegare nel caso si sviluppi un attacco di massa del nemico questi uomini – io lo so, perché li ho conosciuti questi uomini – ve lo assicuro non la lascieranno. Ormai ci sono attaccati a quel monticello italiano, a quel monticello che secondo un logico criterio di carattere militare, dovrebbe rientrare nello schieramento nemico, ci sono attaccati con le unghie e con i denti.

Costi quel che costi, il nemico lo vuole occupare, ma i nostri soldati si faranno ammazzare tutti piuttosto che lasciarlo, quel monticello fatto di terra italiana.

Sorgeva l'alba e bisognava far presto, che ai primi chiarori i negri ci avrebbero scorti. Si camminava in fretta, un po' curvi nella terra di nessuno per raggiungere la quota dell'inferno. Ma ormai si trattava di minuti, che avevamo preso ad assalirlo ad arrampicarsi su su sempre più in fretta. Chi non l'ha vista non può immaginarla. Ci è apparsa come cosa inumana. Appena sbucati dai cespugli folti, che ai piedi, le fanno corona, c'è apparsa sconvolta, divelta, tartassata da dare un'impressione di morte. Dagli infiniti crateri di bombe sembrava che guizzassero fiamme come in una scena dantesca. Dei tanti alberi, giovani e vecchi, non rimanevano che tronchi squarciati, anneriti. Sembrava impossibile che lassù ci fossero esseri vivi, i nostri soldati. Era un momento di calma. Forse i mortai del nemico, destinati a picchiare la quota dell'inferno, erano talmente infuocati da pretendere di riposare un poco e così lasciavano riposare anche noi.

Rannicchiati nelle buche, i soldati mi son sembrati piccoli piccoli. Postazioni scavate profonde nella terra intorno alla cresta della quota, alcune per soli due uomini, altre anche per cinque, ma tutte strette talmente da non potersi girare. E quei soldati vigilano sempre, tutti, e scrutano intensamente davanti a loro perché i negri possono facilmente confondersi con la terra bruciata. Sono marinai della "San Marco" e bersaglieri dell'"Italia" in fraternità d'armi. Una sola volta mangiano rancio caldo, di notte, quando cioè una pattuglia dalla linea, approfittando del buio raggiunge la quota. Per il giorno hanno viveri a secco. Per i bisogni hanno elmetti di negri, che poi lanciano lontano. Tutt'intorno alla quota davanti alle postazioni, ci sono neri cadaveri che il fuoco nemico non permette di seppellire.

E, stranezza di guerra, sulla quota dell'inferno c'è un cane e c'è un gatto, nero come i nemici. Quando bombardano, anche loro si rifugiano nelle buche migliori e spesso girano tra i morti annusandoli.

Eran le nove del mattino e perdurava la calma. Parlavo con il comandante della quota, un giovane tenente che mi diceva di tanti episodi di valore dei suoi uomini bravi. E mi mostrava le posizioni del nemico tutt'intorno. "Ecco, vedi? In quel paesino ci sono loro, su quel monte ci sono loro, su quella dorsale, lì in fondo alla valle, dentro questo boschetto ci sono loro, e si vedeva lontano, nelle strade di tanto in tanto passare carrette, autocarri e soldati nemici, ma troppo in là per colpirli".

Poi mi indica un paesetto a destra e... "Ora te ne racconto una divertente – mi dice – Alcuni giorni fa un nostro reparto aveva avuto l'ordine di attaccare quel paese occupato dai negri. L'azione doveva incominciare con un bombardamento di mortai che sarebbe cessato all'ora X, momento in cui i nostri sarebbero passati all'attacco vero e proprio. Di qui vedevamo tutto. Le nostre granate andarono bene a segno. Poi successe un fatto strano che ci fece saltare come ragazzini. Sopraggiunsero cioè numerosi caccia-bombardieri americani che si misero a martellare il paese con accanimento bestiale. Non basta, anche l'artiglieria ed i mortai americani si misero a picchiare intensamente sui negri spauriti e ne fecero una vera carneficina.

Una volta è capitato anche a noi di essere colpiti per caso da qualche colpo d'artiglieria nostra, ma questa fu una cosa completa, perfetta. Pensa! Mortai nostri più mortai, artiglieria, aviazione loro, tutto addosso ai negri. Di 250 ne saranno rimasti sì e no una ventina. Abbiamo vi-

sto infine una lunghissima fila di autoambulanze portare via feriti e feriti. Tanto maggiore è stata la soddisfazione nostra perché appena il giorno prima, ci avevano raccontato che in quel paesino i negri avevano violentato una bimba di nove anni. Maria Benelli, e una ragazza diciottenne e la madre di lei. Non molto tempo passò dalla fine di quel bombardamento furioso che un negro colossale con gli occhi fuori dalle orbite, sconvolto e tremante, camminando con le braccia a penzoloni, capitò in mezzo a noi. Balbettava. Era riuscito a fuggire dall'inferno, e terrorizzato, così correndo senza potersi orientare, era giunto alla quota. Era un maresciallo. Interrogato, ci disse che i suoi 20 uomini erano tutti morti; lui solo si era salvato. Fu perquisito, e fra l'altro, gli venne trovato in tasca – ascoltatemi bene mamme italiane – una lettera d'amore di una ragazza e la fotografia così dedicata: "Per non farmi dimenticare. Anna".
"Beh paesà, viene qua..." "Paesà, te lo dò io il paesà, sciagurato..."
Ed una raffica lunga di mitragliatrice ruppe d'un tratto, il silenzio che dal mattino regnava sulla quota dell'inferno. Alla raffica risposero raffiche e, in pochi attimi si sviluppò un fuoco intenso. Mi voltai di scatto e, a non più di 30-40 metri vidi una cosa scura dietro un albero, poi... qua e là, tante altre cose scure.
Che i negri ci avessero d'improvviso attaccati me ne ero reso ben conto, e anch'io cercavo di fare il tiro al bersaglio, ma non riuscivo a capire come l'attacco fosse iniziato. Me l'han detto: i negri avevan portato con loro, e non era la prima volta, un italiano, uno di quei poveri disgraziati che si comprano con una scatoletta di carne o per 15 lire, uno che, da italiano, avrebbe dovuto invitare i nostri soldati a disertare.
L'invito era stato rivolto al primo soldato visto in postazione: figuratevi un eroico marinaio della "San Marco" – Domenico Natoli –, sedicenne volontario di Messina ed egli gli aveva risposto con una raffica. Ora quelli cercavano di sfogare la loro rabbia insoddisfatta prendendo d'assalto la quota.
Sono a pochi passi, che i tanti crateri provocati dall'artiglieria favoriscono il loro avvicinarsi. È meravigliosa la calma dei nostri. Bei, bravi ragazzi come siete belli, vi ammiro... vorrei abbracciarvi tutti. Se tutti gli italiani, se tutte le ragazze vi vedessero, vi sentissero, non esisterebbero al mondo uomini interessanti all'infuori di voi.
La sparatoria continua è intensa. Ad un certo momento dalla postazione accanto sento gridare: "E uno..." – subito un'altra voce "E due..." E quest'ultimo l'ho visto anch'io cadere afflosciandosi sulle ginocchia con le mani strette al ventre e con gli occhi di fuori.
Erano abbastanza, il nemico si era ritirato in fretta, incalzato dal fuoco di tutte le nostre armi. Così la quota dell'inferno vantava al suo attivo ancora un attacco respinto. Solo pochi minuti passarono poi sibili di granate in arrivo e violente esplosioni. Eravamo scivolati nelle buche rannicchiandoci. E ne piovevano come gocce d'acqua in un temporale. Cala giù il sergente maggiore Durante di Salerno con uno spacco sopra l'occhio dal quale cola un cannello di sangue. E una grossa scheggia anche nel braccio. La posizione è scomodissima, con il pacchetto di medicazione che non si vuole aprire. Comincio a fasciarlo. Spruzzi di terra sulla faccia, entro il collo, che insozzano anche la garza. Non va più bene bisogna cambiarla.
E con le dirompenti, anche le incendiarie e le fumogene esplodono dando alla quota un aspetto terribile, davvero infernale.
E sotto le bombe questi soldati meravigliosi non perdono lo spirito splendido. Si raccontano persine barzellette e a tutti tiene testa Durante. Su in alto, nel cielo, la cicogna nemica regola il tiro, gira, gira... Ma il bombardare dopo l'attacco significa l'insuccesso dell'attacco stesso. Intanto ne approfitto per commentare con il comandante quanto avevo poco prima veduto e sentito. E mi racconta che una volta, in un altro settore del fronte, due soltanto accettarono lo sporco invito di passare la linea. Fu cosa amara, dura per tutti. Ma qualche giorno dopo gli italiani videro capitare uno di quei soldati con le lagrime agli occhi, implorando di riaccoglierlo fra loro. Anche i negri li avevano trattati da traditori. E parlammo di molte altre cose ancora.

Gli domandai chi aveva chiamato così la quota dell'inferno, se noi o il nemico. Non lo sapeva. Mi disse che così già si chiamava quando ne prese il comando. Ma anche i negri, così la chiamavano. Dai prigionieri catturati si sapeva che i negri superstiziosi sino all'impossibile, la credono, questa quota dell'inferno, stregata, piena di spiriti e fantasmi e quando vengono all'attacco tremano sempre. Così parlando, mentre qualche soldato sbocconcella una pagnotta, il bombardamento d'artiglieria del nemico calava di tono, pian piano estinguendosi.

E allora abbiamo sollevato le teste e un bel sole ci ha scaldato la faccia sporca di terra.

11-03-1945: durante l'intera giornata il nemico si è limitato a sporadico fuoco di Artiglieria sul retro delle posizioni avanzate del Btg. È giunto al Comando Btg. inviatovi dal Sig. Generale Comandante la "*San Marco*", il Sig. Col. Chiari, Comandante del 6° Reggimento F.M.
Condizioni meteo: cielo sereno.
Il Marò mortaista Giancarlo Leonardi ricorda queste ultime giornate del Btg. Uccelli sulla Gotica, poco prima dell'avvicendamento con i Bersaglieri della Divisione "*Italia*":

Ce ne andammo da Brucciano quasi a malincuore, e risalimmo in prima linea a Croce di Sopra. Ci si installò alla vecchia rimessa e si ricominciò come prima a riassestare i pezzi sulle vecchie posizioni. La neve oramai andava sciogliendosi, per quanto il freddo fosse ancora intenso. Un vivacchiare senza interesse, sempre pronti comunque ad entrare in azione coi pezzi da 80. L'acqua scarseggiava veramente, la pozzanghera che avevamo ricavato molto tempo prima, era diventata una pozza infetta. Dove c'era il bastone piantato su un cumulo di terra sulla quale crescevano dei fili d'erba, ora spuntavano dei piedi neri e le unghie di quelle dita nere erano incredibilmente bianche. Là sotto c'era uno della 92ª da chissà quanto tempo! Sopra c'era una polla d'acqua che lentamente scendeva a ruscello che passava da Stazzana, una località ben conosciuta dalla nostra squadra. A quel paletto ne aggiungemmo un altro di traverso. Una Croce. Ci rimettemmo l'elmetto sforacchiato. Non ci sparammo più sopra. Forse
non era la Croce il suo simbolo, ma i Grandi in Cielo non danno importanza a tante stupide sottigliezze. Eravamo circondati da fatti tristi. Passarono altri giorni in relativa calma, ogni tanto si interveniva con i mortai sia su Monte Faeto che per Case Rio o Termini. Dopo ritornava la calma.

12-03-1945: nella mattinata il Sig. Colonnello Chiari ha visitato la Base Logistica, il Posto di Medicazione, il Posto Interramento Caduti ed il Comando di Btg. Nel pomeriggio ha visitato i Posti Comando delle Compagnie in linea. Al Comandante del Reggimento che reca notizia di un prossimo arrivo di Complementi viene, presso il Comando Btg., fatto notare che negli elenchi relativi sono compresi elementi già del Btg. che in passato hanno disertato per poi ripresentarsi in seguito al provvedimento di amnistia di fine ottobre. Il loro arrivo al Btg. non sarebbe gradito né tollerato. Nel complesso la giornata è trascorsa calma. Nel tardo pomeriggio il Comandante del Reggimento si è recato presso i mortaisti a Case Croce Sopra dove l'atteggiamento della sua scorta (Gendarmeria Divisionale) provoca reazioni fra la truppa, reazioni che, segnalate dal S.Ten. Pazzini al Comandante del Btg. vengono da questi fatte proprie. In serata il Colonnello Chiari, dopo lungo riservato colloquio con il Comandante di Btg., riparte diretto alla Divisione.

Condizioni meteo: cielo sereno.

Il Marò Giancarlo Leonardi ricorda così l'ispezione del Colonnello Chiari alla 1ª Squadra Mortai:

Ci comunicarono attraverso il radiotelefono che saremmo stati passati in rivista dal Colonnello Chiari. In verità non sapevamo chi fosse. Si seppe poi che era il nuovo comandante del 6° Reggimento, subentrato al posto del Colonnello Palma, che veniva non solo per conoscere i "suoi" uomini, ma anche in vece del Generale Farina. In un pomeriggio inoltrato infatti arrivò il Chiari, aveva una scorta con la quale poteva fronteggiare meglio di noi il nemico. [...] Ci investì con quella arroganza tipica dell'ufficiale superiore che passa in rassegna il quadrato sulla Piazza del Campidoglio. Non ci impaurì, noi avevamo il vantaggio di essere dei veterani, e non dei damerini. Andava cercando le mostrine lucide, i bottoni, le insegne, i vari distintivi. Arrivò che non eravamo neppure allineati, e ciascuno di noi stava facendo gli affari propri, anzi addirittura il Maggi con Pasqua si stavano cuocendo i soliti salamini, erano appena smontati di guardia dal prato dove gli americani al 16 e 17 novembre avevano sferrato il famoso attacco che aveva sfondato le nostre linee. Si trovava esattamente tra Croce di Sopra e le pendici della Quota 1031. Il Bozzi, vedendo la scorta del Colonnello che aveva i mitra imbracciati a mezzo fianco alzò la *Machinenpistole* imitato dal sottoscritto, dal Sala e credo anche da Pasqua. Il Pazzini telefonò da dentro il rifugio al Comando di Battaglione, dicendo che, come Ufficiale al comando della 1ª Squadra mortai, non tollerava un comportamento simile da parte di un Ufficiale, e che tale Ufficiale non si rendeva conto di parlare con degli uomini che erano in linea da ottobre. [...] Il Pazzini si era scatenato, sacramentando furiosamente. Era bravo come il pane, ma era sdegnato da quel comportamento, troppo provocatorio nei nostri confronti. Il Bozzi invitò gli uomini della scorta del Chiari e mettere le canne a terra e di girare sui tacchi ed andarsene. Così fecero tutti, compreso il Colonnello, che disse ci avrebbe fatto rapporto. Circa un'ora dopo venimmo a sapere che il Colonnello era stato minacciato da Uccelli in persona di essere messo agli arresti se avesse persistito nel suo atteggiamento. Chissà quanti ce n'erano di tipi del genere, lo spirito del decrepito Regio Esercito non era ancora morto.

13-03-1945: nella giornata, calma sul fronte del Btg. Nella mattinata il Comando del 1° Reggimento Bersaglieri ha comunicato a quello di Btg. che il cambio in linea definitivo avverrà, a partire dalla veniente, in due notti. Nella prima parte della notte gli avamposti delle Compagnie 6ª, 7ª ed 8ª lasciano le posizioni sostituiti in esse da Bersaglieri e ripiegano sui rispettivi Posti Comando lungo la linea di resistenza.
Condizioni meteo: cielo sereno.

14-03-1945: durante le ore notturne la 9ª Compagnia fa ripiegare sul Posto Comando tutti i suoi Gruppi-tiro dopo la sostituzione avvenuta con mitraglieri Bersaglieri. Durante la giornata le Compagnie 6ª, 7ª, 8ª e 9ª lasciano la linea di resistenza sostituite da Compagnie Bersaglieri e muovono su Castelnuovo Garfagnana dove, giunte, sostano in massima parte all'addiaccio. La 10ª Compagnia, avuto il cambio agli Osservatori ed alle linee-pezzi; ripiega su Montaltissimo indi, riordinatasi, all'imbrunire muove su Castelnuovo Garfagnana e, giuntavi, vi sosta all'addiaccio.
Condizioni meteo: cielo coperto.

Nota per i giorni 13 e 14 marzo: durante le operazioni di cambio in linea nessuna attività dell'Artiglieria nemica.

Finiva così l'esperienza sul fronte della Garfagnana del Marò mortaista Giancarlo Leonardi e dei suoi camerati:

Avevamo ricevuto l'ordine di rientrare a Montaltissimo. Scendemmo prima a Stazzana a prendere i pochi stracci ancora rimasti, salutammo i paesani del luogo, la famiglia Tardelli. Fu un addio, non ci saremmo più rivisti. Per noi era la fine del fronte sulla linea Gotica, per loro stava finendo un incubo. Con ogni probabilità noi eravamo gli ultimi combattenti italiani che passavano per Stazzana, dietro di noi c'erano i "liberatori". Si risalì a Montealtissimo dove si concentrò la Compagnia. Ci squadravamo tutti quanti, direi quasi con ostilità, perché ciascuno pensava che l'altro se l'era spassata meglio. Sì, era la verità, una sensazione quasi di astio correva tra i reparti. Ci si domandava: "Da che parte avete passato le vacanze?". Era tanto tempo che non ci vedevamo tutti insieme, un secolo forse, bisognava rifarci l'abitudine. Vidi Favero del Plotone Comando. Lo riconobbi subito, era un mio vecchio amico e compagno di giochi di Milano. Rimasi interdetto. La granata era scoppiata improvvisa su di lui, e dalla pioggia di terra saltò fuori con le mani sulla faccia. Non voleva togliersele da lì, perché ciò che spaventa ed è orribile, è di vedere la realtà avendo un altro volto. Gli occhi, già chiari, erano diventati acquosi e vitrei, le rughe, che gli sarebbero dovute venire molto più tardi, ad una certa età, erano apparse come d'incanto, profonde. Le vene erano più gonfie, la pelle era increspata, arricciata, quella di una mummia. Eppure avevamo vent'anni, vent'anni persi sulla terra lontana della Sassonia, persi sulla terra bruciata della Garfagnana. Ci riconoscemmo e mi abbracciò. Neppure il Plotone Comando era stato risparmiato. Avevamo vent'anni, e dovevano essere anni dolci e spensierati, ma c'era la guerra. Avevamo vent'anni, ma strappandoci le mani dalla faccia, avevamo tutti dei volti come quello del promosso Sergente Maggiore Favero, volti vecchi da mummia, bruciati dalla polvere da sparo e dal sangue. Si partì lentamente scendendo lungo la carreggiata che menava a Castelnuovo. Si arrivò che era quasi notte. Pernottammo al riparo di case e casoni maciullati dai bombardamenti. Lontano il rombo dei cannoni e raffiche delle mitragliere pesanti. Soltanto i traccianti che sembravano danzassero nell'aria per poi perdersi nei boschi.

15-03-1945: il Comando del 1° Reggimento Bersaglieri invia a quello del Btg. gli ordini relativi al movimento:

- itinerario: Castelnuovo Garfagnana – Camporgiano – Piazza al Serchio – sud Fivizzano – Aulla – Santo Stefano di Magra per via ordinaria/da Santo Stefano di Magra in parte per via ordinaria in parte in ferrovia sino a La Spezia;
- trasporto materiali: con carreggio ippotrainato;
- cessazione dipendenza ore 24.00 odierne.

Nel pomeriggio rientra al Btg. l'ultimo Ufficiale lasciato sulle linee per il perfezionamento dettagli dell'avvenuto cambio, il Sottotenente Tordi (9ª). Nel tardo pomeriggio parte, autocarrata, per La Spezia un'aliquota del Comando Btg. con il Comandante.
All'imbrunire il Btg. parte da Castelnuovo Garfagnana e nella notte, raggiunta Metra, vi sosta. Il movimento è lento perché il carreggio è di vario tipo (di requisizione

per lo più), non sufficiente alla bisogna e di conseguenza gli uomini sono sovraccarichi.

Condizioni meteo: cielo coperto, precipitazioni piovose.

Di seguito, l'avvicendamento e la partenza del Btg. Uccelli nelle parole del Sottotenente Luigi Piantato:

A fine febbraio – primi di marzo – giunsero i reparti della Divisione "Italia" per darci il cambio. Furono giorni difficili. Il nemico lanciò sugli avamposti migliaia di volantini-lasciapassare che, pieni di menzogne, invitavano i nuovi arrivati alla diserzione. Approfittando della notte parecchi abbandonarono il loro posto cosicché ci si trovava, ogni mattino, con le buche parzialmente sguarnite, con grave pericolo per tutta la prima linea. Ritornammo sui nostri passi, ogni postazione ormai conteneva un bersagliere dell'"Italia" e un marò della San Marco.

Verso la metà di marzo, visto che l'emoraggia di uomini era cessa, arrivò l'ordine per il nostro battaglione di andare in retrovia per un periodo di riposo e raggiungere, successivamente in Liguria, dei punti già predisposti!

16-03-1945: il Btg. riparte da Metra e la marcia si svolge nelle condizioni già citate ieri. Raggiunta la SS. 63 a sud Fivizzano il Btg. sosta per la notte all'addiaccio.

Condizioni meteo: cielo coperto, precipitazioni piovose.

17-03-1945: prosegue il movimento all'alba, lungo la SS. 63 sinché il Battaglione raggiunta Aulla, vi sosta all'addiaccio. La cittadina appare molto provato dai bombardamenti aerei nemici e pressoché deserta. Da Aulla si staccano precedendo in avanti i Reparti su una motocarrozzetta, il Sottotenente Piantato ed il Sergente Maggiore Garganico.

Condizioni meteo: cielo coperto, precipitazioni piovose intermittenti.

18-03-1945: da Aulla il movimento del Btg. procede lungo la SS 63 sino a Santo Stefano di Magra e, da qui, un'aliquota procede in ferrovia ed una per via ordinaria. All'imbrunire il Btg. giunge a La Spezia Compagnia Comando, 6ª, 7ª e 9ª Compagnia vengono accantonate in edificio scolastico nella zona nord della città. Il fabbricato, che ospita anche un attrezzato Posto Ristoro germanico, si presta ad una buona sistemazione anche per la predisposta organizzazione di alloggiamento ed il grande numero di servizi igienici. La 10ª Compagnia invece viene accantonata in un pastificio abbandonato, dove nulla è stato predisposto tanto che il personale deve stendersi a terra fra macchine utensili in disuso.

Non risultano giunti a La Spezia il Sottotenente Piantato ed il Serg. Magg. Garganico.

In serata il Comandante del Btg., in un albergo di Via Chiodo, tiene rapporto ai Comandanti di Compagnia e partecipa loro che il Capo della provincia di La Spezia lo ha invitato, a titolo di onore, a far sfilare il Battaglione con le altre Forze del presidio durante la cerimonia per l'anniversario della fondazione dei Fasci, il 23 prossimo. Avendo accettato l'invito il Comandante ordina che si provveda, in tutte le Compagnie, al riassetto personale degli uomini ed all'aspetto delle uniformi.

Nella prima parte della notte il Comando del XXXIII Brigata Nera[34] comunica a quello del Btg. che, da notizie portate da due Squadristi infiltrati a scopo di raccolta informazioni in territorio di bande, il Sottotenente Piantato ed il Sergente Maggiore Garganico si trovano prigionieri dei ribelli. La loro cattura sarebbe così avvenuta: giunti al bivio Spezia-Piana Bettola e chieste informazioni stradali ad alcuni civili i due sono stati indirizzati ad arte verso Piano di Follo dove sono stati catturati. Condizioni meteo: cielo sereno.

19-03-1945: il Btg. è accantonato a La Spezia.
In mattinata il Comandante si è recato presso la 10ª Compagnia dove, constatato il più che precario accantonamento, dà ordini perché il Reparto si sposti.
In relazione a quanto accaduto al S. Ten Piantato ed al S. M. Garganico viene costituito un Reparto di Volontari della 10ª Compagnia di cui prendono il comando i Ten. Seth e Arena. Al Reparto si aggregano un Ufficiale e quattro Squadristi della XXXIII Brigata Nera, pratici della zona. Il 628° Comando Provinciale della G.N.R. fornisce un autocarro altro automezzo è fornito da Autorità germaniche.
Nel tardo pomeriggio il Reparto muove da La Spezia dirigendosi a nord e giunto nelle vicinanze di Pian di Follo si apposta e sosta all'addiaccio. In città nessuna novità.
Condizioni meteo: cielo semisereno.

20-03-1945: il Btg. è accantonato a La Spezia.
Alle prime luci dell'alba il Reparto di Formazione ha silenziosamente accerchiato l'abitato di Pian di Follo e ne ha fatto sortire gli abitanti dai quali sono stati selezionati Capifamiglia. Questi sono sistemati su una terrazza di un ristorante (guardati da una mitragliatrice e da un fucile automatico) dove il Ten. Seth li arringa mentre altro mitragliere abbatte un individuo che fugge dall'abitato. La sostanza del discorso dell'Ufficiale è che se entro un'ora non saranno restituiti i due "San Marco" con mezzo, armi e bagagli, saranno fucilati gli ostaggi. Dalla popolazione esce allora il prete che, pur specificando di ignorare dove si trovino i ribelli, si offre di recarsi presso di loro per trattare. Gli viene concessa una proroga di mezz'ora. Entro soli 30' il prete ritorna in bicicletta portando la risposta ribelle: i due della "San Marco" saranno restituiti contro consegna di 5 elementi prigionieri della Brigata Nera a La Spezia. Nonostante il parere difforme dell'Ufficiale della Brigata Nera il Ten. Seth non accetta, rispondendo che la "San Marco" non ha ribelli prigionieri ma che in compenso detiene 60 ostaggi la cui fucilazione non porrebbe problemi... A sottolineare le parole dell'Ufficiale viene fatta partire una raffica di *MG*. Il mortaista Teruzzi (già partigiano sino al novembre scorso) si offre di riaccompagnare il prete presso i ribelli se questi lo accetta. Avutone il consenso parte anche lui in bicicletta, per tornare dopo una ventina di minuti con la risposta della banda: consegna dei due "San Marco" come chiesto contro consegna alla banda stessa di un giovanotto che si trova tra gli ostaggi [si trattava del parente di un capo banda, NdA]. Con il richiesto individuo vengono imbarcati sul mezzo germanico il prete, il Marò Teruzzi ed altri

---

[34] La "*Tullio Bertoni*" di La Spezia.

cinque Marò armati che si dirigono verso la zona ribelle. Dopo mezz'ora l'automezzo fa ritorno preceduto dalla motocarrozzetta dove si trovano il Sottotenente Piantato ed il Sergente Maggiore Garganico con le loro armi ed i bagagli. Essi narrano che all'inizio delle trattative stavano scavandosi la fossa... La popolazione viene rimessa interamente in libertà ed il reparto fa rientro a La Spezia.

Nessuna novità in città durante la giornata. Presso tutte le Compagnie si è dato inizio alle operazioni ordinate del Comandante del Btg. Condizioni meteo: cielo sereno.

Ed ecco il racconto in prima persona del Sottotenente Piantato stesso:

Giunti ad Aulla io e il sottufficiale Comandante il reparto motociclisti, siamo partiti alla volta della Spezia con l'ordine di preparare gli accantonamenti per il battaglione: montavamo una Gilera militare "quattro bulloni"! In piena notte col fanale della moto mascherato, e senza cartina stradale, cercammo la via della cittadina. Raggiunto il fiume Magra, fummo costretti a guadarlo: il ponte esistente era stato demolito dai bombardamenti. Attraversammo l'alveo, fortunatamente in perìodo di magra, senza accorgerci che a pochi metri la strada si divideva in due rami, proseguimmo su quella che credevamo giusta. Più tardi, a causa di una foratura alla ruota anteriore, fummo costretti a fermarci. Trovata un'osteria nelle vicinanze e visto che era ancora buio, chiedemmo ospitalità ai proprietari, nell'attesa che transitasse l'avanguardia del battaglione ma non passò nessuno!

Trascorsero un paio d'ore e, mentre albeggiava, dalle finestre del locale spuntarono alcuni *Sten* e mitra: erano partigiani chiamati (come ci fu riferito dopo) dalla figlia di chi ci aveva dato asilo. Così, fummo catturati dai "GAP". Fatti prigionieri, fummo condotti su di una collina presso il casotto di un vigneto, ed esposti come preda bellica ai villeggianti. A quei partigiani, tratti in inganno dalla nostra divisa (pensavano appartenessimo alla Xª MAS), chiesi di potermi lavare ad una fontana. Togliendomi la giacca a vento spuntò la mia camicia nera! Ci tacciarono di fascisti, brigatisti neri travestiti da Decima; o con noi o al plotone: questa fu la proposta.

Lasciai il sottufficiale libero di decidere, ma questi volle seguire la mia sorte. L'indomani ci portarono al centro del vigneto dove, consegnateci una zappa e una vanga, iniziammo a scavare...! Nel frattempo giunsero due ragazzini (sugli otto-dieci anni) per avvisare i nostri carcerieri che, nella borgata di Pian di Bettolla, era giunta con alcuni camion la Xª che, presi in ostaggio gli uomini del paese, chiedeva il nostro rilascio. Salì il monte anche il podestà, ma fu cacciato a pedate. Per ultimi portarono la richiesta due preti. Dopo ore di trattative, concordarono il nostro rilascio contro la liberazione di quattro partigiani detenuti a La Spezia. Lo scambio avvenne nel tardo pomeriggio! Questo, accadde grazie al Comandante Uccelli che non trovandoci all'arrivo del battaglione nella cittadina, intuendo l'errore da noi commesso al famoso bivio, inviò un reparto al comando del Tenente Seth per tentare il nostro recupero. Gran festa al battaglione quando arrivammo con una lavata di capo per me, da parte del comandante.

21-03-1945: il Battaglione si trova a La Spezia accantonato. Presso tutte le Compagnie, i Sottufficiali *"Mutter Kompanie"* hanno, durante la giornata, provveduto al riassetto delle uniformi. Queste operazioni sono state facilitate dal fatto di essere La Spezia base della Xª Flottiglia MAS ed è quindi agevole approvvigionarsi di baschi, mostreggiature, distintivi di grado e fregi, nonché di lucido e grasso per calzature.

A partire dalle ore 12.00 sono concesse agli uomini 36 ore di franchigia in città.

Nel tardo pomeriggio una ronda della XXXIII Brigata Nera ha fermato il Sergente

Maggiore Buffa e tre mitraglieri della 9ª Compagnia e si ignora dove li abbia rinchiusi. I motivi sembrano piuttosto nebulosi: schiamazzi, resistenza a ronda etc. Il fatto, per la grande popolarità del Sottufficiale nel Battaglione, è subito conosciuto.
Condizioni meteo: cielo sereno.

22-03-1945: il Btg. è accantonato a La Spezia.
Durante la decorsa notte dopo "azione di convincimento" operata da una ronda rinforzata, al comando dei Tenenti De Carli e Seth, il Comandante della Brigata Nera ha ordinato per telefono di rimettere subito in libertà il Serg. Magg. Buffa ed i suoi tre mitraglieri. Durante la giornata il personale gode di franchigia in città. Alle ore 24.00 tutto il personale ha fatto rientro agli accantonamenti.
Nessun assente.
Condizioni meteo: cielo sereno.

23-03-1945: il Battaglione si trova a La Spezia accantonato. Come previsto i Reparti, salvo la 10ª Compagnia, prendono parte alla Cerimonia per l'Annuale di fondazione dei Fasci di Combattimento unitamente alle altre Truppe del Presidio. Successivamente ha luogo lo sfilamento al comando del Capitano Feriani mentre il Comandante di Btg. assiste, quale ospite d'onore, tra le altre Autorità Civili e Militari dallo scalone del Municipio. La Truppa si è presentata rimarchevolmente in ordine.
Nessun'altra novità nella giornata.
Condizioni meteo: invariate.

24-03-1945: il Battaglione è a La Spezia accantonato. Il Comando ricevuti gli ordini, dirama i propri relativi all'approntamento: destinazione Sestri Levante. Le richieste dei Comandanti di Compagnia tendenti e prolungare la permanenza in città, allo scopo di far riposare ulteriormente il personale, viene respinta dal Comandante di Btg. in quanto le Truppe Alpine da sostituire nella nuova dislocazione sono già pronte a muovere per altro settore.
Altre novità: nessuna.
Condizioni meteo: invariate.

25-03-1945: il Battaglione è a La Spezia accantonato. Nella mattinata i Reparti iniziano le operazioni di approntamento e nel pomeriggio quelle di caricamento su convoglio ferroviario. A sera il Battaglione si imbarca sul convoglio che poi muove per arrestarsi più tardi nella galleria ferroviaria dei Picchi a sud di Deiva per la notte.
Condizioni meteo: invariate.

26-03-1945: nel primo mattino il Battaglione sbarca a Deiva dal treno che si ricovera poi, con carriaggi e materiali a bordo e opportuna scorta, nella galleria. La 7ª Compagnia si disloca verso mare e con essa un Plotone mortaisti della 10ª, gli altri Reparti a monte della ferrovia con misure di sicurezza. Personale in parte accantonato ed in parte all'addiaccio.
Condizioni meteo: invariate.

27-03-1945: il Battaglione permane a Deiva in parte accantonato ed in parte all'addiaccio. Nella giornata si è verificato un attacco aereo che non ha causato danni né vittime. L'attacco verosimilmente richiesto da informatori a terra, è stato attuato da *Jabo* bimotori ("Diavoli a due code") recanti coccarde tricolori e scudetto a croce bianca in campo rosso, dal che il personale ha dedotto trattarsi di aerei della Regia Aeronautica [in realtà si trattò di due Sezioni di *Lockheed P 38J* dell'*Armée de l'Air* francese del Gruppo "*Savoye*" con base in Corsica, i cui distintivi trassero in inganno i Marò, NdA].
Nessn'altra attività nella giornata.
Condizioni meteo: cielo limpido.

28-03-1945: il Battaglione è a Deiva in parte accantonato in parte all'addiaccio. Nuovo mitragliamento da parte degli stessi *Jabo* di ieri. Altre novità: nessuna.
Condizioni meteo: invariate.

29-03-1945: nella giornata il Battaglione permane a Deiva in parte accantonato ed in parte all'addiaccio. Il Comando Btg. riceve nella mattinata l'ordine di movimento su Sestri Levante da parte del Comando 1° Rgt. Alpini, stanziato a Chiavari. Pertanto in serata tutti i Reparti si imbarcano sul convoglio ferroviario che procede verso Sestri.
Condizioni meteo: invariate.

30-03-1945: dopo aver trascorso la notte a bordo del treno, in sosta nella galleria F.S. di Vallegrande, tutti i Reparti del Battaglione sbarcano a Sestri Levante e viene effettuato lo scarico di carriaggi e materiali. Mentre i Reparti si diradano attorno al centro abitato, il Comandante del Btg. convoca un rapporto Comandanti nel salone di un albergo. Egli, secondo gli ordini ricevuti:

- illustra i compiti da assumere in sostituzione delle Truppe Alpine:
sicurezza itinerario sulla SS.1 sino al Passo del Bracco;
sicurezza itinerario sulla SP. Sestri-Passo Centrocroci sino al Santuario della Madonna della Guardia a nord-Velva;
specifica la situazione: presenza di bande di media consistenza ma dotate di armi collettive nel settore, loro combattività in aumento;
- fissa il proprio Posto Comando a Castiglione Chiavarese;
- fa estrarre a sorte dai Comandanti la dislocazione delle Compagnie che così risulta:

6ª Compagnia: Bargonasco;
7ª Compagnia: Velva e Velva-Santuario;
8ª Compagnia: San Saturnino Comeglio;
9ª Compagnia: Passo del Bracco;
10ª Compagnia: Bracco-paese.

- si riserva di decentrare gruppi-tiro mitragliatrici e mortai a seconda delle necessità;
- stabilisce i settori di competenza per la sorveglianza;

- prescrive i movimenti: da attuarsi in giornata e nella notte per via ordinaria con misure di sicurezza, con inizio subito dopo il 1° rancio (anticipato);
- precisa l'assunzione di responsabilità nelle nuove dislocazioni: ore 12.00 di domani.
- Nel primo pomeriggio i movimenti hanno inizio verso le dislocazioni come prescritto, essi continuano nella notte.
Condizioni meteo invariate.

31-03-1945: nella mattinata tutti i Reparti sono giunti nelle destinazioni loro assegnate. All'atto del cambio con le Truppe Alpine i Comandanti di Compagnia ricevono dai colleghi cedenti buste sigillate da aprire solo su ordine. La assunzione di responsabilità avviene regolarmente alle ore 12.00. Il Comando Btg. e la Compagnia Comando si sono dislocati in Castiglione Chiavarese in villa-castello munita di torre.
Nessun'altra novità nella giornata.
Condizioni meteo: invariate.

Aprile 1945

01-04-1945: Pasqua di Resurrezione, 5ª di guerra.
Alle ore 07.00 si presenta in Bargonasco, al Comando della 6ª Compagnia, un frate latore di intimazioni scritte del capo ribelle "Virgola", che si autoqualifica "Comandante di Divisione". La missiva, ornata da timbro con stella rossa al centro della quale vi è il volto di Garibaldi, è indirizzata al "Capo dei soldati di Bargonasco" ed il testo è di rimarchevole brevità: "RESA DEGLI UOMINI DELLA Xª MAS ENTRO LE 8. PENA DISTRUZIONE".
Il Comandante della Compagnia stila per il "Virgola" immediata risposta [che per la crudezza dei termini non è qui riproducibile, NdA] specificando che il presidio è della "San Marco" e non della Xª Flottiglia MAS, invitando il "Virgola" a lasciare il suo comodo rifugio ed a scendere a Bargonasco se proprio vuole uccidere i Marò; gli si riserva adeguata accoglienza, invitandolo a farsi scrivere da qualcuno di più facile penna eventuali future comunicazioni.
Puntuale alle ore 08.00 si scatena fuoco dei ribelli su Bargonasco, al quale la 6ª Compagnia risponde con tutte le sue armi. Lo scambio di colpi dura sin verso mezzogiorno per poi cessare improvvisamente. Il frate che, spaventatissimo, è rimasto nel caposaldo parte poi per Bargone dove (dice) lo attendono doveri del suo ministero.
Nel pomeriggio, sempre presso la 6ª Compagnia, si presenta un sacerdote dicendo che tre autocarri carichi di farina per panificazione destinata al Comune di Varese Ligure non possono procedere perché è a sua conoscenza che la strada verso Castiglione Chiavarese è minata. Il Comandante della Compagnia distacca il Plotone Mariani che, procedendo sul piano stradale per sei di fronte, accerta come non sia minato cosicché gli autocarri possono ripartire per la loro destinazione.
Nessun'altra novità operativa presso le Compagnie. Condizioni meteo: cielo sereno.

02-04-1945: in relazione ai fatti di ieri ed a segnalazioni giunte circa le bande il Comando Btg. ordina alle Compagnie pattugliamento diurno intensivo degli itinerari e sorveglianza notturna rinforzata. Il Comando Btg. dirama a quelli di Compagnia numeroso carteggio arretrato. Tra le Circolari più importanti: quella riguardante la nuova denominazione del grado di Guardiamarina che muta in Tenente di Corvetta di F.M. e una del Co.Ge./G.N.R. prescrivente che, dal prossimo 1° maggio, tutti i Sottotenenti provenienti dalla Guardia stessa e che abbiano almeno 6 mesi di zona di Operazioni verranno promossi al grado di Tenente.
Nessuna novità operativa alle Compagnie. Condizioni meteo: cielo semicoperto.

03-04-1945: Il Comando Btg. richiama dalla 9ª Compagnia a Castiglione Chiavarese una Squadra mitraglieri di rinforzo a quel presidio. Nessuna novità presso le Compagnie. Condizioni meteo: cielo coperto.

04-04-1945: all'alba sparatoria contro postazioni dell'8ª Compagnia e durante la giornata colpi isolati contro un Posto di Blocco della 7ª. Altre novità nessuna.
Condizioni meteo: cielo coperto.

05-04-1945: nella mattinata in relazione a fuoco di armi automatiche avversarie la 10ª Compagnia esegue tiro con mortai. Le prime salve colpiscono per errore una postazione di Alpini del I Reggimento. Un Alpino sfortunatamente muore. Con il passaggio al tiro di efficacia i ribelli, colpiti, si dileguano.
Nessun'altra novità operativa nella giornata.
Condizioni meteo: cielo coperto, qualche precipitazione piovosa.

06-04-1945: nella giornata un Reparto di Formazione (Comp. Comando e 9ª) esegue una ricognizione sulle alture circostanti Castiglione Chiavarese dove sono stati segnalati ribelli. Nell'attraversare piccolo agglomerato di case, tra Conio di Sotto e Missano, il Reparto è fatto segno a lanci di bombe a mano e si rende quindi necessario montare azione impegnativa di fronte alla quale i ribelli spariscono. Il Reparto si attesta in loco per la notte. Sparatoria nel pomeriggio contro Posto di Blocco della 7ª Compagnia, colpi isolati all'8ª.
Nessun'altra novità nella giornata.
Condizioni meteo: cielo coperto.

07-04-1945: alla ricezione di staffetta da parte del reparto di Formazione il Comandante del Battaglione invia un Plotone di sostegno. Per mezzogiorno comunque tutta la truppa uscita fa rientro a Castiglione Chiavarese.
Presso la 6ª Compagnia il Marò Della Valle di guardia al Posto di Blocco verso Bargone, nel recuperare una palla che alcuni ragazzini, giocando, avevano mandata lontano, salta su una mina antiuomo riportando lo sfracellamento di una gamba. Subito il Marò viene soccorso dal Comandante di Compagnia e dalla madre del ragazzino che ha lanciato la palla, poi su un mezzo di passaggio viene avviato a Sestri.
Il relazione alla presenza così accertata di mine, il Ten. Seth inasprisce il coprifuoco nei confronti della popolazione di Bargonasco ed irrigidisce i controlli sui civili in transito.
Colpi isolati contro postazioni della 10ª Compagnia.
Condizioni meteo: cielo coperto.

08-04-1945: nella decorsa notte pattuglie di sicurezza della 6ª Compagnia hanno fermato numerosi civili di ambo i sessi (alcuni anche minorenni) per inosservanza del coprifuoco. Tutti i fermati hanno dichiarato di trovarsi fuori dalle rispettive abitazioni per "raccogliere patate"! Il Comandante la Compagnia per quanto abbia avuto la netta sensazione di trovarsi di fronte a rifornitori o staffette delle bande, decide di rimetterli in libertà.
Il Comando Btg. in relazione a ciò ed a precise notizie che Bargone sia sede di importante banda, ordina al Comando 6ª Compagnia una ricognizione per domani verso tale località.
Altre novità: soliti colpi isolati contro la 7ª Compagnia. Condizioni meteo: cielo coperto.

09-04-1945: dalla 6ª Compagnia uscita pattuglia al comando del Sottotenente Mariani (Marò Cherubini, Granati, Lodi, Marussi, Naccini e Vignando) che dirige

su Bargone. Giunta su prominenza dominante Bargone (Campo Albaro) la pattuglia viene dapprima investita da fuoco ribelle indi accerchiata. Intervengono i mortai diretti dal Sottotenente Sara. Le prime salve investono la posizione tenuta dalla pattuglia indi il tiro di efficacia colpisce la dislocazione dei ribelli che si ritirano. La pattuglia Mariani, esaurito il suo compito, rientra in Bargonasco alle ore 11.00.
Nessun'altra novità operativa nella giornata.
Condizioni meteo: cielo semicoperto.

10-04-1945: la banda "Virgola" ha fatto pervenire in Bargonasco un biglietto indirizzato al Sottotenente Mariani. Dal testo appare come l'Ufficiale sia ben conosciuto tra le bande probabilmente perché prima dell'8 settembre Comandante di Reparto nella non lontana Moneglia. Appare possibile che tra le bande vi siano suoi antichi dipendenti. Nel biglietto si dice di non recarsi nella posizione raggiunta ieri perché gli accessi sono stati minati.
Altre novità operative: colpi isolati contro la 7ª Compagnia. Nel pomeriggio è giunta conferma scritta della promozione (avvenuta il 27 febbraio scorso) del Comandante di Battaglione. In serata il fatto è opportunamente festeggiato a Castiglione Chiavarese.
Condizioni meteo: cielo coperto, nebbie.

11-04-1945: perviene al Comandante della 6ª Compagnia, tramite il noto frate, nuovo messaggio del capo ribelle "Virgola". Il testo, indubbiamente più concettoso di quello precedente, consta di due pagine. Sulla prima vi è disegnata una forca dalla quale penzola un corpo umano. La didascalia a stampatello dice: "Fine di quel porco del tenente Seth il quale, attraverso la coercizione più assoluta, impedisce ai suoi uomini di raggiungere le formazioni dei fratelli comunisti da sempre in lotta per la libertà". La seconda pagina è interamente dedicata alla elencazione di tutti i "castighi" che il "Virgola" infliggerà a coloro che "ignoreranno il suo fraterno appello di passare alle bande". Il Comandante della 6ª Compagnia fa circolare la missiva fra tutti i suoi dipendenti con l'ordine di riferirne il contenuto agli assenti per servizio.
Il frate dal canto suo [forse perché a conoscenza del testo della missiva, NdA] dichiara al Tenente Seth che per il futuro rinuncia ad ulteriori incarichi di "postino".
Nessun'altra novità nella giornata.
Condizioni meteo: cielo coperto, alcune precipitazioni piovose.

12-04-1945: durante la decorsa notte pattuglie di sicurezza della 6ª Compagnia hanno fermato per infrazione al coprifuoco fra Bargonasco e Castiglione Chiavarese due quindicenni (un ragazzo ed una ragazza) che, interrogati, hanno ammesso con disinvoltura di "essere patrioti militanti comunisti". Nel corso della notte è stato possibile rintracciare i genitori dei due [che il Tenente Seth definisce "aspiranti martiri", NdA] i quali, convocati al Comando Compagnia, infliggono loro una cospicua dose di schiaffoni prima di riportarseli, liberi, a casa. Il Comando Btg. informato concorda sull'operato.
Raffiche di arma automatica contro postazioni della 7ª Compagnia nel corso della mattinata. Colpi isolati contro la 6ª. Condizioni meteo: cielo semicoperto.
13-04-1945: nella seconda parte della notte i ribelli riescono a far saltare, presso la 6ª Compagnia, una interruzione sulla strada provinciale composta da 5 camere da mina, in-

terruzione guardata da una sentinella "a pendolo" (Marò Franco Granatieri) che al momento si trova sulla quinta camera, la quale per fortuna non salta. Al rumore delle esplosioni accorre il S.Ten. Mariani che riesce ad interrompere il circuito di brillamento collegato ad altre camere da mina. La strada provinciale è comunque interrotta ed a valle si va formando una colonna di mezzi alcuni dei quali carichi di generi alimentari. Il Comandante della Compagnia, al fine di far giungere a destinazione i rifornimenti e di non costituire obiettivo remunerativo per l'aviazione nemica, mette al lavoro, per colmare l'interruzione, parte dei suoi uomini, i conduttori dei mezzi e la popolazione di Bargonasco. Il Comando di Btg. distacca a protezione dei detti lavori un Plotone di rinforzo (S.Ten. Tordi) che, non essendosi evidenziate azioni ribelli, fa rientro a Castiglione Chiavarese nella mattinata.
Condizioni meteo: cielo sereno.

14-04-1945: durante la notte presso la 6ª Compagnia si è continuato il lavorò per riattamento strada, lavoro che è proseguito nella mattinata.
Sempre nella mattinata un Marò della 6ª Compagnia, di sentinella, si è ferito accidentalmente ad un braccio con la propria arma. E stato soccorso subito dal Comandante di Plotone (S.Ten. Mariani) ed avviato al posto di Medicazione di Battaglione.
Sul mezzogiorno viene partecipata la comunicazione di promozione al grado di Tenente di Corvetta F.M. dell'Aspirante Magnani (6ª Compagnia).
Nessuna novità operativa.
In serata il Comando 6ª Compagnia partecipa al Comando Btg. che la strada è riattata e nel corso della prima parte della notte l'ammassamento mezzi a Bargonasco è risolto.
Da questa sera il servizio di sorveglianza della 6ª Compagnia al viadotto di Bargonasco è stato munito di Pistole Very. Condizioni meteo: cielo coperto, nebbie.

15-04-1945: nella mattinata è giunto improvvisamente in visita al Btg. il Sig. Generale Farina, Comandante della Divisione "San Marco". Egli ha esaminato a lungo la situazione morale e materiale in atto con il Comandante del Btg. Nel pomeriggio il Sig. Generale, sempre in Castiglione Chiavarese, dopo aver distribuito premi in denaro ai meritevoli ha tenuto ai Marò un breve discorso che termina così: "Conto su di voi... a costo di riunirvi tutti idealmente al Battaglione delle Croci Bianche in Altare! ". Queste frasi [che invero hanno provocato nel personale molti scongiuri, NdA] ingenerano la speranza di un imminente rientro al Btg. nei ranghi della Divisione nella Liguria Occidentale. Ciò ha reso positivi i commenti fra la Truppa. Il Sig. Generale in serata è ripartito, dirigendo su Sestri ha fatto sosta a Bargonasco presso la 6ª Compagnia.
Nessuna novità operativa nella giornata.
Condizioni meteo: cielo sereno.

16-04-1945: dai Comandi di Compagnia pervengono a quello di Btg. segnalazioni circa i commenti a quanto detto ieri dal Sig. Generale (e subito conosciuto ovunque). L'impressione nel personale è positiva in ispecie per la possibilità di prossimo rientro alla Divisione.
Nessuna novità operativa nella giornata.
Condizioni meteo: cielo sereno.

Nella notte esce pattuglia da ricognizione (S.Ten. Magnani) della 6ª Compagnia diretta verso Bargone.

17-4-1945: nessuna novità operativa nella giornata.
Giungono al Btg. dalla Divisione in Liguria Occidentale e dal Deposito divisionale di Brescia alcuni Complementi che sono suddivisi fra le Compagnie. Giunge altresì un intero Plotone della Xª Flottiglia MAS (Comandante il Sergente De Angelis), Btg. "*Lupo*". Esso viene destinato alla 6ª Compagnia.
Durante l'intera giornata la Pattuglia "Magnani" è rimasta fuori dal caposaldo di Bargonasco per svolgere i suoi compiti nella zona a nord di Anzola in vista di Bargone.
Condizioni meteo: cielo semicoperto.

18-04-1945: Rientrata nella seconda parte della notte la Pattuglia "Magnani", il cui Comandante riferisce che Bargone è importante base di ribelli di entità numerica che si aggira sulle 400 unità (contate). L'Ufficiale ha rilevato buon armamento individuale ma non è riuscito a localizzare armi collettive; egli propone al proprio Comandante di Compagnia una azione di investimento della banda per l'alto, che ha rilevato privo di elementi di sicurezza, in modo da spingerla verso Bargonasco ed annientarla. L'ipotesi, di per sé seducente e fattibile, è però respinta dal Ten. Seth per difetto di forza disponibile. Al controllo serale risultano dispersi cinque Marò. Condizioni meteo: nebbie.

19-04-1945: il Comando Btg. riceve da quello del I Rgt. Alpini, preavviso verbale di imminente movimento.
In mattinata sparatoria al Posto di Blocco sud della 6ª Compagnia. Nel pomeriggio raffiche di mitragliatrice al Posto di Blocco nord-Velva (7ª Compagnia).
Condizioni meteo: cielo sereno.

20-04-1945: il Comando di Btg., su ordine ricevuto dal Comando I Rgt. Alpini, fa rientrare a Castiglione Chiavarese la 7ª Compagnia. Il movimento avviene in serata senza contrasto. La Compagnia si accantona a Castiglione Chiavarese.
Nessun'altra novità nella giornata. Condizioni meteo: cielo sereno.

21-04-1945: il Comando Btg. dà ordine di iniziare l'approntamento materiali ed il caricamento per una parte della Base Logistica che domani dovrà raggiungere Sestri con aliquota del Comando stesso.
Nessuna novità operativa nella giornata.
Nella prima parte della notte presso la 6ª Compagnia una postazione presidiata da un Sottufficiale e 12 Marò, verosimilmente sopraffatta da ribelli, scompare. Dispersi: un Sottufficiale e 12 Marò. Armi perdute: una mitragliatrice, due mitra, due pistole, 12 fucili.
Condizioni meteo: cielo sereno.

22-04-1945: nella mattinata il S.Ten. Tordi da Castiglione Chiavarese si reca da solo a Velva dove ha modo di vedere, durante la Messa, una quarantina di giovani (disarmati) le cui fisionomie non gli erano note durante la sua precedente permanenza nel caposaldo. L'Ufficiale ritorna verso Velva nel pomeriggio con la Squadra mitraglieri del Serg. Magg. Buffa. Presso Missano essi vengono impegnati con fuoco di armi automatiche da ribelli. Alla reazione dei Marò i ribelli fuggono da Missano con biciclette e si dileguano. L'Ufficiale, il Sottufficiale ed i mitraglieri rientrano a Castiglione Chiavarese senza danni.

Sempre nel pomeriggio un'aliquota del Comando Btg. e della Base Logistica si trasferiscono da Castiglione Chiavarese a Sestri.

In serata i Comandanti di Compagnia sono avvertiti che domani, alle ore 08.00, il Comandante del Btg. terrà loro rapporto presso l'Albergo Miramare di Sestri.

Alle ore 23.45 giunge via telefono all'Ufficiale di servizio al Comando Btg. comunicazione dal Comando della Divisione nella Liguria Occidentale. Essa dice: "Ordine di partenza per Genova / ore 08.00 giorno 23 aprile / caricare i materiali con la massima celerità / distruggere munizioni superflue e materiali intrasportabili / Firmato ROSSI / fine – Trasmette FULMINE – Riceve LUPO" [grande fu lo stupore dell'Ufficiale, il Sottotenente Tordi, non tanto per la notizia quanto perché l'ordine non proveniva dal Comando del 6° Rgt. bensì dal Capo Ufficio Operazioni della Divisione in persona, NdA]. L'Ufficiale di servizio si reca subito al Comando Btg. con l'ordine ricevuto.

Condizioni meteo: cielo sereno.

23-04-1945: poco dopo le ore zero viene recapitato al Comando Btg. l'ordine pervenuto dal Comando della Divisione e quasi contemporaneamente perviene, in cifra, dal Comando del I Rgt. Alpini, l'ordine esecutivo di ripiegamento. Alle ore 08.00, secondo gli ordini di ieri, i Comandanti di Compagnia si recano a Sestri per il Rapporto di Battaglione. Gli argomenti illustrati dal Comandante sono:

- situazione generale: l'intero Fronte sud è in arretramento sotto forte pressione nemica; La Spezia è minacciata;
- sospensione immediata di tutte le licenze;
- le Compagnie dovranno raggiungere Sestri entro le ore 02.00 di domani 24 aprile;
- tutte le munizioni in soprannumero dovranno essere sparate o distrutte; le Compagnie conserveranno la dotazione di prima linea;
- tutto il bagaglio pesante dovrà essere ridotto al minimo, sui carri, a vantaggio di munizioni e viveri, il superfluo dovrà essere distrutto; - il bagaglio leggero dovrà essere ridotto all'essenziale;
- all'atto del loro rientro ai Reparti i Comandanti di Compagnia sono autorizzati ad aprire le buste sigillate e a dare esecuzione agli ordini contenutivi
- raccomandazione perentoria: assoluta osservanza dei tempi circa la presentazione a Sestri.

Al primo rancio tutti i Comandanti di Compagnia sono presso i Reparti dove, subito dopo, hanno inizio le operazioni ordinate.

Nelle prime ore del pomeriggio un Reparto di formazione di 50 uomini guidati dai S.Ten. Costantini, Piantato e Ratti effettua azione in forze su Missano dove informatori hanno segnalato consistenti aliquote della banda "Virgola" in avvicinamento.

All'altezza del Cimitero di Missano raffiche di mitragliatrice investono il Reparto. Mentre i mitraglieri (S.Ten. Tordi) allo scopo di mettere a tacere l'arma nemica stanno effettuando movimento laterale, una staffetta reca l'ordine di immediato rientro a Castiglione Chiavarese. Nello scontro decede accidentalmente una bimba dodicenne che, con altri civili, vi assisteva da una finestra.

Presso il Comando 6ª Compagnia il Ten. Seth ha predisposto per le ore 17.00 azione di fuoco su Bargone: con mortai = 1 salva/ogni 2'; con i cannoni da 47/32 = 1 salva/ogni 3'. Nella busta sigillata il Ten. Seth ha trovato l'ordine di brillamento del viadotto di Bargonasco che è di 20 arcate. L'Ufficiale, allo scopo di arrecare il minor danno possibile all'abitato, decide di far brillare le cariche di sole 10 arcate.

Dalle ore 17.30 alle 19.00 mortai e cannoni della 6ª Compagnia effettuano le azioni di fuoco predisposte attorno a Bargone, badando, come da ordini del Comandante di Compagnia, di non colpirne l'abitato. Nessuna reazione delle bande.

Alle ore 19.30 transitano per Bargonasco, attraverso gli sbarramenti della 6ª Compagnia, il Comando Btg. (aliquota), la Compagnia Comando (aliquota), la 7ª Compagnia al completo, diretti a Sestri.

Alle ore 20.30 transita per Bargonasco una Squadra mitraglieri con il S.Ten. Tordi. L'Ufficiale si è trattenuto a Castiglione Chiavarese per operarvi distruzioni.

Alle ore 20.30 muovono su Sestri le Compagnie 8ª, 9ª e 10ª.

Dalle 20.30 in poi attraversano Bargonasco truppe germaniche di Artiglieria. La 6ª Compagnia mantiene intatta la propria sistemazione difensiva a Bargonasco. La distruzione del viadotto ·è stata fissata per le ore 24.00.

Alle ore 23.00 la 6ª Compagnia inizia a concentrare in Bargonasco i propri posti esterni:

Alle ore 24.00:

- il Comando Btg. è in sosta a Sestri accantonato;
- le Compagnie Comando e 7ª sono in sosta a Sestri all'addiaccio;
- le Compagnie 8ª, 9ª e 10ª sono in marcia direzione Sestri;
- la 6ª Compagnia è pronta a muovere in Bargonasco.

Presso la 6ª Compagnia, a tale ora, la distruzione prevista per il viadotto non può effettuarsi in quanto al Comandante si è presentato un Maggiore germanico, proveniente da Castiglione Chiavarese su motocarrozzetta, avvertendo che un proprio autocarro è sprofondato in una buca nella strada e se ne sta tentando il recupero. L'Ufficiale superiore germanico, informatosi sull'ora di brillamento del viadotto, prega il Ten. Seth di soprassedervi e, avutone conferma, si reca verso l'autocarro incidentato onde affrettarne il recupero, per far ritorno poco dopo dicendo che le operazioni stanno positivamente concludendosi.

Durante la giornata condizioni meteo: cielo sereno.

24-04-1945: alle ore 00.45 presso la 6ª Compagnia è giunto l'autocarro che si è incidentato ed il Maggiore germanico esprime calorosamente al Ten. Seth i ringraziamenti per aver, sino ad allora, soprasseduto al brillamento consentendo così il recupero del mezzo e la salvezza degli uomini imbarcati. Subito dopo la 6ª Compagnia sgombra Bargonasco ed il suo Comandante ordina ai Pionieri il brillamento delle 10 arcate del viadotto. Ciò avviene alle ore 00.55. La 6ª Compagnia procede quindi senza contrasto verso Sestri. Le Compagnie 8ª, 9ª e 10ª hanno, frattanto, raggiunto Sestri.

Alle ore 02.30 la 6ª Compagnia raggiunge Sestri ricongiungendosi così alle altre e sistemandovisi all'addiaccio [mezz'ora sola di ritardo sui tempi previsti, NdA].

Nella mattinata il Comandante del Btg., tiene rapporto ai Comandanti di Compagnia raccomandando, tra l'altro, di non reagire ad eventuali azioni di fuoco dei ribelli onde non coinvolgere in scontri la popolazione.

Nella mattinata giungono a Sestri Reparti Alpini della 4ª Divisione, reparti germanici specie di Artiglieria e reparti della XXXI Brigata Nera[35] che sostano sotto gli alberi nella piazza principale e presso la stazione ferroviaria.

Nel corso della mattinata alcune raffiche di mitragliatrice investono una parte delle truppe in sosta, sia pure con tiro corto in gittata. In contrasto con gli ordini ricevuti il S.Ten. Tordi, fatta piazzare dal Serg. Magg. Buffa una *MG*, fa effettuare reazione di fuoco che mette a tacere l'arma avversaria. Il Comandante il Btg. subito recatosi sul posto rimprovera l'Ufficiale [sia pure blandamente, NdA].

Viene regolarmente distribuito ai Marò il 1° rancio.

Alle ore 14.00 il Comandante del Btg. convoca nuovamente a rapporto i Comandanti di Compagnia:

- argomenti: il nemico nordamericano, raggiunta La Spezia, procede verso nord lungo la costa;
- ordini: tutte le Truppe in Sestri muoveranno lungo la SS. 1 sino a raggiungere altre Truppe a Chiavari; pertanto il Battaglione formerà avanguardia di colonna con la seguente articolazione:

punta: 8ª Compagnia rinforzata da Squadra mitraglieri, della 9ª, da un Plotone della 10ª e da una Squadra Pionieri;
grosso: Compagnia Comando, Comando, 9ª Compagnia (–), 10ª Compagnia (–);
coda: 7ª Compagnia, 6ª Compagnia.
- Esecuzione:
nemico (ribelli): probabili puntate di bande sul fianco a monte e contrasto negli abitati;
movimento durante: debellare rapidamente con fuoco e manovra a breve raggio ogni contrasto incontrato;
orari: inizio movimento punta ore 15.00, grosso e coda ore 15.30; itinerario: SS. 1 Aurelia.

La partenza del Btg. da Sestri avviene con le modalità ordinate nel rapporto e si effettua senza contrasto sino alla seconda galleria. All'imbocco la punta di avanguardia viene bloccata da fuoco nemico di mitragliatrice proveniente da destra. Dalla punta si stacca un Plotone rinforzato guidato dai S.Ten. Pazzini e Tordi e comprendente mitraglieri e Pionieri. Il procedere del detto Plotone su mulattiera alta a destra

---

[35] La "*Silvio Parodi*" di Genova.

della SS. 1 consente, con alternanza di fuoco e movimento, di allontanare i ribelli della Strada Statale cosicché il movimento del Btg. può continuare.

A Cavi di Lavagna la formazione del Battaglione muta:

- l'8ª Compagnia si distende verso il mare e la ferrovia avendo la SS.1 sulla destra;
- la 7ª rinforzata dalla 9ª procede con la SS. 1 sulla sinistra;
- Compagnia Comando, Comando, 10ª e 6ª Compagnia rimangono a cavallo della SS. 1.

Nel frattempo una pattuglia rinforzata, staccatasi dal Plotone che agisce sulla destra, è incappata in un campo minato non recintato. Risultano feriti il S.Ten. Tordi ed un Marò. Durante il successivo trasporto dei feriti risultano dispersi il S.Ten. Tordi stesso, il Sergente Maggiore Buffa e 9 Marò. Il Plotone, ritornato verso il basso e giunto sulla riva sinistra del fiume Entella, incappa in un campo minato e vi perde il S. Ten. Pazzini.

Un certo rallentamento al movimento dell'avanguardia è imposto da resistenza che i ribelli oppongono all'ingresso di Lavagna. Sulla SS. 1 vengono allora messi in postazione due pezzi del Btg. e uno del Gruppo Art. Montagna "Aosta" che, ad alzo zero e puntamento in volata, riducono al silenzio demolendole le case che vi danno ricetto i gruppi-tiro nemici. La 6ª Compagnia provvede alla "pulizia" dell'abitato con impiego di *Panzerfaust* mentre verso monte la 7ª fronteggia i ribelli e l'8ª rastrella il tratto verso mare. Viene così costituito un corridoio in Lavagna attraverso il quale può transitare in sicurezza il resto del Battaglione seguito da altre truppe. Oltrepassato l'Entella il Battaglione entra in Chiavari senza ulteriori contrasti. La città appare deserta. In Chiavari il Comandante del I Reggimento Alpini, Col. Pasquali assume il comando di tutte le forze in movimento alle quali si aggiungono quelle presenti in città (truppe alpine, Brigate Nere e G.N.R.). Gli ordini impartiti dal Col. Pasquali concernono la prosecuzione del movimento con il Battaglione sempre in avanguardia. Restano sulla destra dell'Entella, fronte al nemico nordamericano avanzante: la 107ª Compagnia Cacciatori Carro del 1° Rgt. Alpini, le Artiglierie del Gruppo "*Aosta*" del 4° Rgt. Artiglieria da Montagna, il IV Gruppo Esplorante "*Monterosa*", il Btg. Alpini "*Ivrea*". Il Battaglione, oltrepassata Chiavari, procede sempre in avanguardia di colonna lungo la SS. 1. Prima che il Btg. lasci Chiavari si presenta isolato il Sergente Maggiore Buffa che, ferito gravemente, è riuscito a sottrarsi alla cattura e che dà notizie circa il S.Tenente Tordi, che risulterebbe prigioniero.

Condizioni meteo: cielo sereno.

L'autore a complemento degli avvenimenti della giornata fa seguire la relazione del Sottotenente Tordi ed il rapporto del Sergente Maggiore Buffa che per la loro alta drammaticità possono dare l'esatta sensazione degli avvenimenti.

Relazione del Sottotenente Giuliano Tordi sul fatto relativo al giorno 24-04-1945:

La marcia sulla mulattiera procedeva veloce e per il momento il nemico taceva. Giungemmo ad un gruppo di case e il nemico appostato cento metri più in alto aprì il fuoco su di noi. Ci

gettammo all'interno di una casa e dalle finestre rispondemmo al fuoco. Avevamo 6 mitragliatrici, alcuni *Panzerfaust* ed un "tubo di stufa" portato dal Marò Scelto Volpi dei Pionieri. Il nemico si ritirò subito più in alto. L'ordine era di non allontanarsi dalla mulattiera e l'ordine fu rispettato anche quando, deviando per contrattaccare ce ne distaccavamo, ma poi ritornavamo sempre su di essa per riprendere il movimento. Mancavano ormai 2 km a Chiavari ed il nostro compito era quello di fermarci all'ingresso della città. Fra Cavi e Lavagna passammo vicini ad una villetta rossa munita di torretta, nel prato antistante due cupole in cemento armato destinate a postazioni di armi automatiche. Di fronte una casa colonica nella quale entrammo per chiedere informazioni... era piena di gente. Uomini giovani per lo più in età militare, forse partigiani, forse renitenti di leva, molte donne e bambini ed un uomo anziano, vestito di nero, che sembrava il capofamiglia. Ci dissero che la posizione era stata occupata dai tedeschi che nel ritirarsi avevano provveduto a togliere le mine. I cartelli con la scritta "ACHTUNG MINEN" giacevano a terra con la rete di recinzione. "Ma non si sa mai" mi fece capire l'uomo "qualcuna poteva essere rimasta nel campo ". Lo pregai di farci strada ma a questo punto i giovani e le donne si misero ad urlare contro di noi. Se erano così sicuri che tutte le mine fossero state tolte perché tanta preoccupazione per il loro congiunto? Non era affatto mia intezione mandare l'uomo in avanscoperta e glielo promisi formalmente ma, chissà perché, le grida continuavano... dovetti sparare una raffica con il mio semiautomatico e solo allora cessarono. Affidai comunque il civile ad un Marò con l'ordine di impedirgli di muoversi. Incominciammo ad avanzare verso le cupole: Buffa a destra, e io a sinistra dopo aver detto agli uomini di seguirci ad almeno 6 metri di distanza. Ero quasi arrivato alla cupola e stavo per spiccare un salto quando Buffa mi disse di deviare verso di lui. Mentre lo guardavo sentii un filo avvolgersi attorno alla caviglia sinistra e lo scoppio, attorno a me fumo e fiamme. Caddi a terra ma non svenni, entrambe le gambe erano crivellate da schegge ed il sangue usciva abbondante; i pantaloni erano a pezzi e così pure gli scarponi. Anche i piedi erano in cattive condizioni ma nessun osso sembrava rotto. All'orecchio sinistro si era attorcigliata parte del filo di strappo della mina. Slacciata la cintura dei pantaloni strinsi la coscia sinistra, con il fazzoletto feci altrettanto con la destra, tentai di muovermi senza riuscirvi. I partigiani iniziarono a tirare con una mitragliatrice ne sentivo sibilare i proiettili a pochi centimetri dalla testa. Per mia fortuna mi trovavo in una cunetta e la traiettoria tesa dell'arma non poteva colpirmi: pensai bene di stare immobile. Buffa contrattaccò e fece allontanare i partigiani. Mi ritrovai solo, poi udii un richiamo, era il Sergente Pastorelli che con i suoi Pionieri aveva sminato e stava arrivando con un suo uomo che reggeva un telo da tendu. Mi adagiarono su di esso e, sollevatomi, mi fecero percorrere un buon tratto che sembrava erboso ma che in realtà era pieno di sassi che mi produssero abrasioni alla schiena. Chiesi a Buffa se nessun altro era stato ferito, mi disse che il "Balilla" (Marò Rigato Lino) aveva avuto schegge attorno agli occhi ma che sembravano ferite leggere. Alla notizia trassi un sospiro di sollievo.
Buffa era convinto che i civili sapessero dell'agguato e che pertanto avessero fatto tanto chiasso, a riprova i giovani presenti nella casa erano subito spariti. Rimaneva, guardato dal Marò, il capofamiglia. "E di questo cosa ne facciamo?" mi chiese Buffa. "Ricordati di Bagnaresi... lascialo andare" gli risposi. L'uomo allora si prodigò nel fornirmi bende e cognac che rifiutai non sopportando l'alcool e poi... francamente ero rattristato da quel suo meschino procedere! I Marò costruirono una barella con grossi rami e il telo da tenda. I civili assicuravano che a un paio di chilometri c'era una clinica privata di ginecologia e pediatria. Chiesi a Buffa di non portarmici perché la clinica si trovava in territorio partigiano e si correva il rischio di perdere altri uomini inutilmente.
Ma il mio caro Buffa aveva imparato a disobbedire agli ordini e, sicuro che non sarei giunto vivo al Battaglione, ordinò di portarmi all'ospedale indicato. Prese il comando il S.Ten. Pazzini. Appena pronta la barella Buffa ed otto Marò si inerpicarono lungo una mu-

lattiera, ci seguiva il Marò Rigato. Il mio trasporto non era agevole e ci fermammo un paio di volte per i cambi. A circa 200 metri dall'ospedale Buffa mi parlò all'orecchio: "C'è un blocco partigiano sulla nostra strada, non muovetevi, fingetevi svenuto, con la bandiera dei portaferiti ci devono lasciar passare... ".

Al posto di blocco i partigiani avvicinatisi vollero controllare ilcarico dello barella e pensando fossi quasi morto (viste le ferite alle gambe ed alla testa) accondiscesero al transito pretendendo però che quattro Marò si fermassero presso di loro in attesa del ritorno dei quattro portatori (disarmati). Raccomandai a Buffa di non fidarsi e di non mollare le armi, egli mi assicurò sui quattro Marò rimasti al Posto di Blocco. Ci salutammo. A fine guerra ho saputo che si è salvato mentre putroppo degli otto eroici Marò nessuna notizia si è avuta. Verso questi otto uomini ho ancora oggi un debito d'onore anche se non ne ho mai conosciuto i nomi!

Al Pronto Soccorso mi trovai circondato da suore infermiere, tutte giovani e piuttosto carine. Mi spogliarono dei cenci insanguinati e mi fecero delle medicazioni e fasciature.

Un vecchio (il becchino) mi chiese se poteva prendersi gli scarponi, erano mezzi sfondati non so cosa ne volesse fare... Le suore parlavano e sembravano curiose di notizie esterne; mi sembrò eccessiva la loro garrula impertinenza con i partigiani a due passi ed il Marò Rigato che in piedi attendeva di essere medicato. Cercai di troncare il loro cicaleccio, nulla da fare, una di loro (dal viso angelico) armeggiava fra le cose mie attorno ad una bustina trasparente... "La butti via" gridai esasperato. "Cosa è, una reliquia?" fu la risposta. "E una cosa che non la riguarda, le ripeto di gettarla... " Non mi diede ascolto. Aprì la bustina ne estrasse il contenuto[36], cominciando a sfilarlo, e finalmente capì. Con un gesto grazioso gettò il tutto nel cestino dei rifiuti. A volte mi chiedo dove sia ora quella suorina... Le sue colleghe intanto mi avevano spogliato del tutto lasciandomi solo mutande e camicia. Sostituirono le mutande con i pantaloni di un pigiama, stavano per togliermi la camicia (appena insanguinata ma in buono stato) che era nordamericana di preda bellica. All'improvviso udii voci concitate ed entrarono nella nostra stanza (il Marò Rigato era seduto sul letto vicino al mio) alcuni partigiani. Erano tutti piuttosto giovani capeggiati da un biondino con una camicia rossa. "Dov'è l'Ufficiale della *San Marco* che hanno portato da poco?" urlò il biondino incominciando a sollevare le coperte degli altri letti dove giacevano altri feriti. Nessuno rispose ed allora lui, ancora più esagitato, si fermò davanti al Marò Rigato e gli intimò: "Dimmelo tu Marò... vedi questa pistola che stringo in pugno... con questa ho ucciso un Bersagliere... !".

Nel silenzio della stanza, calma, decisa si udì la risposta del "Balilla": "Sono un soldato della *San Marco* e non ho paura di morire". A queste parole il partigiano ammutolì e per nostra fortuna un altro partigiano di vedetta ad una finestra gli disse che alcuni militari stavano avvicinandosi all'Ospedale e che bisognava andar via. I partigiani nella stanza non se lo fecero ripetere e sparirono velocemente; il biondino invece, testardo, volle completare l'ispezione dei letti. Lo sentii fermarsi al mio, sollevò le coperte e scorgendo la camicia cachi americana si ritenne più che soddisfatto. Poi, per colmo di ironia, mormorò: "Ti lascio un pacchetto di Nazionali sotto il cuscino".

Ancora oggi non posso dimenticare il tono e le parole di Angelo Rigato, detto "il Balilla", classe 1929! Sedici anni appena, volontario, veterano del Fronte, cinque mesi di prima linea. Credo che nessun Esercito possa vantare ragazzi come Lui.

Tenente di Corvetta
Giuliano Tordi
Grande Invalido di Guerra

---

[36] Il *Soldbuch* o altri documenti che lo identificavano come Ufficiale della *San Marco*.

Rapporto del Sergente Maggiore Francesco Buffa sui fatti relativi alle giornate del 24/25/26-04-1945:

Alle porte di Lavagna abbiamo avvistato un nucleo di partigiani. Il Sottotenente Tordi si slancia con il Plotone verso il nemico ma inciampa in un campo minato di mine a strappo. Io che mi trovavo a circa 10 metri dietro il "Balilla" ho gridato di fare attenzione ma non ho finito di parlare che eravamo già tutti fra le mine. Siamo stati investiti dalle esplosioni: il Sottotenente, il "Balilla" (Marò Rigato Angelo) ed io. Approfittando del momentaneo sbandamento del Plotone il nemico ci attacca, allora aziono una *MG* sinché esso si ritira. Ordino allora ai Marò di portare l'Ufficiale ed il "Balilla" all'Ospedale di Lavagna scortandoli. Mentre si procede io (perdo sangue dalla gola e da un occhio) mi trovo dietro il gruppo di Marò di circa 100 metri. Giumo in una strada dove ci sono portici ecco che i partigiani mi sbarrano la strada e mi fanno segno di arrendermi. Visto che ci sono portici mi butto dietro le colonne, impugno la pistola e faccio fuoco. Attraversata la strada raggiungo un vicolo e da un angolo all'improvviso si apre una porta e compare un partigiano armato di mitra che cerca di fermarmi. Con la mano sinistra abbasso la canna del mitra mentre quello fa fuoco, cado a terra poi mi rialzo e gli sparo contro con la *P 38*: non so se è morto, so che non ha più reagito. Mi inoltro nel vicolo e trovo un piccolo giardino; si apre una porta e una donna aizza un cane contro di me, faccio fuoco ed uccido il cane, la donna chiude la porta. Non vedo più nessuno, cerco di guadagnare la spiaggia, salto su un vascone che è nell'angolo del giardino poi salgo sui tetti di case. Dopo 50 metri percorsi sui tetti salto giù e mi parte un colpo di pistola; due uomini armati (forse partigiani dell'ultima ora) scappano, li inseguo ma spariscono. Allora continuo la mia corsa verso la, spiaggia che infine raggiungo attraverso un cancello che si apre in un muraglione. Vedo venire verso di me due donne armate di fucile '91, le chiamo, loro mi vengono vicine ed io posso disarmarle buttando poi subito gli otturatori in mare. Procedo per circa 250 metri lungo la spiaggia sino a che mi sento intimare il "Chi va là" rispondo che sono della *San Marco*, mi fanno passare e mi trovo fra i Marò che mi ristorano dandomi da bere. Mi accorgo ora di non riuscire a camminare, la scarpa sinistra mi sembra piena d'acqua, invece è sangue: sono stato ferito dalla raffica di mitra alla caviglia senza essermene accorto. Il Marò Figlioli mi aiuta (portandomi anche in spalla) per un chilometro. Poi giungo al Posto di Medicazione del Btg. dove vengo medicato dal Dottor Del Vecchio. Seguo il Btg. perché non ho voluto esser lasciato all'Ospedale di Chiavari. La mattina del 27 a causa delle mie condizioni vengo trasportato da una squadra di Alpini della *Monterosa* all'ospedale di Recco ma strada facendo gli Alpini vengono disarmati dai partigiani. Al mio arrivo all'Ospedale vengo interrogato da un Commissario del popolo che mi dice di far da intermediario con il mio Comandante di Btg. per far sì che siano rilasciati quattro partigiani catturati. Aderisco alla richiesta ed esco dall'Ospedale scortato da due partigiani. Mi presento al Comandante Uccelli che acconsente al rilascio tanto che i quatro partigiani partono verso Recco scortati dai due che mi avevano accompagnato muniti di salvacondotto.

Sergente Maggiore
Francesco Buffa

25-04-1945: nella seconda parte della notte il Battaglione ha proceduto lungo la SS. 1 ed il suo movimento si è svolto senza contrasti. All'alba il Btg. ha raggiunto la galleria stradale di Zoagli e vi sosta con misure di sicurezza. Giunge notizia che nella notte elementi nordamericani sono stati fermati sull'Entella dalle forze della 4ª Divisione dislocatevi e che tentativi di ribelli di penetrare in Chiavari sono stati del pari stroncati. Giunge anche notizia che Rapallo risulterebbe in mano ribelle e che si chiederebbe il disarmo della Colonna.

Alle ore 08.00 ripreso il movimento il Battaglione raggiunge il culmine della SS. 1 prima di Rapallo e vi sosta. Nella mattinata navi nemiche al largo sparano bordate sulla SS. 1 controbattute dalle Batterie da Posizione Costiera di Portofino-Vetta[37]. Nella mattinata la Colonna serra sotto e sosta.

Nella tarda mattinata al Posto di Blocco sulla SS. 1 (Comandante S. Ten. Abriani) si presenta, proveniente da Rapallo, una delegazione composta da tre civili (due con bracciali della Croce Rossa, uno cori bracciale tricolore); essi chiedono di conferire con l'Ufficiale più elevato in grado della Colonna. Al Comandante del Battaglione il più anziano dei tre comunica l'avvenuta insurrezione di Genova e sottolinea che la prosecuzione del movimento, stante una insurrezione generale in atto, avrebbe scarse probabilità di successo anche se effettuata in forze; sottolinea infine che sarebbero opportune trattative per un pacifico attraversamento di Rapallo da parte della Colonna.

Il Comandante del Battaglione rimanda la delegazione mettendo bene in chiaro che la Colonna attraverserà Rapallo all'imbrunire secondo gli ordini e non attaccherà solo se non molestata. I tre borghesi rientrano allora a Rapallo promettendo una risposta da parte di quel C.L.N. per il pomeriggio. Frattanto numerosi civili della zona avvicinano i Marò, frammischiandovisi allo scopo di farli disertare, ne ottengono però solo risposte sprezzanti. Ad ogni buon conto, sul mezzogiorno, tutti i civili sono fatti allontanare dalla zona di sosta del Btg. Viene regolarmente consumato il 1° rancio.

Nelle primissime ore del pomeriggio si presenta al già citato Posto di Blocco sulla SS. 1 un civile che si qualifica per l'Ing. Rossetti[38] (uno degli affondatori della *Viribus Unitis* a Pola nel 1918, decorato di Medaglia d'Oro al V.M.). Egli viene ricevuto dall'Aiutante Maggiore e dal Comandante del Plotone Pionieri, la sua proposta è:

Standogli a cuore, a lui vecchio soldato, la sorte del Battaglione, quale antifascista da sempre e quindi ascoltato dai ribelli si offre quale elemento intermediario e moderatore.

A questo signore i due Ufficiali rispondono che meglio sarebbe egli cercasse convincere il C.L.N. di Rapallo a non consentire atti ostili nei confronti del Btg., atti che

---

[37] Tra Monte Moro e il Monte di Portofino erano schierate una Batteria da 381/40 e due Batterie da 152/45, con personale misto italotedesco. Dal Diario di Guerra del *760th Tank Battalion*:

La mattina del 25 aprile la Compagnia C si mosse dalle posizioni di partenza con elementi del *473rd Infantry Regiment* procedendo sulla Strada Statale 1 senza incontrare resistenza. I carri armati e la fanteria arrivarono a Lavagna, dove furono fatti bersaglio di un pesantissimo sbarramento d'artiglieria, che uccise e ferì molti della fanteria e mise fuori combattimento diversi dei loro veicoli.

Il personale tedesco della Batteria di Monte Moro, dopo aver rifiutato la resa ai partigiani della brigata "Sciolla", si arrese con l'onore della armi il 28 aprile 1945 ai soldati della 92ª Divisione di Fanteria USA "*Buffalo*".

[38] Raffaele Rossetti entrò nel Partito Repubblicano nel 1922, fondando il movimento antifascista "L'Italia libera". Rifugiatosi in Francia, aderì a "Giustizia e libertà", per poi uscirne e formare "La Giovine Italia". Schierato su posizioni filocomuniste, in seguito fu eletto segretario del PRI. Nelle file repubblicane durante la guerra civile spagnola, partecipò a trasmissioni radio di propaganda antifascista. Rientrato in Italia, morì nel 1951.

provocherebbero dura reazione. Comunque il Battaglione non è intenzionato a cedere le armi a chicchessia ed è ben deciso a farne uso se attaccato. Con ciò il Rossetti viene rimandato verso Rapallo.

Nel tardo pomeriggio hanno raggiunto la Colonna le forze della 4ª Divisione che avevano imposto un tempo di arresto al nemico sulle rive dell'Entella. I nordamericani peraltro non sono a contatto in quanto le Batterie da difesa costiera battono intensamente (in assenza di obiettivi navali essendosi allontanate le navi nemiche) con cortine di sbarramento a percussione il territorio abbandonato; evitando accuratamente di colpire gli abitati.

Alle ore 16.30 si presenta al Posto di Blocco una delegazione composta da un medico di Rapallo, da due borghesi e da due Vigili Urbani armati di pistola, tutti indossano bracciale tricolore.

Il medico viene accompagnato dal Colonnello Pasquali che lo riceve alla presenza di due Ufficiali. Superiori italiani e di due germanici, tra essi il Comandante del Btg.

Tramite il medico, il C.L.N. di Rapallo propone:

- essere suo desiderio che l'attraversamento della città avvenga nel modo più pacifico possibile da parte delle "Truppe fasciste";
- a tale scopo il C.L.N. si impegna a rispettare e a far rispettare una tregua d'armi per tutto il tempo necessario ad un breve riposo agli uomini, al loro rancio, all'abbeverata ed al foraggiamento dei quadrupedi della intera colonna;
- il C.L.N. si impegna del pari a prendersi carico di eventuali feriti ed ammalati,
della Colonna da ricoverarsi presso l'Ospedale Civile, con incolumità personale garantita dalle Convenzioni internazionali;
- da parte loro le "forze fasciste" dovranno:
impegnarsi a non compiere atti ostili;
sistemarsi durante la sosta in Rapallo in modo da non costituire obiettivo per l'aviazione evitando così incursioni aeree;
- le dette condizioni varranno solo nel territorio comunale di Rapallo.

Durante i *pour parler* una delle guardie municipali, ferme al Posto di Blocco, confida ad un Ufficiale del Btg. che il numero dei ribelli presenti in Rapallo non supera la quarantina di individui. Durante il suo ritorno al Posto di Blocco il medico compie, via via, patetici tentativi individuali di incitamento alla diserzione nei confronti dei Marò, la risposta dei quali però è sempre, la stessa: disprezzo e diniego.

Alle ore 20.00 il Battaglione riprende il movimento ed entra poi in Rapallo inquadrato e cantando fra lo stupore dei pochi cittadini nelle strade. La città in effetti è semideserta ma dietro le persiane socchiuse si indovina la popolazione. In Rapallo il Battaglione sosta due ore per la consumazione del rancio e per l'abbeverata ed il foraggiamento quadrupedi. Intorno alle ore 22.30 il Battaglione riprende il movimento; all'uscita dall'abitato cadono sul Plotone di testa un po' di caramelle lanciate da finestre e, all'inizio della salita, un'anziana signora, sola sul bordo della strada, benedice piangendo i Marò che passano [questa immagine toccante resta ancora vivida oggi, nel ricordo dei superstiti, in uno con l'interrogativo sulla sorte successiva della coraggiosa donna, NdA].

Il Battaglione procede lungo la SS. 1 senza contrasti ma piuttosto lentamente a causa dei dislivelli non indifferenti; nella notte raggiunge comunque il Passo della Ruta e vi sosta all'addiaccio con misure di sicurezza.

Nella giornata si è notato che l'aviazione nemica curiosamente non è comparsa. Condizioni meteo: cielo sereno.

26-04-1945: fra le ore zero e le ore 03.00 tutta la Colonna è serrata sotto il Passo della Ruta. Nelle primissime ore del mattino il Colonnello Pasquali convoca a rapporto, in una villa posta 500 metri a ovest della galleria, gli Ufficiali Comandanti delle Unità della Colonna [che ormai ha assunto il suo nome, NdA] ed espone loro la situazione quale gli appare:

- imminente pressione del nemico nordamericano a sud con forze di Fanteria e corazzate dell'entità presumibile di una Divisione; - dominio totale dall'aria nelle ore diurne, presumibile anche se ancora non evidenziatosi;
- dominio nemico dal mare che, alla fine della giornata, non verrà oltre rintuzzato perché le Batterie da difesa costiera di Portofino-Vetta verranno abbandonate dagli armamenti quando la Colonna riprenderà a muoversi;
- la Grande-Genova arresasi ai ribelli, salvo pochi capisaldi costieri sull'aiuto dei quali non v'è da fare molto affidamento;
- pochi rinforzi germanici di Fanteria e di Marina in marcia verso la Ruta da nord;
- necessità quindi di procedere per nord-ovest, evitando la Grande-Genova, allo scopo di tentare il congiungimento con le altre forze dell'Armata Liguria;
- necessità di raccogliere tutte le forze italiane e germaniche nella zona la cui esigua entità numerica le esporrebbe ad annientamento in breve tempo;
- bande:
consistenza: mediocre ma con incrementi probabili nei prossimi giorni;
armamento: buono con probabile incremento e miglioramento; attività: relativa sui rilievi;
- C.L.N. locali: intenzionati a trovare accordi pur di salvaguardare gli abitati dai combattimenti.

In relazione a ciò il Comandante della Colonna impartisce quindi i seguenti ordini:
- sistemazione difensiva speditiva con prevalenza di armi anticarro sulle provenienze da Rapallo e da San Massimo;
- riordinamento dei Reparti;
- abbandono del carreggio ippomobile superfluo e recupero dei cavalli per someggio armi collettive, munizioni e viveri;
- Artiglieria da P.C. far fuoco su obiettivi navali e terrestri sino alle ore 17.00 indi far saltare pezzi e riservette; personale di armamento poi nella Colonna come Reparto organico di Fanteria;
- predisposizioni per il brillamento della galleria della Ruta;
- predisposizioni per la marcia da iniziarsi in serata (il Battaglione formerà la retroguardia);
- direzione di movimento: Recco lungo la SS. 1 Aurelia indi per Uscio-Gattorna - Passo Scoffera (riserva di ordini ulteriori al Passo); - spostamento del grosso oltre la galleria in attesa del movimento.

Nella mattinata giunge notizia che un Plotone di Bersaglieri del IV Gruppo Esplorante "Monterosa" è stato catturato al completo, mentre stava per abbandonare Rapallo all'atto in cui montava sulle biciclette, da forze nordamericane improvvisamente comparse. Con ciò appare evidente che Rapallo è in mani nemiche.

Si congiungono alla Colonna due Compagnie del I (LI) Battaglione Bersaglieri Difesa Costiera e, da Santa Margherita Ligure, la 17ª Compagnia (di Disciplina) del I Reggimento Alpini. Giunge pure un Plotone della XXXI Brigata Nera sempre da Santa Margherita Ligure.

Nella mattinata l'Artiglieria da difesa costiera con il suo fuoco tiene in rispetto due navi nemiche al largo.

Nel pomeriggio le navi nemiche ricompaiono ed inviano alcune salve sulla SS. 1 fra la Ruta e Recco: il loro tiro risulta disperso ed impreciso.

Il Battaglione è schierato sulla posizione della Ruta. Nel tardo pomeriggio sulla SS. 1 compaiono, provenendo da Rapallo, pattuglie motorizzate nordamericane tentando di avvicinarsi alla Ruta. Esse sono respinte con il fuoco e non insistono. Il Tenente Licitra del IV Gruppo Esplorante *Monterosa* si reca allora a costituire un posto di sbarramento anticarro 1.500 metri a oriente della galleria della Ruta. Con l'Ufficiale un pezzo *PAK 40* da 75/46 agganciato ad un autocarro *Lancia 3 RO* che procede a marcia indietro ed elementi del 3 ° Squadrone del Gruppo.

Verso le ore 18.00 compare sulla SS. 1 un carro *Sherman* seguito da elementi motorizzati nordamericani. Con un solo colpo il pezzo manovrato dai Bersaglieri del Ten. Licitra mette fuori combattimento il carro nemico che si incendia. Le forze nemiche al suo seguito ripiegano. Alle ore 18.30 il Tenente Licitra con i suoi uomini ed i mezzi transita sotto la galleria della Ruta che alle ore 19.00 viene fatta saltare [purtroppo il brillamento risulterà solo parziale, NdA].

Alle ore 19.15 il Battaglione lascia la posizione della Ruta e procede verso Recco lungo la SS. 1 in estrema retroguardia di colonna. Sino alle ore 21.00 continua sulla SS. 1 il fuoco navale nemico che però non procura vittime o danni essendo sempre disperso ed impreciso.

Il Battaglione effettua sosta in Recco dove, risalita la Colonna, si porta su ordine nuovamente all'avanguardia.

Condizioni meteo: nella giornata il cielo da sereno si è fatto via via coperto.

27-04-1945: nel corso della notte si è presentato al Comandante del Battaglione il Serg. Magg. Buffa che ha ottenuto il rilascio di quattro partigiani catturati [vedere il rapporto Buffa, NdA]. Anche il C.L.N. di Recco ha deciso per il pacifico passaggio e i suoi rappresentanti precedono la Colonna. Il Battaglione è in avanguardia con il seguente ordinativo di successione: Plotone Pionieri, 8ª Compagnia rinforzata, 7ª, 6ª, Comando e Compagnia Comando, 9ª, 10ª Compagnia. Estrema retroguardia della Colonna una Compagnia germanica della *Kriegsmarine* seguita dai Pionieri che, da Recco in poi, effettuano interruzioni stradali.

Raggiunta Uscio il Battaglione si sistema attorno alla chiesa, sul posto si trova Reparto autocarrato germanico proveniente da Genova. Militari germanici montano la guardia ad alcune casse-denaro colme di banconote da 500 e 1.000 Lire (dicesi sia la riserva numeraria della Banca d'Italia di Genova).

I Comandanti delle Compagnie si presentano al Comandante di Btg. e gli fanno noto:

- lo stato di prostrazione degli uomini;
- la necessità di rifornirsi di viveri;
- la necessità di corrispondere emolumenti (il personale da due mesi non riceve che anticipi-paga e sul posto vi è ampia possibilità di denaro);
- desiderio loro e del personale che il Battaglione proceda in avanti speditamente ed isolato sganciandosi dalla Colonna Pasquali.

Il Comandante del Battaglione risponde:

- al primo quesito convenendovi;
- al secondo convenendovi e promettendo immediata soluzione;
- al terzo stabilendo debbano essere corrisposte le seguenti somme:

L. 1.000 ad ogni Marò;
L. 1.500 ad ogni Sottufficiale;
L. 2.000 ad ogni Ufficiale;

- al quarto: essendo già state prese decisioni [evidentemente dal Comando di Colonna, NdA] ogni iniziativa di singoli e di Reparti sarebbe considerata "diserzione sul campo" e, come tale, punita.

Quindi il Comandante del Btg. si reca al Comando Colonna ed ottiene denaro e viveri. Le Compagnie preparano subito i documenti amministrativi ed il Sottotenente Piantato preleva i fondi necessari che vengono distribuiti a tutto il personale.
Vengono poi consumati i viveri di riserva [a secco, NdA] in luogo del 1° rancio. Nel frattempo le casse-denaro sulla piazza vengono date alle fiamme. Giungono al Btg. i viveri concessi dal Comando Colonna: essi consistono in scatolette e pane a cassetta il che costituisce una buona scorta. Su ordine del Comando Colonna, a causa del ponte saltato, viene dato ordine di sabotare o distruggere tutto il carreggio. Ciò viene eseguito.
Anche il C.L.N. di Uscio concorda sul libero transito della Colonna che si rimette in movimento con il Battaglione sempre in avanguardia.
Tra le ore 11.00 e le ore 11.15 il Battaglione si arresta in una specie di anfiteatro [un vero e proprio catino, NdA] e la Colonna serra sotto. Viene presa formazione di combattimento. Il titolare della 8[8] Compagnia, Cap. Feriani, convoca a rapporto i Comandanti di Compagnia e comunica loro che il Comandante di Btg. Capitano di Fregata Uccelli temendo rappresaglie nemiche (sul suo capo pende condanna a morte decretata dagli inglesi in A.O.I. nel 1941) ha preferito darsi alla macchia. Lo hanno seguito intendendo condividerne la sorte l'Ordinanza e l'Aiutante Maggiore. Con ciò il Comandante della 8[8] Compagnia assume il Comando titolare del Btg. quale Ufficiale più anziano e più elevato in grado.
I Comandanti di Compagnia sottopongono al nuovo Comandante questi argomenti:

- perché fermarsi in basso quando ci si può attestare sulle cime?

- perché accettare la franchigia dei vari C.L.N. quando ci si può opporre con efficacia, facendo uso delle armi, alle bande?
- sono già stati stipulati, per avventura, accordi con le bande?

Il Tenente di Vascello Feriani risponde essere a sua conoscenza solo che reparti germanici provenienti da Genova daranno protezione laterale alla Colonna; inoltre, essere del parere che sia mantenuta intatta la coesione dei Reparti. Il Comandante della 6^8 Compagnia propone di raggiungere con trenta uomini decisi (tutti romani e siciliani) la Scoffera, mimetizzarsi in posto e tentare poi di raggiungere il sud d'Italia isolati. La proposta viene respinta dal Comandante del Battaglione.

Attorno alle ore 11.30 compaiono sulle cime che contornano l'anfiteatro reparti che, all'osservazione cori i binocoli, appaiono in uniforme nordamericana. Poco dopo si presenta, con bandiera parlamentare, al Colonnello Pasquali un Capitano USA intimandogli la resa senza condizioni della Colonna, tempo di accettazione due ore.

Il Colonnello Pasquali, secondo il Regolamento sul Servizio in guerra germanico, chiede ed ottiene dai Comandanti di Unità di recarsi presso il Comando nemico per aprire trattative ed assumere la guida di una Commissione Mista (due Ufficiali Superiori italiani e due germanici).

La Commisione si reca in una cascina posta sulla collina più ad est rispetto al centro dell'anfiteatro, dove la attende il Colonnello Comandante del 442° Reggimento USA (nippoamericano). Da ogni parte della Colonna si segue con i binocoli quanto avviene presso la detta cascina e si ha modo di notare che vi giungono, a cavallo, due strani individui. Attorno al fabbricato numerose vetturette [le famose *Jeep*, NdA] attorniate da soldati nemici piuttosto piccoli.

Dopo un tempo interminabile [in realtà si trattò solo di 45', NdA] la Commissione Pasquali fa ritorno presso la Colonna e tutti i Comandanti di Unità vengono messi a conoscenza delle "condizioni" del Comandante nemico:

- resa senza condizioni e consegna dell'armamento;
- consegna ai ribelli di tutti gli Ufficiali, del 50% dei Sottufficiali, del 10% della Truppa;
- designazione dei Sottufficiali e della Truppa da consegnare a cura di un Comando "ribelle".

Queste condizioni che appaioni imposte dai due "generali" ribelli [quelli giunti a cavallo, NdA] sono inaccettabili ed il Colonnello Pasquali si dice sicuro che il Comandante nemico non vi insisterà, comunque dà ordine che tutte le Unità si dispongano in formazione da combattimento, il che avviene. Il Colonnello Pasquali comunque decide di ritornare al Posto Comando nemico e ne chiede la relativa autorizzazione, terminando con questa parole: "Datemi il vostro benestare, figlioli, perché vi assicuro che lassù ne avrò bisogno per sentirmi più forte". Un "Evviva" corale accoglie le sue parole.

Ore 14.00, la Commissione Pasquali fa ritorno alla cascina e poco dopo alla attenta osservazione con i binocoli si può seguire una scena tragicomica. Escono precipitosamente dal fabbricato i due "generali ribelli" che inseguiti da militari nemici, montano sui cavalli e si allontanano facendo gesti minacciosi[39].

Finalmente la Commissione Pasquali rientra e ai Comandanti di Unità sono fatte note le condizioni imposte dal nemico nordamericano:

1) il Comando della 92ª Divisione si compiace per la resistenza e la marcia delle Truppe della Colonna;
2) nessuna consegna di personale alle bande avverrà in relazione a quanto precede;
3) resa al Comando del 442° Reggimento/92ª Divisione di Fanteria USA *"Buffalo"* senza condizioni;
4) trattamento da prigionieri di guerra (secondo le Convenzioni Internazionali) a tutto il personale della Colonna, con detenzione nordamericana e con salvaguardia delle vite e degli averi personali;
5) modalità:
- ogni reparto si presenterà al Posto di Controllo USA con il proprio Ufficiale in testa, in fila indiana e tenendo le armi orizzontali sopra il capo [per il Comandante nemico è evidente il ricordo iconografico della resa delle Truppe della Confederazione nel 1865 che ebbe le stesse modalità, NdA];
- tutte le armi dovranno essere scariche ed efficienti;
- bagaglio personale: un solo collo/uomo, consentito;
- viveri al seguito: una scatoletta e un pacco di galletta o pane/uomo;
6) inadempienze a quanto precede: fucilazione;
7) sorte successiva: formazione di blocchi di 40 uomini al comando dei Superiori diretti;
9) scorta e sicurezza: a cura truppe USA;
10) inizio operazioni: ore 17.00.

Nessun Reparto nemico scende nel "catino" dove le operazioni preliminari hanno il seguente svolgimento:

- al Battaglione: schierate in rango, le Compagnie ascoltano il Tenente di Vascello Feriani parlare loro brevemente:
nessuna recriminazione;
coscienza del Dovere interamente compiuto;
consapevolezza di avere salvaguardato l'Onore Militare della Nazione con assoluta onestà di intenti;
necessità di trovare in se stessi la forza necessaria per affrontare la prigionia; necessità di conservare nel tempo lo spirito di Corpo, vera e sola forza di coesione morale;
il prossimo "status" di prigionieri non dovrà dar luogo a scoramento perché ad ognuno rimangono ancora armi potenti: la tenacia, il coraggio, la fede;
la guerra è finita ma per gli uomini della San Marco ne sta per iniziare un'altra più dura e pericolosa;

---

[39] Da notare come diversi storici vicini all'ANPI sostengano invece che i "7.000 [sic!] nazifascisti" della Colonna Pasquali si siano arresi "alle forze di liberazione nazionale" e non al *442nd Regimental Combat Team*, circostanza quest'ultima confermata da numerose fonti ufficiali americane (cfr. Paul Goodman, *A fragment of victory in Italy*, Thomas St. John Arnold *Buffalo Soldiers*, e Ulysses Lee *The employment of negro troops*, quest'ultimo titolo pubblicato dal *Center of Military History* dell'*US Army*), v. bibliografia. Anche nella storia ufficiale del *473rd Infantry Regiment*, pubblicata nel 1945, è riportato: "La Compagnia G e il *3rd Battalion* combinarono la resa di circa 3.000 soldati a Uscio e Ferrada a nordest di Genova [...]"

per superare le prossime prove non si deve cedere allo sconforto ma contare sul proprio bagaglio spirituale di Soldati e di Uomini!

L'ultima "Assemblea" del Battaglione si scioglie al grido di "SAN MARCO, ITALIA!";

- presso l'aliquota della 4ª Divisione i Reparti si schierano e lanciano il grido "ITALIA! ITALIA! ITALIA!";
- lo stesso accade presso le Compagnie Bersaglieri Difesa Costiera ed Artiglieri P.C.;
- presso i Reparti della G.N.R. e delle Brigate Nere: scioglimento dopo che, in rango, si è lanciato il grido "A NOI!";
- presso i Reparti germanici: schieramento in silenzio.

Mentre ciò avviene i due Ufficiali Superiori germanici che hanno trattato insieme con il Colonnello Pasquali si suicidano, sotto un albero di castagno.
Il nemico che sta impiantando il Posto Controllo distacca subito una Squadra in armi (la sola che entrerà in mezzo alle Truppe prima della resa) che si schiera, insieme con una Squadra germanica pure in armi accanto ai cadaveri che sono composti a lato del viottolo che adduce al Posto Controllo. Il Battaglione muove, come ordinato, verso il Posto Controllo; ogni uomo rende gli
onori individuali ai due morti con l'"attenti a sinistra" poi si accinge alla prova più dura [così sarà per tutti i Reparti della Colonna, NdA]. Preceduti dagli Ufficiali Comandanti che sostano quali responsabili sino a reparto sfilato, i Marò si avvicinano al Posto Controllo dove dapprima versano armi e munizioni. Poi su un bancone viene rovesciato (con malagrazia), da militari nemici, il contenuto degli zaini e controllata la consistenza dei viveri. Naturalmente molto va perduto.
Ad una certa distanza, tenuti in rispetto da Polizia Militare e da militari USA, i ribelli irridono i prigionieri.
Alle ore 19.00 tutto il Battaglione, per quanto ancora al comando dei propri Superiori diretti, si trova in prigionia di guerra e pertanto la data del suo scioglimento viene fissata alle ore 24.00 odierne.
Durante la giornata le condizioni meteo sono state: cielo coperto con precipitazioni piovose ad intermittenza.

In conclusione, gli ultimi giorni del II/6° "San Marco" nelle parole del Sottotenente Piantato:

Si avvicinava così la fine del mese d'aprile. Il giorno 24 arrivò l'ordine di ripiegamento su Genova, durante il quale avremmo dovuto accogliere tutti i militari che avessimo incontrato. Si formò così una colonna di circa 2.500 uomini, fra italiani e tedeschi, al comando del Colonnello Pasquali della "Monterosa". Il nostro battaglione faceva d'avanguardia mentre alcuni reparti erano inseriti, unitamente a quelli degli alpini, nella retroguardia. Durante il movimento giunti nel rettilineo di Cavi di Lavagna, ci fu un duro attacco: riportammo alcuni morti e feriti. In seguito alla nostra reazione, i partigiani compresero che la colonna non era composta di sbandati e che era pronta e rintuzzare ogni attacco.
Prima di giungere a Rapallo, avanzò una rappresentanza del CLN locale (Comitato di libera-

zione, sic!) che offriva una resa onorevole. La risposta di un nostro ufficiale fu secca e precisa: "Lasciateci passare senza ostacolarci, abbiamo buone armi e abbastanza fegato per rispondere!". Da quel momento non si fece vivo più nessuno.

Ripresa la marcia, giungemmo a Ruta di Camogli dove arrivò l'ordine di arrivare a Recco, lasciare la Via Aurelia e prendere la strada per Uscio onde raggiungere il Po. Nel frattempo i reparti americani, che ne 'inseguivano, si fecero vivi non appena la nostra retroguardia ebbe oltrepassato il tunnel per avviarsi alla volta di Recco. Prontamente, un piccolo reparto di pionieri, attese il nemico nell'ultima curva, arrestandone l'avanzata con alcuni *Panzerfaust* ben lanciati.

Così tutti i reparti della colonna "Pasquali", poterono raggiungere con calma la cittadina ligure e prendere la via per Uscio, anche se alcuni partigiani, convinti di fermarci, avevano fatto saltare un ponticello: illusi!

Sotto una pioggia primaverile transitammo per l'abitato di Recco (letteralmente distrutta dai bombardamenti aerei alleati): era il 27 aprile. Era appena passato il mio 22° compleanno e non avrei potuto immaginare che, vent'anni dopo, mi sarei trasferito da Felizzano a Recco con la famigliai Intanto la colonna era aumentata d'alcune centinaia di uomini: bersaglieri, marinai, guardie costiere, brigate nere, ecc... Arrivati ad Uscio noi del comando ci acquartierammo nella canonica, gl'altri cercarono ospitalità nelle scuole, case e nelle stalle. Su ordine del Comandante Uccelli uscii per vedere come stavano le cose. Giunto nei pressi di una piazzetta, vidi dei soldati tedeschi intenti ad accendere un grosso falò: era tutta cartamoneta italiana e tedesca.

Visto che ero un ufficiale, il sottufficiale tedesco presente, mi consegnò un grosso pacco pieno di biglietti da mille lire che portai immediatamente al comando. Li ricevetti l'ordine di dividere l'intera somma in parti uguali e di consegnarla ai rispettivi comandanti di compagnia, che avevano il compito di spartirla fra i propri uomini.

Poco dopo il comandante Uccelli mi salutò e, pregandomi di estendere il gesto a tutti, se ne andò nel buio della notte. Temeva che fra gli americani ci fossero alcuni inglesi dei servizi segreti, che lo cercavano perché, a suo tempo, era fuggito dalla prigionia in Africa Orientale; naturalmente non aveva accarezzato i suoi guardiani!

All'alba ci mettemmo in cammino, sui crinali dei monti si vedevano uomini armati; col binocolo si notava bene il rosso dei fazzoletti al collo. Stettero sempre molto lontano da noi! Lasciando carriaggi e armi (rese inutilizzabili) la colonna, snodandosi per i sentieri che avrebbero dovuto portarci oltre i monti, si avviò verso la pianura padana. Gli americani però, vista preclusa la Via Aurelia a causa del crollo parziale del famoso tunnel, si diressero da Rapallo per la Fontanabuona al fine di sbarrare la strada alla colonna italo-tedesca: ci riuscirono!

Ad un certo punto il Colonnello Pasquali fece fermare tutti i reparti allo scopo di ricevere i parlamentari americani, i quali chiesero la resa della colonna concedendo l'onore delle armi.

Tutti i militari passarono al comando dei propri ufficiali davanti al nemico che, sull'attenti, presentava le armi: "Onore ai vinti!". Gli ufficiali mantennero le armi personali che consegnarono solo quando si giunse in un campo ove, da prigionieri, fummo radunati nell'attesa dei mezzi richiesti per il successivo trasferimento in campo di prigionia.

PERDITE DEL II BATTAGLIONE DEL 6° REGGIMENTO F.M. AL FRONTE SUD

	Caduti	Dispersi	Feriti
Ufficiali	7	1	10
Sottufficiali	7	4	10
Graduati e Truppa	36	25	104
Ignoti Truppa	9	-	-
Totale	59	30	124

Il Generale Amilcare Farina, secondo comandante della Divisione.

Il Generale Farina con il Colonnello Cesare Chiari, Comandante il 6° Reggimento della Divi-sione F.M. San Marco.

Il ritorno dall'addestramento in Germania della San Marco*: la tradotta...*

...e un momento di ristoro per i Marò (foto Archivio Viziano via Carlo Cucut).

Una munita pattuglia della San Marco *in Liguria. Il primo Marò a sinistra porta un* Panzer-faust 60M, *seguito dal mitragliere della Squadra con la sua* MG 42 *e dagli altri fucilieri.*

Elementi della 10ª Compagnia del II/6° in Liguria prima della partenza verso la Linea Goti-ca: Da sinistra, in piedi: Maggi, Giambra, Secol, sconosciuto, Di Meo, Leonardi. Seduti: sco-nosciuto, Miotti, Bozzi, Sala, Arbicò.

Marò della 10ª Compagnia del II/6°. A sinistra, Osvaldo Giambra.

Il Sottotenente Giuliano Tordi. Proveniente dalla GNR *e assegnato al II/6°, combattè in Garfagnana e fu in seguito gravemente ferito da una mina durante il ripiegamento della* San Marco *nell'aprile 1945.*

Il Sottotenente Luigi Piantato in divisa della GNR. Arrivato al II/6° il 5 dicembre 1944 e destinato alla Compagnia Comando, si distinse nei combattimenti in difesa della Quota 437 (foto Luigi Piantato via Novantico).

Un Alpino della Monterosa *e un Marò della* San Marco *in un momento di svago (foto archivio Viziano via Carlo Cucut).*

Il fronte: i paesi di Sassi e Eglio (foto Archivio Viziano via Carlo Cucut).

Marò del Btg. Uccelli *in Garfagnana nell'inverno 1944/1945.*

Dopo i duri mesi in prima linea, l'equipaggiamento dei Marò inizia a non essere esattamente quello regolamentare. Notare la tenuta "campale" e la mitragliatrice leggera Bren *di preda bellica di questo Marò.*

Un mortaio mittlere Granatwerfer 34 *da 8 cm del II/6° in Garfagnana.*

Marò del Btg. Uccelli *in Garfagnana. In secondo piano, senza il basco, si riconosce il Sergente Maggiore Francesco Buffa, leggendario "asso"* della *MG 42.*

Un Bersagliere della Divisione "Italia" in una delle postazioni della Quota 437, teatro di numerosi, sanguinosi combattimenti tra gli Alleati e i soldati italiani. Sotto, Marò sul rovescio della stessa Quota.

Garfagnana, febbraio 1945. Marò mitragliere del II/6° sulla Quota 437.

Buca dei Marò della San Marco *sulla Quota 437. Sono facilmente immaginabili le durissime condizioni di vita e di combattimento nelle posizioni difensive improvvisate sulle alture, spazzate continuamente dall'artiglieria e dagli attacchi aerei Alleati.*

1945. Immagine scattata dalle posizioni avanzate del Btg. Uccelli *nella zona di Eglio; in fondovalle la terra di nessuno, sul versante di fronte le posizioni Alleate.*

Le posizioni della San Marco *sotto il fuoco dell'artiglieria americana.*

Sullo sfondo, il fumo di un concentramento d'artiglieria (foto archivio Viziano via Carlo Cu-cut).

Garfagnana. Un pezzo di una Batteria del Gruppo Bergamo *della* Monterosa, *abilmente mimetizzato in un pagliaio. I Marò del* San Marco *ricevettero spesso un vitale supporto di fuoco da questi pezzi (foto Archivio Monterosa).*

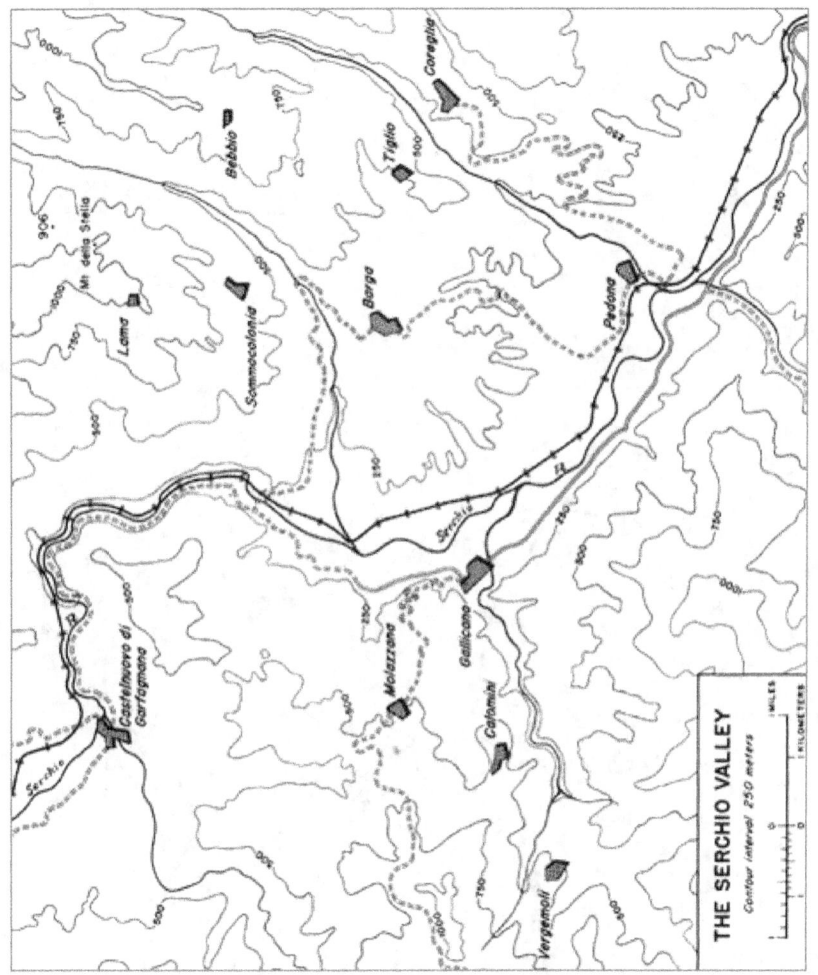

La valle del Serchio. Le curve di livello sono segnate con intervalli di 250 metri.

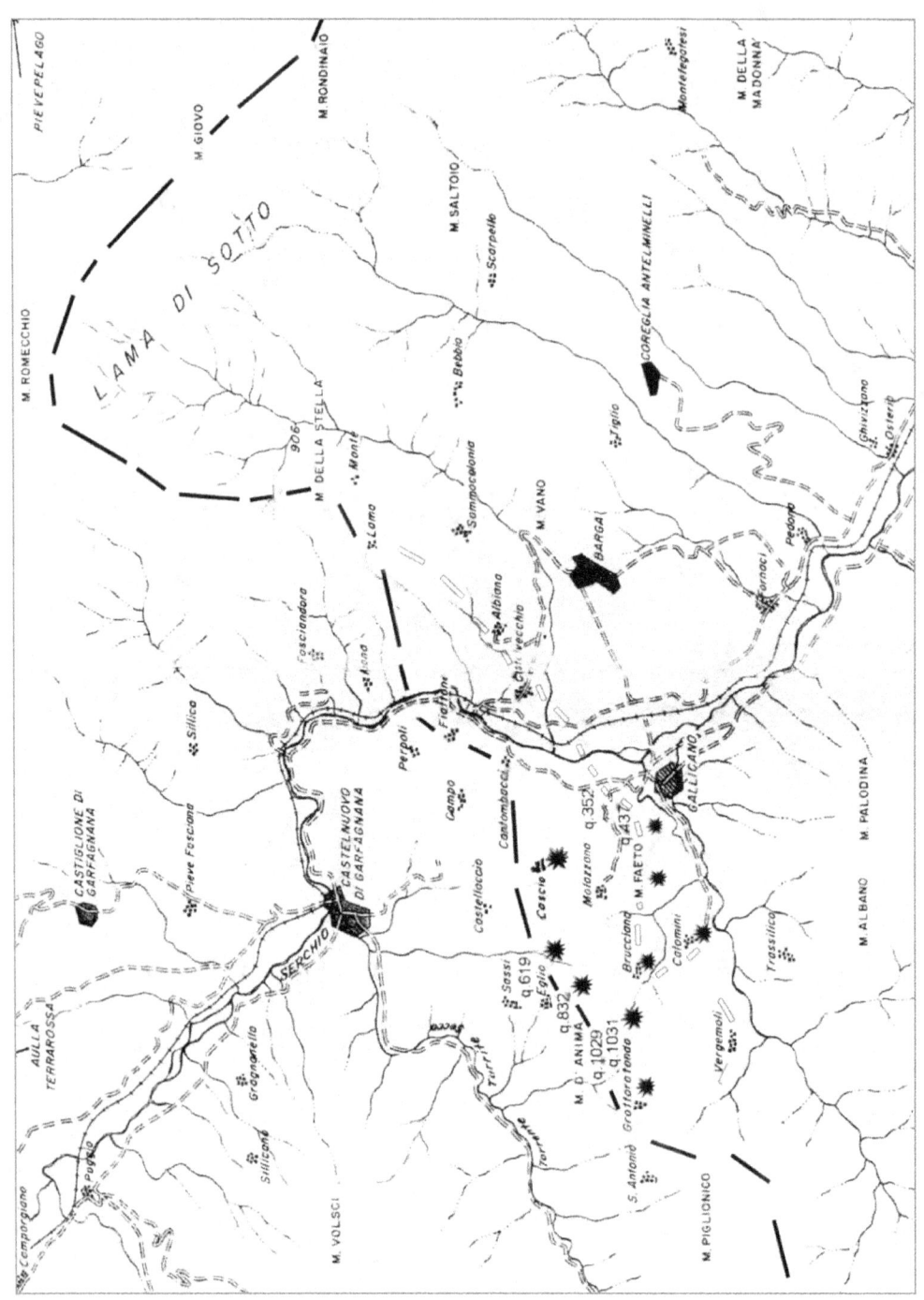

Mappa della valle del Serchio, con segnato l'andamento del fronte e i principali scontri del II/6° della San Marco.

IL III BATTAGLIONE DEL 5° REGGIMENTO
SUL FRONTE DELL'ABETONE
DICEMBRE 1944-APRILE 1945

ORDINE DI BATTAGLIA DEL
III BATTAGLIONE DEL 5° REGGIMENTO, DIV. F.M. SAN MARCO

Il Battaglione, rientrato dall'addestramento in Germania, fu schierato nel settore di Imperia, tra Celle Ligure e Vado, disponendo i suoi Reparti in funzione antisbarco, rimanendo di presidio anche durante le operazioni di controguerriglia sull'Appennino dell'ottobre 1944 che coinvolsero il resto della Divisione (tranne il Reggimento d'Artiglieria). Il 27 dicembre 1944, il Battaglione, messo in preallarme il 24, partì verso l'Abetone.

La forza in uomini (738 tra Ufficiali, Sottufficiali e Truppa al momento della partenza verso l'Abetone) e armi era paragonabile a quella del II/6° illustrata precedentemente, salvo notare che la situazione ormai difficile dei rifornimenti alla fine del 1944 si fece sentire nella dotazione di equipaggiamenti e munizioni del Reparto al momento della partenza e dell'inserimento in linea, e che i due obici leggeri da 7.5 cm in dotazione al Battaglione furono lasciati in Liguria. Erano poi in dotazione al Battaglione, oltre alle *MG 42*, anche alcune mitragliatrici pesanti *Breda 37* e fucili mitragliatori *Breda 30*.

COMANDO
Posta da Campo n. 83 451

Comandante:
Magg. MODONESI Carlo sino 10.1944
Magg. BLOTTO Giovanni sino 16.04.1945
Cap. BRUNETTI sino 20.04.1945
Cap. SESTITO Lucio sino 23.04.1945
Cap. MANZOTTI Carlo sino al 26.04.1945
Aiutante Maggiore:
Ten. SIROLA
Ufficiale Amministrazione:
S.Ten. DE LUISE Giuseppe †
S.Ten. SILVESTRI Ugo
Ufficiale Medico:
Ten. Med. TAINI
Ufficiale ai Rifornimenti:
Ten. BARONE
V.O.:
Ltn. BERNER Wolfgang
Ltn. KINAS
Sonderf. PIRKER Rudolf
Gefr. PUTZ Matthias

Collegamento con Comando di Settore:
Oltn. BERNER (dal 24.01.1945)

COMPAGNIA COMANDO
Posta da Campo n. 83 451/A

Comandante:
Ten. LAPOMARDA Mario
Ufficiali:
S.Ten. DI GIORGIO Antonio
Sottufficiali:
M.llo SABATINI
Serg. Magg. AUTIERO
Serg. MODICA
Graduati:
Cap. Magg. DA VOLO Carlo †
Sottocapo CORNO Luigi †
Sottocapo NAPOLI Gennaro †

11ª COMPAGNIA
Posta da Campo n. 83 451/B

Comandante:
Ten. DOSI Luciano
Ufficiali:
Ten. DECANO Bruno
S.Ten. BAGNARESI Carlo (poi alla 6ª/II/6°) †
S.Ten CALLICCHIO Pietro
S.Ten. COPES Riccardo
S.Ten. DINI Bruno †
S.Ten. PELLEGRINO Enzo
S.Ten. SERPI Giuseppe
Serg. I.G.S. MELES Protasio
Sottufficiali:
M.llo CARLA Ferdinando
M.llo COCIANNI Bruno
M.llo PASQUALOTTO Giusto
Serg. Magg. PIEGHI Ugo †
Serg. Magg. ROSSI
2° Capo CAMAITI Fulvio
Serg. BAGNARESI Domenico
Serg. BOLOGNESE
Serg. DI GRAZIA Dino
Serg. FEROCE Giuseppe
Serg. MARCHESI Bruno
Serg. RICCIARDI Giuseppe
Graduati:
Gap. Magg. ROMAGNOLO Bruno
Sottocapo AMEDEI Alberto

Sottocapo COPPANI Pietro †
Sottocapo FRASSETTO Marcello †
Sottocapo MELES Protasio (all'11ª Cp.)
Sottocapo NEROZZI Francesco
Sottocapo SANTI Mario †
Cap.le DAL MORO Ettore †
Cap.le DAL MORO Idilio
Scelto BISCEGLIE Matteo
Scelto CHILLON Marco †
Scelto PALMA Mario
Scelto TONANI Vittorio
Scelto ZEBELLINI Marcelle †

12ª COMPAGNIA
Posta da Campo n. 83 451/C

Comandante:
Ten. Freg. ALVINO Salvatore
Ten. BUSCA Adriano
S.Ten. LORENZONI Franco †
Ufficiali:
Ten. BORONI Antonio
S.Ten. BASILE
S.Ten. BERTUCCI Giovanni (poi alla 15ª Cp.)
S.Ten. BIANCHETTI Carlo
S.Ten. BONOMINI
 S.Ten. DOSI Luciano (poi all'11ª Cp.)
S.Ten. LORENZONI Franco (poi Com.te di Cp.)
S.Ten. SALVO
Sottufficiali:
Capo 2ª Cl. CESARE Sergio †
M.llo DOMINESE Giorgio
M.llo SCIACCA
Serg. ALCIATI Ambrogio †
Serg. A.U. SPAZIANI-TESTA Giorgio
Serg. CARUSO
Serg. CREMONINI
Serg. MANNI Sergio
Serg. MESSINA Fernando
Serg. ROSSI
Graduati:
Gap. Magg. SCATARDI Giuliano †
Sottocapo BONADIO Giuseppe
Sottocapo DE SANTO Elio
Cap.le GIROMETTA Giuseppe †
Cap.le MARONI Gasparino
Scelto BERTINI Marziano
Scelto RANDON Ugo †
Scelto REALE Ciro †

13ª COMPAGNIA
Posta da Campo n. 83 451/D

Comandante:
Cap. MANZOTTI Carlo sino al 23.04.1945
Ten. OSCA Ruggero successivamente
Ufficiali:
S.Ten. BUSCA Adriano (promosso e alla 12ª Cp.)
S.Ten. DANTI Alfredo
S.Ten. DIAMANTI Benito
S.Ten. GAMACCHIO Giuseppe †
S.Ten. NOÈ Antonio
S.Ten. OGGERO Carlo †
S.Ten. VIALE Oreste †
Aspirante BENINI Franco

Sottufficiali:
M.llo BARBERA Aldo †
M.llo PIGA Antonio
M.llo SABATINI
Serg. Magg. BARSOTTI Antenore †
Serg. Magg. BURGIO
Serg. Magg. MARIANI Aurelio †
Serg. Magg. MODICA Giuseppe
Serg. AZZOLIN Fridiano
Serg. BENINI
Serg. BIANCHINI Vincenzo
Serg. BONESCHI Bixio †
Serg. DE LAURO Walter
Serg. PAZZI Giovanni
Serg. TAMBURINI Efrem (poi al Deposito Divisionale a Brescia)
Serg. VENTURI Falerio

Graduati:
Sottocapo ACCINI Pietro
Sottocapo BALDI Achille
Sottocapo CICOGNINI Amelio
Sottocapo FERRETTI
Sottocapo MANTICO Carlo
Sottocapo MARCHESINI Giuseppe
Sottocapo MELES Protasio
Sottocapo PINTO Ugo
Scelto CASPANI Paolo
Scelto CIVIDATI
Scelto MOZZAIA Giuseppe
Scelto ZANARDI Paolo
Marò TRAVERSI Gian Franco

14ª COMPAGNIA
Posta da Campo n. 83 451/E

Comandante:
Gap. BRUNETTI
Ufficiali:
Ten. BORONI Franco
S.Ten. BELLINI Alberto †
S.Ten. DANTI Sauro
S.Ten. NICASTRO Gaetano
S.Ten. PELLEGRINO Carlandrea †
S.Ten. POLI-CAPUCI Dante †
Sottufficiali:
Serg. ANZOLDI Domenico
Serg. GALIMBERTI Gino
Serg. GROSSI Albino
Serg. MAZZOLA Angelo
Graduati:
Sottocapo PODENZANI Giulio †
Sottocapo RAVIZZINI Carlo
Sottocapo SANTI Mario
Scelto LATINO Ernesto
Scelto MONGINI Giuseppe
Scelto NARDONI Ugo †

15ª COMPAGNIA
Posta da Campo n. 83 451/F

Comandante:
Ten. Corv. LAMPOMARDA Mario (poi alla C.C.)
Cap. SESTITO Lucio
Ufficiali:
S.Ten. BERTUCCI Giovanni
S.Ten. BIAMONTI Carlo
S.Ten. CUTRÌ Ezio †
S.Ten. RENI Guidobaldo †
Sottufficiali:
M.llo BARBONI †
M.llo COCIANNI Bruno (all'11ª Cp.)
M.llo LUCI Silvano
Capo 3ª Cl. MARCOCCI Gino
M.llo PUTORTI
Serg. Magg. DE SANTIS
Serg. Magg. PAOLILLO Aniello
Serg. A.U. RIPANTI Bruno
Serg. CAPPI
Serg. MARCHESI Bruno
Serg. MAZZOLA Angelo (alla 14ª Cp.)
Serg. MONTANARI
Serg. RIGONA Daniele

La partenza del Battaglione "Blotto" verso il fronte dell'Abetone

Il 24 dicembre 1944, alle ore 16.00. il III/5° viene messo "in approntamento a 48 ore con partenza per destinazione ignota". Il giorno successivo, arriverà comunicazione di preparare il Battaglione per il trasferimento al Fronte Sud. Il 26 dicembre, il Generale Farina annotava:

Nel pomeriggio la partenza del III/5°.
Per fortuna il comandante del Reggimento, Colonnello Sordi, non oppone ostacoli... anzi! Da più di quanto possa esser chiesto sia in uomini sia in materiali!
Quando nel pomeriggio arrivo a Cogoleto, dove il battaglione è concentrato in attesa degli automezzi, Sordi mi mostra un fonogramma, è serio in volto e nervoso. Ha mille ragioni perché quest'ordine non ha senso quando si prescrive che tutto il carreggio del III/5°, con le dotazioni, non segua il Battaglione ma raggiunga, per via ordinaria, Sestri Levante da dove sarà poi avviato a destino!
Quali dannate ragioni hanno provocato un simile controsenso?
Alle mie raccomandazioni e recriminazioni, dall'alto mi si risponde, con una sola frase e sillabando le lettere, una ad una: "BENZINA NIENTE!". E per il III/5° giungono... alcuni autobus!
Il Battaglione è caricato alla svelta, gli uomini sono allegrissimi e salutano entusiasti... per fortuna non sanno leggere sul volto del Comandante del Reggimento e sul mio le grosse preoccupazioni che gravano sulle nostre spalle!

Il Diario di guerra del
III Battaglione del 5° Reggimento
Dicembre 1944-Aprile 1945

Dicembre 1944[40]

24-12-1944: alle ore 16.30 Il Comando Battaglione riceve dal Comando Divisione l'ordine di approntamento per muovere (destinazione ignota) a 48 ore. Il Comando Battaglione richiede il ripianamento dotazioni al Comando di Reggimento che autorizza richieste e prelevamenti direttamente dall'Intendenza. Vengono diramati alle Compagnie gli ordini relativi al concentramento.

25-12-1944: sono in corso le operazioni di approntamento. Gli ordini relativi al movimento prevedono l'articolazione del Battaglione in due aliquote: - le Truppe: autocarrate lungo l'itinerario SS. 1 Aurelia sino a Genova, la Camionale sino a Voghera, la SS. 10 da Voghera a Piacenza, la SS. 9 sino a Modena, la SS. 12 sino all'Abetone; - il Carreggio (ippotrainato): lungo l'itinerario SS. 1 Aurelia sino a La Spezia indi SP. sino a Pievepelago poi la SS. 12 sino all'Abetone.
Nella giornata a Battaglione riunito vengono distribuite le decorazioni al Valor Militare guadagnate dal personale nei precedenti cicli di operazioni. Giungono dal Comando Reggimento il carreggio e le dotazioni di ripianamento.

26-12-1944: mentre il Battaglione è pronto a muovere l'aliquota Carreggio si concentra al Campo Sportivo di Lavagnola e procede al caricamento. Mancano però le pariglie quadrupedi necessarie a quattro carri pertanto viene destinata una Squadra della 13ª Compagnia (Serg. Azzolin) di scorta che attenderà i quadrupedi (in arrivo dal Comando Reggimento). L'intera colonna che sarà al comando del Capitano Sestito (Titolare della 15ª Compagnia) si comporrà di elementi della 13ª e della 15ª.
Il Battaglione dalle ore zero passerà alle dipendenze del Comando della 4ª Divisione Alpina "Monterosa". La partenza del Battaglione avviene su torpedoni (forniti dal Comando dell'Armata) nel pomeriggio. L'Aliquota Carreggio (16 carri) parte anch'essa.

27-12-1944: viaggio durante la colonna autocarrata del Battaglione subisce un attacco da parte dell'aviazione nemica: distrutto un autobus, nessuna vittima. Durante il movimento perviene al Comando del Battaglione una variante agli ordini: dalle ore zero di domani la dipendenza sarà dal Comando della 162ª *Infanterie-Division* (Turkestana)[41] e la de-

---

[40] Il seguente Diario di guerra del III/5°, riportato in Pieramedeo Baldrati, *San Marco... San Marco... Storia di una Divisione*, Milano 1989, è stato integrato dal curatore del presente libro da testimonianze di veterani in fonti primarie e secondarie (v. bibliografia) e note.
[41] Formata nel 1939, la Divisione combatte in Francia, poi nel 1941 a Smolensk e Mosca. Comandata all'epoca dal Generale Prof. Dr. Oskar Niedemeyer, specialista in affari orientali; per tale ragione l'unità

stinazione (testa di sbarco) sarà Ponte dell'Olio dove il Battaglione è destinato ad una operazione speciale. A sera il Battaglione giunge a destinazione e si accantona.

A Ponte dell'Olio si trovano già accantonate truppe della 162ª I.D. Turkestana. L'Aliquota Carreggio ha proceduto lungo la SS. 1 giungendo ad Arenzano dove si sistema in sosta protetta in località Castello. Dalle ore zero di domani la stessa Aliquota passerà alle dipendenze della 135ª Brigata da Fortezza (Gruppo "*Meinhold*").

28-12-1944: Il Btg. è accantonato a Ponte dell'Olio. Il Comando Battaglione riceve dal Comando della 162ª I.D. gli ordini operativi concernenti la "*Totila Aktion*" (Operazione *Totila*) che sta per avere inizio in Emilia, dalla provincia di Piacenza all'immediato retrofronte, al fine di debellare le bande.

I Marò decidono di organizzare una festa danzante e, dopo aver reperito nelle campagne circostanti un certo quantitativo di viveri [i Marò ricordano di aver potuto acquistare un po' di pane bianco presso alcune cascine, NdA], fanno circolare in paese l'invito per l'indispensabile elemento femminile. Una sola ragazza si presenta dopo essere filtrata attraverso un blocco che i militari turkestani hanno posto al fine di impedire la festa. Alla reazione dei Marò sui turkestani si oppone fortunatamente un reparto germanico, evitando così il peggio.

L'Aliquota Carreggio è in sosta protetta ad Arenano dove giunge il Sig. Generale Comandante della Divisione che parla alla Truppa. Il Generale Farina esorta al dovere, a non cedere a minaccia o lusinga durante il movimento; ricorda che il carreggio porta con sé i mezzi di vita e di lotta del Battaglione, la carenza o la mancanza dei quali costituirebbe tradimento verso le Truppe in linea. Il Sig. Generale distribuisce poi generi di conforto.

I quattro carri rimasti a Lavagnola, frattanto, ricevute le pariglie, hanno iniziato il movimento lungo la SS. 1. Esso procede con estrema difficoltà per il freddo intenso, il fondo ghiacciato e le forti pendenze. Il Comandante la scorta (Serg. Azzolin), fermati due autocarri civili in transito, fa trainare i carri sin oltre le salite indi rilascia ai conduttori civili un buono per 30 litri di gasolio. Nel procedere verso Arenzano la piccola colonna incrocia il Sig. Generale Comandante della Divisione al quale fa dono, per i Camerati feriti ricoverati all'Ospedale da Campo di Altare, di un materassino di crine. I quattro carri e la scorta giungono ad Arenzano e si riuniscono alla Aliquota Carreggio.

29-12-1944: il Battaglione è a Ponte dell'Olio accantonato. Il Comando Battaglione appronta nel dettaglio le operazioni in relazione agli ordini ricevuti.

Vengono distribuite al personale giacche impermeabili.

L'Aliquota Carreggio inizia alle ore 19.00 il movimento da Arenzano con destinazione Genova-Quarto.

---

nel 1943 incorpora diversi Battaglioni di *Osttruppen*, del Turkestan, Azerbaijan e Georgia. Combatterà quindi in Slovenia e in Italia, prima in Liguria e poi nella zona di Ravenna, e infine tra La Spezia e la val di Tavo, al comando del *Generalmajor* Ralph von Heygendorff. Ripiega sul Po e il Piave, ed è sciolta nella zona di Belluno; molti dei suoi membri superstiti raggiungeranno l'Austria dove saranno presi prigionieri dagli inglesi, che li consegneranno secondo gli accordi di Yalta alle autorità sovietiche e al Gulag.

30-12-1944: Il Battaglione inizia le operazioni nei dintorni di Ponte dell'Olio dirette contro abitati dove si suppongono basi di bande. Puntate più consistenti a livello Compagnia sono condotte nella zona di Gropparello. Il terreno, fortemente innevato, oltre a rallentare i movimenti rende molto visibili in lontananza i Reparti cosicché ogni sorpresa diviene impossibile. I risultati della giornata sono nulli. I Reparti rientrano agli accantonamenti in Ponte dell'Olio molto provati; si sono verificati alcuni casi di congelamento.

L'Aliquota Carreggio che ha raggiunto la Grande Genova, appena dopo le ore zero con misure di sicurezza incontra notevoli difficoltà nel procedere. Nonostante le richieste del Capitano Sestito le Autorità ed i Reparti Nazionali non forniscono aiuti. Viene allora deciso di usufruire di alcune vetture tramviarie (in rientro ad un Deposito) dietro ad ognuna delle quali vengono collegati due carri. Con le pariglie recuperate vengono rinforzate quelle di altri carri cosicché l'intera colonna può raggiungere Quarto agevolmente (anche grazie all'aiuto di alcuni militari tedeschi) dove si disloca nel parco di una villa mimetizzando i carri.

31-12-1944: il Battaglione è accantonato a Ponte dell'Olio ed è a riposo. Numerosi sono i chiedenti visita per affezioni bronchiali; vengono curati i casi di congelamento. La particolare dislocazione ha molto avvicinato ai luoghi di residenza i Marò, in specie della 11ª Compagnia. Si hanno sette Marò assenti arbitrari tutti nativi del Piacentino e del Cremonese. Nel pomeriggio viene effettuata una prova di Allarme Generale (Stato di Allarme n° 2).

L'Aliquota Carreggio effettua giornata di governo e riposo quadrupedi ed alle ore 22.00 inizia il movimento sulla SS. 1 diretta a Rapallo.

GENNAIO 1945

01-01-1945: il Battaglione è accantonato a Ponte dell'Olio ed è a riposo. L'Ufficiale *Ic*[42] accerta come la popolazione sia coartata da attivissimo elemento del C.L.N., che però risulta assente dal paese da circa 20 giorni. Accerta ancora che numerose persone, quantomeno sospettabili di essere elementi fiancheggiatori di banda, vanno e vengono dal paese a Piacenza munite di lasciapassare germanico.

L'Aliquota Carreggio durante il movimento notturno ha incontrato difficoltà al passaggio di Zoagli a Fausa di un ponte sulla SS. 1 interrotto; essa comunque ha raggiunto Rapallo dove si sistema in una fabbrica di laterizi. Durante il movimento ricognitori nemici hanno lanciato illuminanti. Considerate le forti pendenze sul futuro percorso, una parte del Carreggio viene trasferita

a Santa Margherita dove prende imbarco su quattro motopontoni germanici che al calar del buio partono, sotto scorta di naviglio leggero, diretti a La Spezia.

02-01-1945: al Battaglione, sempre accantonato a Ponte dell'Olio, sono rientrati i sette assenti arbitrari che si erano recati in famiglia. Il Battaglione inizia un ciclo di operazioni di grande polizia con colonne di Compagnia che poi si frazionano a livello Plotone in direzione di Bobbio.

Alle ore 14.00 l'Aliquota Carreggio muove da Rapallo e giunge a Sestri al tramonto accantonando in un convento semidistrutto. Nessuna novità, salvo sorvoli alti da parte dell'aviazione nemica. Giunge notizia che i motopontoni sono arrivati a La Spezia senza danno e che hanno scaricato i carri.

03-01-1945: Il Battaglione prosegue nelle operazioni. L'Aliquota Carreggio permane a Sestri con misure di sicurezza a causa di avviso che segnala la presenza di bande in zona. Nella giornata azioni aeree nemiche che non provocano danni.

04-01-1945: il Battaglione rientra all'accantonamento di Ponte dell'Olio; la Truppa appare molto provata a causa dei disagi connessi all'innevamento degli itinerari e dello stato delle calzature.

L'Aliquota Carreggio parte da Sestri all'imbrunire sotto pioggia torrenziale che rende difficoltoso il movimento. Prosegue più celermente nelle gallerie sino a Deiva dove effettua sosta protetta (in galleria i quadrupedi ed i ca tra macerie di case bombardate il personale).

05-01-1945: il Battaglione è accantonato a Ponte dell'Olio. Lo stato d'anino della Truppa, convinta d'esser destinata al Fronte, è agitato. Nella decorsa notte si sono verificate altre assenze arbitrarie. Inoltre la vicinanza con i militari turkestani della 162ª *Infanterie-Division*. non è gradita ai Marò. Allo scopo di accelerare il movimento il Comandante dell'Aliquota Carreggio, Capitano Sestito, radunati alcuni carri pianali e requisito un locomotore (con macchinista ed aiuto), costituisce un treno a Sestri sul quale carica qua-

---

[42] Ufficiale addetto alle informazioni.

drupedi, carri e personale al completo. Il convoglio raggiunge in breve La Spezia dove scarica ricongiungendosi con il personale ed i mezzi trasportati via mare. Quadrupedi e carreggio trovano sistemazione nella Caserma del Deposito C.E.M., parte del personale nelle Scuole di Via Palermo. L'Aliquota Carreggio passa alle dipendenze del Comando Almers.

06-01-1945: il Battaglione è accantonato a Ponte dell'Olio. Il Maresciallo "mamma" della 11ª Compagnia (quale più anziano del Battaglione) si presenta al Comandante per esporgli lo stato di disagio morale della Truppa nonché le lamentevoli condizioni dell'equipaggiamento ed il desiderio-necessità di raggiungere al più presto il Fronte. Il Battaglione comunque esce in operazioni.
L'Aliquota Carreggio è in sosta a La Spezia.
07-01-1945: il Battaglione continua nelle operazioni in provincia di Piacenza. L'Aliquota Carreggio è in sosta a La Spezia. Sulla città sorvoli di ricognizione dell'aviazione nemica.

08-01-1945: il Battaglione continua nelle operazioni, in provincia di Piacenza. Viene rastrellata la zona di Farini d'Olio. Catturati: un disertore turkestano ed un cavallo. L'Aliquota Carreggio è sempre in sosta a La Spezia.

09-01-1945: Il Battaglione rientra a Ponte dell'Olio in serata. A La Spezia, dove l'Aliquota Carreggio è in sosta, avvengono incidenti tra Marò, militari germanici e Brigate Nere (che rimproverano ai Marò la lunga sosta).

10-01-1945: il Battaglione è a Ponte dell'Olio accantonato. Sarti e calzolai delle Compagnie riattano fin dove possibile il vestiario-equipaggiamento. Il Comando Battaglione invia al Comando Divisione in Altare una relazione [non rinvenuta nel Carteggio del Comando Divisione, NdA]. L'Aliquota Carreggio è sempre in sosta a La Spezia.

11-01-1945: il Battaglione è a Ponte dell'Olio accantonato. Il Comando riceve dalla 162ª I.D. gli ordini di movimento verso il Fronte con riserva di invio automezzi per il trasporto. La Truppa è a riposo. A La Spezia l'Aliquota Carreggio è sempre in sosta; nessuna novità salvo sorvoli dell'aviazione nemica.

12-01-1945: il Battaglione è a Ponte dell'Olio accantonato. A La Spezia nell'alloggiamento del personale dell'Aliquota Carreggio scoppia accidentalmente una bomba a mano che provoca quattro feriti gravi e diversi leggeri.

13-01-1945: il Battaglione è a Ponte dell'Olio accantonato. Il Comando riceve il preavviso di movimento che dovrebbe avvenire domani. Nessuna novità a La Spezia presso l'Aliquota Carreggio sempre in sosta.

14-01-1945: il Battaglione è a Ponte dell'Olio accantonato. La partenza è procrastinata. A La Spezia, dove l'Aliquota Carreggio è sempre in sosta, il Capitano Sestito riceve ordine di recarsi a rapporto, domani, presso il Comando della 148ª I.D. in Ceserano: la scorta sarà comandata dal Sergente Azzolin.

15-01-1945: il Battaglione è a Ponte dell'Olio accantonato. Il Comando riceve ordine di partenza procrastinato di 24 ore. A La Spezia, dove l'Aliquota Carreggio è sempre in sosta, il Capitano Sestito deve recarsi a rapporto a Ceserano. Il Comandante della scorta (Serg. Azzolin) notato in un vicino stabilimento di confezioni le numerose biciclette delle operaie ne requisisce (contro buono-prelievo provvisorio) 15 allo scopo di accelerare il movimento. Durante il tragitto il reparto subisce un mitragliamento aereo nemico senza conseguenze. Gli ordini per il movimento ricevuti dal Capitano Sestito prescrivono l'itinerario: Sarzana - Pallerone - Monzone - Vigneto Gragnana - Pontecosi - Cerageto - Passo delle Radici - Corfino - Sant'Anna Fiumalbo. Il Comandante della 148ª I.D. fornirà un rinforzo di quadrupedi in relazione alle forti pendenze da affrontare. Viene sottolineato il pericolo incombente dell'aviazione nemica e la probabile presenza di bande. Sulla via del ritorno vengono fermati due individui sospetti che, a La Spezia, sono consegnati alle Forze di Polizia. Tutte le biciclette sono restituite alle operaie.

Dalle ore zero di domani l'Aliquota Carreggio cesserà dalle dipendenze del Comando Almers per passare a quelle del Comando 148ª I.D.

16-01-1945: il Battaglione è a Ponte dell'Olio accantonato e pronto a muovere. Il movimento su automezzi (*FIAT 626*), non tutti dotati di centine e teloni, ha luogo all'imbrunire sotto copiosa precipitazione nevosa lungo l'itinerario Piacenza - SS. 9 - Ponte Taro.

L'Aliquota Carreggio inizia movimento su Sarzana.

17-01-1945: sempre sotto forte nevicata il Battaglione da Ponte Taro, ripreso il movimento autocarrato, raggiunge (percorrendo la SS. 9 sino a Modena indi la SS. 12) Maranello sul fare della notte e vi si accantona.

L'Aliquota Carreggio, raggiunta Sarzana, vi sosta decentrando quadrupedi e carri ed accantonando il personale nelle cantine del Castello.

18-01-1945: il Battaglione è a Maranello accantonato, in attesa di alcuni autocarri attardatisi per guasti. L'Aliquota Carreggio, con movimento notturno ha raggiunto Pallerone dove prende contatto con elementi della 4ª Divisione Alpina. Durante il movimento aerei nemici hanno lanciato illuminanti.

19-01-1945: il Battaglione è tutto riunito a Maranello con l'arrivo degli automezzi restanti, accantonato.

L'Aliquota Carreggio, sotto forte precipitazione piovosa. dopo non poche difficoltà lungo l'itinerario raggiunge Monzone dove sosta, decentrata e mimetizzata.

20-01-1945: il Battaglione, causa la mancanza di autocarri (ripartiti); è costretto a lasciare a Maranello le impedimenta sorvegliate da pochi Marò, da ammalati e da due Sottufficiali costituendo Piccola Base. Tutto il personale porta con sé solamente un cambio di biancheria, viveri a secco e munizioni. Tre carrette tedesche (tedeschi anche i

conducenti) ippotrainate caricano carteggi e scorte. La marcia iniziatasi al tramonto è piuttosto lenta a causa del ghiaccio e dei carichi individuali. Nella giornata vengono comunque percorsi 20 km sulla SS. 12 sotto copiosa nevicata sino al piccolo centro di Selva dove il Battaglione sosta. Una parte del personale viene accantonato mentre i sestanti purtroppo devono pernottare all'addiaccio, nel paese semidistrutto..
L'Aliquota Carreggio è in sosta a Monzone per riposo quadrupedi.

21-01-1945: il Battaglione muove da Selva al tramonto e raggiunge Lama Mocogno dove accantona. Lungo la marcia a tratti precipitazioni nevose.
L'Aliquota Carreggio riprende il movimento. Il fondo stradale ghiacciato rende quasi impraticabili le strade ed i quadrupedi sono spesso trascinati all'indietro dai carri. Il personale si deve impegnare molto. Viene comunque raggiunto Vigneto dove si effettua sosta in una fattoria.

22-01-1945: spiccati in avanti i furieri di alloggiamento, il Battaglione riprende al tramonto il movimento raggiungendo "il Capannone" di Pievepelago dove accantona. Viene distribuita una serie di vestiario invernale bianco.
L'Aliquota Carreggio sosta a Vigneto per la ferratura a ghiaccio dei quadrupedi e, all'imbrunire, riprende il movimento.

23-01-1945: il Battaglione raggiunge l'immediato retrofronte e si disloca tra Fiumalbo e Dogana Vecchia. Ieri in relazione al passaggio per Pievepelago (evidentemente su avviso locale) l'aviazione nemica ha duramente attaccato il paese con quattro *Jabo* verso le ore 10.15.
L'Aliquota Carreggio, dopo aver abbattuto un quadrupede per ordine dell'Ufficiale Veterinario, è in movimento su Gragnana.

24-01-1945: presi gli Ordini dal Comando del Settore "Abetone" della 232ª *Infanterie-Division*[43] (dislocato a Pievepelago) il Battaglione assume lo schieramento in linea[44] dando il cambio a un battaglione del *Grenadier-Regiment 1044*[45] germanico assai depauperato di forza. La responsabilità della linea sarà dalle ore zero di domani. La dislocazione assunta è:

- Comando e Compagnia Comando: Abetone (il Comando nella Villa Strozzi);

---

[43] La Divisione, comandata dal *Generalleutnant* Eccard Freiherr von Gablenz, fu formata nel 1944 da personale oltre l'età di leva e convalescenti dal fronte dell'Est. In teoria costituita come unità di seconda linea e presidio, fu prima inviata a Genova per essere impiegata in tal senso, ma la situazione critica al fronte la fece subito dopo inviare sulla Gotica, a sud-est di Bologna nell'ottobre del 1944. Dopo aver subìto pesanti perdite, ridotta a soli 2.600 effettivi, fu schierata sull'Appennino, alle dipendenze del *LI Gebirgskorps, 10. Armee*. Durante l'offensiva finale Alleata, riuscirà a evitare l'accerchiamento del resto della *Armee Ligurien*, e finirà per arrendersi agli americani a Urago d'Oglio nel bresciano. Nonostante le premesse, l'unità dimostrò in diverse occasioni una buona efficienza, distinguendosi anche contro unità scelte nemiche, quali la 10ª Divisione da Montagna USA.
[44] Il Btg. fu posto alle dipendenze del *Füsilier-Bataillon 232*.
[45] Un mese dopo, il 24 febbraio 1945, il *I./1044* aveva una forza di appena 150 uomini, e il *II./1044* di soli 120.

- 13ª Compagnia: Alpe Tre Potenze;
- 11ª Compagnia: Piansinatico;
- 14ª Compagnia: Monte Maggiore-Libro Aperto;
- 12ª Compagnia: in riserva;
- 15ª Compagnia: decentrata.

La sistemazione è:

- Capisaldi di Compagnia articolati su bunker numerati, interrati e protetti da tronchi d'albero ricoperti di spesso strato di terra e resistenti a colpi di mortaio e medio calibro; presidia una Squadra o gruppo-tiro;
- Collegamenti: a filo tra i bunker avanzati ed i bunker Comando Compagnia; cordoncino di campagna non sempre tutto interrato;

- Ostacolo:
attivo:
- antiuomo: *Stockmine* e *Schumine* nei tratti di facilitazione tra le pattuglie avversarie e negli impluvi (registrati); mine sparse per la vegetazione ad alto e medio fusto sui declivi (non registrati);
- anticarro: *Holzmine* e *Tellermine*[46] (queste ultime intrappolate) attorno alla SS. 12 (registrati);

passivo: interruzione di 25 metri sulla SS. 12 sul davanti del Caposaldo di Piansinatico ottenuta per franamento.

- Posto di medicazione: Faidello;
- Posto interramento Caduti: Fiumalbo;
- Posto Rifornimenti: Pievepelago;
- Rifornimenti in linea: comandate di personale 162ª I.D. (Turk.).

- Attività nemica:
Truppe a contatto:
un Reggimento Fanteria;
nazionalità: USA;
valore combattivo: 80%.
Artiglierie: da Campagna, attive e numerose, ipotizzabili 5 Gruppi;
Mortai: pesanti, medi e leggeri (107, 81 e 60 mm);
Aviazione: *Jabo*, attiva.

Durante la presa di posizione al Caposaldo di Piansinatico (11ª Compagnia), mentre si effettuano i preliminari del cambio il Maresciallo Carla, accortosi che pattuglia nemica è giunta in prossimità del suo bunker, ne esce e la disperde con lancio di bombe a mano.
L'Aliquota Carreggio durante la trascorsa notte è stata fatta segno a raffiche (non si sa se sparate da banda o da militari turkestani impegnati in azione controbanda), alle quali si risponde con una *MG* dopodiché il fuoco cessa. Durante la giornata sosta a Gragna-

---

[46] La *Holzmine 42* era una mina anticarro con contenitore in legno, rimpiazzo più economico (e più difficile da localizzare con i cercamine) della mina anticarro *Tellermine*.

na: due cavalli in gravi condizioni.

26-01-1945: i Reparti del Battaglione in linea proseguono nell'assestamento delle dislocazioni e perfezionano lo schieramento delle armi. Il nemico ha sviluppato, nella giornata, brevi concentramenti di Artiglieria e mortai a scopo di interdizione. Elementi nemici di Fanteria sono stati a contatto balistico lontano.

Il III Plotone della 13ª Compagnia si porta a Rimessa dove dà il cambio ad un Plotone di provatissimi *Gebirgsjäger*.

Presso l'Aliquota Carreggio, in sosta a Gragnana, vengono effettuati la risuolatura calzature uomini ed il cambio ferratura cavalli.

27-01-1945: il Battaglione perfeziona la presa di posizione grazie anche alla copertura offerta da foschie e piovaschi e raffiche di neve mista ad acqua. Sporadiche le azioni dell'Artiglieria nemica.

L'Aliquota Carreggio, partita nella notte, raggiunge Pontecosi dove, decentfati i mezzi presso un palazzotto signorile, sosta. Si presentano al Capitano Sestito il Tenente Viale ed il Maresciallo Piga (13ª Compagnia) che hanno l'incarico di guidare la colonna verso l'Abetone.

28-01-1945: durante la giornata il tempo atmosferico alterna foschie basse a schiarite di una certa durata ed ampiezza e a piovaschi misti a neve. Ciò consente all'Artiglieria nemica di effettuare azioni anche contro uomini isolati. Tali azioni assumono via via il carattere di disturbo anziché di interdizione. Durante gli intervalli dei concentramenti qualche pattuglia avversaria si evidenzia. In serata altre pattuglie nemiche si avvicinano alle postazioni di Piansinatico con manifesta intenzione di catturare prigionieri. Esse però non riescono nei loro intenti e vengono respinte con il fuoco. Non sempre i ranci affidati a comandate di militari turkestani riescono a raggiungere tutti i bunker. Ciò nonostante nei Reparti si va diffondendo la soddisfazione di essere finalmente in linea e gli echi di questo stato d'animo raggiungono il Comando di Battaglione.

L'Aliquota Carreggio che doveva muovere, in seguito a contr'ordine permane in sosta a Pontecosi.

29-01-1945: nella notte l'Artiglieria nemica ha fatto uso di granate al fosforo bianco a scopo illuminante; nella mattinata i tiri diventano sporadici alternando brevi concentramenti a lanci di manifestini.

Pattuglie avversarie sono avvistate a Piansinatico. Il III Plotone della 13ª alla Casermetta di Rimessa verso le ore 07.00 viene investito da concentramento di mortai e da forze nemiche di Fanteria. La lotta con fasi alterne si protrae sino a mezzogiorno quando il Comandante di Plotone decide di ripiegare sul Comando di Compagnia (sito nella residenza dei Degli Uberti).

Il ripiegamento si effettua senza perdite sotto tormenta di neve. Nell'azione si sono distinti i Marò Giulio Del Moro e Giacomo Colella. Il Comando Battaglione, informato, decide per l'indomani, allo scopo di riprendere la Casermetta Forestale di Rimessa, una azione offensiva.

L'Aliquota Carreggio nella notte parte e procede sotto copiosa nevicata: l'itinerario si snoda a pochi km dal nemico. Le posizioni sono presidiate dalla 4ª Divisione Alpina *Monterosa*. La strada appare colpita dalla Artiglieria nemica. Viene raggiunto Cerageto dove la colonna trova sistemazione attorno ad una villa già proprietà di un cittadino britannico.

30-01-1945: condizioni atmosferiche nel settore del Battaglione: cielo sereno e luminoso, temperatura rigida. La 13ª Compagnia effettua l'azione per riprendere la Casermetta forestale abbandonata ieri. La progressione viene effettuata lungo un canalone molto ripido con lastre di ghiaccio nelle quali è necessario infiggere le baionette, essa è quindi molto lenta; quattro *Jabo* nemici volteggiano nel cielo a grande altezza senza però portare attacchi, poi si allontanano. Superato il pendio, il III/11ª può appostare alcuni fucilieri in linea di cresta. Sistemata la truppa in altra Casermetta forestale il Comandante (S.Ten. Gamacchio) con un Sottufficiale ed un Marò si avvia verso Rimessa ma viene avvistato dal nemico che investe il nucleo con fuoco di armi automatiche; esso sparisce alla vista di un canalone innevato. Il nemico sposta poi il tiro sulla casermetta dove si trova il Plotone e impedisce l'uscita ai Marò. Per ordine del Sottufficiale vicecomandante, Serg. Magg. Silvano Luci, il Marò Pelosi si cala sul retro della Casermetta e riesce a raggiungere una postazione di mortai tedeschi a Passo Giovi.
Il Comandante della postazione non vorrebbe aderire alla richiesta di intervento ma, in carenza di ordini del suo Comando, di fronte alla determinazione del Marò Pelosi si decide, il che consente al Plotone di uscire dal fabbricato e di procedere su quello di Rimessa ricacciando il nemico sulle posizioni di partenza procurandogli perdite, grazie all'accorto impiego di una mitragliatrice (Marò Egidio Marchi).
Nel contempo l'avversario attacca il caposaldo della 11ª Compagnia a Piansinatico investendone con Fanteria i bunker avanzati. La forza nemica è valutabile ad una Compagnia contro la quale si scatena un immediato contrassalto che la ricaccia. Si contano, davanti al bunker, 15 Caduti e numeroso materiale che, all'imbrunire, viene recuperato. Esso consta di:

- 2 *Bazooka* da 60 mm con munizionamento;
- 5 moschetti automatici *Thompson*;
- 7 fucili semiautomatici *Garand*;
- 2 pistole *M 1911*;
- 19 bombe difensive a frammentazione;
- 3 radio portatili;
- munizioni e razioni viveri.

Presso la 11ª Compagnia si sono distinti ancora una volta: il Maresciallo Carla, il Sottotenente Dini, il Sergente Ricciardi, il Marò Giulio Del Moro, il *Gefreiter* Putz ed il *Sonderführer* Pircher (interprete).
Al Comando Battaglione giunge notizia che due giorni fa a Maranello un gruppo di Marò, che si era recato in casa isolata per lavatura panni, è stato attaccato da una banda. Almeno due Caduti.
Nel pomeriggio *Jabo* nemici hanno attaccato la strada presso Pievepelago distruggendo, a Piazza del Fonte, un autocarro in transito.

L'Aliquota Carreggio, causa forte nevicata, sosta a Cerageto. Il Capitano Sestito spicca pattuglie lungo il futuro itinerario e sui fianchi di esso allo scopo di accertare eventuale presenza di bande. Il Tenente Lapomarda constata presenza di partigiani.

31-01-1945: condizioni atmosferiche nuovamente peggiorate con abbondante nevicata sul settore del Battaglione. Modesta attività nemica contro la 13ª Compagnia all'Alpe Tre Potenze, senza risultati. L'azione nemica, sviluppatasi dopo violento fuoco di mortai, è respinta grazie anche all'intervento personale della vedetta, Marò Zitolo, rimasto allo scoperto. L'Artiglieria tace. Davanti alle posizioni dell'11ª Compagnia il nemico effettua il recupero dei suoi 15 Caduti senza contrasto da parte nostra.
L'Aliquota Carreggio, sempre in sosta a Cerageto, conduce un'azione contro la località di Corfino accerchiandola e rastrellandola. Vengono recuperati materiali e munizioni e trovata traccia di passaggio di banda. Non sono rinvenute armi né vengono rintracciati partigiani.

Febbraio 1945

01-02-1945: nessuna novità al Battaglione in linea. Il terreno fortemente innevato rende possibile, nella giornata chiara, vedere gli uomini a grandi distanze: sono quindi limitati al minimo i movimenti. Risultano laboriose e faticose le comandate viveri. Si risentono vieppiù le carenze dovute agli effetti lasciati a Maranello ed ai materiali imbarcati sull'Aliquota Carreggio. Presso quest'ultima, sempre in sosta a Cerageto, avuta notizia che l'itinerario (attraverso il Passo delle Radici) è ostruito per 19 km da ben 120 cm di neve, vengono costituite pattuglie di spalatori civili che, inquadrate da Marò, nottetempo aprono la strada.

02-02-1945: nessuna novità presso il Battaglione in linea. Si nota un peggioramento nella qualità e nella quantità dei viveri forniti dall'intendenza germanica. Le condizioni delle calzature e del vestiario sono in progressivo deterio
ramento.
È giunto in visita, inviato dal Sig. Generale Comandate della Divisione, il Colonnello Sordi, titolare del 5° Reggimento F.M. Presso l'Aliquota Carreggio, sempre in sosta a Cerageto, lo spalamento della neve sulla strada da percorrere prosegue nonostante la presenza di ricognitori nemici. Il lavoro viene affrettato stante la necessità di apportare al Btg. i materiali e per far fronte alla, ormai allarmante, carenza di viveri e foraggi alla colonna.

03-02-1945: nessuna novità operativa al Btg. in linea. I Comandi di Compagnia segnalano per iscritto il preoccupante stato delle calzature. Il Comandante del Reggimento ha modo di costatarlo "de visu" e promette intervento rapido nel merito non appena tornato in Liguria.
Nella mattinata presso l'Aliquota Carreggio, sempre in sosta a Cerageto, gli spalatori sono costretti ad interrompere il lavoro e ad occultarsi a causa della presenza di *Jabo* nemici. Nel pomeriggio le condizioni atmosferiche peggiorano con precipitazioni, che da inizialmente piovose si trasformano in nevose. A sera risultano mancanti due Marò che si sono recati nel paese di Corfino. Viene avvertito il parroco del luogo che, se entro le ore 09.00 di domani i due Marò non saranno rilasciati, verranno effettuate rappresaglie sul paese.

04-02-1945: al Caposaldo di Piansinatico il nemico scatena, violenta ed improvvisa, un'azione di fuoco di mortai, in appoggio all'approssimarsi di pattuglie. Mentre i bunker reagiscono il guardafili Albertini (15ª Cp.) esce volontariamente allo scoperto per ripristinare la linea telefonica dei mortaisti. Mentre tenta di "riallacciare i fili regolatori della battaglia" cade da valoroso sul campo. Tra le sue mani i capi di cordoncino spezzato, nel suo corpo la comunicazione...
Si rinnova così in circostanze identiche l'eroico, leggendario atto del Marò guardafili Uroni (Reggimento Marina *San Marco*, caduto sul Basso Piave nel 1918) che all'Albertini (di Como, Classe 1924) non doveva essere ignoto in quanto riportato

sul libro di Stato di 5ª elementare e fatto ritenere a memoria dagli scolari tutti della sua città:

"L'ampio cullante azzurro senza velo
per le coperte insidie, a malincuore
cangiai le audacie mie di vogatore.
Poi d'improvviso, assurto a gran mistero
risplendo, lume d'obbedienza austero...
una scheggia... un sussulto... un astro in Cielo!"
(Tomba Uroni – Vecchio Cimitero di Redipuglia).

Nessun'altra novità operativa al Battaglione nella giornata.
Il Colonnello Comandante del Reggimento, terminata la sua visita, rientra n Liguria.
All'Aliquota Carreggio il Capitato Sestito, non avendo avute notizie dei Marò prelevati, esegue l'operazione di investimento di Corfino. Alle ore 08.45 però viene avvertito da una pattuglia, da Cerageto, che essi sono rientrati; ciò nondimeno Corfino viene rastrellata. Per l'atto compiuto, al paese viene imposta una penale di due carri di fieno e di 120 paia di calze di lana, che le donne del luogo si affrettano a confezionare. Termine di consegna 48 ore.

05-02-1945: nessuna novità operativa al Battaglione in linea.
Presso l'Aliquota Carreggio riprende e prosegue per l'intera giornata la spalatura della neve. Una forte pattuglia viene inviata a rastrellare l'abitato della frazione Massa.

06-02-1945: nessuna novità operativa al Battaglione.
All'Aliquota Carreggio la spalatura della neve è giunta ad un km dal Passo delle Radici. Un inaspettato rifornimento da parte della 148ª *Infanterie-Division* consente una distribuzione straordinaria di zucchero e cognac ed il miglioramento dell'ordinario. Allo scadere del termine fissato il paese di Corfino consegna il fieno (ottimo, che va subito ai quadrupedi) e le calze di lana (i Marò ne avranno due paia a testa).

07-02-1945: pattuglie nemiche che si sono approssimate ai bunker della 11ª Compagnia ne sono respinte con il fuoco.
L'Aliquota Carreggio, sgombrato dalla neve l'ultimo km, si accinge al movimento sul Passo delle Radici.

08-02-1945: si verificano altri tentativi nemici di infiltrazione tra la 11ª e la 14ª Compagnia tutti respinti con il fuoco.
L'Aliquota Carreggio lascia Cerageto in due scaglioni che muovono a distanza di 6 ore uno dall'altro. Al secondo scaglione vengono destinati la scorta più consistente ed i quadrupedi più deperiti. In vicinanza del Passo alcune fucilate lontane accolgono il primo scaglione che mette in azione una *MG*. Da "Le Casone" il primo scaglione riprende il movimento al giungervi del recondo. La sera, il secondo scaglione pernotta a "Le Casone".

09-02-1945: la 13ª Compagnia allarga il proprio settore sino a Monte Giovo - Lago Santo - Cima dell'Orno (dove viene piazzato un Osservatorio su Barga). Sugli itinerari percorsi dalle pattuglie vengono trovate tracce di passaggio di pattuglie nemiche.

Sull'intero fronte del Battaglione moderata attività di pattuglie nemiche che sembrano agire senza troppa convinzione: esse sono comunque tutte respinte.

Il primo scaglione dell'Aliquota Carreggio, raggiunta Sant'Anna Pelago, vi sosta. Il secondo scaglione effettua una ricerca di foraggio nelle vicinanze del passo. Il Maresciallo Barboni ed un Marò maniscalco che precedono di un centinaio di metri la pattuglia vengono prelevati dalle bande. La pattuglia, mentre recupera i due cavalli scossi, è fatta segno a fuoco di armi automatiche. Pattuglie più consistenti effettuano una ricerca che però non dà esito. L'Ufficiale Veterinario fa pertanto battere con i pezzi di accompagnamento una banda in transito sul monte di fronte e ben visibile, scompaginandola. All'imbrunire lo scaglione riprende il movimento verso Sant'Anna Pelago.

10-02-1945: pattuglie nemiche avvicinatesi alle posizioni dell'Alpe Tre Potenze, accompagnate da cani, incappano in uno sbarramento minato antiuomo e perdono almeno un animale i cui resti sono rinvenuti sugli alberi. Mitragliatrici pesanti avversarie battono i punti di passaggio obbligato per le comandate. Nessun'altra novità al Battaglione in linea.

L'Aliquota Carreggio si riunisce a Sant'Anna Pelago con l'arrivo del secondo scaglione che reca notizie dei fatti di ieri. Il Capitato Sestito costituisce forti pattuglie per la ricerca dei due dispersi. Viene controllato (anche sui fianchi) tutto l'itinerario a ritroso, sino al Passo, ma senza esito. I due dispersi
sono da considerarsi Caduti.

Una cavalla, che ha abortito, viene abbattuta per ordine dell'ufficiale Veterinario.

11-02-1945: rientra al Battaglione il valoroso Sergente Meles; ferito nel dicembre in Liguria, egli raggiunge la 11ª Compagnia. Nessuna novità operativa.

L'Aliquota Carreggio, in sosta a Sant'Anna Pelago per riposo quadrupedi, cessa dalle dipendenze dalla 148ª *Infanterie-Division* e passa a quelle dirette del Comando Battaglione alle ore 24.00 odierne. Alla detta Aliquota il Comando Battaglione ordina per domani il movimento su Fiumalbo.

12-02-1945: nessuna novità operativa al Battaglione in linea.

L'Aliquota Carreggio, in movimento verso Fiumalbo, raggiunta da contrordine retrocede su Pievepelago. I movimenti sono molto difficili a causa del fondo stradale ghiacciato. Un carro precipita a valle con cavalli e carico, un altro si rovescia schiacciando il conducente. Alla fine della giornata l'Aliquota Carreggio è tutta riunita a Pievepelago presso la Base logistica di Battaglione.

13-02-1945: nessuna novità operativa al Battaglione in linea. Il Capitano Sestito, in Pievepelago, scioglie l'Aliquota Carreggio e, ringraziati i Marò, li invia alle Compagnie di appartenenza. Durante la notte il personale raggiunge in linea i Reparti.

14-02-1945: il Battaglione può ora disporre dei materiali e dei mezzi di combattimento apportatigli dall'Aliquota Carreggio il che consente la distribuzione iniziale di coperte. Il movimento delle relative comandate non sfugge agli osservatori avversari che di primo mattino provocano fuoco di Artiglieria attorno alle postazioni. Pattuglie nemiche sono notate nella terra di nessuno, altre giunte a contatto del bunker 5 (11ª Compagnia) sono respinte con il fuoco.

15-02-1945: nella notte granate al fosforo bianco dell'Artiglieria nemica attorno alle postazioni a Piansinatico. Al detto Caposaldo un Plotone della 15ª Compagnia (della quale ha ripreso il comando il Capitano Sestito) dà il cambio a Plotone germanico omologo.

16-02-1945: fuoco di mortai pesanti e medi nemici sul Caposaldo di Piansinatico; il mattino dalle ore 09.00 alle 11.00 e nel pomeriggio dalle ore 15.00 alle 17.00. Nessun'altra novità operativa.

17-02-1945: nella notte sono segnalati passaggi di pattuglie nemiche al di là della fascia minata dall'11ª Compagnia. Una pattuglia avversaria si svela a sud di Piansinatico e viene battuta con fuoco dei nostri mortai. Per reazione l'Artiglieria avversaria effettua concentramenti con granate al fosforo bianco.
L'aviazione nemica (alcuni quadrimotori) sgancia una quarantina di bombe a Piandelagotti distruggendo tre case e provocando due morti tra i civili.

18-02-1945: nessuna novità operativa di rilievo al Battaglione. Forte eco di fuoco di Artiglieria da nord-est.
Giungono al Battaglione due autocarri inviati dal Comandante del Reggimento. Uno carico di munizioni e l'altro di calzature, vestiario e equipaggiamento. Circola voce tra i Marò che le calzature siano... diminuite lungo il viaggio.

19-02-1945: attività reciproca di mortai nel settore della 11ª Compagnia. Il tiro di quelli nemici investe in particolare i bunker arretrati. Il settore del Battaglione è sorvolato da massicce formazioni aeree nemiche (quadrimotori) con rotta nord.

20-02-1945: il Battaglione sviluppa intensa azione di pattugliamento diurno in tutto il settore affidatogli. Un passaggio di pattuglia nemica provoca l'allarme ai bunker 7, 8 e 9 della 11ª Compagnia.

21-02-1945: un militare nemico (armato di *Thompson*, pistola e bombe a mano) portatosi sul rovescio del bunker 4 (13ª Compagnia) riesce a penetrarvi di sorpresa ed a catturare il presidio.
Disarmati i Marò egli se li mette in fila davanti e procede verso la terra di nessuno. Davanti a lui il Sergente Maggiore Pazzi, Comandante del bunker. Avvistato il movimento, il bunker 2 apre il fuoco al che il nostro Sottufficiale, con rapidissimo riflesso, scaraventa il nemico in un burrone, dove rimarrà immobile per una ferita ad una gamba. Recuperato il ferito, il Sottufficiale ed i Marò rientrano nel bunker ripristinandone l'efficienza. Il prigioniero viene avviato al Comando Battaglione dove gli viene applicata una steccatura dall'Ufficiale medico che ha riscontrato la rottura della rotu-

la. Il prigioniero viene interrogato personalmente dal Maggiore Blotto, si viene così a scoprire che è di nazionalità canadese e che ha una lunga carriera "di pulitore di trincee". Ciò gli ha fruttato cospicui premi in denaro e la citazione su un giornale nemico che gli viene rinvenuto addosso. Il prigioniero appare, nonostante ciò, piuttosto tranquillo, tanto da voler scambiare con l'Ufficiale Comandante dei Pionieri le calzature alpine con le proprie.

Nell'interrogatorio conferma che, davanti al Battaglione, alle Truppe del 45° Gruppo Tattico hanno dato il cambio Truppe negre della 92ª Divisione "Buffalo", nonché alcune alcune azioni di pattuglie effettuate nei giorni addietro da elementi della 10ª Divisione da Montagna USA, ora trasferita in altro settore del fronte. Le notizie sono subito inviate al Comando Settore.

22-02-1945: durante la notte pattuglia nemica che procede nell'alveo del Torrente Limo viene scoperta e, fatta segno a 10 minuti primi di fuoco da parte dei nostri mortai, costretta a ripiegare. Nella mattinata e nel pomeriggio fuoco di mortai pesanti e medi avversari sul Caposaldo di Piansinatico. Il Comando Settore comunica che le Truppe di fronte al Battaglione sono da identificarsi nel 365° Reggimento Fanteria della 92ª I.D. "Buffalo"/IV Corpo d'Armata USA, confermando con ciò le notizie già note da ieri al Battaglione.

23-02-1945: nella giornata fuoco di Artiglieria nemica su "Regine" e controbatteria germanica su Cutigliano. Eco di bombardamento aereo a sinistra del settore e notizie di concentramenti di Artiglieria nemica su Fanano e Sestola. Nella tarda serata nostra pattuglia di scorta a comandata-viveri a "Regine" incrocia pattuglia nemica che si tradisce con un colpo isolato di fucile. La violenta reazione dei Marò mette in fuga l'avversario che si eclissa.

24-02-1945: dopo breve concentramento di mortai medi e leggeri una pattuglia nemica assale il bunker 6 di Piansinatico ma viene respinta: un Marò ferito. Nella notte l'intero caposaldo viene sottoposto a concentramenti di Artiglieria che seguono a tiri illuminanti.

25-02-1945: il Caposaldo di Piansinatico a mezzanotte è in allarme; alle ore 01.00 il bunker 7 viene assalito da forze nemiche e chiede rinforzi che affluiscono in uno con tiri di sbarramento automatico di nostri mortai. La situazione è ristabilita. Alle ore 06.30 il bunker viene attaccato ma respinge il nemico con i soli suoi mezzi. Alle ore 07.15 il bunker è sotto attacco ma reagisce con violenta reazione di movimento e largo impiego di bombe a mano. Vengono recuperati due cadaveri di soldati nordamericani. Dalle ore 12.00 in poi calma e nessun'altra attività operativa.
Parte da Maranello la piccola base con le impedimenta e la zaineria. Essa muove sulla SS. 12.

26-02-1945: giunge notizia che sulla sinistra del settore (Sestola-Fanano) le Truppe alpine germaniche hanno respinto tutti gli attacchi avversari pur subendo gravi perdite. Per tutta la giornata tiri di disturbo da parte delle opposte Artiglierie nel settore del Battaglione. Al calare della notte uscita di nostre pattuglie da tutte le Compagnie in linea.

Una pattuglia della 11ª Compagnia, al comando del Sottotenente Dini e composta da 12 Marò, raggiunge Cutigliano e penetratavi rastrella l'abitato che risulta deserto. Scoperto un fascio di cordoncino telefonico da campagna lo distrugge asportandone decine di metri, recupera casse di viveri e di munizioni. Tracciate sui muri grandi scritte "ITALIA-SAN MARCO" la pattuglia, con il cospicuo bottino al seguito, rientra indenne nelle nostre linee.

Nella giornata la Piccola-Base procede lungo la SS. 12

27-02-1945: giunge al Battaglione il Distaccamento-guardia della Piccola-Base da Maranello. È così possibile distribuire la zaineria (che invero risulta depauperata) nonché cappotti da scolta, giacche a vento a doppia mimetizzazione e calzature di tipo alpino. In merito alla mancanza di effetti il Comando di Btg. avvia inchiesta. La giornata, se si esclude tiro nemico di Artiglieria (interdizione vicina) sul Caposaldo di Piansinatico, trascorre calma.

28-02-1945: durante l'intera giornata intensa attività dell'Artiglieria nemica che batte tutte le posizioni retrostanti lo schieramento del Btg. (interdizione). I collegamenti a filo sono mantenuti in efficienza grazie al coraggio ed all'indefesso impegno dei guardafili, uno dei quali rimane ferito. Nel pomeriggio due *Jabo* hanno mitragliato e spezzonato Pievepelago tentando colpire un autocarro militare che invece esce illeso dall'attacco.

MARZO 1945

01-03-1945: notte di completa oscurità; la giornata è di foschia costante. Il Comando Battaglione ordina a tutti i capisaldi l'intensificazione della vigilanza allo scopo di prevenire azioni nemiche di sorpresa. Durante la giornata l'Artiglieria nemica è stata piuttosto attiva con tiro di interdizione vicina. L'angolazione dei colpi in arrivo evidenzia nuove postazioni di batterie nemiche delle quali, peraltro, non sono rilevabili le vampe dai nostri Osservatori.

02-03-1945: condizioni atmosferiche in progressivo peggioramento con qualche precipitazione piovosa. Viene diramato Allarme generale poi annullato. Il disgelo rende laborioso ogni movimento con le slitte. Materiali e rancio debbono essere portati a spalla da apposite comandate che non vengono avvistate però dal nemico a causa dei piovaschi. Attività nemica di Artiglieria sporadica.

03-03-1945: le condizioni atmosferiche sono improvvisamente migliorate, cielo sereno e visibilità ottima. Formazioni aeree nemiche da bombardamento hanno sorvolato il settore del Battaglione in alta quota con rotta nord-est. L'Artiglieria nemica ha sviluppato intenso fuoco sul Caposaldo di "Regine". Allarme parziale in linea poi annullato.

04-03-1945: le condizioni atmosferiche si sono mantenute buone. Nella notte il bunker 4 ha aperto il fuoco sulle posizioni avversarie antistanti. Subito dopo (ore 00.20) viene diramato in linea Allarme parziale che dura sino alle ore 04.30. Qualche concentramento di Artiglieria nemica nel corso della giornata. Nel complesso calma. Giunge notizia che l'Ufficiale di Amministrazione del Battaglione (Sottotenente De Luise) è rimasto ucciso ieri a San Venanzio di Maranello mentre faceva ritorno all'Abetone con i fondi paga del mese. Anche il Marò autista è caduto. I fondi sono scomparsi. Il fatto è da imputarsi ad una banda.

05-03-1945: nel corso della notte numerose nostre pattuglie sono uscite. Una di esse si è spinta sino all'abitato di Costa e, superatolo, ha raggiunto la località Segaccio dove ha trovato traccia di presenza nemica. Sono state recuperate munizioni e scoperte postazioni alternative avversarie vuote. Tutte le pattuglie sono rientrate senza perdite. Il resto della giornata calma.

06-03-1945: da tutti i nostri capisaldi nella notte sono uscite pattuglie che non hanno trovato traccia del nemico. Esse sono rientrate al completo senza perdite. Durante la giornata, sulla sinistra del settore del Battaglione, avvertito violento fuoco dell'Artiglieria germanica. Altre novità: nessuna.

07-03-1945: si sono ripetute azioni notturne di nostre pattuglie. Durante la giornata nessuna novità.

08-03-1945: il Comando Battaglione ordina l'uscita di pattuglie diurne; una di queste (S.Ten. Bertucci, 12 Marò e 2 *MG*) ha modo di osservare sulla destra estrema del Settore di Battaglione ed in lontananza il movimento, allo scoperto, di una piccola colonna di salmerie in territorio indubbiamente nemico. Ad una più attenta osservazione al binocolo l'Ufficiale ha modo di riconoscere (dal cappello alpino indossato al contrario dai conducenti e dalle uniformi verde cupo) Truppa italiana. Al rientro della pattuglia la notizia viene comunicata con ogni possibile urgenza al Comando Battaglione. La pattuglia comunque, pur avendone la possibilità, non ha aperto il fuoco sui connazionali. Per azione di mortai nemica cade sul campo il S.Ten. Reni della 15ª Compagnia a Piansinatico.
Altre novità: nessuna. Tutte le Compagnie fanno uscire pattuglie nella notte.

09-03-1945: durante l'intensa attività notturna di nostre pattuglie sono stati catturati 15 militari negri appartenenti al 371° Reggimento della 92ª *Infantry Division* (USA); essi sono condotti al Comando Battaglione dove il Maggiore Blotto li interroga personalmente nella loro lingua. I prigionieri appaiono piuttosto spaventati, è stato detto loro che la Truppa italiana è usa tagliare la gola con i pugnali ai catturati. Comunque è possibile ricavare molte preziose informazioni nonostante un loro Sergente ordini di fornire solo grado, generalità e matricola.

10-03-1945: le Compagnie segnalano numerosi ammalati con alto stato febbrile a causa dell'umidità dei bunker e delle condizioni atmosferiche. Nella giornata vivace attività dell'Artiglieria nemica e qualche concentramento di mortai. Le azioni di fuoco che prendono di mira anche uomini isolati fanno supporre segnalazioni con radio portatili da parte di elementi di Fanteria in sosta
nella terra di nessuno, più che altro dovute ad osservatori lontani a causa dell'immediatezza di intervento. Il Comando di Settore a Pievepelago fa emettere da quel Municipio un Bando con prescrizioni da osservare in caso di attacco aereo nemico.
Il Comando Settore comunica che le Truppe italiane avvistate nello schieramento nemico sono da identificarsi in quelle della 210ª Divisione dell'Esercito del sud che, oltre a tre Reggimenti di Fanteria, dispone anche di salmeristi[47]. Viene comunque ordinato che tali Truppe sono da considerarsi nemiche e che nei loro confronti si dovrà agire di conseguenza.

11-03-1945: durante la giornata azioni sporadiche dell'Artiglieria avversaria. I bunker avanzati riferiscono di aver identificato, durante fuoco di disturbo, mitragliatrici italiane nello schieramento nemico. Si ritiene trattarsi di *Breda Mod. 37*, calibro 8, riconosciute dal rumore caratteristico, dalla cadenza di tiro, dalle pallottole re-

---

[47] Considerata unità costiera, la 210ª Divisione venne adibita a rifornimento, organizzazione basi logistiche e sminamento porti e aeroporti. Agli inizi di maggio 1944 venne trasferita a ridosso del Garigliano con reparti impiegati nella testa di sbarco di Anzio, quindi il 17 nella zona nord di Cassino e il 5 giugno tra i reparti avanzati di Anzio. In ottobre nella zona Firenze-Pistoia-Lucca e nell'appennino toscoemiliano. Opera alle dipendenze della 5ª Armata USA per tutta la durata del conflitto, v. Giuseppe Marchese, *L'Esercito Italiano di Liberazione*.

cuperate e dalla precisione del tiro (d'imbocco). Il bunker 5 ha risposto con identica cadenza e con la sua arma che è uguale.

12-03-1945: uscita di nostre pattuglie durante la notte, tutte rientrate, novità nessuna. L'Ufficiale Medico sgombra dagli Ospedali dell'interno alcuni Marò ed un Sottufficiale ammalati. Alle ore 08.30, su Pievepelago, quattro *Jabo* nemici mitragliano e spezzonano a più riprese. Cadono un militare germanico ed un civile e rimane ferita una donna. I danni sono gravi ad una ventina di fabbricati, numerose altre case sono danneggiate dagli effetti dell'onda di esplosione.

13-03-1945: uscita di nostre pattuglie durante la decorsa notte. Tutte rientrate, novità nessuna. Giunge notizia di bombardamento aereo nemico (*Jabo*) a Lama Mocogno con perdite tra la popolazione civile e danni alle abitazioni.

Novità della giornata: nessuna.

14-03-1945: nessuna novità nella giornata. Sporadico fuoco nemico sulle posizioni.

15-03-1945: intensa azione di mortai nemici sulle posizioni del Battaglione. Cade sul campo il Marò Schiavi (12ª Compagnia).

16-03-1945: uscita di nostre pattuglie, una della quali guidata dal Comandante del Battaglione. Tutte rientrate, novità nessuna.

17-03-1945: all'Alpe Tre Potenze un bunker non dà più notizie al telefono. Pattuglie inviate lo trovano vuoto. Il personale è da ritenersi prigioniero.

18-03-1945: a causa di intenso fuoco di mortai nemici si rende necessario un forte impegno dei guardafili. Nessuna perdita tra loro per ristabilire l'efficienza-linee.
Giunge notizia di bombardamento aereo nemico su Roncoscaglia, nelle retrovie della Divisione. Molti morti fra la popolazione civile e danni all'abitato.

19-03-1945: è uscito dalle linee con un Marò il Sergente Mazzoli per tentare di trovare un po' di viveri nelle posizioni nemiche. Entrambi non hanno fatto ritorno e sono da ritenersi prigionieri del nemico.

20-03-1945: sorvoli di *Jabo* nemici, che non attaccano, dirigendosi verso nordest. Altre novità nessuna.

21-03-1945: uscita di nostre pattuglie, novità nessuna.

22-03-1945: uscita di nostre pattuglie, novità nessuna.

23-03-1945: uscita di nostre pattuglie: novità nessuna. Giornata calma in linea.

24-03-1945: uscite di numerose nostre pattuglie. Alle azioni partecipa il Comandante di Battaglione. Novità nessuna. Il nemico ha reagito con fuoco di armi automatiche.

25-03-1945: giungono dal Comando Tappa *San Marco* di Milano alcuni Ufficiali e Sottufficiali e 30 Marò quali Complementi. Tutti vengono subito assegnati e raggiungono le Compagnie in linea. Altre novità nessuna.
Tra i Complementi vi era il Marò Radiotelegrafista Giancarlo Bolognesi, che così ricorda l'arrivo in linea:

Il mattino del 24 marzo partiamo dall'Accademia di Modena per la Linea Gotica, località Abetone, rinomata stazione turistica ed invernale, frequentata ora da turisti di ben altra natura. Il trasferimento è stato effettuato senza incidenti, ma mi accorgo dalla "conta" dei presenti che un graduato ed un marò del reparto sono assenti e con ogni probabilità hanno di nuovo disertato. Ci sistemiamo in una palazzina situata lungo la strada Statale che sale a mezzacosta sul versante nord del valico stesso, al culmine del quale due piccole piramidi delimitano il confine fra Emilia e Toscana. Tutto intorno, a semicerchio, oltre il limite delle abetaie, alle più alte quote, mughi e picchi ancora innevati.
Veniamo aggregati ad un plotone del Genio responsabile del centralino telefonico collocato nella villetta e della manutenzione delle linee collegate con i Comandi sul fronte di Piansinatico. Oltre Ponte Sestaione, Cutigliano è già stata "liberata". I reparti di prima linea dislocati a semicerchio dall'alpe delle "Tre Potenze" al "Libro Aperto" hanno nomi in codice pittoreschi e fantasiosi: Volpe azzurra, Corvo nero, Lupo siberiano.

E una delle sue prime azioni:

Sono di servizio al centralino e squilla il telefono; sono chiamato da "Volpe Azzurra" che mi avverte: "La linea per Piansinatico è di nuovo interrotta ed occorre procedere al più presto alla riparazione". La linea telefonica per Piansinatico è la più esposta ed il suo ripristino espone a pericoli che tutti vorremmo evitare.
Con alcuni 'brigatisti neri', aggregati al reparto per punizione, non lego; fanno i gradassi ma quando si deve partire per queste 'corvée' sbiancano in viso. In quelle condizioni non eseguirebbero il lavoro di raccordo con accuratezza, anche per inesperienza.
I comandi non sentono ragioni; il collegamento deve essere ripristinato nel più breve tempo possibile. Rimasti in pochi (ogni giorno sparisce qualcuno) gli unici disponibili e pratici del mestiere restiamo io ed "il milanese", ragazzo taciturno ma efficiente e coraggioso. Rassegnati ci prepariamo, tocca ancora a noi e non è la prima volta. Forniti di rullo di filo telefonico spalleggiato, di ramponi ferrati, di grossi guanti di cuoio e di 'tester provalinea', sorpassiamo il valico seguendo la palizzazione interrotta e ci aviamo verso "Le Regine". In una radura del bosco di conifere trovo l'interruzione e calzati i ramponi salgo sull'albero lavorando al raccordo con tutta la rapidità possibile anche perché sono conscio del pericolo che corriamo; alto sulla cima allo scoperto sono in piena vista. A riparazione ultimata, come temevo per mia precedente esperienza, vengo avvistato dall'osservatorio nemico di monte Spigolino che domina d'infilata l'alta valle del torrente Lima.
Vigile, percepisco il lontano rimbombo della salva di cannone in partenza; lesto stacco i ramponi, afferro i rami dell'abete e mi lascio scivolare a
terra. Le quattro esplosioni della scarica, tutte nel raggio di pochi metri attorno a noi, ci lasciano incolumi.

Non attendiamo oltre e ci defiliamo nel folto del bosco per sfuggire questa, per noi, assurda caccia all'uomo ed a tanto spreco di munizioni.

26-03-1945: durante la scorsa notte pattuglie nemiche sono state rilevate dalle nostre, nella terra di nessuno.

Il Comando del Battaglione ordina il cambio in linea (Caposaldo di Piansinatico) tra la 11ª (cedente) che andrà a riposo a Pievepelago e la 13ª (subentrante) che da Boscolungo si porterà in posizione. Il Comandante del Battaglione invia, con un autocarro, al Comando della Divisione in Altare il Comandante del Plotone Pionieri ed un Graduato allo scopo di consegnare al Sig. Generale Comandante una relazione in plico riservato.

Lo scioglimento delle nevi permette di recuperare, in un canalone, le salme del Sottotenente Gamacchio e del Marò Orengo, scomparsi nell'azione del 30 gennaio alle posizioni di Rimessa. Il recupero viene effettuato dal Marò Ferretti.

Per la veniente notte è prevista l'uscita di forti pattuglie sia per accertare itinerari e consistenza delle pattuglie nemiche sia per determinare (provocandone la reazione) la posizione delle sorgenti di fuoco a Pian degli Ontani. Uscirà con le pattuglie il Comandante del Battaglione.

27-03-1945: nella decorsa notte hanno avuto luogo le azioni di pattuglia previste alle quali ha partecipato il Comandante di Btg. Sono stati accertati gli itinerari percorsi da pattuglie nemiche nelle notti precedenti. A Pian degli Ontani una forte pattuglia, guidata dal Comandante del Btg., attacca postazioni di mitragliatrici nemiche che si svelano numerose. Nel furioso combattimento che ne segue viene gravemente ferito il Marò Molesini (Classe 1927, 13ª Compagnia) che arditamente ha preceduto i Camerati in avanti. Il giovane Volontario istriano contribuisce, con il fuoco della sua arma, al rivelarsi di arma nemica particolarmente pericolosa e, nonostante le ferite, si trascina all'indietro per riferirne tipo e dislocazione. Trasportato dai Camerati sino alle nostre linee muore, invocando l'Italia e la sua mamma, mentre viene ricoverato nel bunker Comando dell'11ª Compagnia.

Nella mattinata e nel pomeriggio il nemico, evidentemente per reazione alle descritte azioni nostre o perché informato del prossimo cambio in linea, batte con intensità il Caposaldo di Piansinatico con frequenti concentramenti di mortai medi e pesanti e di artiglieria da campagna.

Ad Altare, dove è giunto, il Tenente Bertucci consegna al Sig. Generale Comandante della Divisione il plico riservato con la relazione del Maggiore Blotto [il testo non è stato rinvenuto nel carteggio del Comando Divisione, NdA].

Nella veniente notte avrà luogo il cambio al Caposaldo di Piansinatico tra la 11ª e la 13ª Compagnia.

28-03-1945: nella decorsa notte si è effettuato il cambio al Caposaldo di Piansinatico senza difficoltà. Novità nessuna.

Nella giornata a cura della 13ª Compagnia viene trasportata a Fiumalbo la salma del Marò Molesini Caduto sul campo ieri. A cura dell'11ª Compagnia vengono trasportate a Fiumalbo le salme del S. Ten. Gamacchio e del Marò Oggero [i Marò ricordano ancora oggi con immutato affetto la signora Fortuna che tanto nobilmente si adoperò per la composizione delle salme prima dell'interramento, NdA]. Le salme sono interrate a Fiumalbo.

Nel pomeriggio il Tenente Bertucci, che presso il Comando della Divisione ha ricevuto ieri l'ordine, si reca al Comando Gruppo Armate dove viene ricevuto dal Maresciallo. Dopo ampia relazione dell'Ufficiale sulle azioni del Battaglione al fronte, il Maresciallo gli ordina di recarsi domani a Pandino per rilevarvi un Capitano corrispondente di guerra (che deve raggiungere il Battaglione in linea) e per effettuare un carico di generi di conforto.

Nella notte la 13ª Compagnia effettua azioni di pattuglia nella terra di nessuno verso Cutigliano.

Di seguito, il sottotenente Giovanni Bertucci, ufficiale della 15ª Compagnia, fornisce alcuni particolari del suo incontro con la giornalista Maria Nencioli della Compagnia Operativa di Propaganda dell'ENR:

Una Capitana corrispondente di guerra tra i Marò del fronte dell'Abetone
In data 26 marzo, il maggiore Blotto, comandante del Battaglione, mi aveva inviato ad Altare, al Comando di Divisione, unitamente ad un Graduato, con il compito di consegnare al Generale Farina una relazione in plico riservato. Giunto ad Altare il giorno successivo, 27, e consegnata la relazione, ricevetti dal Comandante la Divisione l'ordine di recarmi al Comando Gruppo d'Armate, a Pandino, dove giunsi nel pomeriggio del 28, e fui ricevuto dal Maresciallo Oraziani. Dopo ampia relazione sulle azioni del Battaglione al fronte, il Maresciallo mi ordinò di recarmi l'indomani a Milano per rilevare un capitano corrispondente di guerra (che doveva raggiungere il Battaglione al fronte per un servizio) e per effettuare un carico di generi di conforto da distribuire ai soldati in linea.

Giunto in quella città, presso un garage di Corso Magenta (garage che, completamente rinnovato esiste tuttora), presi in consegna un camion, carico d'indumenti invernali adatti alla guerra di montagna, e di generi di conforto per i marò dell'Abetone. Dopo di che, in base agli ordini ricevuti, mi portai all'Hotel Plaza, in piazza Diaz, dove mi attendeva il capitano corrispondente di guerra. Così feci, e, chiesto del capitano Nencioli, vidi nella penombra scendere dalle scale una figura in mimetica con il mitra in mano, ma sul momento non mi resi conto che si trattava di una donna, cosa che avvenne solo quando eravamo già sul camion. Come donna aveva evidentemente un carattere molto energico, perché, poco dopo Lodi, in occasione di un passaggio di cacciabombardieri nemici che ci aveva costretti a ripararci in un fossato, il capitano Nencioli sparò diverse raffiche in direzione degli aerei. Il viaggio verso il fronte continuò ma, appena passato il Po, l'autocarro (forse per vecchiaia o per il forte carico) andò in avaria per fusione delle bronzine, e fu così necessario interrompere il viaggio per affidare la riparazione ad un'officina civile. Dopo le riparazioni, durate alcuni giorni per la difficoltà di reperire i materiali indispensabili, giungemmo finalmente a Pievepelago, dove il Battaglione aveva il deposito, e qui ci separammo. A quanto mi riferirono poi alcuni marò, anche in linea il (o la?) capitano Nencioli dimostrò un notevole ardimento, perché non si accontentò di rimanere nelle retrovie, ma volle visitare gli avamposti, ed avrebbe anche voluto partecipare ad azioni di pattuglia, cosa che però non le fu concessa.

29-03-1945: sul Caposaldo di Piansinatico il nemico effettua concentramenti (tiro di distruzione) di fuoco a scacchiera e ad orario, per tutta la giornata. Altre novità:

viene steso elemento minato speditivo antiuomo davanti al bunker 5 al Caposaldo di Piansinatico.

A Pandino, il Tenente Bertucci preleva il carico di generi di conforto destinati al Btg. ed ha poi la sorpresa, nel presentarvicisi, di conoscere nel Capitano corrispondente di guerra annunziatogli dal Maresciallo, una giovane e graziosa donna: la giornalista Maria Nencioli. I due Ufficiali iniziano il viaggio verso il fronte ma, appena passato il Po, l'autocarro (forse per vetustà o per il forte carico) va in avaria per fusione bronzine ed è così giocoforza interrompere il viaggio per affidare ad una officina civile il mezzo da riparare.

All'inizio della notte nostre pattuglie escono nella terra di nessuno.

30-03-1945: le pattuglie segnalano al rientro di aver rilevato traccia di passaggio nemico al margine della terra di nessuno. Il fatto è subito segnalato al Comando Btg. Nella giornata fuoco nemico di mortai sulle posizioni della 13ª e 12ª Compagnia. Nella notte il Comando Btg. invia d'urgenza (a richiesta) *Panzerfaust* e granate da fucile al Caposaldo di Piansinatico.

31-03-1945: giunge al Comando Battaglione una fornitura straordinaria di materiale di rafforzamento (rotoli di filo spinato). Ne viene ordinato lo stendimento, in grovigli e possibilmente in reticolati a siepe, davanti ai bunker 6, 5 e 4 del Caposaldo di Piansinatico che è il più avanzato verso il nemico. Dovrà essere guarnito anche il tratto tra Bosco La Serra e la Strada Statale. L'ostacolo dovrà essere posato nottetempo a cura del Plotone Pionieri e della 13ª Cp.

Il Comandante del Btg. a mezzo telescritto segnala al Comando della Divisione in Altare il comportamento del Marò Molesini e lo propone per la massima ricompensa al Valor Militare alla Memoria. Il Comando Divisione farà propria la proposta, riportata di seguito:

Motivazione della proposta di Medaglia d'Oro al Valor Militare
Marò Molesini Aroldo, Classe 1927/Volontario di Guerra
Partecipe di un'azione di sorpresa penetrava in profondità nelle posizioni nemiche, mentre il suo nucleo scoperto e fatto segno ad intensissimo fuoco concentrato di numerose armi s'impegnava, al grido di "ITALIA! AVANTI SAN MARCO!" correva sulle armi americane azionando la sua.
Colpito a morte retrocedeva per indicare ai compagni la posizione dell'arma più pericolosa da lui individuata. Con un ultimo pensiero alla Madre e all'Italia spirava poi incitando i compagni.

Pian degli Ontani (Pistola), 27 marzo 1945 XXIII

Il Marò Gian Franco Traversi ricorda così il suo coraggioso commilitone:

Ricordo di un camerata
C'eravamo conosciuti sulla tradotta che portava i complementi della San Marco dal Centro Costituzione Grandi Unità di Vercelli al campo di addestramento di Grafenwöhr/Feldlager. In fatti il caso aveva voluto che ci trovassimo affiancati nel carro merci cavalli 8/uomini 40 che faceva parte della tradotta. E così simpatizzammo, passando le lunghe ore del viaggio a parlare del nostro passato e dell'avventuroso avvenire che ci aspettava. Lui era istriano, di origine

contadina, e ne era orgoglioso. Nel 1943, sedicenne, era Cadetto alla Scuola Pre-Marinai della GIL di Forlì. Il suo entusiasmo, l'amore per la Patria e la Fede in essa non furono spenti dal 25 luglio né, tanto meno, dall'8 settembre. Aveva tentato di arruolarsi volontario nella Marina Repubblicana, che però dava la precedenza ai veterani già addestrati. Allora tentò l'arruolamento nella Decima, ma da questa, per eccesso di volontari, fu dirottato alla costituenda divisione di fanteria di marina "San Marco". Di statura appena al di sotto della media, buon parlatore ma non ciarliero. aveva il vezzo di intercalare il suo dire con un *"Jawohl General!"* che fu una costante del suo interloquire con gli amici, nel suo tono un po' nasale. A Grafenwöhr venimmo assegnati a due diversi plotoni della stessa compagnia, la 13ª del III btg. 5° reggimento ftr./mar. "San Marco". Ogni tanto ci capitava di scambiarci opinioni sulle esperienze fatte, ferma restando la *"Jawohl General!"* e la sua crescente ammirazione per l'armamento e il munizionamento tedesco che imparavamo a conoscere. Dopo sei mesi di duro addestramento e diciotto giorni di trasferimento, parte nei soliti vagoni merci, parte a passo di marcia, ci trovammo schierati in Liguria, con l'armata al comando del Maresciallo Oraziani. Eravamo divisi in tanti piccoli presidi sparpagliati lungo la costa, tuttavia mi capitava spesso di sentirmi salutare nel tipico modo "aroldiano", pacche sulle spalle, risate di gioia, intervalli di commosso silenzio, evocando Amici comuni, caduti per mano fratricida... Brevi incontri, sempre con la speranza di passare una libera uscita assieme, lui sempre col non celato desiderio di divenire armiere di compagnia. Al Natale del 1944 il battaglione fu assegnato alla linea Gotica. Ma mentre il grosso del reparto si dirigeva con una colonna autocarrata al fronte, la mia squadra fu assegnata a scorta della colonna carreggio, ippotrainata. Perciò fu solo alla metà del successivo febbraio che lo ritrovai, in una casa semidiroccata prossima all'Abetone, dove svolgeva con mezzi di fortuna l'incarico, finalmente ottenuto, di armiere di compagnia. La mia squadra era stata assegnata al caposaldo di Piansinatico, in terra di nessuno, dal quale facevamo ogni notte pattuglie a ritroso, verso l'Abetone. Quando ne facevo parte, non mancavo di fare una puntatina dall'amico Araldo, ben lieto dell'incontro.

Nella seconda metà di marzo, dopo una settimana di febbre intorno ai 40°, mi mandarono all'Ospedale da campo di Fiumalbo, a una dozzina di chilometri dal caposaldo. A metà strada circa non riuscivo più a camminare. Fortunatamente mi imbattei nell'armeria dell'amico Molesini, che mi rincuorò con qualcosa di caldo, e mi cedette il suo letto, costituito da tre sedie in fila e da una coperta sopra ed una sotto. Li rimasi a battere i denti fino all'alba, quando dovetti incamminarmi, ma non prima di avere ricevuto dalle sue mani un altra porzione di roba calda. Mi accompagnò per un pezzo sulla neve, per essere sicuro che ce la facessi, poi datomi una specie di bastone, mi disse la fatidica frase *"Jawohl General!"*. Poco più avanti mi voltai: lui era rimasto fermo nella neve, per vedere se per caso avessi bisogno di aiuto; dopo un reciproco saluto alla mano, proseguii. Non l'avrei più rivisto, perché pochi giorni dopo fu comandato di pattuglia verso le linee nemiche: incappati in un avamposto ben mimetizzato, i nostri rimasero inchiodati in copertura sotto un tiro incrociato. Incurante dell'intensa reazione, era avanzato da solo sotto la postazione nemica, aprendo a sua volta il fuoco, ma era rimasto colpito gravemente. Riuscito a trascinarsi sino ai nostri, veniva trasportato ancora vivente al caposaldo di Piansinatico, dove prima di morire aveva avuto la forza di invocare la Patria e la Famiglia.

Aprile 1945

01-04-1945: nelle primissime ore del mattino una piccola pattuglia della 11ª Compagnia (Serg. Meles, Marò Carnevali e Godani) si reca nella terra di nessuno a Casotti dove, reperito un mulo, lo conduce in chiesa e lo lega saldamente alle corde del campanile: lo scampanio dovuto ai movimenti dell'animale provoca da parte dell'Artiglieria nemica e dei mortai concentramenti che durano tutta la giornata sulla piccolissima località deserta e la dilagante ilarità dei Marò in linea i cui bunker non vengono, per una volta, colpiti consentendo così di festeggiare la Pasqua in vera pace! Oltre alla beffa il danno... artiglieri e mortaisti nemici hanno dovuto stare tutto il giorno ai pezzi mentre i Marò sono a riposo.
Nella notte escono nostre pattuglie.

02-04-1945: pattuglie sono spinte sin sotto Cutigliano; non trovano traccia del nemico, rientrano senza danni (13ª Compagnia). L'aviazione nemica (quattro *Jabo*) attacca violentemente in due riprese Faidello e i dintorni di Fiumalbo. Si hanno morti fra la popolazione civile e gravi danni ai fabbricati. Il Posto Medicazione del Battaglione non viene colpito. Crolla invece l'edificio scolastico di Faidello fortunatamente vuoto per le vacanze pasquali. Una bimba, sperdutasi durante gli attacchi, viene posta in salvo dal Sergente Meles (11ª Compagnia) che poi la riconsegna incolume alla zia (di nome Stella) [chissà se la bimba di allora – ora donna adulta – ricorda, e con quali sentimenti, i San Marco? NdA]. I Marò presenti a Faidello si adoperano al soccorso della popolazione. Rimane ferito nel mitragliamento il Maresciallo Sabatini (13ª Compagnia).

03-04-1945: tutte le Compagnie in linea spiccano in avanti pattuglie nella terra di nessuno. Tutte rientrate, nessuna novità. Sporadici tiri di disturbo dell'Artiglieria nemica. Il Marò Giancarlo Bolognesi ricorda così una sua pattuglia:

In altra occasione, sono comandato a far parte di una pattuglia notturna in azione esplorativa fra i due fronti verso il paesetto montano di Melo. Gli avversari che ci fronteggiano sono avvicendati frequentemente; dopo i brasiliani sono arrivati gli americani.
Nelle pattuglie notturne impiegano di preferenza le truppe di colore per la loro mimetizzazione naturale, noi ci tingiamo il viso col nerofumo. Alta nel cielo risplende una sottile falce di luna. Partiamo armati fino ai denti e, dopo lunga marcia, raggiungiamo la località designata; la rastrelliamo casa per casa ma la zona è abbandonata e deserta. Alcune abitazioni sono diroccate da precedenti tiri d'artiglieria. Restiamo per qualche tempo in osservazione quando, verso la mezzanotte, sale dalla valle e ci avvolge una densa nebbia. Causa queste condizioni di tempo il sottufficiale capo pattuglia decide di rientrare per evitare il pericolo di essere colti di sorpresa. Sulla via del ritorno, costeggiando un'alta siepe, udiamo dalla parte opposta, parole straniere sussurrate. Una pattuglia avversaria va, a sua volta, a controllare Melo.
Sfiliamo silenziosi, nella nebbia come fantasmi, gli uni e gli altri volutamente ignorandoci: questi *yankee* non sono combattenti fanatici, conviviamo e questa notte abbiamo stipulato la nostra tregua privata. Rientriamo a notte fonda senza avere altri incontri. Nel rapporto del capo pattuglia sta scritto "nulla da segnalare" e penso che il capo pattuglia avversario abbia riferito la stessa cosa.

04-04-1945: azioni di nostre pattuglie senza esito verso Cutigliano. Nel pomeriggio uno *Jabo* USA precipita schiantandosi in località "Gli Orti" di Roccapelago. Camerati tedeschi recuperano il cadavere del pilota e gli danno sepoltura nel cimitero di Pievepelago.

05-04-1945: azioni di pattuglia a Piansinatico e Libro Aperto. Una pattuglia della 11ª Compagnia (Serg. Meles e Marò Godani e Usai), spintasi del tutto isolata a ovest dell'Alpe Tre Potenze, stabilisce un posto di osservazione provvisorio che consente per tutta la giornata di tenere sotto controllo visivo Bagni di Lucca e le attività nemiche che vi si svolgono. A sera la pattuglia rientra e vengono trasmesse al Comando Battaglione copiose importanti informazioni. Attività dell'Artiglieria nemica: saltuaria. Rientra al Comando Battaglione il Comandante del Plotone Pionieri (Tenente Bertucci) con l'autocarro carico di generi di conforto inviati dal Maresciallo. L'Ufficiale ha con sè la Capitano Maria Nencioli, corrispondente di guerra, accreditata al Battaglione dal Maresciallo in persona.

06-04-1945: nella notte passata azioni di pattuglie. Sporadico fuoco di mortai nemici sulle posizioni.
È ultimata la posa dell'ostacolo passivo al Caposaldo di Piansinatico.
Vengono inviati in linea i generi di conforto pervenuti, con un biglietto del Maresciallo per ogni Marò ed uno delle donne ai Soldati.

07-04-1945: hanno avuto luogo scontri di pattuglie nostre e nemiche presso Cutigliano, allo scopo di accertare la dislocazione di centri di fuoco nemici. Vengono riconosciute solo postazioni alternative vuote.

08-04-1945: durante la giornata si sono svelate numerose mitragliatrici nemiche che, per la precisione del tiro a distanza, sono identificate in armi italiane *Breda Mod. 37* e che danno la sensazione di essere in postazione fissa e protetta. Ci si chiede se sono manovrate da militari italiani della 210ª Divisione del sud o meno.

Di seguito, i combattimenti del Battaglione Blotto in un articolo di Vittorio Querel, corrispondente di guerra sul fronte dell'Abetone, pubblicato su "L'Ora" n. 37 dell'8 aprile 1945.

Un Battaglione di marinai combatte sulle cime
Mentre sto avviandomi attraverso un camminamento protetto dai roccioni della montagna verso un posto avanzato della ... Compagnia, l'artiglieria che da qualche ora si era ammutolita, si fa sentire sorda e brontolona verso il Cimone: il cielo è coperto da una nebbia densa e fredda, sugli elmetti della pattuglia che è con me le gocce si rapprendono e fanno ghiacciuoli; i soldati soffiano di contro alla lana del passamontagna, l'alito si condensa anch'esso e da al tessuto l'apparenza di una vecchia crosta.
Mi fermo un momento per ascoltare il rumore dei colpi lontani, cerco di indovinare, calcolando la distanza tra quello di arrivo e quello di partenza, la zona in cui il nemico sta facendo bersaglio: un marò che mi sta guardando e capisce subito le mie intenzioni, sorride – gli sorridono veramente soltanto gli occhi e quel po' di pelle che si riesce a vedere ai loro lati – e mi di-

ce, quasi a sollevarmi da un'inutile fatica: "I colpi partono di fianco al Cimone, il nemico tira sulla strada di E".

Mi ha fatto il nome di un paesello del modenese che ho lasciato poco fa: un ridente paesello nolo in lulla l'Emilia quale centro di villeggiatura. È ai margini della "Via Giardini", la strada sulla quale punta ora lo sforzo dell'avversario che, manovrando tra le alture del Frignano, cerca di infilarsi in qualche maniera sull'arteria che per Pavullo dovrebbe condurre a Modena. Ma di questo vi ho già detto: ora vi voglio parlare dei soldati, mi correggo dei marinai, o marò di un battaglione della Divisione "San Marco", stesi in una complicata linea di capisaldi e di posti-scoglio in uno dei settori più avanzati di questo fronte sud.

Più sopra, io parlavo dei colpi di cannone il cui eco risuonava e si perdeva alle nostre spalle: non ci si meravigli e si ricordi che in realtà qui la linea non ha uno svolgimento ovest-est come può pensare il profano; in cerii casi essa va persine dal sud al nord: per convincervi sarà sufficiente cercare in una carta la posizione del Cimone di cui parla spesso il comunicato tedesco, e quella del Libro Aperto e dell'Abetone: mentre reparti tedeschi combattono nel settore del primo monte, truppe nostre tengono saldamente le posizioni tra la veltta del Libro Aperto e il passo dell'Abetone.

Un giorno, quando le ragioni contingenti mi permetteranno di uscire dal riserbo, io vi scriverò una cifra: quella dei chilometri di fronte tenuti da un battaglione che conta poche centinaia di uomini: allora stupirete, stupiranno anche i reduci della Russia abituati laggiù a tenere un fronte di quattro o cinque chilometri con un plotone... Con la pattuglia dunque, io andavo verso uno dei posti avanzati, una specie di bunker che aveva anche la funzione di osservatorio; era una specie di balcone che si apriva sul gioco della vallata e delle cime, una finestra che ora però incorniciava banchi di nebbia ed, a intervalli, l'incerta sagoma di qualche vetta o l'impreciso profilo di un costone. C'erano tre uomini in quella buca ridotta a fortino con l'aiuto di tronchi d'albero, di pietre, di terra; c'era anche una rudimentale stufetta, ma non si capiva bene a cosa dovesse servire: caldo ce n'era ben poco. Eravamo otire i mille metri, il giorno era nato da poco, una delle vedette mi disse che tra breve sarebbe venuto fuori il vento ed avrebbe un po' pulita l'aria: "Allora si potrà fare la guardia con gli occhi: adesso con gli orecchi".

Disse proprio così: infatti a turno, lui ed i suoi compagni tendevano le orecchie dalle feritoie del bunker, cercando di captare eventuali rumori. Parlavamo sollovoce: l'uomo del fortino cominciò da lì a poco a svolgermi tutta una sua teoria sull'arte di percepire i rumori sulla neve e sul ghiaccio: parlava proprio di un'arte, si esprimeva con termini tecnici quando accennava agli sci, alle racchette, ai ramponi, ecc..., pensai subito si trattasse di un vecchio alpino: glielo dissi, mi rispose che da solo una decina di giorni aveva preso contatto con la montagna, prima aveva fatto sempre il marinaio. Alla mia sorpresa si mise a ridere: poi mi raccontò una barzelletta in cui si parlava di cime vere e cime rovesciate: ma io non me la ricordo. Disse che avrebbe voluto andar di pattuglia nelle linee nemiche per fregare gli alpini americani che sono di là, con la sua cultura montanara e con le sue storielle: ma finora non gli era riuscito di uscire dalla linea: ogni tanto si levava la soddisfazione di prendere sotto la sua mitragliatrice qualche pattuglione nemico che si accostava ai nostri posti, ma più in là di questi episodi la sua guerra non andava... Era una cosa fiacca la sua guerra alpina: mi disse così ed aveva nostalgia di quand'era sulle siluranti. Mi parlò poi dei nemici che avevano di fronte: c'erano stati un tempo i negri, ma né lui né i sui compagni li avevano visti: ora c'erano truppe di una divisione di alpini che si sono specializzati nel Colorado: è gente robusta, aitanle, anche coraggiosa: forse più che coraggiosa temeraria: probabilmente le manca una vera esperienza di guerra.

Anche gli altri soldati che sono con me pensano questo: mi raccontano del modo in cui questi americani vengono di pattuglia, in piedi, tutti stretti tra loro, scoperti e con le armi in pugno, facilissimo bersaglio alle mitraglie appostate. Evidentemente i comandi che ci sono di fronte debbono avere dovizia di uomini: non li misurano né li razionano, basta vedere l'intensità e la quantità dei loro pattuglioni: quando noi mandiamo tre o quattro marò, essi ne mandano una sessantina: un vero spreco: ed oltretutto un inutile spreco, perché l'esperienza quotidiana dimostra che, in questa guerra di montagna, dà migliori risultati la pattuglietta scarna di uomini scaltri ed arditi che non il pattuglione elefantiaco e poco agile.

Ma gli americani non hanno ancora capito questo: peggio per loro, l'impareranno a loro spese. Ma quante cose dovranno imparare dai marò diventati montanari gli alpini della quinta divisione americana?

Chiedetelo un po' al marò Ottolini, quello che durante un'azione di pattuglia rimase solo e si vide circondato da quattro alpini americani: gli urlarono di arrendersi ed avevano le armi puntate su di lui: ma Ottolini si lasciò scivolare sulla neve e sparò sul più vicino riparandosi con il suo corpo dai colpi degli avversari che, davanti alla sua reazione, furono obbligati a defilarsi. Alle spalle di Ottolini non c'era però alcuna via di scampo, sulla sinistra si apriva soltanto un canalone enorme di cui non si vedeva la fine: il marò vi si gettò dentro a capofitto, la neve lo inghiottì, si perdette in essa: scivolò, sballottato in mille modi, per un centinaio di metri: degli arbusti lo bloccarono ai margini di una radura: lo fermarono e lo salvarono. La guerra quassù è tutta fatta di astuzie e stratagemmi: ma è anche tutta piena di eroismi ed abnegazione: e di fede e di sacrifici tra i calanchi ed i canaloni, i burroni e le vette, il freddo e le bufere. Le tormente e le nebbie: la nebbia che avvolgeva questo posto avanzato sta diradandosi: la vedo spappolarsi tra i riquadri della feritoia, la vedo svanire, sfaldarsi, il cielo si rompe, dal grigiume pesante emerge qualche punta azzurra, qualche cima candida: da principio i veli scompaiono e si squarciano nell'alto, le vette sono già in piena luce e verso le valli rimane ancora la coltre pesante delle basse nubi: ma presto anch'esse si scioglieranno, la visibilità si ristabilisce, posso seguire le mani degli uomini che puntano le dita verso casolari, verso quote, verso posizioni, verso paeset-ti, verso ruscelli dall'acqua ancora rappresa nell'abbraccio del ghiaccio. Ho davanti a me tutta la linea nemica: la domino da questo bunker, con l'aiuto di un cannocchiale ne seguo il tracciato, cerco di vedere più di quanto sia in realtà possibile.

Ad un tratto, mentre spingo lo sguardo verso sud-ovest, dove ci dovrebbe essere una specie di informe sentiero, sento dei colpi vicini e scorgo a poca distanza la neve bollire, scomporsi, macchiarsi di nero e di giallastro: colpi d'artiglieria battono la pista. Il marò che mi ha porto il cannocchiale, non guarda neppure fuori dalla larga feritoia, ma mi dice convinto: "Tirano sulla strada della banda".

Poi si spiega con una faccia curiosa quasi a meravigliarsi della mia ignoranza: perché non è ammesso, no, non è concesso, arrivare all'Abetone e non sapere se non altro per sommi capi cosa sia la "Banda di Dio". Il soldato mi invita allora ad uscire con lui, ci spostiamo sulla neve, mi dice di curvarmi ed andar cauto, non mi debbo far notare, gli americani hanno ottimi osservatorii e fanno il cecchinamento con le artiglierie: come in Russia. Ci defiliamo verso un costone sporgente: da lì dominiamo un altro settore del fronte avversario: lì sotto c'è la loro linea: una linea che, come la nostra del resto, non è continua, ma è fatta di tanti capisaldi, di bunker, di postazioni isolate. Incuneata dentro questa linea nemica, scaraventata anzi al di là di essa, ficcata nel dispositivo nemico per una lunghezza di sette o otto chilometri c'è un'isola nostra: un caposaldo italiano, un'oasi abitato soltanto da eroi, difesa e mantenuta da gente in gambissima, da uomini da muscoli e nervi saldi.

Il marò mi indica laggiù un punto nero: neppure col cannocchiale riesco a distinguere qualcosa di preciso, ma so che lì c'è la "banda di Dio": un gruppo di uomini che sprezzano la morte ed amano la vita, un pugno di ragazzi che sembrano mandati dal cielo per tenere un angolo di terra alle spalle di un nemico che, inferocito dalla resistenza di questa spina conficcataglisi nel cuore, ha tentato in cento modi e con mille astuzie di eliminarla.

Invano: i marò sono aggrappati ai loro bunkers, non mollano, non temono l'artiglieria né i mortai, agli assalti degli alpini americani rispondono portandosi allo scoperto e combattendo con le mitragliatrici postate sui tetti delle postazioni, all'assedio che vuoi prenderli con la fame reagiscono con le sortite che catapultano pattuglie fino alla linea del battaglione o con le beffe che permettono alla "banda" di rifornirsi persine nei paesi alle spalle degli americani. Gente questa di cui si dovrà dire ancora molto: uomini che bisognerebbe pregare Dio facesse moltiplicare per la salvezza del Paese e l'onore della stirpe.

09-04-1945: uscita di pattuglie da parte di tutte le Compagnie in linea. Continua nella giornata il fuoco di disturbo delle mitragliatrici Breda svelatesi ieri. Il Caposaldo di Piansinatico avverte di aver udito rumori di motori (blindati, corazzati?) a Cutigliano. Il Capitano Nencioli, Corrispondente di Guerra, lascia il Battaglione...

10-04-1945: l'Artiglieria nemica esegue tiri di disturbo che a tratti assumono carattere di distruzione (concentramenti ripetuti). Negli intervalli di queste azioni, fuoco di mitragliatrici nelle quali intervengono anche armi pesanti USA (12,7 mm)[48].
Una pattuglia diurna della 11ª Compagnia (Serg. Meles) è spiccata nella zona ovest dell'Alpe Tre Potenze allo scopo di collegarsi (o accertarne la sorte) con una postazione germanica di *Gebirgsjäger* che da giorni non dà notizie. Dopo lunga marcia la pattuglia giunta sul rovescio della postazione germanica, viene investita con il fuoco. Il Marò Godani si rivolge ai Camerati nella loro lingua e in breve il fuoco cessa. Gli Alpini germanici accolgono poi calorosamente i Marò. La pattuglia rientra in serata. Il Comando Battaglione decide un'azione di pattuglia in profondità nella veniente notte per riconoscere tipo, dislocazione e numero delle sorgenti di fuoco (mitragliatrici italiane e USA) a Cutigliano, nonché la presenza di mezzi di combattimento a motore. Il Comando della Pattuglia è affidato al Comandante del Plotone Pionieri (Ten. Bertucci).

11-04-1945: alle ore 03.00 esce dal Caposaldo di Piansinatico la pattuglia Bertucci. Essa si compone di un Ufficiale, 12 Pionieri con una *lMG* e *Panzerfaust*, viene accompagnata da Sottufficiale pratico della terra di nessuno. La pattuglia raggiunge abbastanza agevolmente Cutigliano dove però viene scoperta e fatta segno a violenta reazione nemica alla quale partecipano cannoncini da 37 mm (Blindo? Carro?). La pattuglia lancia i *Panzerfaust* che però non colpiscono il bersaglio, pertanto inizia lentamente a ripiegare nella terra di nessuno. Il nemico reagisce con tiri di mortai e di Artiglieria (cortine di sbarramento) ai quali i nostri mortai reagiscono colpendo ripetutamente Cutigliano. Durante queste azioni di fuoco la pattuglia perde (Caduti) tre Pionieri mentre altri due Pionieri e l'Ufficiale rimangono feriti. Il loro recupero è piuttosto difficile ma alla fine riesce grazie anche ad altra pattuglia uscita in soccorso (13ª Compagnia). L'azione della pattuglia Bertucci ha permesso di identificare carri o blinde nello schieramento avversario il che viene subito comunicato al Comando Battaglione e da questo al Comando Settore. Giornata nel complesso calma, nel Settore.

---

[48] Mitragliatrici pesanti *Browning M2 HB* .50 (12.7x99); cadenza di tiro 600 colpi al minuto, gittata efficace 2.000 metri.

12-04-1945: uscita notturna di pattuglie, nessuna novità. Durante la giornata disertano due Marò della 13ª Compagnia.

13-04-1945: mentre nella giornata il fuoco nemico è stato pressoché assente (solo qualche raffica di mitragliatrice pesante USA da 12,7) nel tardo pomeriggio si scatena un violentissimo fuoco di mortai nemici sul Caposaldo di Piansinatico che batte via via tutti i bunker. Sul solo bunker 6 vengono contati: 32 colpi di mortaio ed 11 di Artiglieria. Il fatto è verosimilmente da attribuirsi alle notizie fornite al nemico dai due disertori di ieri. Il Marò Rossi di sentinella fuori da un bunker rimane ferito [aveva voluto rimanere al suo posto pur sotto il bombardamento, NdA].

14-04-1945: durante la notte il nemico ha fatto uso di riflettori, per illuminare gli obiettivi delle proprie mitragliatrici pesanti, sulle nostre posizioni di Piansinatico. Non è possibile, neppure ad alzo massimo, colpire i riflettori avversari perché fuori portata delle nostre armi a tiro teso. Novità della giornata: fuoco di Artiglieria.

15-04-1945: sporadica attività nemica di mortai medi e pesanti. Cade sul campo il Marò telefonista Francesconi (12ª Compagnia) incappato per errore in un nostro sbarramento minato antiuomo.

16-04-1945: continua e si accresce sulle linee il fuoco avversario al quale partecipa anche Artiglieria da Campagna.
Il Comando del Battaglione passa dal Maggiore Blotto al Capitano Brunetti titolare della 14ª Cp. il cui comando è assunto dal Ten. Boroni.
Nel pomeriggio il Comando Battaglione ordina alla 13ª Compagnia di approntare materiali e munizioni e di tenersi pronta in colonna d'attacco ad avanzare sulle posizioni nemiche di Cutigliano per le ore 24.00. Tale notizie provoca entusiasmo in tutto il personale della 13ª. Segnale inizio attacco tre razzi rossi [in realtà alla truppa viene detto "tre scie rosse" nel cielo in direzione sud, NdA]. Alle ore 23.30 la Compagnia è pronta a muovere secondo gli ordini: uomini affardellati e anelanti all'azione.

17-04-1945: dopo aver atteso invano i razzi per l'inizio attacco (e la tensione nei Marò è al massimo) la 13ª Cp. riceve verso le ore 01.30 l'ordine di riprendere posizione statica e di continuare nei normali turni di guardia in linea. Di primo mattino il Comando Btg. dirama a tutte le Compagnie ordine di aprire fuoco ininterrotto sulle posizioni nemiche allo scopo di consumare tutte le munizioni, non trasportabili. Alle ore 08.30 tutte le Compagnie iniziano il fuoco con le armi collettive. Da parte nemica la reazione è immediata con fuoco di mortai ed Artiglieria da Campagna. Nel tardo pomeriggio il tiro nemico cessa, dando luogo a raffiche di mitragliatrici e di moschetti automatici, il che induce a pensare ad imminente attacco di Fanteria e pertanto i nostri mortai iniziano azione di sbarramento. In effetti, un Btg. nemico si è portato sotto e attacca per un'ora. I mortai della 13ª partecipano al fuoco di sbarramento sinché il nemico desiste interrompendo l'azione.
Il Comandante di Btg. dirama sempre nel tardo pomeriggio ordine di ripiegamento alle Compagnie in linea per domani sera. Vengono inviate in linea tutte le muni-

zioni di riserva con ordine di spararle. A Cima Libro Aperto viene inviato l'Aspirante Diamanti (13ª Cp.) con quattro Marò ed una *MG* allo scopo di svolgere azioni di fuoco dimostrative durante la fase di ripiegamento delle Compagnie sulla nuova linea di resistenza che è fissata a Pievepelago. Il Nucleo "Diamanti" dovrà rimanere in posizione per 48 ore per poi raggiungere il Btg. Il Nucleo, dopo nove ore di marcia, raggiunge la Cima (q. 1937) dando il cambio ad un nucleo mortai che riparte subito per raggiungere la propria Compagnia.

18-04-1945: nessuna novità in linea durante la notte, nessuna novità nella mattinata. Ad orario, è continuato il fuoco delle armi collettive delle Compagnie. Il Comando Btg. invia ai Comandi di Cp. lo schema di schieramento sulla nuova linea di resistenza. Le Compagnie approntano per il movimento. Verso le ore 14.00 improvvisamente forze nemiche di Fanteria (valutabili ad una Compagnia rinforzata) attaccano la 13ª Cp. (vedi mappa) ritenendo forse il Caposaldo di Piansinatico già evacuato. Cade il bunker 4 dove muore il Sergente Magg. Mariani e vengono fatti prigionieri il Sottocapo Peresempio ed il Marò Mussi. I bunker 3 e 2 arginano la progressione nemica incrociando il tiro delle proprie mitragliatrici sulle provenienze da Cutigliano mentre i bunker 5 e 6 contrastano con il fuoco l'infiltrazione avversaria che sta progredendo verso il bunker Comando. Tutti i bunker fanno fuoco contro il nemico che avanza verso il bunker 5 dove cade eroicamente abbracciato alla propria mitragliatrice, con la quale sino all'ultimo ha fatto fuoco, il Marò Abate [fedele sino alla morte al motto dei mitraglieri "Ma la mitragliatrice non la lascio", NdA].
Nonostante le forti perdite subite, la Fanteria nemica avanza ancora ed allora il Capitano Manzotti decide di chiedere con un razzo l'intervento dell'Artiglieria dislocata a "Regine". L'Ufficiale ignora che la Batteria tedesca ha già ripiegato sull'Abetone e che il razzo serve al nemico per identificare con certezza il bunker Comando, inquadrandolo subito con tiro dei mortai. Finalmente i mortai della 15ª Cp. iniziano a battere gli intervalli tra i bunker della 13ª con fuoco metodico e micidiale arrestando i movimenti nemici. Quando dal bunker 5 viene segnalata la scarsità di munizioni si offre volontario il Marò Nicori (Classe 1929, 13ª Cp.) che, apertasi la via con un colpo di *Panzerfaust*, raggiunge il bunker con le munizioni. La Fanteria nemica prima vacilla poi inizia a ripiegare. Viene ripristinato il bunker 4 sulla soglia del quale accanto al corpo del Serg. Magg. Mariani giace quello di un Ufficiale nemico. Dalla terra di nessuno si levano i lamenti dei feriti americani. Il Capitano Manzotti invia la staffetta Nicori a tutti i bunker confermando l'ordine di ripiegamento per la notte. Il giovanissimo Marò porta coraggiosamente a buon fine la missione. A Cima Libro Aperto pattuglie nemiche sono respinte con il fuoco dal Nucleo "Diamanti".
Giunge notizia di bombardamento aereo nemico su Pavullo.
Al calare della notte le Compagnie iniziano lo sganciamento concentrandosi all'Abetone da dove puntano su Pievepelago con la 11ª all'avanguardia. Il movimento è inizialmente disturbato da tiro di mortai nemici. Il Nucleo "Diamanti" esegue il suo particolare compito con tiri intervallati e frequenti cambi di posizione.

19-04-1945: il Btg. superata Pievepelago non guarnisce la nuova linea di resistenza ed è costretto ad abbandonare una certa quantità di viveri e materiali. Il movimento si svolge lungo la SS. 12, la 11ª Cp. è sempre all'avanguardia. A Barigazzo viene respinto con facilità un attacco partigiano, un'altra sparatoria (senza conseguenze) ha luogo nella località Montecenere oltre Lama Mocogno. Feriti il Sergente Meles ed il Marò De Benedetti.

Alle porte di Pavullo dai boschi fiancheggianti la strada partono raffiche che investono la 13ª Compagnia. Il Capitano Manzotti, fatti piazzare due mortai, fa aprire un breve fuoco indi la Compagnia attacca alla baionetta: l'avversario si dilegua. Il Battaglione entra in Pavullo, che nella giornata è stata sottoposta ad altro attacco aereo nemico, e vi si attesta alla periferia nord.

Di seguito, la testimonianza del Marò Radiotelegrafista Giancarlo Bolognesi su questi avvenimenti:

All'imbrunire la truppa in ritirata, sempre più assottigliata dalle defezioni, riparte verso la Pianura Padana. Attraversata "La Santona" procediamo lentamente con estrema cautela perché siamo stati avvertiti che la zona è quasi completamente in mano ai ribelli.

I boschi che attraversiamo si prestano ottimamente agli agguati. A notte inoltrata, ad una curva a gomito nei pressi di Lama Mocogno, una mitragliatrice ci spara alle spalle una lunga raffica. Sparano su di me che, in piena vista sulla strada illuminata a giorno dalla luna piena, vedo tutto attorno l'asfalto scintillare d'impatti. Sono in serio pericolo ma in quel momento un cavallo imbizzarrito dagli spari e sfuggito al conducente mi passa accanto al gran galoppo. Istintivamente abbraccio il poderoso collo dell'animale e mi faccio trascinare fuori tiro. Per il peso dell'armamento non resisto a lungo e mi lascio cadere a terra. Batto un gran colpo ad un ginocchio ma ancora una volta resto miracolosamente illeso. Una pattuglia, subito inviata per sorprendere i partigiani che hanno teso l'imboscata, trova la postazione abbandonata ed a terra i bossoli delle cartucce sparate: la solita tattica del "mordi e fuggi". Ripresa la marcia notturna, ai primi albori del nuovo giorno usciamo dalla cerchia delle montagne e sbuchiamo sul rettilineo dell'altopiano che porta a Pavullo. Quando la truppa in marcia è tutta distesa allo scoperto nella aperta pianura, da una collinetta boscosa alla nostra sinistra si leva un razzo verde che esplode alto nel cielo del terso mattino primaverile. Al segnale prestabilito un fuoco tamburreggiante di mortai investe la colonna indifesa; pezzi inchiodati a tiro accelerato ci martellano incessantemente inquadrandoci con grande precisione.

Numerose ed alte colonne di zolle e fuoco si innalzano dalla terra esplosa e schegge di acciaio rovente volano per l'aria sibilando. Allenato e all'erta, nel frangente non perdo la testa. Come avevo appreso in addestramento in Germania, ad ogni rombo di salva in partenza mi tuffo a terra, mi rialzo, percorro cinquanta metri di corsa e mi tuffo ancora. Intanto che lungo il fossato laterale come un automa ripeto cento, mille volte questo gesto, tutto attorno continuano senza sosta gli scoppi delle granate. Così facendo mi lascio alle spalle l'intero tratto che porta a Pavullo. Mentre effettuo questa manovra, percepisco la situazione attorno a me come estranea alla mia persona, come se fossi soltanto uno spettatore che osserva eventi al di fuori della sua sfera emotiva; uomini e cavalli dilaniati e riversi sulla strada e nei campi, un ufficiale ferito disteso a terra dietro ad un riparo che grida a gran voce: "Tutti qua con me!" ma nessuno più l'ascolta né gli obbedisce. Io pure, come in sogno, proseguo incurante di tutto e nella frenetica corsa (fuga?) raggiungo la retroguardia di un gruppo di carriaggi che ci precedeva sulla via della ritirata. A due anziani "kameraden" dell'ultimo carro chiedo di salire. Al cenno di assenso ed al loro "Ja sagen [sic per *steigen*]"[49] mi sistemo sul pianale e li osservo di sottecchi: il conducente a cassetta ha lunghi baffi brizzolati, fuma una pipa tirolese e guida in silenzio;

---

[49] Sì, sali.

l'altro, un "Gefreiter", più curioso e loquace mi interroga: "Wo gehe du?"[50]. Nel mio tedesco scolastico la risposta sincera è "Ich gehe nach Hause"[51]. Mi guardano sorridendo e mentre parlano tra di loro comprendo ciò che si dicono: per noi il ritorno a casa sarà più difficoltoso; la strada per Vienna sarà ancora lunga!

Nel frattempo il Nucleo "Diamanti" lasciata Cima Libro Aperto si porta a Pievepelago dove apprende che il Battaglione vi è transitato da oltre quindici ore senza prendervi posizione, anche la sezione di Artiglieria tedesca ha lasciato il paese da sei ore, così pure i Pionieri di estrema retroguardia. Il Nucleo "Diamanti" inizia così, completamente isolato, la marcia lungo la SS. 12 nel tentativo di ricongiungersi con il Battaglione.

20-04-1945: il Battaglione è in sosta a Pavullo dove perviene dopo una marcia fortunosa il Nucleo "Diamanti". Il Comandante di Btg. promuove Sottotenente per merito di guerra "sul Campo" l'Aspirante Diamanti per la bella prova fornita nel disimpegnare il non facile incarico e per la marcia successiva. Sono del pari promossi al grado di Sergente Maggiore i Sergenti Camuso, Colombo, e Spaziani-Testa. Il Generale Comandante la 232ª I.D. concede sul Campo la Croce di Ferro di 2ª Classe al Capitano Manzotti, al Sottotenente Diamanti, al Marò Nicori ed al Marò Colella. Nel pomeriggio il Comando di Btg. è assunto dal Capitano Sestito (titolare della 15ª Cp.). Dopo avere acquistato sul luogo un certo numero di biciclette il Btg. a sera riprende il movimento lungo la SS. 12.

21-04-1945: la 11ª Compagnia entra in Maranello dove poco dopo giunge il Btg. Viene abbattuto uno *Jabo* nemico il cui pilota, lanciatosi, viene fatto prigioniero. Egli risulta essere di nazionalità italiana. In relazione a notizie di penetrazione avversaria lungo la SS. 9 Emilia viene lasciata la SS. 12 ed il Battaglione procede su Sassuolo[52].

---

[50] Dove vai?

[51] Vado a casa.

[52] Alcuni Marò del Battaglione, catturati dai partigiani nei dintorni di Sassuolo dopo aver lasciato la colonna, furono poi probabilmente assassinati da questi ultimi: questa sorte toccò al Tenente Aldo Sirola; citiamo dal Bollettino della *San Marco*, n. 20, aprile-giugno 1998:

Il Tenente Aldo Sirola era Aiutante Maggiore del III/5° reggimento della Divisione Fanteria di Marina "San Marco". Laureato, nato a Fiume nel 1920, aveva già combattuto come Ufficiale nel Regio Esercito. Secondo l'Albo d'Oro dei caduti della Venezia Giulia e Dalmazia a cura di Luigi Papo, Il tenente Sirola risulta ucciso il 25.5.45 dai partigiani [in realtà la data esatta dovrebbe essere il 21 o il 22 aprile, NdR]. Il tenente Sirola è descritto da un suo marò come "un uomo tra i trenta e i quarant'anni, alto 1,80, fisico atletico, biondo". È stato visto per l'ultima volta proprio dopo Maranello, in direzione di Sassuolo. "Giunti a Maranello – racconta un marò di San Marco – si proseguì verso Sassuolo e dopo mezz'ora circa il tenente Sirola, non ferito ma dolorante e sfinito, decise di fermarsi vicino ad una casa. Posso dire che salutandolo piansi. Ci abbracciò piangendo anche lui. Eravamo sulla strada diretti verso Sassuolo, da dove proseguimmo per Correggio e il Po attraversando il territorio reggiano".
Mezz'ora di strada dopo Maranello significa Spezzano o Fiorano, o addirittura il campo sportivo di Sassuolo. Di lui si sa solo quello che emerge dal fascicolo del giudice istruttore del Tribunale di Modena. Aldo Sirola si era staccato dalla sua colonna in ritirata, e pare si fosse fatto dare un vestito da civile. Non si sa se si sia consegnato o se sia stato catturato dai partigiani, i quali lo hanno soppresso sul posto con un colpo alla nuca.
Don Zelindo Pellati [parroco di Sassuolo che molto si diede da fare in quei giorni nel vano tentativo di impedire le stragi dei prigionieri inermi, NdR] lo venne a sapere da due donne di Gioia Tauro sfollate a Sassuolo che poi rientrarono al loro paese e non fu possibile rintracciare. O per lo meno così dichiarò agli inquirenti che aprirono un fascicolo contro ignoti per omicidio,

A causa di intensa attività aerea nemica viene abbandonata la Strada Provinciale Sassuolo - Scandiano per seguire l'itinerario meno esposto: Veggio - Villalunga - Baglioni - Fellegara - Sabbione - Due Maestà - San Pellegrino.

22-04-1945: in giornata il Battaglione entra in Reggio Emilia e vi sosta.

23-04-1945: il Battaglione lascia Reggio Emilia e dirige su Parma seguendo la SS. 9 Emilia. Il movimento procede abbastanza spedito ma sempre sotto pressione aerea dell'aviazione avversaria che sviluppa continui attacchi. Vengono posti in libertà tutti i Marò nativi o residenti in Emilia, di conseguenza la forza scende a 300 uomini. Raggiunta Parma il Battaglione ne contorna la periferia est e nord punta su Fognano e Viarolo in direzione del Po. Il movimento prosegue in direzione di Tre Casali dove forze nemiche (presumibilmente elementi blindati della *1ª Armored Division* USA) in unione a forze partigiane si trovano attestate. Intorno alle ore 21.00 il Btg. attacca i nemici con mortai e *Panzerfaust* (Plotone Pionieri) distruggendo tre autoblinde, l'avversario si ritira.

Sotto il fuoco nemico sono caduti sul Campo il Sottotenente Pellegrino (14ª Compagnia) ed un soldato germanico del Collegamento. Il Battaglione entra poi in Tre Casali e vì si sistema per la notte. Il Comando di Btg. passa dal Capitano Sestito al Capitano Manzotti (titolare della 13ª Cp). con il quale il Generale Comandante la 232ª *Infanterie-Division* si congratula per la marcia e per la brillante azione svolta.

24-04-1945: nella mattinata per improvvisa sparatoria partigiana cade sul Campo a Ronco di Campo Canneto il Cap. Magg. Del Moro (11ª Compagnia). L'uniforme dei Marò ormai non è più tale; i vari capi indossati, oltre ad essere molto usurati, non sempre recano mostreggiature e simboli; inoltre in vicinanza della Truppa appaiono e scompaiono con una certa frequenza gruppi di civili armati. Questa concomitanza di fatti ingenera nel personale germanico in marcia un certo nervosismo che dà luogo:

- al disarmo di un Plotone della 13ª Compagnia ad opera di un Maggiore tedesco che poi pretende anche di controllare i *Personalausweis* dei Marò; solo l'atteggiamento deciso del Comandante di Btg. ottiene l'immediata restituzione delle armi;
- l'uccisione per errore da parte di un Sottufficiale tedesco del Sottotenente Oggero e Serg. Magg. Barsotti (entrambi 13ª Compagnia) che durante un attacco aereo si trovano con i loro Marò ai lati della strada. Nel luttuoso episodio rimangono feriti i Marò Nicori e Bellavita ed altri due Marò. Costernati per il tragico equivoco i Camerati caricano i feriti su automezzo che dirige subito al Po oltrepassandolo. Il Battaglione ripreso il movimento raggiunge Roccabianca sempre sotto attacchi aerei nemici indi Polesine Parmense. Nelle vicinanze del fiume l'aviazione nemica ha ormai buon gioco sui concentramenti di automezzi, carriaggi e mezzi da combattimento che, con molte truppe, si apprestano a traghettare il fiume.

Monsignor Pellati avvisò i parenti che successivamente poterono riesumare la salma.

25-04-1945: causa la massiccia azione aerea nemica, le perdite fra le Truppe germaniche ammassatesi a sud del Po sono ingenti. I traghetti sono sì in funzione ma (due sole portiere ognuno) non sono sufficienti a smaltire l'immensa mole di lavoro. In pratica è tutta un'Armata (la 14ª) che deve passare il fiume. Il Battaglione inizia a traghettare oltre Po ma poco dopo uno *Jabo* affonda una delle portiere ed il va e vieni si interrompe. Al Capitano Manzotti viene comunicato, dal Comando della 232ª *Infanterie-Division*, che le Truppe germaniche, contrariamente al previsto, non occuperanno la linea di resistenza sulla sinistra Po avendo ricevuto ordine di rientrare in Patria puntando al Brennero (o almeno tentare ciò).

Il Capitano Manzotti, allora, riuniti gli uomini partecipa loro le notizie apprese e prospetta l'opportunità di passare oltre il Po puntando su Brescia dove trovasi il Deposito della Divisione o in alternativa di sciogliere il Battaglione. Il personale propende in gran parte per l'ultima soluzione, si procede allora alla distribuzione degli emolumenti ed alla distruzione delle armi poi gli uomini vengono messi in libertà individualmente.

Il Capitano Manzotti rimane sulla riva sinistra Po in attesa degli uomini ancora oltre il fiume che traghetteranno con il buio usufruendo anche di portiere di fortuna, con lui il Nucleo Comando. Mentre il traghetto riprende a funzionare, con i plotoni di retroguardia ultimi restano in attesa del loro turno, sulla destra Po, i Sottotenenti Lapomarda e Diamanti con sette Marò.

26-04-1945: sciolti i vincoli organici il Battaglione cessa ufficialmente di esistere alle ore 08.00. Il passaggio sul Po, fortunoso e tragico, ha voluto le sue vittime (cadaveri saranno ritrovati persino a Viadana). Mentre gran parte dei Marò si è allontanata individualmente, un'altra preferisce fare presa attorno a uomini di provata capacità e di indiscusso ascendente:

-il Nucleo "Lapomarda"-"Diamanti" passato il fiume la mattina riesce a raggiungere la periferia di Cremona dove, appresa da contadini la situazione nella città, si autoscioglie;
- un Plotone dell'11ª Compagnia guidato fermamente dal suo Comandante (Sergente Meles, pur ferito gravemente ad una mano) seguirà l'itinerario: Crema - Caravaggio - Ponte San Pietro - Lecco, lasciando via via indenni alle proprie case i Marò.
- un Plotone ridotto, traghettato il Po a Isola Pescaroli, si aggrega ad una Unità germanica in movimento e, ritrovato in marcia il Capitano Berner (di Collegamento al Btg. al fronte), si pone agli ordini e viene posto alla testa di colonna. Prima di Cremona i partigiani, con bandiera bianca, intimano la resa ma il Capitano Bernere dopo averli disarmati, li rimanda in Cremona con questo laconico messaggio: "Da Cremona passeremo senza il permesso del C.L.N.". Il che avviene, sia pure dopo una breve sparatoria, e la colonna indenne punta verso Brescia.

27-04-1945: la colonna germanica alla testa della quale marciano i Marò, agli ordini del Serg. Magg. Rossi e del Sottocapo Marchesini, procede in direzione di Brescia con l'intenzione di presentarsi al Deposito Divisionale. Presso l'abitato di Dello una vettura 11.00, con a bordo civili armati, ferma l'avanguardia partecipando che Dello stessa è già in potere di forze USA. Viene richiesta la consegna delle armi. Il Capitano Berner risponde che "tratterà solo con gli americani, i partigiani combattino o si ritirino". Il che puntualmente avviene. Giungono però subito dopo truppe USA.

La Colonna[53] si riordina e inizia a sfilare in parata davanti al nemico stupefatto... Ultimato lo sfilamento, la Colonna "Berner" consegna le armi e tutti gli arresi, concentrati a Bagnolo Mella, vengono rapinati alcuni averi dai soldati americani. Giunge poi un Capitano della M.P. che rivolge un discorso in tedesco ed in italiano agli arresi, egli termina dicendo: "Voi, uomini d'onore, nulla avrete da temere dai partigiani". In realtà, l'Ufficiale nemico ha già respinto la richiesta di consegna degli italiani fatta dalle bande. Ma successivamente la Truppa italiana passerà in mano partigiana, vi resterà sette giorni dopo di che per ordine degli americani verrà posta in libertà. Il Plotone "Meles", via via assotigliatosi, prosegue nel suo movimento che si concluderà a Lecco il 1° maggio successivo.

Con quest'atto di coraggio (gli ultimi Marò sono ancora in armi ed in uniforme) il III Battaglione del 5° Reggimento Fanteria Marina "San Marco" cessa di esistere.

PERDITE DEL III BATTAGLIONE DEL 5° REGGIMENTO F.M. AL FRONTE SUD

	Caduti	Dispersi	Feriti
Ufficiali	7	-	2
Sottufficiali	8	2	4
Graduati e Truppa	28	7	25
Ignoti Truppa	2	-	-
Totale	45	9	31

[53] Formata da due Compagnie tedesche di formazione, 10 Marò del III/5° "San Marco", 31 Bersaglieri della "Italia", 5 Squadristi della XXVII Brigata Nera "Virginio Gavazzoli" di Parma e un Milite della GNR Stradale.

Il Colonnello Giuseppe Sordi, comandante il 5° Reggimento della San Marco, *decorato della* Eisernes Kreuz *di seconda classe.*

Un Marò del III/5° in perfetta tenuta da regolamento. Notare il Distintivo per l'addestramento in Germania (chiamato scherzosamente dai Marò Kartoffelnkreuz, *"Croce delle patate").*

Abetone, gennaio 1945. Un Marò del III/5° appena giunto al fronte.

Abetone nel novembre 1944 (foto H. Boucsein).

Soldati della 232. Infanterie-Division.*; la foto è scattata dalla strada del Brennero vicino Abetone verso nord e la Val Scotenna (foto H. Boucsein).*

Un decorato Ufficiale del Grenadier-Regiment 1044 *della* 232. Infanterie-Division *e il suo attendente ai piedi del Monte Cimone (foto H. Boucsein).*

Una squadra posafili della 232. I.D. *in sosta nei boschi vicino Lagosanto (foto H. Boucsein).*

Il coraggioso Marò del III/5° Aroldo Molesini, caduto il 27 marzo 1945.

Marò del III/5° in posizione, armati di MAB 38A *e* MG 42.

La bella e audace "Capitana" della 1ª Compagnia Operativa di Propaganda Maria Nencioli, inviata presso il III/5° sull'Abetone.

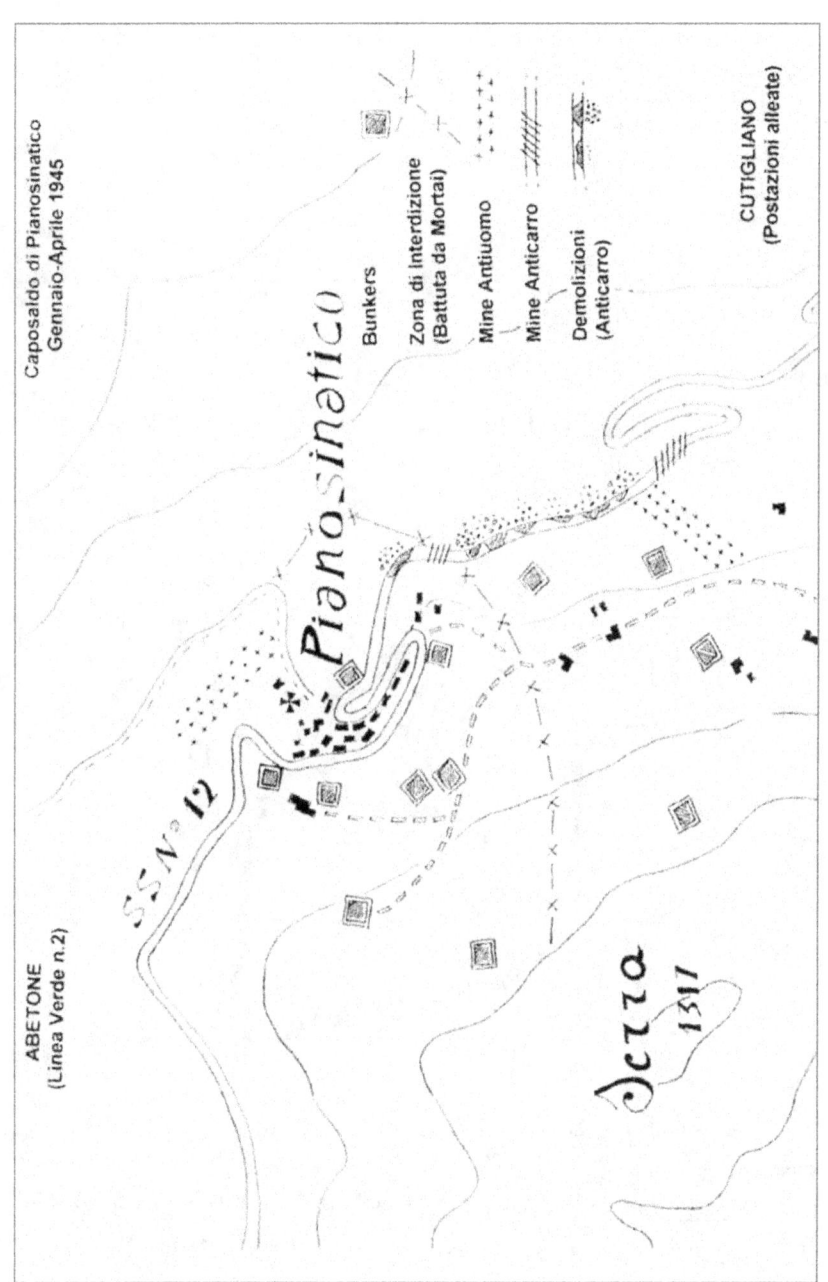

Posizioni del III/5° nel caposaldo di Pianosinatico.

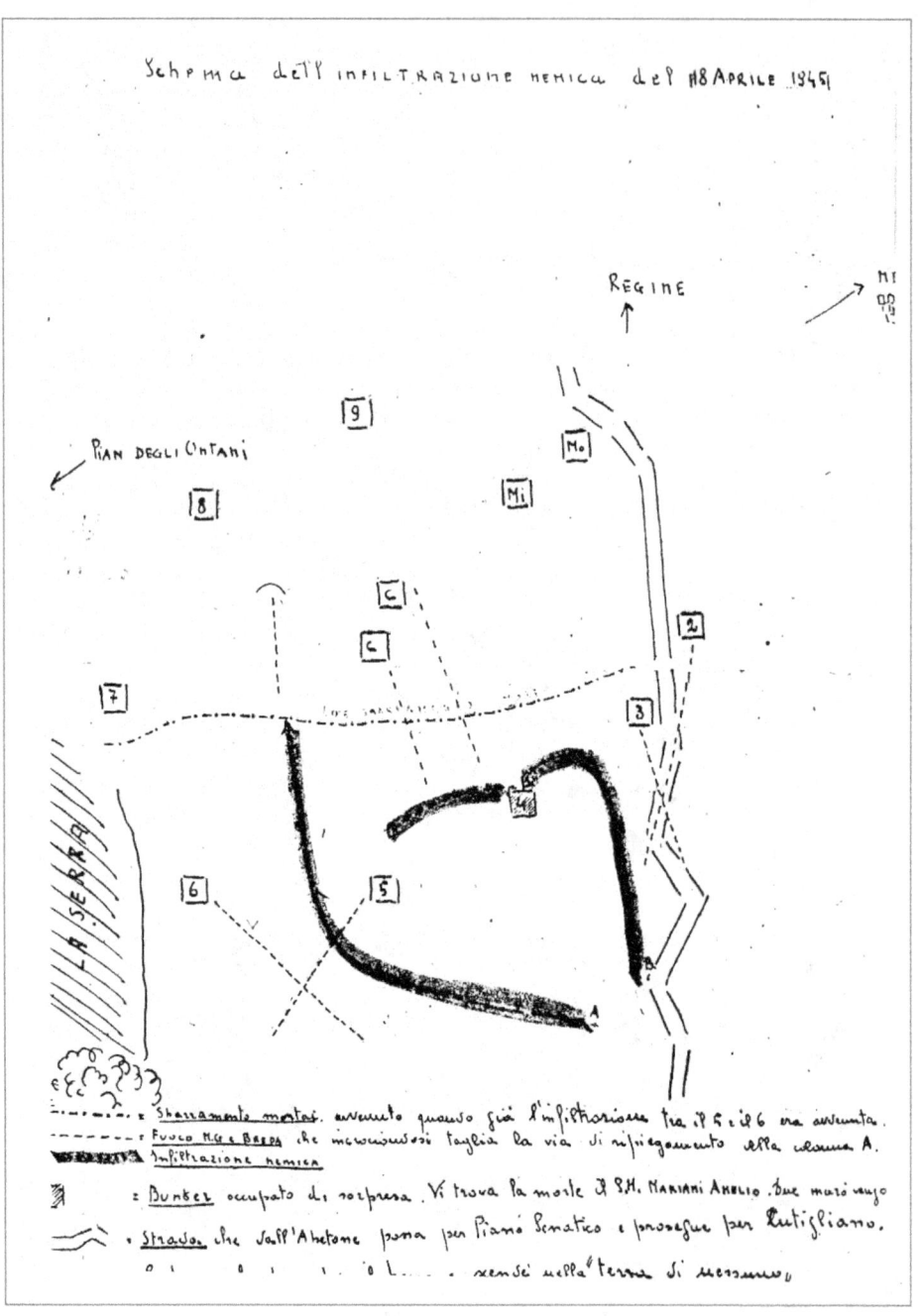

I combattimenti sull'Abetone il 18 aprile 1945.

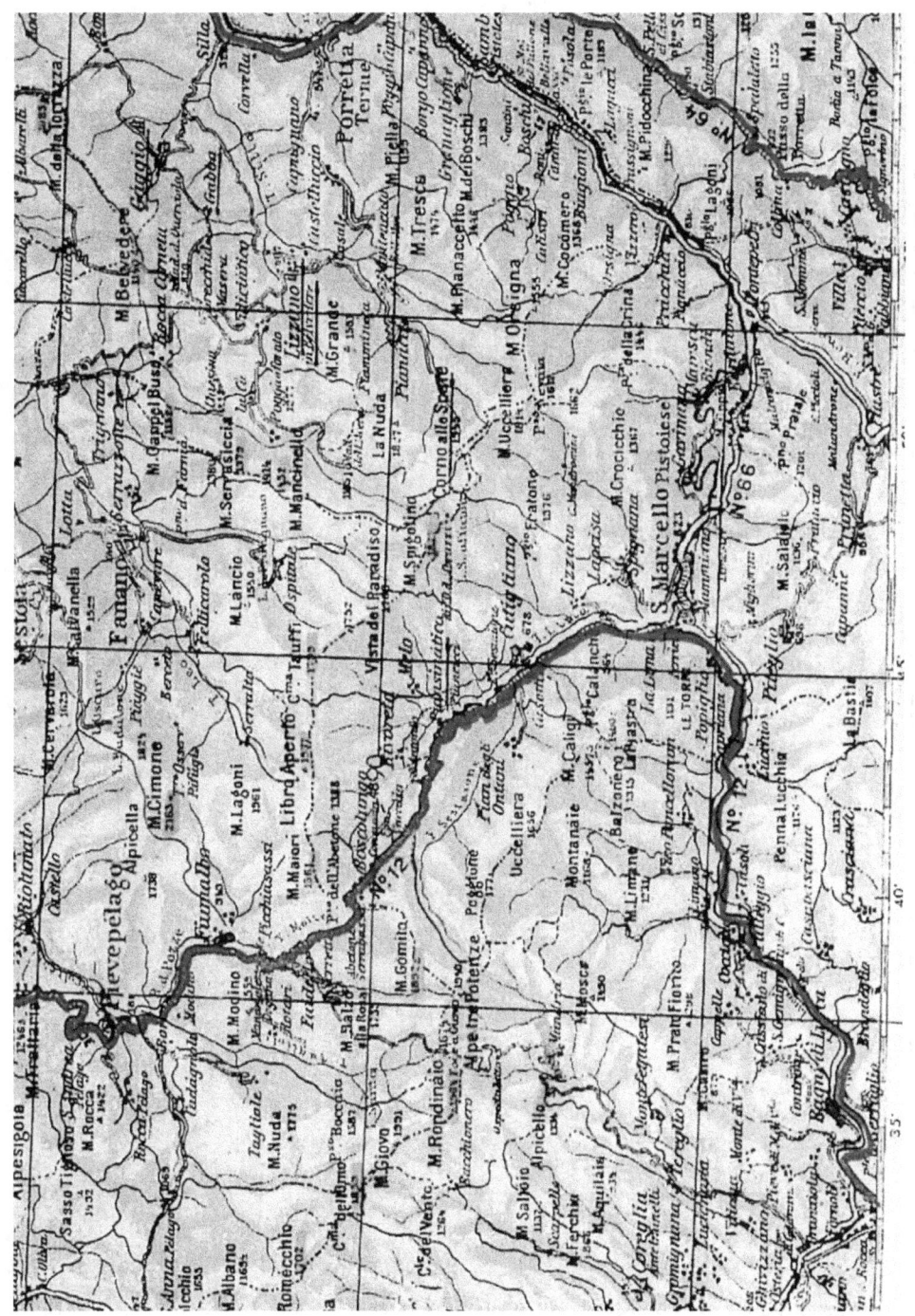

Il settore dell'Abetone. Le posizioni tenute dal III/5° andavano da Alpe tre Potenze a Piansinatico a Monte Maggiore-Libro Aperto.

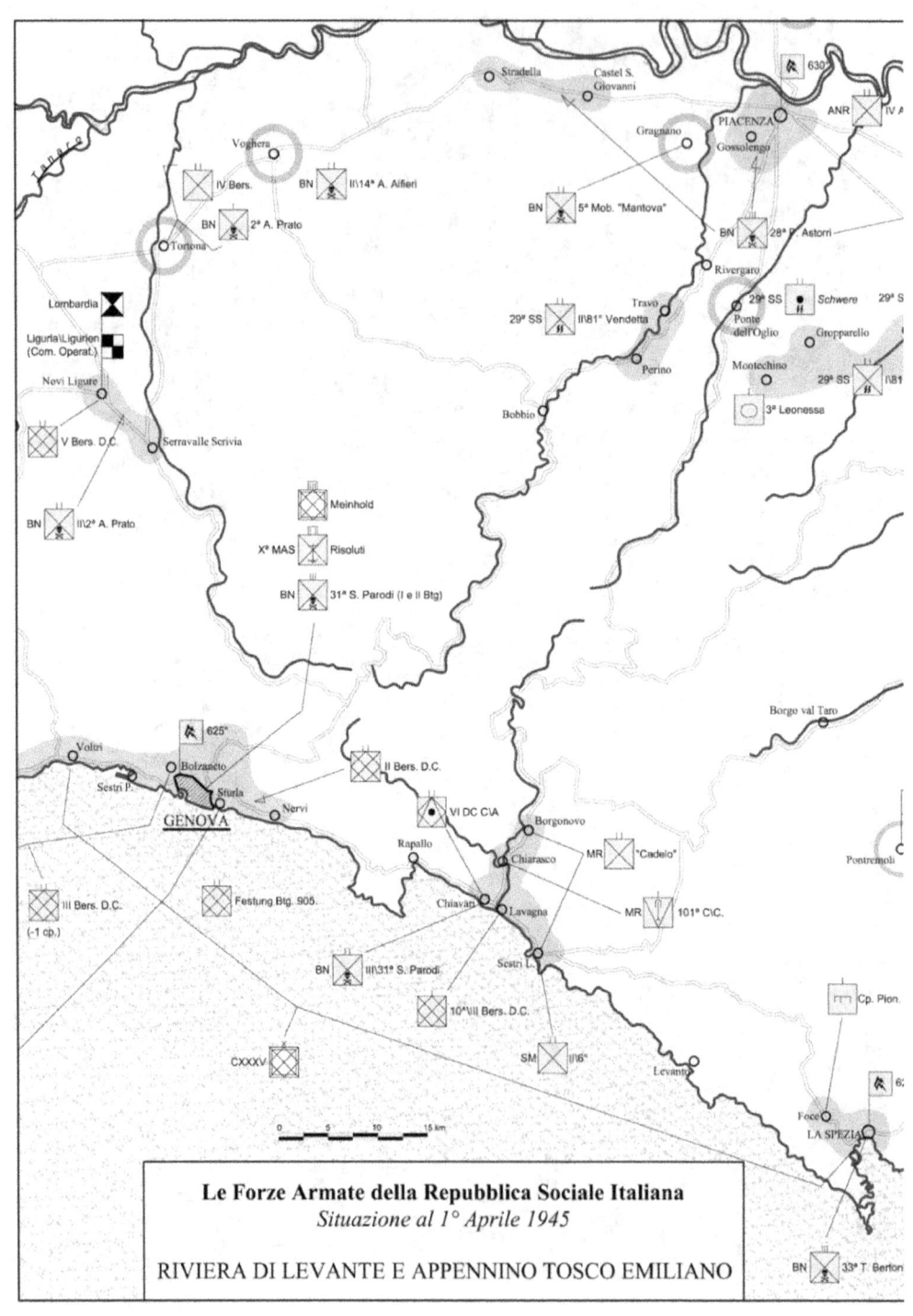

Le Forze Armate della Repubblica Sociale Italiana
Situazione al 1° Aprile 1945

RIVIERA DI LEVANTE E APPENNINO TOSCO EMILIANO

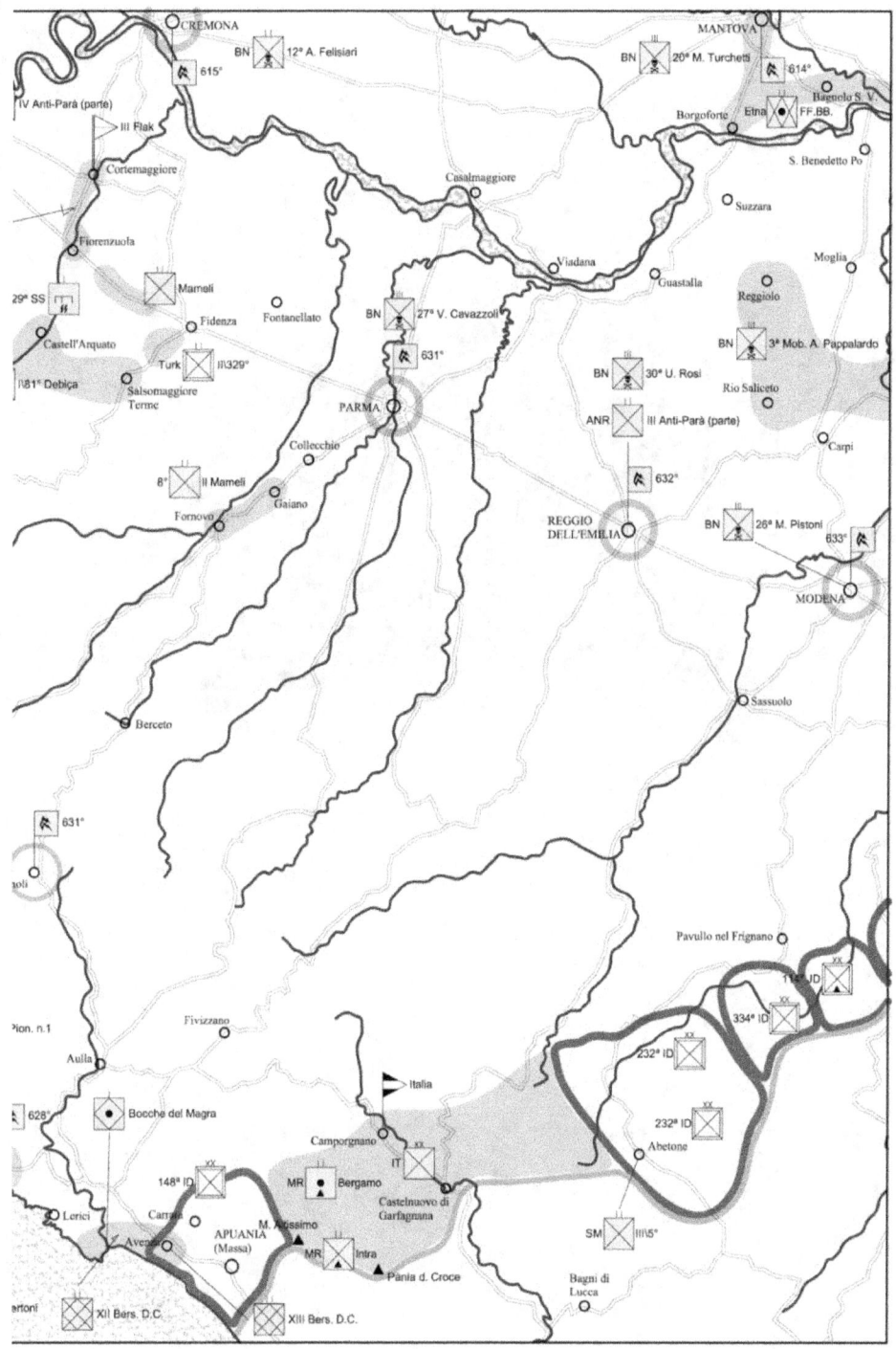

Appendici

Il Comandante Luigi Uccelli
di Francesco Uccelli

Il Comandante del II Btg. del 6° Rgt. della Divisione "San Marco" nelle parole del figlio Franco.

Sono stato pregato di raccontare brevemente la storia della vita di mio padre, il Comandante Luigi Uccelli, la cui figura è legata in particolar modo al leggendario II Battaglione del 6° Reggimento della divisione San Marco della Repubblica Sociale Italiana, dei cui veterani questo periodico è l'espressione. Sono ricordi che affiorano dalla mia memoria d'ottantenne, essendo trascorsi quasi trent'anni dalla sua morte. Luigi Uccelli nacque nel 1898 a Cremona, da una delle famiglie più in vista della città. Mio nonno Francesco, nome che si tramanda a generazioni alterne nella mia famiglia, era il Direttore della Banca Popolare di Cremona. Il nonno aveva studiato nella Svizzera tedesca, possiamo quindi immaginare che educazione severa avesse ricevuto in quegli anni, perciò quando mio padre, che anche da ragazzo era alquanto birichino, a tredici anni per la prima ed unica volta fu bocciato, mio nonno lo costrinse ad entrare, senza discussione alcuna in Accademia Navale. Allora, infatti, si entrava già a tredici o quattordici anni d'età. La sua particolare attitudine per le discipline matematiche gli permise di essere tra i primi del Corso, che dal suo Capocorso, come si usa in marina, nella storia dell'Accademia Navale si chiamò Corso "Matteini".
Per quanto ricordo, suo compagno d'Accademia, non di Corso, fu il duca di Spoleto, Ajmone di Savoia, che fino all'otto settembre 1943 comanderà la Xª Mas, essendo diretto superiore del principe Borghese. Come accadde anche a me nella guerra successiva, gli studi del suo Corso all'Accademia Navale furono accelerati per permettere agli allievi di partecipare agli ultimi mesi della prima guerra mondiale. Se non ricordo male venne imbarcato sulla corazzata Dante Alighieri, dapprima col grado di guardiamarina, poi come sottotenente di vascello. Finita la guerra rimase sulla stessa nave e vi era imbarcato quando l'allora re d'Italia la utilizzò per una visita ufficiale di Stato in Spagna. In quest'occasione Vittorio Emanuele III conferì al tenente di vascello Uccelli (neopromosso a soli 23 anni) la croce di cavaliere dell'Ordine della Corona d'Italia.
Correva l'anno 1921 e in quello stesso anno mio padre fu destinato a La Spezia, cosa che ricordo bene perché io, che ero nato qualche tempo prima (1920), fui battezzato in una parrocchia nelle vicinanze dell'Arsenale. All'Arsenale di La Spezia mio padre cominciò "a farsi le ossa " nella specializzazione "E" (elettrotecnica) allora di pertinenza degli ufficiali di Stato Maggiore della Marina. L'amore per la Patria che suo padre, fervente interventista, e la Marina gli avevano trasmesso, lo portò ad aderire in quegli anni alle manifestazioni del sorgente Partito Fascista, tanto che con orgoglio mi raccontava di avere preso gli arresti di rigore per aver indossato, come diceva la motivazione della punizione, una "divisa fantasiosa", e cioè una camicia nera invece

di quella bianca d'ordinanza. Ultimata la specializzazione "E" che a quei tempi comprendeva anche il ramo radiotecnica, fu destinato a comandare la base navale di Massaua, in Eritrea. Era l'anno 1925.

Naturalmente portò con sé la famiglia, lì nacque l'ultima mia sorella ed io frequentai le prime tre classi elementari. Massaua era allora la "vecchia colonia" in cui faceva tappa, venendoci spesso a trovare, il duca degli Abruzzi, ammiraglio Luigi di Savoia, quando passava per recarsi in Somalia dove aveva fondato il villaggio e la magnifica azienda agricola che portavano il suo nome. In quell'epoca mio padre ebbe due incarichi dalla Marina: il primo fu quello di trasferire la stazione radio da Massaua all'Asmara, costruendo una delle prime stazioni ad onde corte del mondo. Mi piace ricordare che su questo progetto feci una tesina supplementare in occasione della mia tesi di laurea in ingegneria, li secondo incarico fu una missione segretissima che lo portò per diversi mesi nello Yemen. Non ho mai saputo di cosa esattamente si trattasse, anche se intuibile per i noti rapporti d'amicizia del governo yemenita nei confronti del fascismo e in ostilità agli inglesi che dominavano Aden. Ritornato in Italia alla fine degli anni venti, fu destinato all'Arsenale di Taranto come responsabile del reparto "E". In questa posizione ebbe modo, tra gli altri incarichi, di presiedere al collaudo di molti sommergibili, in cui è nota l'importanza degli impianti elettrici e non solo per la propulsione. All'inizio degli anni trenta mio padre, approfittando di una legge sul disarmo che offriva a chi voleva lasciare la Marina dei notevoli vantaggi anche dal punto di vista finanziario, si congedò. Poté così tornare a Cremona ed occuparsi più da vicino degli interessi di famiglia. Inoltre offrì la sua personale, completa disponibilità alla nuova realtà politica, il Fascismo, verso cui si sentiva particolarmente attratto. Si dedicò così all'organizzazione dell'Opera Nazionale Balilla, curandosi soprattutto del settore degli Avanguardisti. Allo scoppio della guerra d'Etiopia mio padre non poteva mancare al richiamo della Patria, e si arruolò quindi immediatamente in una Divisione di Camicie Nere, in cui gli fu affidato, col grado di Seniore, il comando di un Battaglione di mitraglieri. La Marina, venuta a conoscenza di questo fatto, lo richiamò in servizio per affidargli l'incarico d'Addetto Navale in Equador.

Ricordo quanto lo avesse turbato questa presa di posizione della Marina, e soprattutto l'incarico cui era stato destinato, lui che voleva invece battersi sul campo. Fece quindi diversi viaggi a Roma prima di riuscire a farsi annullare il richiamo della Marina, ma nel frattempo il Battaglione era già partito con un altro Comandante, ed a lui non restò altro che accettare di far parte del Comando divisionale, come responsabile della logistica. Era la Divisione comandata dal generale Teruzzi. Finita la guerra, l'Impero aveva bisogno non solo di soldati ma di amministratori che conoscessero ed amassero l'Africa. Lui, per i suoi precedenti di vecchio coloniale fu nominato "residente", titolo equivalente a prefetto del Regno, a Decamerè in Eritrea. Allo scoppio del secondo conflitto mondiale la Marina lo richiamò in servizio ancora una volta, e gli affidò il Comando della difesa antiaerea e costiera di Massaua. Per assolvere al meglio, com'era sua abitudine, l'incarico che gli era stato affidato, non disponendo d'apparecchi radar ebbe la luminosa idea, che attuò immediatamente, di reclutare tutti i ciechi che aveva potuto trovare in Eritrea e di addestrarli all'uso degli aerofoni. Fu un clamoroso successo! Non appena uno degli aerofonisti riusciva a captare un aereo inglese, bombardiere, caccia o ricognitore che fosse, tutti gli aerofoni venivano orientati su questo aereo, su cui si concentravano subito tutte le batterie che aprivano il fuoco contemporaneamente, abbattendolo. Si era venuta a creare quasi una leggenda. Ormai tutti avevano la certezza che almeno un velivolo per notte, di quanti avessero sorvolato Massaua, sarebbe stato sicuramente abbattuto. Questa psicosi aveva finito con l'impossessarsi anche del nemico. In totale furono abbattuti in pochi mesi di guerra una cinquantina di aerei inglesi. Per questa sua "trovata" fu ricompensato con una Medaglia di Bronzo al Valore Militare.

Fu uno degli ultimi italiani ad arrendersi, e questo gli valse un'altra medaglia al valore. Mentre i suoi colleghi imbarcati affondarono le loro navi e, attraversato il Mar Rosso, sbarcarono in Arabia Saudita per essere internati, mio padre ormai prigioniero degli inglesi, era destinato ai campi di prigionia in India. Al momento dell'imbarco però, cadde dal barcarizzo, si ruppe una gamba, e di conseguenza venne ricoverato all'ospedale di Asmara. Alla dimissione fu avviato al Campo di concentramento di Asmara, del quale divenne il Comandante, essendo l'ufficiale più alto in grado. Mio padre certo non era il tipo da stare buono e tranquillo a fare il prigioniero, per cui, con la complicità del parroco, una bella figura di frate cappuccino, organizzò la fuga dal campo di diversi marinai e soldati compresa ovviamente la sua, che fu la più rocambolesca. Riuscì, infatti, ad evadere dentro un'autobotte. Una volta fuori iniziò la guerriglia contro gli inglesi, con l'aiuto della popolazione indigena ed italiana. Divenuto impossibile il continuare, armate alcune lance a motore, attraversò con gli uomini che aveva radunato attorno a sé il Mar Rosso per unirsi agli altri marinai che lo avevano preceduto, internati su di un isolotto sperduto di fronte a Gedda, nell'Arabia Saudita. Nella primavera del 1942 io ero imbarcato come guardiamarina sulla corazzata *Vittorio Veneto*, quando, essendo di comandata in plancia a Taranto, fui chiamato a poppa poiché vi era una sorpresa per me. Era mio padre, che non vedevo ormai da sette anni, che era riuscito, approfittando di uno scambio di internati, ad attraversare con ogni mezzo, ma il più delle volte a piedi, Arabia Saudita, Palestina, Siria e Turchia, per imbarcarsi a Smirne ed arrivare finalmente in Italia. Dal Ministero Marina aveva saputo dove mi trovavo. Non contento delle peripezie fino ad allora attraversate, e poiché aveva soltanto quarantaquattro anni, chiese ed ottenne il comando di una nave bananiera, il *Ramb III*, che nei cantieri navali di Fiume stava per essere trasformata in nave corsara per effettuare la guerra di corsa, in particolare contro i sommergibili, nel Mediterraneo. L'otto settembre 1943 è a Fiume con la sua nave, e fonda in quella città il Comando della Marina Repubblicana. Troppo comoda era considerata da lui questa destinazione. Non appena seppe della formazione di una Divisione di Fanteria di Marina, fece di tutto per raggiungere il centro di reclutamento a Vercelli, per poi seguire tutte le vicissitudini della Divisione. Qui cessa il mio racconto e lasciò la continuazione a chi avendo fatto parte del Battaglione Uccelli, meglio di me ne può raccontare la storia. Ciò che mi piace ricordare è la fierezza con cui mi ripeteva che il suo Battaglione aveva sì dei volontari, ma che per la maggior parte era formato da giovani di leva, orgogliosi di aver obbedito alla chiamata alle armi per difendere l'onore della Patria.

Milano, 20 aprile 1952. Il Generale Amilcare Farina, a sinistra, con il Comandante Luigi Uc-celli, alla fondazione dell'Associazione Veterani della Divisione San Marco.

I Tenenti del Battaglione Uccelli Luigi Piantato e Mario Abriani ricordano il loro Comandante.

Ho letto l'articolo *"Ho avuto un padre... strano ma soprattutto straordinario"* sul n°35 del *San Marco*, scritto dall'ingegner Francesco, figlio del Comandante Luigi Uccelli. Si sono fatti strada i ricordi di quel breve ma intenso periodo vissuto con il Battaglione Uccelli. Purtroppo i miei ricordi sono avvolti come da una nebbia, la nebbia della Garfagnana e quella degli anni trascorsi, anche se alcuni episodi sono abbastanza chiari e vivi in me. Vedere il suo volto sorridente accanto al generale Farina nella foto pubblicata mi ha dato una stretta al cuore. Il 23 settembre del 1943 mi sono arruolato ad Alessandria nella Milizia Volontaria Sicurezza Nazionale in corso di ricostituzione, Corpo che successivamente cambiò il suo nome in quello di Guardia Nazionale Repubblicana. Dopo un periodo a Moncalieri, fui assegnato alla Scuola Allievi Ufficiali di Rivoli, dalla quale uscii con le stellette di sottotenente della GNR. Da Brescia, dove venivano concentrati gli ufficiali di nuova nomina di tutte le Scuole della Guardia, fui inviato direttamente al 1° Reggimento Alpini Monterosa in Garfagnana. Giunto a Camporgiano con altri tre colleghi di fresca nomina, il colonnello Pasquali, Comandante del Reggimento, ci assegnò al II Battaglione del 6° Reggimento della Divisione Fanteria di Marina San Marco, che operava appunto in quella zona ai suoi ordini. Arrivammo al comando di battaglione con tanto di cappello con la penna nera. Ci accolse il Comandante Uccelli che, dopo avere assegnato ai vari reparti i miei colleghi, mi disse: "Tu resti qui, e sarai il mio ufficiale addetto". Uccelli, capitano di corvetta, era un vero personaggio, alto e massiccio, incuteva rispetto ed obbedienza. Usava un frasario tipico dei marinai, a volte scherzoso, ma quando necessario anche duro e severo. Dopo alcuni giorni, vedendomi sempre con il cappello alpino, disse all'aiutante maggiore Tenente Sommaiuolo *cosa aspetti a mettere un basco in testa a questo...?*- E così fui promosso marò. Un marò un po' strano, come tutti quelli del battaglione che dovevano arrampicarsi su per i monti della Garfagnana anziché saltare in acqua dai mezzi da sbarco! Temevo che mi sarebbe stata riservata al Comando una vita monotona e diversa da quella che avevo sognato, invece ero lì per fare il jolly. Il Comandante infatti mi utilizzava negli avamposti o presso i comandi delle Compagnie per dare man forte o sostituire qualche collega. Soprattutto l'avamposto di quota 437, la quota dell'inferno, era meta delle mie puntate, una delle quali durò ben 15 giorni.

Ma l'episodio che più mi legò, ed ancora oggi mi lega al mio Comandante, avvenne quando fui catturato da una banda di partigiani gappisti, mentre rientravo a La Spezia dalla Garfagnana. Con il capo staffetta motociclista ero stato inviato di notte a predisporre gli alloggiamenti per il Battaglione che, avendo ricevuto il cambio, rientrava nelle retrovie, nell'entroterra ligure. Ma a La Spezia non eravamo mai arrivati, e quando il Battaglione vi giunse, non risultavamo presenti presso nessun Comando. Il capitano Uccelli intuì subito quello che poteva essere successo. A causa di un ponte distrutto, dopo aver guadato un fiume avevamo sbagliato strada, e, andata in panne la motocicletta, avevamo chiesto ospitalità in una vecchia osteria vicina. Le informazioni pervenute al Comando confermarono poi l'intuizione di Uccelli, che spedì subito alla nostra ricerca un drappello di volontari comandato dai tenenti Seth e Arena. Giunto a Pian del Pollo Arrivato il reparto a Pian del Pollo, dove in effetti eravamo trattenuti, vennero avviate le trattative che si conclusero subito con lo scambio di noi due contro quattro partigiani. Se il comandante Uccelli non avesse compreso tutto subito, ed avesse tardato a dare immediate disposizioni per la mia ricerca, oggi non sarei qui a ricordare quell'episodio.

Sempre attento, e sempre presente, dopo una ventina di giorni trascorsi a presidio della valle di Castiglione Chiavarese, guidò il Battaglione nella ritirata diretta al Po.

Ma gli americani che ci seguivano bloccarono le strade anche davanti a noi e ci fecero prigionieri. Nella notte precedente la resa, durante la sosta ad Uscio (GE) mi presentai a lui con un fascio di cartamoneta avuto dalla cassa divisionale. Lui ordinò di farne partecipi tutti i comandanti di compagnia, in modo che ogni marò ricevesse la sua quota. Mi salutò dicendo che non voleva correre il rischio di cadere in mano al nemico per fatti accaduti durante la fuga dal campo di concentramento in Africa. Incontrai il Comandante Uccelli un giorno in Via XX settembre a Genova; erano gli anni cinquanta, anni bui per noi. Un breve saluto ed un arrivederci. Non ci siamo più visti, ma io lo ricordo sempre con nostalgia, come un buon soldato ed un valido comandante, ed ancora oggi i pochi rimasti dicono con orgoglio: "Ho fatto parte del battaglione Uccelli".

Luigi Piantato

***

Anch'io ho avuto la fortuna, come giovane ufficiale della Guardia, che aveva richiesto e ottenuto, dopo la nomina, di entrare a far parte della divisione San Marco, di essere assegnato al battaglione Uccelli, che raggiunsi in Garfagnana portando con me una quarantina di complementi. Al fronte ho potuto incontrare di rado il Comandante, ma la sua presenza si sentiva costantemente dovunque. Vulcanico ma coerente, inflessibile e duro prima di tutto con se stesso, non lesinava critiche ai superiori quando lo riteneva giusto, e pretendeva il massimo dai suoi subalterni più anziani. Qualche concessione e attenzione per i più giovani che, probabilmente, gli ricordavano il figlio Francesco, anche lui giovane ufficiale di marina, era però mascherata dal tono burbero e scostante. Ma era un uomo ed un soldato vero, e tutti noi, indistintamente, lo ricordiamo con grande simpatia.

Mario Abriani

L'ADDESTRAMENTO AL FRONTE
DI ENNIO VARICCHIO

Il 2° Capo Ennio Varicchio ricorda l'addestramento presso una Divisione tedesca sulla Linea Gotica, prima di essere inviato in Garfagnana con il Battaglione Uccelli.

Mi presentai a Savona e venni a sapere che un capitano, un sottotenente ed un sergente di ogni Btg. erano stati prescelti per un periodi di addestramento presso unità tedesche sul fronte italiano. Io incontrai a Savona solo il cap. Messina, comandante della mia 10ª compagnia , dal quale poi mi separai poiché ognuno fece un ciclo diverso di operazioni. Arrivai alla compagnia alla quale ero destinato nella piana intorno a Pistola sotto un acquazzone maledetto. Intorno si sparava accanitamente e si sentiva un continuo boato per lo scoppio di granate. Il tenente comandante la compagnia era informato del mio arrivo e mi accolse molto cameratescamente. Fui aggregato ad un gruppo operativo composto da quattro soldati guidati da un caporalmaggiore grande come un armadio, forte come un toro, senza paura né sentimentalismi.

La nostra divisione, la 65ª di fanteria, formava la retroguardia del gruppo di divisioni che si ritiravano lentamente verso la linea Gotica, approntata alle nostre spalle. Iniziammo le uscite in pattuglia per disturbare l'avanzata degli americani. Imparai presto la tattica usata dai tedeschi nella difesa elastica adottata da Kesserling: ripiegare in forze per alcuni chilometri, ritornare all'attacco con forze molto leggere contro le quali si scontravano le truppe americane avanzanti, immensamente superiori di armi, mezzi, approvvigionamenti e quindi molto lente. In tal modo i tedeschi riuscivano a conservare la massa delle loro forze, sacrificando solo piccole unità. Per parecchi giorni andammo così avanti e indietro finché raggiungemmo la zona montagnosa alle spalle di Pistola. In questi continui moti pendolari mi colpì l'organizzazione ed il perfetto ordine con cui le truppe tedesche si ritiravano. Sulla destra marciava la fanteria, a sinistra gli automezzi ed i carri armati. Soldati della Gendarmeria da Campo con la placca sul petto e la fascia al braccio, indicavano alle singole compagnie le nuove posizioni da raggiungere o in ritirata o in posizioni da difendere. Ordine e disciplina assolute, sembrava una esercitazione, non una continua ritirata. Così capitò anche a noi e la mia compagnia con il mio gruppo occupò una serie di bunker ed una casetta in un pianoro. Sistemati nei bunker della linea Gotica, iniziò la fase di difesa ad oltranza senza ulteriori ripiegamenti e per noi cinque della squadra il vero lavoro di pattuglia che durava generalmente tutta la notte. Si scendeva attraverso sentieri da capre sino alla pianura e si cercava il vero e proprio scontro con singoli reparti americani, contro carri armati, contro l'organizzazione logistica americana, contro sentinelle. Passavamo al setaccio ogni piccolo villaggio, ogni casolare. I carri armati erano i bersagli preferiti e venivano assaltati con *Panzerfaust* e con mine anticarro. Per quanto mi riguarda, fui sempre pronto a compiere tutto il mio dovere e ciò contribuì a far capire ai tedeschi che anche gli italiani sapevano combattere, se ben guidati ed armati.

In momenti di calma, qualche volta il tenente, per mio specifico addestramento, fece fare alcune dimostrazioni di tattica ed impiego delle armi. Mi colpì in modo particolare l'uso del lanciagranate applicato alla canna del *K 98k*. In mano a gente esperta e coraggiosa era un'arma micidiale, leggera, e di ottima precisione sino a 120/150 metri. Mi servì molto allorché mi trovai in difficoltà in Gariagnana nel novembre 1944. Mi tirarono il collo sia nelle esercitazioni che nelle pattuglie ma ne uscii temprato e pronto.

Due volte durante la pattuglia in territorio di nessuno, il mio caporalmaggiore conobbe il mio rigido sentimento di protezione verso la popolazione civile e mi opposi duramente ad angherie e soprusi tentati dai miei camerati di pattuglia verso i civili inermi. Temevo la reazione del mio "armadio" per avergli impedito di raggiungere il suo scopo, anche perché solo italiano fra centinaia di tedeschi. Dopo alcuni giorni burrascosi e di difficile convivenza, capì la mia posizione di italiano ed il reciproco cameratismo divenne ancora più profondo. Un giorno mi guardò fisso negli occhi, con rispetto, e mi disse che aveva proposto al comandante la compagnia di farmi concedere la Croce di ferro. Non avvenne nulla, ma per fortuna non ebbi neppure la croce di legno.... !

Passavano i giorni ed i tedeschi della mia squadra mi prendevano in giro facendomi capire che il mio comando mi aveva abbandonato ed io avrei dovuto fare tutta la guerra con i camerati tedeschi. Da buon italiano facevo le corna ed aspettavo. Verso la fine di settembre arrivò un maggiore tedesco che mi fece dire dal comandante di compagnia che presto sarei rientrato al mio reparto.

Lasciai la compagnia e la mia squadra, "armadio" compreso, con vero rincrescimento perché il lungo periodo passato assieme in mezzo a continui pericoli, attacchi, scontri, fatiche, sacrifici, ci aveva uniti, anche se lingua ed ideologie erano diverse.

Ricordo che raggiunsi Bologna, ma non ricordo altro sul rientro al mio reparto, dove, quando. Ero solo contento, come italiano, come istriano, come fante della S. Marco, di non essere venuto meno ai principi di coraggio, lealtà verso l'alleato, protezione dei deboli.

RICORDI DI GARFAGNANA
DI ENRICO RONCHI

I ricordi di un Bersagliere della Divisione "Italia" in zona d'operazioni, marzo-maggio 1945.

La lettura di un articolo comparso sul n°14 del notiziario San Marco", intitolato "La quota dell'inferno", mi ha indotto a ricercare nella memoria ricordi che credevo svaniti. E così ho ritrovato alcuni tasselli degli eventi cui allora ho partecipato in Garfagnana sulle Apuane, dopo Gallicano verso Lucca. In quel tempo ero in forza al I Battaglione del 2° Reggimento Bersaglieri della Divisione Italia, comandato dal capitano Giuseppe Ferrano, mentre la mia Compagnia, la 5ª, era comandata dal tenente Emanuele Giuntini.

Avevo il grado di caporalmaggiore A.U. ed avevo fatto l'addestramento in Germania sull'altipiano del *"grösser Heuberg"*.

Da Verona eravamo giunti ad Aulla a piedi. Dopo uno spezzonamento d'aerei americani, che provocò non pochi morti, feriti e danni, muovemmo verso il fronte passando per Fivizzano e Piazza al Serchio, dove sostammo qualche giorno per il ricompattamento del reparto. Era il febbraio del 1945. Proseguimmo per Castelnuovo di Garfagnana, quindi per Barga, con deviazione a Monzone, ed infine giungemmo a Gallicano dove prendemmo posizione, alla destra del Serchio, sul filo di un colle, sostituendo i reparti della *Monterosa* che andavano a schierarsi sulle Alpi Occidentali.

Qui mi fu assegnata una squadra di nove bravi ragazzi (uno di loro poco più che sedicenne) tutti addestrati come me tra Münsingen ed Heuberg, e dovevamo tenere la quota che ci era stata assegnata, come ci era stato insegnato ad Heuberg. Ci fronteggiavano i negri della 92ª Divisione *Buffalo*. Non posso affermare che la collina di fronte alla nostra – dalla quale ci divideva un valloncello – fosse quella "dell'inferno", ma doveva assomigliarle molto. Posso dire invece che respingemmo alcuni assalti da parte dei soldati americani, che, respinti, fuggendo lasciavano sul terreno elmetti, fucili, e quant'altro potesse rendere meno veloce la loro ritirata. Ricordo anche che, affamati, non giungendoci da tempo alcun rifornimento dalla retrovia, e non potendo rimediare sul luogo che qualche polenta di castagne, individuata una postazione nemica dove nottetempo vi era un continuo andirivieni di mezzi, decidemmo di farvi una visita, immaginando che fosse una base avanzata ben rifornita di viveri. Così, di notte, alcuni dei miei scomparvero nel buio del vallone, per riapparire (a me che li seguivo col binocolo) sotto forma di lampi e spari sul presunto luogo dei viveri. Tornarono tutti con qualche prigioniero "portatore" di scatoloni di "menù".

Nell'avamposto ricevemmo nel marzo del 1945 una gradita visita del generale Carloni: alla baracca che ci ospitava (quattro assi sgangherate con una copertura di terra e fogliame) si arrivava soltanto inerpicandosi per un ripido sentiero. Fui avvertito dell'ispezione da un bersagliere, e avevo appena finito di gridare ai miei di dare una parvenza di ordine al posto, quando udii la voce del Generale che stava terminando la salita e comparendo di sotto al ciglio esclamava: "Chi è che vuol dare una parvenza di ordine anche qui?" Ci ridemmo sopra entrambi. Ricordo ancora di essermi trovato con i miei compagni a dover collaborare con alcuni artiglieri per portare in posizione un pezzo da 149, un bel bestione, su una quota di fronte alla piana di Lucca. Dapprima provammo con un trattore *Pavesi*, ma questo non aveva sufficiente potenza. Infine ci riuscimmo con l'aiuto di un enorme cingolato. Dalla postazione si vedeva tutta la piana di Lucca brulicante di mezzi ed uomini della 5ª Armata. Era Pasqua, e credo che il cannone fosse l'unico rimasto, come forse unico era il proiettile. Se la memoria non m'inganna, a dirigere il tiro vi era un tenente colonnello di nome, mi sembra, Gandini. Questi, certamente lombardo, esclamò: "adess ghe mandum l'oev de Pasqua!". Il colpo partì ed arrivò nella piana, dove mi sembrò di vedere un immediato fuggi fuggi. Noi tutti, dopo ave fatto saltare il cannone, ci ritirammo immediatamente da quella posizione, sia per ordini ricevuti, sia perché l'esperienza ci aveva insegnato che dovevamo aspettarci un intenso fuoco di controbatteria. Infatti, fummo inseguiti dai tiri dei semoventi di colle in colle. Fu durante quel bombardamento che cadde il sottotenente Francesco Mele. Era a circa duecento metri da me, e lo sentivo gridare ai suoi soldati: "Buttatevi nelle buche, buttatevi nelle buche". Purtroppo, proprio nella buca dove lui si era riparato cadde, caso eccezionale, un secondo colpo. La nostra ritirata proseguì lungo la Garfagnana fino alla piana di Pontremoli. Perché nel frattempo era stato dato l'ordine di ritirata per le truppe schierate sul fronte della Garfagnana, avendo inglesi ed americani sfondato le linee di difesa a sud del Po, e incominciato la corsa verso nord e ovest per tagliarci ogni possibilità di ritirata. Il nostro battaglione, assieme al II Gruppo Artiglieria della Divisione, al II Gruppo *"Bassano"* della *Monterosa* ed ai resti del battaglione *"Mameli"*, costituiva la retroguardia della Divisione *Italia* e della 148ª tedesca. Giunti a Pontremoli trovammo con sorpresa un divieto di passo da parte delle truppe tedesche, anch'esse ovviamente in ritirata, divieto consolidato da mitragliatrici puntate verso i sopravvenienti, cioè noi. I reparti tedeschi si erano accampati nella piana, mentre noi dovemmo trovare alloggio sulle alture circostanti, nella boscaglia. E fu un regalo della sorte, perché sui reparti tedeschi, facile bersaglio, si avventarono numerosi cacciabombardieri che operarono un massacro. All'alba del giorno successivo passammo con i nostri carretti di fanteria fra i cadaveri di tanti soldati, bravi ragazzi come noi. La nostra ritirata proseguì per Berceto e, senza interruzioni, fino a Fornovo Taro. Ci si nutriva con forme di formaggio e chicchi di caffè trovati in buona quantità e per caso in un casolare adibito a deposito. Le conseguenze intestinali, immaginabili, le sentimmo fino al campo di concentramento. A Fornovo ci fermammo, e prendemmo posizione assieme ai resti di un paio di Divisioni tedesche ed un reparto di "ruski patrulie" lungo le rive del fiume Taro e sulle colline adiacenti. Con i miei ci sistemammo in qualche modo nel paesino di Ricco, dove eravamo passati nella marcia verso il fronte, e dove eravamo benvoluti dagli abitanti. Da lì ogni giorno vedevamo un paio di cacciabombardieri prendere di mira il ponte sul fiume, sempre senza successo. Quasi ogni notte sentivamo il ronzio di "Pippo" che ci sorvolava, e lasciava il suo immancabile confetto su Ozzano Taro.

A Ricco rimanemmo qualche giorno, dopo aver tentato assieme a gruppi di tedeschi di portarci a nord attraverso il passo del Cerreto, per poi attraverso il Taro, aprirci combattendo la strada verso Salsomaggiore. Ma ogni tentativo si dimostrò vano, le strade erano tutte già in mano di truppe e mezzi corazzati americani. Ci era giunta la notizia che anche Milano era stata occupata. Sullo stradone che conduce a Collecchio i tedeschi avevano messo in batteria due pezzi anticarro da "88", con alcuni artiglieri comandati da un giovane *Leutnant* pronti a far fuoco. Spuntarono infatti da una curva della strada alcuni carri americani, ed un secco "*Feuer*" precedette due colpi a tiro teso che centrarono i due primi carri armati, bloccando in tal modo la strada ed impedendo l'avanzata di quanti seguivano.

Messi fuori uso i due cannoni ripiegammo tutti verso Fornovo mentre dal cielo piovevano bombe e proiettili di ogni tipo. Qui, in Fornovo, udimmo l'ordine "Divisione *Italia*, rompete le righe!" Con alcuni dei miei salii nuovamente la collina verso Ricco, per cercare una via di scampo nell'intento di poter arrivare a casa nostra. Per qualche giorno rimanemmo nascosti in una buca, su consiglio degli abitanti del paesino che ci calavano acqua e cibo. Ripresa la marcia attraverso i boschi, fummo catturati da soldati brasiliani. Uno di loro, puntandomi la "pistoleta" così mi apostrofò: "Tu fascisi, tu bono matar, tu non combater prò la libertazion de Italia!".

Credo dunque di essere stato tra gli ultimi arresi.

Ci spedirono nelle retrovie, passando tra spinte, calci e lazzi dei partigiani vari, ma sempre sotto la protezione dei brasiliani.

Costoro, con gli elmetti pieni di cipolle che sgranocchiavano come pane, ci stivarono in lunghi autocarri, guidati da negri egregiamente ubriachi, sui quali risalimmo la Cisa per scendere a Pisa e finire seminudi dapprima al campo di concentramento di San Rossore, poi al famigerato PWE 337 di Coltano.

La fine della Divisione Garibaldina "Lunense"
di Mario Pellegrinetti

Si prepara l'attacco partigiano decisivo

[I partigiani] che da tempo meditavano un attacco alle spalle delle truppe che si trovavano al fronte per consentire agli alleati di avanzare, fin dai primi giorni del mese furono piuttosto attivi e operarono alcune azioni di disturbo.

Il primo novembre ci fu un attacco a un autocarro degli alpini [della Monterosa] in località Riocavo presso Camporgiano che costò la vita ad un alpino, certo Visentini Teseo.

Il 2 furono catturati alcuni alpini lungo la strada d'Arni.

Il 3 in località Sillicano prelevarono Orsi Pietro, che era stato fino al giugno Commissario Prefettizio di Camporgiano, "lo portarono in luogo solitario e lo spogliarono di tutto" (Don Pinagli).

Il 4 una ventina di partigiani massesi (facevano parte dei rinforzi già inviati a Careggine per il progettato attacco al fronte) stanno andando da Careggine a Gorfigliano per procurare viveri. A Nicciano pranzano in casa del prete, poi riprendono la via. In località Caglio intercettano un motociclista isolato (dovrebbe trattarsi del Maresciallo Augusto Corti del Comando di Divisione) e lo uccidono. La reazione di alpini e tedeschi è immediata. Arrivano, hanno un breve scontro coi partigiani in località "Bandita" e bruciano alcune case. Poi radunano le donne e le invitano a convincere i mariti e i figli a non essere ostili, altrimenti saranno guai. E, per fortuna, la cosa finisce senza altri morti ammazzati.

L'uccisione del S.Ten. Paolo Carlo Broggi

Lo stesso giorno 4 a Careggine viene ucciso il S.Ten. Paolo Carlo Broggi della 13ª Cpg del Btg. Intra della Divisione Alpina Monterosa.

Era stato catturato il 30 ottobre mentre, con una piccola pattuglia, risaliva da Isola Santa verso Careggine all'inseguimento di un gruppo di partigiani che avevano depredato un convoglio di viveri destinato al Btg. Intra e catturato alcuni alpini.

In quell'occasione l'alpino Rigoni Bruno venne ucciso, il Ten. Broggi rimase ferito a un piede e altri due alpini rimasero pure feriti abbastanza gravemente (essi furono abbandonati per via senza cure. Li salvò Don Marini, parroco di Colli di Capricchia, che li curò e, avvertendo il comando, fece sì che fossero trasportati in ospedale). Il S.Ten. Broggi fu tenuto prigioniero in un porcile con altre 13 persone (che verranno, poi, uccise a loro volta) e fu ripetutamente invitato a venir meno al suo giuramento di fedeltà alla R.S.I. in cambio della vita. Egli, che fu alfiere della Divisione in Germania, durante la cerimonia del giuramento, presente Mussolini, rispose: "L'Italia può fare a meno di me, non del mio onore". E morì gridando "Viva l'Italia".

Fu insignito di Medaglia d'Argento alla Memoria.

E il 5 a Vergemoli, località Molino, perde la vita in uno scontro coi partigiani il marò Berdozzo Bruno, pure di 20 anni, della Divisione "San Marco".

L'idea dell'attacco imminente doveva aver creato nei partigiani un certo clima di euforia. Così, racconta Bertolini, un partigiano di Magliano detto "Squalo", dovendosi sposare il giorno dopo, l'11 di novembre fa saltare in aria un fabbricato con la dinamite "per fare festa".

Anche Don Barsotti, sempre di Magliano, testimonia questo stato di speranzosa eccitazione nei partigiani che si avvicinavano al fronte in data 22, nell'imminenza dell'attacco, ma, poi, li vide tornare demoralizzati dopo il fallimento. E anche lui, alla fine, finirà col passare il fronte.

Il 13 pare che altri alpini siano stati catturati a Deccio, sulla via d'Arni dal 3ª Btg partigiano di Bertagni.

Dal carteggio di Carloni citato risulta anche che nella "Prima quindicina – presso Debbia – Un sergente e tre alpini del "Brescia" sono uccisi a tradimento mentre consumano il rancio."

E dal Carteggio Bernardi si apprende che da Novembre a Dicembre nella zona di Piazza al Serchio, San Romano e zone vicine i partigiani di "Baffo" (Aldo Pedri, comandante del Gruppo Arditi Marco) catturano diversi militari isolati o in piccoli gruppi. Pare che molti di questi militari catturati siano stati gettati nella "Buca di Bacciano", una "foiba" che si trova all'Alpe di Borsigliana.

Il proclama di Alexander e il fallimento dell'attacco partigiano

Ma il giorno tredici accade anche un altro fatto che verrà ad assumere grande importanza nei prossimi giorni. Accade che viene pubblicato il famoso proclama del Gen. Alexander che, stante l'imminente arrivo dell'inverno, con conseguenti gravi difficoltà a rimanere in montagna, invita i partigiani a nascondere le armi e a sciogliere le bande e, quindi, a interrompere la guerriglia. Il proclama creò grande delusione e malumore fra i partigiani, alcuni dei quali si rifiutarono di obbedire. Certo è che, nell'immediato, non ebbe praticamente effetto alcuno.

E il giorno 20 si riuniscono a Foce di Careggine gli ufficiali della "Lunense" per decidere l'attacco alle spalle del fronte. Si decide di attaccare la quota 999 (Le Rocchette) e la quota 832 (Monte d'Anima).

L'attacco avverrà non appena gli americani avranno effettuato l'atteso lancio di armi e viveri. Si tira a sorte il nome del comandante di battaglione che dovrà condurre il primo attacco (a Le Rocchette). Esce il nome di Zerbini, comandante del II Btg., ma Zerbini, come racconta lui stesso nel suo libro più volte citato, trova modo di tirarsi
indietro. Al suo posto accetterà Bertagni, che pare l'unico disposto a correre qualche rischio.

Il giorno 22 arrivano sei bimotori scortati da due caccia e, alle ore 13.25, effettuano il lancio. Ma è giorno chiaro, la visibilità è ottima e gli alpini hanno occhi buoni. Immediatamente partono verso Careggine che dovrebbe essere difesa dal II Btg. di Zerbini, il quale ha posto sentinelle ovunque. Ma c'è euforia per l'avvenuto lancio e nel posto di guardia (comandato da un certo Gigli) che controlla la strada carrozzabile d'accesso si festeggia e si fanno le caldarroste.

Gli alpini arrivano, li sorprendono e li mettono in fuga. Lo stesso Zerbini che va a ispezionare i posti di guardia e che, sentendo un eccessivo silenzio, chiama il Gigli per capire cosa succede, viene fatto segno a una grande sparatoria dalla quale a stento si salva con la fuga.

Gli alpini entrano in Careggine ove non c'è più nessuno, incendiano il palazzo municipale che era la sede del comando del II Btg e recuperano almeno in parte il materiale del lancio.

I partigiani si ritirano sui monti e non desistono, malgrado questi avvenimenti, dal progetto di attacco.

È necessario, a questo punto e prima della narrazione dei fatti, fare alcune osservazioni. Si è sempre sostenuto, da parte dei partigiani, che l'insuccesso dell'attacco deve essere attribuito al mancato concomitante

attacco degli alleati. Secondo gli accordi che pare fossero stati presi, infatti, i partigiani avrebbero dovuto conquistare le Quote 999 (Le Rocchette) e 832 (Monte d'Anima) oltre ai paesi di Eglio e Sassi. Contemporaneamente un attacco alleato avrebbe dovuto incunearsi nel varco e, procedendo lungo la zona di Careggine, Vagli, Gorfigliano, Gramolazzo, Agliano, Capoli, zona che i partigiani ritenevano di controllare, chiudere al passo dei Carpinelli la ritirata alle truppe tedesche e italiane che tenevano il fronte e che, a quel punto, non avrebbero avuto altra alternativa che la resa.

In realtà, confrontando le notizie fornite dai partigiani con quelle fornite dagli alpini della Monterosa, sembra di capire che:

1) In realtà un attacco alleato all'alba del 27 novembre ci fu, ma prima dell'attacco partigiano e non contemporaneamente.

2) I partigiani non condussero un attacco in forze ma, dal 23 al 27, una serie di azioni minori, che ebbero anche qualche successo, ma che furono sostanzialmente ben controllate dagli alpini e dai bersaglieri del gruppo esplorante "Cadelo".

Dal che sembra di poter concludere che ci fu scarsa convinzione sia da parte dei partigiani che da parte degli alleati. Il limitato numero di caduti sia da una parte che dall'altra, del resto, non fanno che confermare la scarsa importanza delle azioni.

E veniamo alla cronistoria dei fatti.

La notte del 23 il Ten. Bertagni con 40 uomini del suo III Btg. più 10 del IV si dirige verso le Rocchette, avendo una guida del luogo, tale Alberto Domenichelli di Monistalli presso Sassi. Dal Grottorotondo alle Rocchette era in linea il primo plotone del II Squadrone del Cadelo.

Pare che gli uomini di Bertagni fossero vestiti da bersaglieri e da alpini, come truppe che andassero a dare il cambio, per cui i bersaglieri del Cadelo, colti di sorpresa, furono catturati e condotti a Vergemoli, oltre le linee. Fra i catturati il

Ten. Micheli e il Serg. Carboni. Il Cornia dice che due soli sfuggirono alla cattura. Fonti partigiane parlano di 63 uomini catturati e narrano una curiosa storia.

Dicono che fra i 63 catturati ce ne erano tre che avevano in tasca la licenza e si rammaricarono col Bertagni di questa opportunità che stavano perdendo. Al che il Bertagni, generosamente, li rilasciò affinché potessero godere la loro licenza. Mi piace pensare che questa storia sia vera. Dimostrerebbe che, almeno in certi casi, anche in questo clima di ferocissima guerra civile, si riusciva a mettere da parte la ferocia e a far riemergere l'umanità.

Risulta che in questa azione abbia perso la vita un partigiano di Pieve Fosciana, tale Franchini Alfredo di 23 anni, poi decorato di medaglia d'argento, e sia rimasto ferito un altro partigiano di nome Renato Ginestri.

Pare che il Franchini fosse vestito da bersagliere.

Nella notte del 24 lo stesso Bertagni compì una nuova azione di sorpresa e due squadre del II Plotone caddero in un agguato e furono catturati 30 uomini. La terza squadra, invece, rimasta isolata, rispose energicamente con le armi all'intimazione di resa e al fuoco dei partigiani, e questi ultimi si dileguarono.

Al mattino il comandante del Cadelo salì sulla linea del fronte con i cacciatori di carri, altri elementi della compagnia reggimentale e i resti del secondo squadrone. Verso Grottorotondo ancora i partigiani camuffati da alpini dell'Intra si avvicinano e aprono il fuoco. Ma la reazione dei militari li fa fuggire verso Vergemoli.

C'è un altro triste episodio da registrare nel giorno 24. Nel paese di Careggine, a difesa del quale è rimasto il II Btg. di Zerbini, c'è tensione e nervosismo, dopo i fatti del 22. All'alba una sentinella scambia per un nemico il cuoco del battaglione, tale Nello Milani, che era uscito a far due passi, spara e lo uccide.

Il parroco di Eglio, Don Turriani, parla di un attacco a Monte d'Anima condotto dai partigiani, che durò due ore e che, poi, fu respinto, avvenuto il 25 novembre. Dice anche che due partigiani rimasero uccisi. Nessuna altra fonte, però, cita il fatto, né si ha notizia di caduti in quel giorno. Probabilmente si fa confusione di date e Don Turriani si riferisce ai fatti del 23.

Il giorno dell'attacco decisivo, invece, doveva essere e fu il 27.

All'alba di quel giorno, dopo una consistente preparazione di artiglieria, i negri della 92ª Div. "Bufalo" (comandata ora dal generale Almond) attaccano nella zona di Monte d'Anima, ma la linea resiste senza difficoltà e i negri vengono respinti.

A questo punto entrano in scena i partigiani comandati da Oldham che, vestiti in borghese, si avvicinano cautamente a tergo di Monte d'Anima. Ma un sergente febbricitante che stava scendendo per recarsi in infermeria li vede. Riesce a controllarsi e finge di non averli veduti. I partigiani ci credono e lo lasciano andare. Così il sergente si

precipita a Eglio e poi a Sassi e dà l'allarme. Il comandante del gruppo raccoglie quanti uomini può per fronteggiare il nuovo pericolo e, con questi, muove all'attacco. Intanto anche dalla cima del Monte d'Anima i partigiani sono stati avvistati e il Capitano Gosen prende un uomo o due da ogni squadra per fronteggiarli. Ma questi, attaccati dagli uomini provenienti da Eglio, abbandonano l'impresa. Nella sparatoria perde la vita, purtroppo, il figlioccio del gruppo, Paolo Bogni, alpino di 16 anni, che aveva voluto partecipare all'azione. Una pallottola lo colpisce in fronte.

Fonti partigiane dicono che Oldham aveva conquistato il Monte d'Anima ma poi dovette abbandonarlo per il mancato arrivo dei rinforzi che avrebbe dovuto condurre il Commissario Barocci (Roberto Battaglia). Ma la cosa non è credibile. Infatti subito dopo, le artiglierie alleate riprendono a sparare per preparare un nuovo attacco. Ma i

negri, appena si muovono, vengono bersagliati dalle nostre artiglierie ora ben piazzate, e non riescono neppure a entrare in contatto con le nostre linee, saldamente difese.

Dicevamo dei rinforzi che Barocci avrebbe dovuto condurre a sostegno dell'azione di Oldham. In realtà Barocci partì dai monti di Careggine e scese nella valle della Turrite. Qui, però, ebbe uno scontro con gli alpini e preferì tornare indietro. In effetti Davide Del Giudice, nel suo "Il battaglione Intra sulle Alpi Apuane" parla di un attacco

partigiano al presidio di Isola Santa che costò la vita al Ten. Barbiero della 12ª compagnia.

E così anche Oldham ritornò sul monte Volsci. Si parla di ritirata disastrosa, con gravi perdite. Si parla perfino di morti affogati nell'attraversamento del torrente Turrite, il che appare veramente poco credibile. Né si ha notizia di morti registrate in quella data. Poiché si tratta di fonti partigiane (fra cui lo stesso Roberto Battaglia) è da pensare che si sia trattato di una storia romanzata ad arte, per esagerare la drammaticità dell'impresa.

La fine della "Lunense"

Quel che è certo è che il Maggiore Oldham, certamente d'accordo con i suoi uomini, il giorno dopo, 28 novembre, decretò lo scioglimento della divisione Lunense. Dopo di che lui, Barocci e molti altri passarono il fronte "per non far più ritorno". Molti fra i partigiani non lo approvarono e specialmente i "Patrioti Apuani" di Del Giudice, che giudicarono la sua una "azione indegna". Ma, forse, non va giudicato tanto severamente per questa decisione.

In quei giorni, infatti, i tedeschi, certo profittando del disorientamento creato dal proclama Alexander, stavano liquidando anche le altre brigate della Lunense. Il 26 la III Brigata di Marini viene "dispersa", il 27 quelli della Brigata Muccini "si smarriscono", fra il 27 e il 28 Contri (II Brigata) "deflette a Castelpoggio".

Secondo Federigi fra il 28 novembre e il 2 dicembre buona parte dei partigiani della Lunense passarono il fronte.

Tuttavia alcuni dei partigiani che avevano passato il fronte, continuarono a combattere a fianco degli americani. Gli uomini del "Valanga", che fin dai primi di ottobre erano rimasti nella zona occupata dagli alleati, erano, almeno in parte, stati inclusi nella compagnia "C" del "Btg. autonomo patrioti italiani", come si denominavano gli uomini di Pippo (Manrico Ducceschi). Subito dopo le vicende di fine novembre appena narrate, anche Bertagni, che con i suoi uomini era rimasto a Vergemoli, cioè di là dal fronte, finì con l'aggregarsi a detta compagnia "C".

QUELLI DEL "BLOTTO"

DEL GENERALE PIETRO CHIARI

Da tempo avvertivo – e ne avevo fatto partecipe tra gli altri il nostro bravo Gianfranco Traversi, estensore entusiasta e solerte delle prime memorie storiche della San Marco ancora gelosamente conservate e mai edite – una leggera sensazione di vuoto nella pubblicazione delle ultime vicende belliche al fronte sud, tratteggiate nella storia della Divisione magistralmente redatta dalla penna dell'indimenticabile Pieramedeo Baldrati.

Una sorta di vuoto – dicevo – quasi di un'ingiustizia per un certo qual sbilanciamento a favore del battaglione Uccelli del 6ª Rgt. Fanteria Marina. Quest'ultimo reparto era stato – sappiamo bene – schierato in Garfagnana dall'ottobre 1944 al marzo 1945, inquadrato nel Gruppo divisionale *Monterosa* del generale Carloni e, come tale, protagonista della resistenza e del vittorioso contrattacco (o piccola controffensiva) conosciuto col nome di Operazione *Temporale d'Inverno* dal 26 al 30 dicembre '44. Di questa brillantissima operazione militare abbiamo a lungo parlato – io tra gli altri – nel n. 7 del nostro periodico, nel 50° anniversario del fatto d'arme. Ora invece, mi riferisco al battaglione Blotto del 5° Rgt. che agì da solo in prima linea, anche a causa del vincolo di un ristretto settore affidatogli in Valle Lima, dal gennaio all'aprile 1945, inserito dapprima nella 148ª, poi della 162ª Turkestan ed infine nella 232ª Divisione germanica. Qualche raffronto e qualche considerazione tra questi due Battaglioni di San Marco.

All'ampia, fertile e boscosa Vallata del fiume Serchio, tra le Alpi Apuane ed il tratto parmense-reggiano dell'Appennino settentrionale, che vedeva spiegati in primo scaglione, per la difesa e nella reazione di movimento, dai 5 ai 9 battaglioni italo-tedeschi organici ed in rinforzo, sostenuti da un congrue numero di artiglierie, fa per l'appunto riscontro, ad Est del nodo orografico di M. Rondinaio, il corso profondamente incassato del torrente Lima. Questo con l'affluente Sestaione, scende come un antemurale dal valico dell'Abetone e presenta, in superficie, un terreno roccioso che rendeva precario il collegamento tra gli elementi attivi (postazioni) ed i comandi ma, oltretutto, è mancante di una vera e propria suola di valle, ricoperto com'è da alberi ed arbusti anche se vari tratti sono privi di vegetazione, che è poi assolutamente assente nelle alte pendici del versante meridionale e sul crinale della displuviale adriatico-tirrenica.

Sulla base di una personale, ultratrentennale esperienza tecnico-professionale di comando nel servizio continuativo alle armi, e memore dell'antico adagio dell'arte militare "il terreno detta sempre legge" mi risulta che tale complessa morfologia, segnata dal tortuoso nastro della S.S. n. 12 "dell'Abetone e del Brennero", consente soltanto lo schieramento avanzato e quasi affiancato, ma a distanza, di non più di due compagnie di Fanteria, con opportuna dislocazione, per la sorveglianza antisorpresa di fianchi e tergo, delle posizioni-chiave di arresto. Questo in effetti è quanto "dice" il terreno ai fini di una corretta difesa per un'"economica" capacità di successo nell'assolvimento del compito. Come se non bastassero le infelici situazioni ambientali, l'adiacente II Btg. del 6° era arrivato, già dalla Liguria con le sue insegne decorate da una Medaglia d'Oro. Era quella del Sottotenente Carlo Bagnaresi della 6ª compagnia, caduto *"come i Re non hanno saputo morire"* per piombo partigiano, dopo il martirio di una snervante prigionia in quel di Castine di Cortemilia, nel novembre 1944. Il battaglione Biotto però, dopo un articolato rastrellamento durante la "marcia al nemico" e le sanguinose vicissitudini di un lungo "avvicinamento" in ambiente di guerriglia, seppe continuare ad accrescere l'onore ed il prestigio bellico di San Marco. Questo fu possibile oltre che per le virtù militare dei suoi componenti, grazie alla splendida figura di un adolescente marò della 13ª compagnia, Aroldo Molesini, generosamente sacrificatosi nella "terra di nessuno" oltre la primissima linea, nei pressi di Pian degli Ontani in faccia all'invasore statunitense, nel corso di un pattugliamento offensivo ai diretti ordini del Magg. Blotto, il 27 marzo 1945. Il marò Molesini per il suo eroico comportamento in combattimento venne proposto per la massima ricompensa al V.M. alla memoria sul campo. Malgrado i furiosi combattimenti, le pattuglie, i bombardamenti e purtroppo i feriti e i Caduti, gli uomini del III non hanno mai perso il loro buonumore come dimostra l'episodio riportato ampiamente alle pagg. 634-5 del 1° volume della nostra trilogia di *San Marco*. Qui si racconta dei marò Carnevale e Godani che agli ordini del Serg. Meles, trovato un mulo, spaurito e solo nella terra di nessuno, hanno trascinato, recalcitrante, per legarlo alle corde delle campane nella chiesetta di Casotti. I movimenti dell'animale, insofferente dei legami, hanno provocato una serie lunghissima di scampanii che gli americani hanno controbattuto con una ininterrotta salve di mortai e di cannoni per un'intera giornata. Intanto i marò... da montagna si godevano in pace e molto divertiti la giornata di Pasqua.

Se è vero come è vero che le fatiche, il sudore e il sangue costituiscono altrettanti coefficienti di misura della costanza, dell'abnegazione ed, in buona sostanza, del valore militare, indipendentemente dal successo o meno nelle azioni di guerra, si può tranquillamente affermare che il III battaglione del 5° Reggimento Fanteria di Marina *San Marco* non fu certo... secondo a nessuno alla prova del fuoco nell'ambito della Divisione.

E ciascuno dei suoi componenti può a buon diritto andarne fiero avendo, senza dubbio, concorso alla difesa ad oltranza delle posizioni affidategli ed a tenere alto il buon nome del reparto al fronte sud.

Al colmo, purtroppo, il nemico americano antistante era, ahimè, sostenuto logisticamente e tecnicamente dalla 210ª Divisione ausiliaria del Regio Esercito italiano del Sud, secondo quanto dolorosamente scoperto dagli osservatori...

Nella avvincente gara di emulazione sul campo di battaglia, vera staffetta di gloria della Fanteria di Marina della Repubblica Sociale Italiana, che allineava altrove nella lotta la divisione Decima, il III/5° ha quindi a suo indiscutibile vanto altri due punti:

1° aver mantenuto fede alla tradizione con l'impegno isolato in linea davanti all'Abetone fino all'aprile '45, dopo che nell'adiacente Garfagnana il II/6° era stato richiamato per avvicendamento e sostituito dai Bersaglieri della Iª divisione "Italia" nel precedente mese di marzo;

2° essersi sciolto alla fine delle ostilità ed arreso sostanzialmente imbattuto, con l'ultimo sparuto manipolo ancora in armi addirittura il 1° maggio 1945, a Lecco, dopo un'epica marcia forzata di ripiegamento dall'Appennino attraverso il Po fino ai laghi lombardi. E ciò praticamente dopo la cessazione della lotta da parte di tutte le altre unità della divisione *San Marco*. Questo semplicemente per la verità e la Storia!

Organizzazione delle Compagnie
Fanteria di Marina della Divisione San Marco
di Antonino Azzara'[54]

Credo sia utile ed interessante memorizzare com'erano organizzate ed armate le Compagnie di Fanteria di Marina nella Divisione *San Marco*, anche per ricordare a tutti gli immemori e maliziosi che le quattro Divisioni preparate in Germania erano strutture solide ed armate in modo perfetto.

Ogni Compagnia era comandato da un Tenente o un Capitano. Ogni Plotone era comandato da un Sottotenente ed ogni Squadra da un Sergente o Caporalmaggiore. Il Plotone Comando e servizi era comandato generalmente da un Maresciallo detto "Mamma di Compagnia".

La Compagnia era così organizzata:

Plotone Comando e servizi, costituito da 20-30 uomini comprendeva: furieri, portaordini, conducenti carriaggi, cura dei cavalli, infermiere, cucinieri, addetti al magazzino viveri e munizioni.

1° Plotone, 2° Plotone e 3° Plotone: ognuno costituito da 40 uomini più il comandante, suddivisi in 4 Squadre da 10 uomini ciascuna, compreso il caposquadra.

L'unità più piccola e autonoma era la Squadra, così articolata e armata:

1° − Caposquadra: Sergente o Caporalmaggiore, armato di *MP 40* e pistola. La *Maschinenpistole MP 40* era un'arma robusta ed efficiente. Aveva il calcio in metallo pieghevole e tutte le parti non metalliche in bachelite. Aveva un calibro di 9 mm *Parabellum*, una lunghezza totale, con calcio aperto, di 856 mm ed un peso, scarica, di 3.7 kg. Il serbatoio poteva contenere 32 cartucce, ma era buona norma, per impedire inceppamenti, di inserirne solamente 27. Avrebbero dovuto esserne dotati, oltre agli Ufficiali, anche tutti i Capisquadra. In effetti ogni Compagnia poté disporre di 2-3 pezzi. In Italia furono integrate dai mitra *Beretta*, ma non tutti i Capisquadra furono armati con armi automatiche. Durante il periodo d'istruzione in Germania prendemmo dimestichezza con il fucile d'assalto *MP 43/StG 44*, ma non ne fummo dotati. La maggior parte degli aventi diritto erano armati con la pistola *Walther P 38*, estremamente efficace, perfetta e maneggevole. La *P 38* era in calibro 9 *Parabellum*, con caricatore da 8 cartucce e pesante, scarica, 849 grammi. Pochi, e io tra questi, fummo armati con la *Browning HP (High Power)* da 9 mm *Parabellum*. Costruita in Belgio dalla *Fabrique National d'Armes de Guerre* di Herstal vicino a Liegi per l'Esercito tedesco, aveva un caricatore bifilare da 13 cartucce, una vera eccezione per quel periodo.

---

[54] Sergente nel II/5° della Divisione F.M. "*San Marco*".

2° – Primo mitragliere porta arma: armato di *MG 42* e pistola. *La Maschinengewehr MG 42* era un'arma robusta con una cadenza di tiro elevatissima, 1.200 colpi al minuto, ed il sistema di cambio canna estremamente semplice, e senza scottature. Veniva appoggiata anteriormente ad un bipiede, verso il quale doveva spingere la spalla del tiratore. Aveva un calibro di 7.92 mm, lunghezza 1.219 mm, e il peso, scarica, di 11.5 kg, con alimentazione a nastro metallico da 50 colpi, prolungabile a piacimento agganciando altri nastri. Il problema di quest'arma era l'altissimo fabbisogno di munizioni, che venivano trasportate in cassette metalliche da sei nastri per totali 300 colpi. Ogni Squadra, in linea di massima, era dotata di sei cassette. Un nastro da 50 colpi poteva essere inserito in un porta nastro cilindrico applicato all'arma, che poteva così sparare anche con il mitragliere in piedi, se forte e robusto.

3° – Secondo mitragliere porta munizioni: armato di pistola *P 38*, portava quattro cassette di munizioni da 300 colpi, collegate due a due ad uno spallaccio in canapa che aiutava il trasporto.

4° – Fuciliere porta munizioni: armato di fucile *K 98k*, portava due cassette di munizioni da 300 colpi, con spallaccio. Il fucile *Mauser K 98k* aveva il calibro di 7.92 mm, lunghezza di 1.110 mm e peso, scarico, di 3.9 kg. Caricatore a lastrina da 5 colpi, mirino coperto dal classico tunnel. Arma affidabile, ma lenta nella ricarica e con serbatoio per le cartucce molto limitato. Oltre alla cartuccia standard, anche per la *MG 42*, veniva utilizzato il proiettile tracciante (*Leuchtspur*) che aveva l'innesco anulare rosso e la punta nera. La scia era generalmente gialla ma esisteva anche quella verde, rossa, o bicolore. La scia si estingueva dopo 800-1.000 metri. Questo tipo di proiettile veniva intercalato con le munizioni normali soprattutto nei nastri della *MG*.

5° – Fuciliere: armato di fucile semiautomatico *G 41 (W)*. Il *Gewehr 41* aveva il calibro di 7.92 mm, lunghezza 1.130 mm, peso, scarico, 4.98 kg. Scatola serbatoio da 10 colpi. Non era una bella arma, perché poco bilanciata, troppo pesante, molto complicata nel sistema recupero gas e di difficile manutenzione. Maggiore successo ebbe il *Gewehr 43*, ma non ne fummo dotati.

6° – Fuciliere: armato di fucile *K 98k* con tromboncino. Quello che noi chiamavamo tromboncino era in effetti un lanciagranate. Si fissava alla canna del normale fucile con due morsetti. Era lungo 40 cm, con un diametro di circa 35 mm. A mezzo di speciali cartucce con punta di legno dipinta di rosso, a carica ridotta, poteva lanciare a circa 100-150 metri granate di diverso tipo. Era un'arma di scarsa precisione, impostata sulla capacità ed esperienza del tiratore; l'effetto della granata normale era pari a quello della nostra *Balilla*. In mano a soldati esperti aveva un efficace potere deterrente e l'insieme era molto leggero e di facile trasporto.

7° – Fuciliere: Tiratore scelto. Armato di *K 98k* munito di cannocchiale. Il fucile era denominato *Zielfernrohr Karabiner 98k* (*ZF-Kar 98k*), ed era riservato ai tiratori scelti. Si trattava del consueto modello di fucile, solamente erano scelti i fucili meglio riusciti, sui quali veniva applicata una slitta sul lato sinistro della tacca di mira. In questa slitta era inserito per scorrimento e bloccato con una chiusura a molla il piccolo e maneggevole cannocchiale *ZF 41*, con ingrandimento 1.5 X oppure 2 X. Il sistema d'arma aveva così una notevole precisione entro i 300 metri. Per proteggerlo, il cannocchiale veniva sempre smontato e riposto in una custodia metallica da agganciare al cinturone.

8°, 9°, 10° – Fucilieri: armati di fucile *K 98k*.

Ogni Squadra disponeva inoltre, secondo le necessità, di un certo numero di bombe a mano con manico. Durante l'ultimo periodo di guerra avevamo anche in dotazione, a livello di Compagnia, e da distribuire alle Squadre in caso di necessità, il *Panzerfaust*. Il *Panzerfaust*, o *Pugno corazzato*, poteva sparare un solo colpo, ed era costituito da una grande granata a carica cava inserita in un tubo contenente il propellente. Aveva un mirino ed un grilletto piuttosto rozzi e al momento dello sparo emetteva posteriormente una fiammata molto pericolosa. I *Panzerfaust* in nostra dotazione erano il modello *30*, dalla gittata efficace di 20-25 metri. A breve distanza era un'arma micidiale, e riusciva a perforare ben 14-20 centimetri d'acciaio. Aveva un peso di circa 4 kg ed una lunghezza di 1.030 mm.

Concludendo, la Compagnia di Fucilieri di Marina disponeva del seguente armamento:

150 uomini circa, carriaggi e altri servizi
4/5 *MP 40* o mitra *Beretta*
12 mitragliatrici *MG 42*
12 fucili semiautomatici *G 41 (W)*
12 fucili *Kar 98k* con tromboncino
12 fucili *K 98k* con cannocchiale *ZF 41*
70 fucili *K 98k*
45 pistole *P 38/Browning HP*
Panzerfaust e bombe a mano.

LE RICOMPENSE AL VALOR MILITARE ASSEGNATE AI MARÒ DEL II/6° E III/5° PER LE AZIONI SULLA LINEA GOTICA

COMANDO DIVISIONE FANTERIA MARINA «SAN MARCO»
IIa

Sede, li 7 dicembre 1944 XXII

ORDINE DEL GIORNO N. 44

[...] 3) Porto a conoscenza di tutti che il Maresciallo d'Italia Rodolfo Graziani ha conferito sul Campo la Medaglia d'Argento al V.M. con la seguente motivazione al S. Tenente COSTANTINI Silvio del nostro Btg. impegnato sul Fronte Appenninico:

«Ufficiale di provata fede e di non comune coraggio che si è distinto più volte in azioni di combattimento per il suo valore.
Ricevuto, in una critica situazione, l'ordine di ricacciare col contrattacco il nemico penetrato con forze superiori nelle nostre posizioni di resistenza, con slancio travolgente, alla testa del suo reparto, ricacciava e metteva in fuga all'arma bianca il nemico superiore di numero e lo inseguiva oltre le nostre posizioni infliggendogli sanguinose perdite.
Il suo comportamento suscitava vivissima ammirazione in italiani e tedeschi, per lo sprezzo del pericolo e l'ardire che in questa azione raggiungeva talvolta la temerarietà».

IL GENERALE COMANDANTE
Amilcare Farina

COMANDO DIVISIONE FANTERIA MARINA «SAN MARCO»
IIa

Sede, li 11 gennaio 1945 XXIII

ORDINE DEL GIORNO N. 4

Ai militari del II Btg. del 6° Rgt. Ftr., che dal mese di ottobre combattono sul Fronte Appenninico, sono state finora concesse le seguenti ricompense al V.M. ed Encomi Solenni.
Da aggiungere la Medaglia d'Argento per il Tenente COSTANTINI, già resa nota con Ordine del Giorno, n. 44, e le Medaglie d'Argento concesse al Capo di 3ª Classe LAMINA Tito ed al Marò ROLLA Lino, di cui ancora non si conoscono le rispettive motivazioni.

Promozioni per merito di guerra

1) Sergente TOSCANI Ciro — a Secondo Capo

2) Sottocapo SALATA Munitore — a Sergente

3) Sottocapo VERGANI Enzo — a Sergente

4) Scelto LIBERATI Alessandro — a Sottocapo

5) Scelto POZZI Giancarlo — a Sottocapo
«Comandante di caposaldo in tre giorni di accanita lotta infondeva nei propri dipendenti la decisa volontà di vittoria. In condizioni particolarmente difficili continuamente attaccato da forze nemiche superiori di numero, trascinava con la parola e con l'esempio i suoi uomini riuscendo in lotta ravvicinata a respingere tutti gli attacchi del nemico infliggendogli gravi perdite.»
Croce di Sopra, 16-17-18 novembre 1944 XXII.

6) Sottocapo ROSSETTI Giuseppe — a Sergente
«Visto cadere il proprio comandante di Squadra mitraglieri ne assumeva il posto all'arma continuando nella lotta contro il nemico attaccante.
Accerchiato non desisteva dall'impari lotta e con violenta e precisa azione di fuoco riusciva ad aprirsi un varco portando su nuove posizioni gli uomini, l'arma e le munizioni.»
Montaltissimo, 16-17-18 novembre 1944 XXII.

7) Marò ABBATE Attilio — a Scelto
«Destinato in una postazione attaccata dal nemico in forze preponderanti incitava i suoi compagni con la parola trascinandoli con l'esempio, animava tutta la difesa finché il nemico in dura lotta ravvicinata veniva respinto.»
Montaltissimo, 16-17-18 novembre 1944 XXII.

8) Marò RETELE Sabino – a Scelto
«Mitragliere di una Squadra in postazione, sostituiva in diverse azioni il proprio caposquadra, incitando con l'esempio e la parola i suoi compagni. Sempre primo, volontario in tutte le azioni nelle linee nemiche, costante esempio ai compagni di entusiasmo, di ardimento e di dedizione alla Patria.»
Montaltissimo, 16-17-18 novembre 1944 XXII.

Medaglie di Bronzo (sul campo)

9) Tenente Freg. FERIANI Umberto
«Comandante di Compagnia, uscito di pattuglia, si portava solo e arditamente in una casa occupata dal nemico.
Fatto segno a ripetute raffiche di mitagliatrice e lancio di bombe a mano provenienti dalla casa, con sprezzo del pericolo e coraggio persisteva nell'impari lotta per oltre 20 minuti causando perdite al nemico.
Rimasto ferito in più parti del corpo riusciva a rientrare nelle proprie linee.
Magnifico esempio di soldato e di Comandante.»
Cascio, 13 novembre 1944 XXII.

10) Sergente VARICCHIO Ennio
«Destinato in una postazione avanzata attaccata dal nemico soverchiante, rimasto con un compagno, gli unici superstiti validi della postazione con un magnifico slancio e suprema dedizione al dovere insistevano nell'azione riuscendo da soli a respingere l'attacco avversario con bombe a mano.
Magnifico esempio di coraggio e di spirito di sacrificio.»
Montaltissimo, 16-17-18 novembre 1944 XXII.

11) Scelto TIENGO Oreste
«Trovatosi solo con due compagni nell'osservatorio attaccato dal nemico, resisteva a ripetuti assalti difendendosi a bombe a mano.
Per recuperare il corpo di un compagno caduto nelle linee nemiche guidava i due compagni nella difficile impresa riuscendo nell'intento.»
Montaltissimo, 16-17-18 novembre 1944 XXII.

12) Scelto RIZZI Stelio
«Comandante di caposaldo attaccato dal nemico infondeva ai propri dipendenti la decisa volontà di resistere.
Ferito al braccio che restava inutilizzato, non desisteva dalla lotta e rispondeva con lancio di bombe a mano, servendosi del braccio sano, agli attacchi del nemico finché questi non veniva respinto. Non si faceva trasportare al posto di medicazione se non dopo aver dettagliatamente informato il Comando dell'andamento dell'attacco nemico e a situazione chiarita.»
Quota 613, 16-17-18 novembre 1944 XXII.

13) Marò GUSMARA Luigi
«Rimasto ferito durante un violento tiro di artiglieria nemica che causava il crollo del bunker della postazione, ricuperava immediatamente l'arma sepolta ed apriva il fuoco sul nemico, superiore di numero attaccante.
Animava col suo esempio tutta l'azione della difesa che respingeva il nemico.»
Quota 730, 23 novembre 1944 XXII.

Croci di Guerra al V.M. (sul campo)

14) Tenente TALAMO Rodolfo
«Comandante di settore continuamente attaccato dal nemico, in ogni circostanza dava prova delle sue qualità militari trascinando gli uomini con l'esempio.

In tre giorni di dura lotta prodigatosi con ogni mezzo, riusciva ad infrangere e respingere gli attacchi del nemico.»
Montaltissimo, 16-17-18 novembre 1944 XXII.

15) Capo di 3ª LAMINA Tito
«Vicecomandante di plotone in numerose azioni di guerra si distingueva per decisione, volontà e coraggio.
Attaccato dal nemico superiore in numero reagiva prontamente animando la difesa e ricacciando il nemico attaccante.»
Montaltissimo, 16-17-18 novembre 1944 XXII.

16) Marò SORGONOVO Aldo
«Per ricuperare sei compagni feriti in un caposaldo fortemente attaccato dal nemico, incurante dello scoppio di granate di mortai si spingeva fin sotto la postazione fortemente contesa.
Ferito da schegge di mortaio in varie parti del corpo si medicava da solo e partecipava all'azione, al termine di questa ricuperava i feriti.»
Montaltissimo, 16-17-18 novembre 1944 XXII.

17) Marò PATTARO Livio
«Presso un osservatorio continuamente battuto dall'artiglieria nemica si distingueva per calma e decisione.
Attaccato lo stesso osservatorio da forze nemiche superiori di numero, in tre giorni di lotta animava col suo esempio tutta la difesa che riusciva a respingere il nemico infliggendogli gravi perdite.»
Montaltissimo, 16-17-18 novembre 1944 XXII.
Encomi Solenni

18) Ten. Vasc. MESSINA Antonio
«Comandante di Compagnia pesante in settore particolarmente delicato organizzava e dirigeva il fuoco delle armi riuscendo sempre con azione personale ad effettuare riusciti concentramenti di fuoco sul nemico, contribuendo in modo decisivo a ricacciarlo nelle posizioni partenza.»
Montaltissimo, 16-17-18 novembre 1944 XXII.

19) 2° Capo RONCAGLIA Cesare

20) Sergente BERGAMO Giacinto

21) Sergente NEGRETTI Giovanni
«Volontari in numerose azioni di pattuglie ardite, si distinguevano per coraggio, decisione e volontà.
Comandanti di postazioni impegnate più volte dal nemico superiore in numero, reagivano prontamente animando tutta la difesa e ricacciando il nemico.»
Montaltissimo, 16-17-18 novembre 1944 XXII.

22) Scelto MOTTA Aldo

23) Scelto VIANELLO Bruno

24) Marò DEI GOBBI Ettore

25) Marò MAGNANI Dino

26) Marò CHIUDERGLI Giovanni
«Sotto violento fuoco nemico e intensa azione di artiglieria durante numerosi attacchi si pro-digava quale porta ordini. Sprezzante del pericolo riusciva a mantenere in ogni circostanza il collegamento con i capisaldi.»
Montaltissimo, 16-17-18 novembre 1944 XXII.

27) Scelto DE PICCOLI Adalberto

28) Marò MAPELLI Mario

29) Marò DELLA GUARDIA Goliardo.
«In tre giorni di accaniti combattimenti, con la parola e con l'esempio trascinava i compagni nella lotta contro forze nemiche che venivano respinte con gravi perdite.»
Croce di Sopra, 16-17-18 novembre 1944 XXII.

IL GENERALE COMANDANTE
Amilcare Farina

N.B. I nominativi dei militari decorati e promossi per merito di guerra, fatta eccezione per le due Medaglie d'Argento, sono stati già pubblicati sull'Ordine del Giorno del 1° gennaio.

COMANDO DIVISIONE FANTERIA MARINA «SAN MARCO»
IIa

Sede, li 8 febbraio 1945 XXIII

ORDINE DEL GIORNO N. 17

Sono state concesse a militari del II Btg. 6° Rgt. Ftr. le seguenti ricompense al V.M. (oltre quelle già citate nell'Ordine del Giorno N. 4)

Medaglie d'Argento

1) Capo di 3ª classe LAMINA Tino
«Durante un violento attacco nemico, visto che il nemico molto superiore di numero aveva sopraffatto i difensori di una postazione, riuniva i propri uomini a lui vicini e decisamente senza curarsi delle sproporzioni del numero si lanciava al contrassalto con pugnale e bombe a mano riuscendo a ricacciare il nemico dalla postazione, infliggendogli gravissime perdite. Rimasto sulla postazione con pochi uomini superstiti stretti intorno a lui respingeva un nuovo violento contrattacco del nemico volgendolo disordinatamente in fuga.»
Croce di Sotto, 27 novembre 1944 XXII.

2) Marò ROLLA Rino
«Durante un violento attacco del nemico, che in forze superiori era riuscito a mettere piede nella sua postazione, non desisteva dalla lotta e da solo con nutrito lancio di bombe a mano ne arrestava l'impeto offensivo, dando tempo ai rinforzi di effettuare il vittorioso contrattacco. Pur rimanendo seriamente ferito al petto non desisteva dall'impari lotta finché non vedeva il nemico ricacciato dalla postazione.»
Croce di Sotto, 27 novembre 1944 XXII.

Medaglie di Bronzo al V.M.

3) S.Tenente KULWEIN Adalberto
«Ufficiale di collegamento presso reparto italiano, in tre giorni di accaniti combattimenti si prodigava oltre ogni limite contribuendo con il suo comportamento a ricacciare il nemico attaccante.»
Montaltissimo, 16-17-18 dicembre 1944 XXII.

4) Sergente MONTONATI Domenico
«Al Comando della propria squadra dirigeva personalmente il fuoco contro reparti nemici che attaccavano una posizione laterale alla propria causando perdite al nemico.
Attaccata la propria posizione da forze preponderanti guidava decisamente la squadra al contrassalto riconquistando, in lotta ravvicinata con bombe a mano, una casa che il nemico era riuscito ad occupare.
Caposquadra di spiccate doti militari, esempio sempre di alto senso del dovere, di coraggio e di ardimento.»
Casa Croce di Sopra, 27 novembre 1944 XXII.

5) Marò Scelto AMADEI Virgilio
«Durante un violento attacco del nemico, caduti gli altri componenti della Squadra, rimasto solo con due compagni imbracciava il fucile mitragliatore e prodigandosi in numerose azioni personali, cambiando infinite volte di postazione, dopo lunga lotta riusciva a respingere l'attacco nemico condotto da forze dieci volte superiore, infliggendogli gravi perdite.»
Croce di Sopra, 7 novembre 1944 XXII.

6) Marò ALIBANI Gino
«Durante un attacco condotto dal nemico con forze preponderanti, benché ferito alla testa non lasciava il proprio posto, anche quando i compagni, sopraffatti dal numero, dovevano ripiegare di pochi metri, continuando a tenere impegnato il nemico finché con deciso contrassalto non veniva messo in fuga e la posizione rioccupata da tutta la squadra.
Rifiutato ogni soccorso continuava per oltre due ore il combattimento finché gli attaccanti non venivano decisamente ricacciati.
Esempio di strenua tenacia e di dedizione assoluta alla Patria.»
Casa Croce di Sopra, 27 novembre 1944 XXII.

7) Marò BRAIDA Vilelmo
«Con il tiro preciso del proprio mitragliatore sosteneva una posizione laterale attaccata, causando perdite al nemico.
Attaccata subito dopo la propria posizione quando già il nemico, di gran lunga più numeroso, stava per avere il sopravvento, al grido di "Italia" scattava con il mitragliatore al contrassalto causando al nemico sensibili perdite.
Dalla posizione riconquistata continuava ancora per un'ora il combattimento contribuendo con l'efficace fuoco della propria arma a rintuzzare due nuovi tentativi del nemico.
Marinaio sempre volontario in ogni impresa rischiosa, esempio di alte virtù militari e di coraggio.»
Casa Croce di Sopra, 27 novembre 1944 XXII.

Croci di Guerra al V.M.

8) Sergente A.U. TOSCANI Ciro
«Durante un attacco del nemico condotto con forze preponderanti incitava con la voce e con l'esempio i propri dipendenti, affrontando il nemico con grande decisione finché rimaneva gravemente ferito.
Mentre veniva trasportato al posto di medicazione continuava ad incitare i propri uomini invitandoli a trasportarlo per ultimo.»
Casa Croce di Sopra, 27 novembre 1944 XXII.

9) Sergente BERGAMO Giacinto.
«Durante un violento attacco del nemico, caduti gli altri componenti della Squadra, rimasto solo con due compagni animava con l'incitamento e con l'esempio i superstiti, prodigandosi con azioni personali finché il nemico dopo
reiterati attacchi ripiegava lasciando morti e feriti.
Anche in precedenti e vittoriose azioni si era fatto ammirare per il suo energico comportamento.»
Casa Croce di Sopra, 27 novembre 1944 XXII.

10) Marò Scelto POZZI Giancarlo
«Durante un attacco di forze nemiche preponderanti, rimasti feriti due ca-pisquadra ed altri uomini del suo reparto, riuniva i superstiti e decisamente li guidava a sostegno dell'azione di contrassalto effettuata da altre squadre.
Ripreso con i suoi uomini il posto di combattimento, sosteneva saldamente l'urto dell'avversario frustrando tutti i nuovi contrattacchi del nemico.
Già distintosi in precedenti azioni, forte tempra di combattente generoso e sprezzante del pericolo, esempio di audacia e dedizione.»
Casa Croce di Sopra, 27 novembre 1944 XXII.

11) Marò GENNARO Aldo
«Durante un attacco sferrato dal nemico con forze preponderanti al proprio caposaldo, fatto segno a violento fuoco di armi automatiche e bombe a mano, mentre molti componenti la sua Squadra erano rimasti feriti, con i pochi superstiti attaccava gli attaccanti a distanza ravvicinata e dopo aver opposto strenua resistenza passava al contrattacco mettendo il nemico in fuga.»
Casa Pozza, 27 novembre 1944 XXII.

12) Marò ZERNITZ Eugenio
«Destinato in una postazione avanzata attaccato dal nemico soverchiante, rimasto con un compagno, gli unici superstiti validi della postazione con un magnifico slancio e suprema dedizione al dovere insistevano nell'azione riuscendo da soli a bombe a mano a respingere l'attacco avversario.
Magnifico esempio di coraggio e di spirito di sacrificio.»
Montaltissimo, 16-17-18 novembre 1944 XXII.

13) Marò FABIAN Leonida

14) Obrg. NEUMITKA Max

15) Obrg. AMSCHEL

16) Flw. BEDAL Hermann
«Con un gruppo di pochi uomini decisi, sebbene attaccati da una intera compagnia nemica, resistevano nella difesa di una casa isolata nonostante l'intenso concentramento di fuoco di artiglieria e di mortai contribuendo a conservare una posizione di grande importanza tattica.»
Casa Foce di Eglio in Garfagnana, 16 novembre 1944 XXII.

Encomio Solenne

17) Marò TOSARELLO Amieto
«Durante un attacco al proprio caposaldo fatto segno a violento fuoco di armi automatiche e bombe a mano, nonostante che molti suoi camerati fossero rimasti feriti, con i pochi superstiti continuava la impari lotta con rabbioso furore, finché non vedeva il nemico battere in ritirata.»
Casa Pozza, 27 novembre 1944 XXII.

IL GENERALE COMANDANTE
Amilcare Farina

COMANDO DIVISIONE FANTERIA MARINA «SAN MARCO»
IIa

Sede, li 21 febbraio 1945 XXIII

ORDINE DEL GIORNO N. 22

II III Btg. del 5° Rgt. Ftr., non appena giunto in linea sul fronte appenninico, ha avuto modo di mostrare al nemico — con il valore e con il sangue — cosa valgano gli autentici soldati della nuova Italia.

Ecco un primo gruppo di ricompense al Valor Militare che io, avvalendomi della facoltà concessami dal Maresciallo Oraziani, conferisco sul Campo a questi degni uomini di San Marco.

Ricordate: il primo Caduto è stato un Ufficiale.

Medaglia d'Argento (alla memoria)

1) S. Tenente GAMACCHIO Giuseppe
«Comandante di pattuglia esplorante, ferito e lanciato in fondo valle da un colpo di mortaio nemico, gridava ai propri uomini che tentavano di soccorrerlo di rientrare nelle linee.

Solo e agonizzante, circondato da numerosi nemici, tentava un'ultima disperata resistenza: e raffiche di mitraglia lo immolavano per il divenire d'Italia.»

Caposaldo Rimessa, 30 gennaio 1945 XXIII.

Promozione a Maresciallo Ordinario per merito di guerra

2) Sergente Maggiore LUCI Silvano
«Caduto l'Ufficiale, assumeva il comando di una pattuglia penetrata nel dispositivo nemico ed in grave pericolo, riconducendola ordinatamente nel nostro caposaldo.

Attaccato quest'ultimo da preponderanti forze, organizzava abilmente la difesa infondendo con l'esempio e con la voce fiducia ed aggressività nei propri uomini.

Dopo dura lotta si metteva alla testa dei pochi superstiti, e muoveva decisamente al contrassalto, riuscendo a ricacciare l'avversario sulle posizioni di partenza.

Sottufficiale già distintosi per capacità e valore.»

Caposaldo Rimessa, 30 gennaio 1945 XXIII.

Medaglie di Bronzo

3) Marò MARCHI Egisto
«Durante violento attacco, per meglio colpire il nemico piazzava la mitragliatrice sul tetto del fortino, al di fuori di qualsiasi copertura.

Sempre esponendosi a tutto rischio, appoggiava il nostro successivo contrassalto con abilità particolare, ed infliggeva al nemico serie perdite, contribuendo decisamente al successo dell'azione.»

Pian Sinatico, 30 gennaio 1945 XXIII.

4) Marò OTELLINI Antonio

«Rimasto isolato, e attaccato da quattro avversari che gli intimavano la resa, abbatteva i più vicini a colpi di pistola, fugando gli altri e raggiungendo poi il proprio reparto, fedele al suo giuramento.»
Caposaldo Rimessa, 30 gennaio 1945 XXIII.

5) Sergente RICCIARDI Giuseppe

«Durante attacco che metteva in serio pericolo nostro caposaldo, accorreva alla testa di pochi uomini investendo il fianco nemico e costringendolo a ripiegare. Nell'inseguimento si spingeva fin sulla linea dei fortini avversari, da cui riusciva abilmente a sganciarsi dopo avere inflitto perdite senza subirne.»
Pian Sinatico, 30 gennaio 1945 XXIII.

6) Maresciallo CARLA Ferdinando

«Unico soldato italiano in un bunker avanzato, accortosi durante lo scambio delle consegne col reparto germanico uscente, che una pattuglia avversaria d'assalto era riuscita a infiltrarsi di sorpresa, dava l'allarme e per primo si slanciava audacemente fuori, attaccando il nemico col lancio di bombe a mano.
La sua personale azione ricacciava l'attaccante suscitando viva ammirazione nei camerati germanici.
In successivo scontro riconfermava le sue belle qualità di valoroso soldato e contribuiva validamente alla cattura di alcuni prigionieri.»
Pian Sinatico, 25-30 gennaio 1945 XXIII.

Croci di Guerra al V.M.

7) S.Tenente DINI Bruno

«Durante violento attacco assumeva d'iniziativa il comando dei pochi uomini disponibili e si scagliava al contrassalto, fugando il nemico.
Durante l'azione infliggeva sensibili perdite all'avversario, catturando numerosi prigionieri.»
Pian Sinatico, 30 gennaio 1945 XXIII.

8) Sdfh. PIRCHER Rudolf

«Interprete presso reparto italiano, durante violento attacco nemico accorreva tra i primi dove più dura era la lotta.
Volto in fuga il nemico, partecipava con slancio all'inseguimento cooperando validamente alla cattura di alcuni prigionieri.
Sottufficiale già distintosi in precedenti azioni.»
Pian Sinatico, 30 gennaio 1945 XXIII.

9) Sergente BAGNARESI Domenico

«Durante attacco di preponderante avversario si esponeva a tutto rischio. Nel contrassalto si distingueva tra i migliori cooperando validamente alla cattura di alcuni prigionieri.»
Pian Sinatico, 30 gennaio 1945 XXIII.

10) Gefr. PUTZ Matthias

«Porta ordini dell'Ufficiale germanico di collegamento presso reparto italiano, durante violento scontro si prodigava con valore.
Volto in fuga il nemico, partecipava all'inseguimento fin sulle linee avversarie.»
Pian Sinatico, 30 gennaio 1945 XXIII.

11) Marò DAL MORO Idilio
«Durante improvviso attacco di forte pattuglia avversaria accorreva tra i primi e, messosi allo scoperto, sventava la minaccia con precisi lanci di bombe a mano.
Volto in fuga il nemico, si slanciava all'inseguimento, cooperando validamente alla cattura di alcuni prigionieri.»
Pian Sinatico, 30 gennaio 1945 XXIII.

12) Marò COLELLA Giacomo
«Portarma di postazione avanzata, durante violento lungo attacco, noncurante del fuoco nemico spostava la propria arma in varie posizioni scoperte per meglio colpire.
Volto in fuga l'attaccante, si lanciava all'inseguimento continuando a sparare con particolare efficacia.»
Caposaldo Rimessa, 30 gennaio 1945 XXIII.

13) Marò GIOMO Angelo
«In pattuglia, visto rotolare a valle il proprio Ufficiale ferito da un colpo di mortaio, lo seguiva per soccorrerlo.
Imbattutosi in altro compagno che circondato stava per essere sopraffatto, lo liberava e con lui, incontro al fuoco nemico, proseguiva nell'intento generoso ma vano, perché il ferito veniva frattanto finito dalle raffiche della mitraglia nemica.»
Caposaldo Rimessa, 30 gennaio 1945 XXIII.

14) Marò ZITOLO Antonio
«Osservatore presso postazione avanzata, durante violento bombardamento di mortai pesanti nemici rimaneva al proprio posto esterno.
Individuati forti gruppi avversari che si accingevano all'attacco, dava prontamente l'allarme consentendo una nostra pronta reazione che sventava il piano.»
Caposaldo Rimessa, 30 gennaio 1945 XXIII.

Dei suddetti militari, gli Ufficiali germanici di Collegamento hanno proposto per la concessione della Croce di Ferro di 2ª Classe il:

Maresciallo CARLA
Serg. Magg. LUCI
Sergente RICCIARDI
Sdfr. PIRCHER
Gefreiter PUTZ
Marò MARCHI
Marò OTELLINI
Marò DAL MORO
Marò COLELLA
Marò GIOMO

IL GENERALE COMANDANTE
Amilcare Farina

COMANDO DIVISIONE FANTERIA MARINA «SAN MARCO»
IIa

Sede, li 27 febbraio 1945 XXIII

ORDINE DEL GIORNO N. 25

II DUCE, con decreto in corso di registrazione, ha promosso per *Merito di Guerra* al grado di Capitano di Fregata (Tenente Colonnello) il Capitano di Corvetta Luigi UCCELLI, Comandante del II Btg. 6° Rgt. Ftr.
Il provvedimento premia un autentico soldato d'Italia.
La «San Marco» è fiera di lui.
Ciò che hanno fatto gli uomini del Comandante UCCELLI, dall'ottobre scorso in prima linea sul fronte appenninico, *ma soltanto materialmente distaccati da noi,* è documento dalle seguenti cifre:

— 3 Medaglie d'Argento al V.M.
— 9 Promozioni per Merito di Guerra
— 10 Medaglie di Bronzo al V.M.
— 13 Croci di Guerra al V.M.
— 13 Encomi Solenni

IL GENERALE COMANDANTE
Amilcare Farina

N.B.: Le ricompense di cui sopra sono state già pubblicate sugli Ordini del Giorno n. 4 e n. 17 e.a., tranne la Medaglia d'Argento alla memoria del Sergente BRIOSCHI, di cui ancora non si conosce la motivazione.

COMANDO DIVISIONE FANTERIA MARINA «SAN MARCO»

Sede, li 13 aprile 1945 XXIII

ORDINE DEL GIORNO N. 29

Avvalendomi della facoltà concessami dal Maresciallo d'Italia Rodolfo Graziani, Ministro delle FF.AA., concedo sul Campo le seguenti ricompense:

Medaglie di Bronzo (alla memoria)

1) Marò ALBERTINI Alberto – 15ª Cp. 5° Rgt. Ftr.

«Guardiafili di caposaldo avanzato, durante aspro combattimento volontariamente si portava su posizione particolarmente battuta per ripristinare la linea interrotta. Colpito in pieno da una granata avversaria, in uno sforzo supremo cercava di riallacciare i fili regolatori della battaglia, che la morte gli lasciava tra le dita tenacemente serrate.»

Pian Sinatico, 4 febbraio 1945 XXIII.

[...]

IL GENERALE COMANDANTE
Amilcare Farina

N. 1

COMANDO DIVISIONE ALPINA "MONTE ROSA"
ufficio operazioni

Nr.2076/^p. di prot.   9 novembre 1944-XXIII

Oggetto: Perdite subite dalla divisione alpina " M.Rosa" fino
al 7 novembre u.s..

AL MARESCIALLO D'ITALIA RODOLFO GRAZIANI
Comandante delle Armate "Liguria " e
Ministro delle Forze Armate   SUA SEDE

A seguito della relazione già inviata sugli avvenimenti
accaduti al fronte, preciso le perdite subite in combattimento :

Le nostre truppe impegnate furono :

- 1^ cp.btg."Aosta" (comando 2. plot.fuc. ; 1^ sq.mortai)
- 3^ cp. del btg. " Brescia "
- II/6° btg. della div. " S.Marco"

Le forze attaccanti accertate risultano le seguenti:

- contro la 1^ cp. del btg. " Aosta "
- 1. btg. brasiliani rinforzato;
- bande partigiane di forza imprecisata.

- Contro la 3^ cp. del btg. " Brescia ":
- una compagnia brasiliana
- contro il II. btg. della div. " S.Marco "
- pattuglie brasiliane di forza imprecisata.

Inoltre, a tergo della 3^ cp. del bt."Brescia" e del II.
btg. " S.Marco ",agirono circa 300 partigiani,mentre altri gruppi
di banditi disturbavano le retrovie del battaglione " Intra".

Le perdite accertate furono :
- 1^ cp. del btg. "Aosta " :
- morti ufficiali - tenente Franguelli - s.tenente Raimondi   nr. 2
                                         - truppa   "   5
- feriti (rimasti prigionieri) truppa   " 14
         sgombrati   "   4
- dispersi (in massima parte prigionieri)   " 66
                                              Totale   _____
                                                               91

+)3^ cp. del btg. " Brescia "
- morti - truppa   nr.1
- feriti   "   " 2
- dispersi (in massima parte prigionieri)   " 27
                                              totale   nr. 30

Le perdite subite dalla "Monterosa" e del II/6° della "San Marco" alle sue dipendenze, sino al 7 novembre 1944.

btg. divisione " S.Marco"
- morti - truppa   3
- feriti : ufficiali   1
        truppa   8
- dispersi : (in massima parte disertori)   35

             Totale   48

btg. alpini " Intra "
- morti : truppa   2
- feriti : ufficiali   1

             Totale   3

          Totale complessivo 172

IN TOTALE :
      morti : ufficiali   2
          : truppa   11
     feriti : ufficiali   2
           truppa   28
     dispersi: truppa   129

           totale   172

Successivamente si verificarono le seguenti diserzioni da aggiungere a quelle già segnalate nella precedente relazione (già inviata tramite il sig. generale Mischi):

- gruppo artiglieria " Bergamo "   34
- XXIII gruppo esplorante   3
- 1. cp. del btg. " Aosta "   25
- btg. pionieri   4
             sottufficiali   2
- btg. " Intra "   truppa   143
- btg. divisione " S.Marco "   7

             Totale   218

Durante le operazioni del periodo 2 - 6 novembre si avevano anche le seguenti perdite :

- feriti :
      comando 1. rgt. alpini   3
      btg. " Intra "   2
      XXIII btg. esplorante   2
      btg. " S.Marco "   2

            totale   9

Riporto   - 9 -

- Morti :

         btg. " S.Marco "   1

- fucilati : btg. " Intra "   3
                                ——————
                      Totale   13.-

IL GENERALE DI BRIGATA
COMANDANTE LA DIVISIONE
F.to Mario SIMONI

P. C. M.
IL TENENTE COLONNELLO ADDETTO
(F.Fiorini)

N. 2

«GRUPPO DI COMBATTIMENTO SCHIROWSKY»

Il Comandante

li, 14.11.1944

Il Tenente Feriani del II/6° «SAN MARCO», che già ha condotto più volte puntate vittoriose esplorative contro il nemico, è penetrato in data 12.11.44 nella località di Cascio, occupata fortemente dal nemico nella sera precedente.
Bruciava il villaggio e rientrava portando al Comandante elementi preziosi di informazione.
Esprimo al Tenente Feriani ed ai suoi uomini, per l'audace azione, il mio riconoscimento e il mio ringraziamento.

Schirowsky Colonnello e Comandante

N. 3

«GRUPPO DI COMBATTIMENTO SCHIROWSKY»

Il Comandante

li, 20.11.1944

Con l'avvenuta variazione dello schieramento nel settore il Gruppo di Combattimento cessa di esistere, da oggi, come tale.
Camerati tedeschi e italiani!
Con esemplare cameratismo d'armi siete stati nell'ambito del Gruppo di Combattimento fedeli e vigili scolte sulle montagne a voi affidate.
Né le tempeste di autunno né le granate hanno saputo piegare la vostra volontà di combattimento.
Lo avete dimostrato al nemico. Le vostre audaci pattuglie esplorative o d'assalto così come il vostro valoroso comportamento nei combattimenti dal 30 – 31.10 e dal 16 fino al 18.11.44 hanno sbalordito il nemico.
Tedeschi e italiani hanno consacrato con il loro sangue, in modo imperituro, le aspre e combattute quote. A questi valorosi rivolgo oggi il mio pensiero in modo particolare. Essi sono il simbolo della nostra fratellanza d'armi nella lotta per il destino del popolo tedesco e italiano.
All'atto del mio congedo ringrazio ogni singolo per la sua completa dedizione alla riuscita della causa comune.
Auguro ai Reparti sempre maggiori successi e ad ogni singolo tutte le fortune nel campo militare, fino al raggiungimento della vittoria alla quale io credo incrollabilmente

Evviva la Germania ed il Führer!

Evviva l'Italia ed il Duce!

Schirowsky Colonnello e Comandante

N. 4

RELAZIONE SULLA CATTURA E SULLA PERMANENZA TRA LE BANDE

Marò Gian Carlo LEONARDI, effettivo l^a Squadra I Plotone 10^a Cp.

La l^a Squadra Mortai dopo lo sfondamento ripiega su Cornola con armi (2) e munizioni nella notte sul 17. Ha distrutto la stazione radio con il Comando di Btg. La mattina del 17 venuti a mancare tutti i collegamenti con la 7^a Cp. vengono occultati i mortai, distrutti i congegni di puntamento ed abbandonate le munizioni. Scesa la via che conduce ad Arni e scavalcato il Turrite in secca si risale, mentre è in corso azione nemica, con l'intenzione di giungere alla valle del Serchio più a monte.

A Colli siamo circondati da numerosa gente armata che però non appare minacciosa, comunque si sale fino alla cima. Sulla vetta, tra le poche case v'è un assembramento di uomini armati ai quali si aggiungono quelli che ci hanno tallonati: tutti appartengono alla sedicente Divisione Lunigiana.

Ci parla un Tenente di Corvetta in perfetta uniforme dai modi eleganti ed educato. Si informa come sta il suo amico e compagno d'arme, Tenente MONTEVERDE, Ufficiale del Btg. che sta a Castelnuovo "ferito perché inevitabile metterlo fuori combattimento".

Si prosegue per Careggine ed a noi si aggiunge il Sergente TERUZZI, già puntatore della 2ª Squadra Mortai ora ufficiale partigiano.

A Careggine tra i partigiani sorge discussione se fucilarci o meno.

TERUZZI ci salva esibendo un documento partigiano: a nulla valgono i salvacondotti lanciati dagli aerei. A noi si aggiungono sei Camerati che però vengono fucilati poco dopo da una banda comunista: la nostra fucilazione è sventata dal TERUZZI e siamo salvi.

Dormimmo una notte in un fienile ma ad un tratto un alpino partigiano ci svegliò e ci fece ripartire dicendo (dei comunisti): "Sono dei criminali, vi fanno fuori tutti!". Ci accompagnò poi per un bel pezzo fuori dai limiti del comando comunista. Il 18 si scese in località Fabbriche e, dopo aver passato una specie di lago, arrivammo a Roggio. Qui il comando partigiano era democristiano e badogliano.

Tutti erano tranquilli e pacifici. Avevamo pensato durame il tragitto di cercare un collegamento con i nostri o con i tedeschi... ma come?

Conciati come eravamo e senza documenti sarebbe stato probabile essere trattati come partigiani.

Il 19 scortati da due armati arriviamo a Gorfigliano; anche qui ci si vuole fucilare ma il buon TERUZZI risolve ancora favorevolmente la questione. Qui la gente chiama i partigiani «delinquenti e sfruttatori». La ragione è semplice: saccheggio di alimenti, vestario e bestiame ai civili. Ci offrono polenta di castagne.

Ripartiamo per arrivare a Pieve di San Lorenzo; siamo cauti e diffidenti... cosa ci aspetta? Siamo ricevuti, è giusto dirlo, da una partigiana con gentilezza. Non so se fosse la maestra o una impiegata comunale; il suo socio comunque era il prete che mi è rimasto impresso perché lo vedemmo distribuire bombe a mano ad alcuni ragazzi.

Ci danno qualcosa da mangiare: pane e mele. Ci mettiamo al riparo dal vento gelido nelle case. Aspettiamo la notte poi abbordiamo il TERUZZI chiedendogli se non era ormai il caso di "defilarci". Ci rispose di non tentare colpi cretini perché alle pattuglie nostre, tedesche e turkestane sarebbe stato difficile riconoscerci e nessuno sarebbe sopravvissuto... meglio rimandare ad una situazione più favorevole. Sopraggiunta la notte fuggimmo a due a due e, lasciata la provinciale, salimmo a Regnano ma qui ci stavano aspettando all'ingresso del paese. È ben vero che una donna mi aveva detto che il Commissario politico del posto era suo fratello e di andare tranquilli... ma non fu così e dopo varie percosse fummo cacciati in un fienile.

Anche qui TERUZZI ebbe una lunga discussione con il Commissario ed il Capo Brigata sopraggiunto che peraltro se ne infischiavano dei documenti esibiti. Girava la parola «fucilarli». TERUZZI ci spiegò che volevano vendicarsi di un rastrellamento in corso poco lontano ma alla fine ci tranquillizzò: la banda aveva ricevuto ordine di non toccarci.

All'alba del 20 ci ordinarono di salire una mulattiera, poi un largo sentiero, e attraversare la Statale al Passo Cerreto per raggiungere Bottignana. Ci dissero di fare attenzione alla guarnigione tedesca subito sotto il Passo. Arrivammo ad un pianoro coperto di rovi e rocce: non so a quale altitudine eravamo comunque in mezzo alla neve, folte folate di nebbia e molto freddo. Si era tentati di scendere dai tedeschi ma si aveva paura e così attraversammo la Statale con l'aiuto della nebbia. Passammo da Mommo mezza diroccata per giungere alla piccola borgata di Vendale. Nel tardo pomeriggio si giunse a Bottignana dove il capo partigiano era un prete. Egli però ci trattò da uomini, ci accompagnò in un casone e ci disse di dormire che, l'indomani, dovevamo raggiungere i Passi di Lagastrello. Ci offrì castagne, mele e pane.

La mattina del 21 si incominciò a salire verso i Passi: dura e faticosa salita tra neve e ghiaccio; le raffiche di vento si facevano sempre più frequenti a mano a mano che si saliva. Ad un certo punto ci accorgemmo che su un crinale parallelo al nostro stavano salendo altri uomini: alla loro testa c'era qualcuno su un mulo. Cercammo di accelerare per evitare l'incontro ma sulla cima la banda partigiana ci aspettava con le armi spianate.

Il Capo, sul mulo, era una donna e ci colpì il suo abbigliamento. Era tutta in rosso: vestito di pelle rossa, foulard rosso, basco rosso.

Bestemmiando in emiliano ci chiede da dove venivamo e TERUZZI incominciò a parlamentare esibendo il "passi" ormai ricoperto di bolli e firme. TERUZZI dopo un poco ritornò tra noi dicendoci che andava male... dalle vallate emiliane stavano salendo tedeschi e Brigate Nere. Riprendemmo a muoverci con i partigiani alle cestole.

Accertai che il Marò GIAMBRA se l'era squagliata a Passo Cerreto.

Giungemmo ad un castello dove ci ricevette un Capo che, al solito, voleva fucilarci ma il Commissario Politico era molto corretto e comunque più istruito. Dopo averci squadrato da capo a piedi ci chiese se avevamo mangiato e, senz'aspettare risposta, ci fece accompagnare presso il Castello dove ci passarono pane bianco e formaggio grana. Razioni molto abbondanti che divorammo.

Al calare della notte arrivò l'ordine di andare a Rigoso dove ci rinchiusero in due stanze di una palazzina ben messa; vi trovammo un soldato tedesco e due giovani delle Brigate Nere. Il freddo era intenso e si stava scatenando la tormenta. Dalle finestre (eravamo a pianterreno) potemmo vedere due camion che si fermarono davanti alla palazzina, anche dal trillare di un telefono arguimmo trovarci presso un Comando partigiano di una certa entità. Capimmo che i partigiani dovevano essere molti: un mezzo battaglione, circa 600.

Nella notte (sul 21) ci ordinarono di sgombrare immediatamente e ci fecero trasportare alcuni feriti e armi scariche. Le armi provenivano da un lancio inglese piuttosto inconsueto... infatti quando gli inglesi si accorsero che i partigiani erano comunisti ritornarono sul luogo e mitragliarono i partigiani intenti a raccoglierle.

I feriti erano tre più un tubercoloso, divenuto tale a seguito di ferita; inoltre un partigiano armato ci seguiva aiutandosi con un bastone per un piede in cancrena. I miei compagni portavano a turno i feriti: un paio sostenevano il tisico, io portavo una Saint Etienne, altri munizioni e viveri. Si saliva faticosamente nella tormenta che aveva reso la notte un Sabba! Sentivamo lo sciacquio del lago sulla nostra sinistra; alla fine arrivammo al Castello, dove trovammo un enorme salone riscaldato ed illuminato.

Ma tedeschi e Brigate Nere pur non conoscendo il cammino incalzavano e stavano salendo... nacque il panico!

La mattina del 22 il Castello si riempì di gente armata di tutto punto... il tedesco e i due delle Brigate Nere vennero fucilati in un boschetto adiacente al Castello... noi ricominciammo a portare i feriti. Prima un canalone poi un torrente gelato: il freddo era intenso e il vento fortissimo. Uno dei feriti era ora armato di Sten e un infermiere ci seguiva armato di pistola d'ordinanza dei carabinieri. Stavamo passando un ponticello; la colonna (circa 300 uomini) marciava in cresta. Si sparse la voce che sul ponticello era passato un tedesco a cavallo... e la colonna sparì lasciando a noi i feriti. Questi incominciarono a urlare all'indirizzo dei propri compagni "tradimento... carogne... vigliacchi... assasssini".

Il sedicente infermiere (un uomo anziano, saggio, dai capelli già grigi) ci venne in aiuto: «Ragazzi, qui la storia si fa pericolosa per noi e per voi... conciati come siete. Aiutatemi a nascondere i feriti poi scendete a Tavernelle, là ci sono i partigiani: dite loro quello che sta succedendo».

Mettemmo i feriti nella boscaglia sopra la mulattiera mimetizzandoli con frasche e sterpi. Salutammo l'uomo augurandoci a vicenda buona fortuna e scendemmo precipitosamente verso Tavernelle. Qui fummo accolti con molta diffidenza; scendendo ancora verso Licciana avvertimmo di essere seguiti da un partigiano armato, quindi a scongiurare il pericolo di essere fatti fuori all'ultimo momento: decidemmo di procedere a due per volta. I primi a giungere alle nostre posizioni di Fabbriche di Aulla avvertirono il presidio tedesco cosicché uscì una pattuglia delle salmerie e cariaggi del Battaglione a raccogliere gli altri

Io e SALA, rimasti ultimi, venimmo recuperati dal Sergente VITALI scortato da un Marò che imbracciava un automatico.

Siamo così giunti ad Aulla. Da qui siamo andati a Chiavari dal nostro Tenente NATALE poi a questo Comando.

Sono in grado di indicare su carta topografica le località ed i Comandi partigiani con i quali sono stato a contatto. Chiavari, 22 novembre 1944

Marò Gian Carlo LEONARDI

Indicazioni:

– Foce di CAREGGINE – CAREGGINE Brigata Lunigiana - Maggiore OLDHAM Brigata garibaldina - Commissario politico ex poliziotto
– FABBRICHE 6 Camerati fucilati (Cacciatori Appennini)
– POGGIO Comando di badogliani
– PIEVE S. LORENZO Comando comunista con maestra e il prete
– REGNANO comunisti - comandante il fratello della maestra
– BOTTIGNANA piccolo drappello al comando del curato, portano fazzoletti rossi
– PASSI e LAGHI DI LAGASTRELLO grossa Brigata garibaldina - servizi ottimi - camion - mitragliatrici S. Etienne - mortai da 81 italiani - sala radio - cibo abbondante - 2 Brigate Nere, 1 Guardia e 1 tedesco fucilati
– RIGOSO Comando nel Castello - forti bande comuniste
–PALLARONE partigiani rossi - mezzi di collegamento radio e telefoni.

N. 5

DIVISIONE ALPINA «MONTE ROSA»

Comando

li, 9 dicembre 1944 XXII

ORDINE DEL GIORNO Nr. 57 A TUTTE LE TRUPPE ITALIANE DELLA VALLE DEL SERCHIO

Con fierezza porto a vostra conoscenza il seguente telegramma pervenuto dal Generale HERR, Comandante la nostra Armata:

«ALLE TRUPPE D'ESPLORAZIONE E D'ASSALTO DELLA DIVISIONE "MONTE ROSA" ESPRIMO IL MIO RICONOSCIMENTO PER I LORO SUCCESSI DEGLI ULTIMI GIORNI»

HERR Generale delle Truppe Corazzate e Comandante

L'elogio del nostro Comandante di Armata è premio ambito alla nostra attività e ci conferma che quanto, con fede e spirito di sacrificio, ogni giorno viene compiuto da chi combatte, è conosciuto ed apprezzato dai Capi e dal Paese che ci seguono con fiducia nel nostro arduo ma sicuro cammino.

Ho la certezza che — anche in seguito — continuerete a comportarvi secondo le migliori tradizioni delle truppe italiane e saprete meritarvi la stima e l'apprezzamento di chi ci guida sulla via che conduce alla Vittoria.

IL GENERALE DI BRIGATA
COMANDANTE LA DIVISIONE

Mario Carloni

COMANDO II°/6° RGT.FTR.MARINA "SAN MARCO"

RELAZIONE CIRCA L'OSSERVAZIONE DELLA PATTUGLIA NEGRETTI
effettuata nei giorni 20-21-22 Dicembre 1944

Pattuglia composta da un Sottufficiale e due marò. Armamento: pistola e pugnale per ciascun componente

La pattuglia costeggiando Molazzana passando per Casa Vescherana, Fosso Tre Canali, arrivava alle ore 2I circa a Casa Termini e, successivamente, si portava a quota 437 raggiungendola alle ore 23.

Durante la notte, in direzione di Barga una batteria nemica (si sono notate quattro fiammate) tirava sul settore del Battaglione Brescia.

Il giorno 2I verso le ore 7.30 al di là del fiume Serchio è stato notate un treno in arrivo e uno in partenza da una stazione che si presume essere Fornaci di Barga.

Dietro il versante di Molazzana (verso sud) batterie e mortai (4 boche da fuoco di mortai e tre di artiglieria).

Sulla strada che parte da Gallicano, collega Casa Termini con Molazzana, e continua per Promiana, movimenti di muli, due autocarri pesanti, una vettura, quattro motociclette e due autoambulanze.

Movimenti di uomini bianchi in pantaloni alla zuava e maglione nero, forse partigiani, portavano munizioni e sacchi verso Molazzana. Movimenti di truppa: minimi e isolati.

Sulla strada che da Gallicano va a Vergemoli, passando per Sant'Andrea, movimento di vetture e camionette.

Immediatamente a sud-est della quota 437 una postazione mitraglieri, antiaerea in piena efficienza.

Verso le ore 20 la pattuglia si è portata a sud-ovest di Gallicano e superata la strada Gallicano -;Sant'Andrea - Vergemoli, si è portata a quota 326 che è risultata perfettamente sgombra.

In direzione di Gallicano sono stati notati molti fili telefonici che affluivano in case diverse (Comandi).

Alla mattina del giorno 22 la pattuglia tornava verso quota 437 da dove si sono stati notati pochi movimenti di truppa (a gruppetti) che portavano rifornimenti nella direzione di Molazzana - Promiana e Vergemoli.

Alla stessa stazione già osservata nel giorno 2I è arrivato un treno dal quale sono scesi un gruppo di militari di colore armati (circa una ventina e due Ufficiali bianchi in kaki e stivaloni).

E' stato notato che sul Monte Faeto vi erano batterie e postazioni nemiche.

Alle ore I9 del giorno 22 la pattuglia si è messa in marcia per il ritorno e rientrava alla base alle ore I9.30.-

IL COMANDANTE DI CORVETTA
Comandante
(Luigi UCCELLI)

RELAZIONE CIRCA L'OSSERVAZIONE DELLA PATTUGLIA MONTONATI
effettuata nei giorni 20-21-22 Dicembre 1944

Pattuglia composta da un Sottufficiale e tre marò. Armamento : Pistola e pugnale per ciascun componente.

La pattuglia è partita alle ore 15,0 , verso le ore .. circa è entrata nelle linee. Lasciando sulla destra Bruociana e costeggiando le pendici di detta località mi è diretta sull'altura .... Calomini ove si è messa in osservazione. Durante la notte e durante il percorso non è stato notato alcun movimento e mezzo a rumore.

Verso le ore 7 del giorno 21 Dicembre è stato notato movimento di civili in Calomini.

Alle ore 10 circa movimenti di truppa di colore fra il 1° gruppo e 2° gruppo di case di Calomini; le truppe passate avanti e indietro durante la giornata erano una ventina circa.

Fra il 1° e 2° gruppo di case, sulla lastra della strada, a circa 50 metri di distanza dalla medesima, è stata osservata una postazione di mortai.

Alla sera mentre terminava l'osservazione su Calomini e scendendo dal costone la pattuglia si è portata nelle vicinanze de l'Eremita ove è giunta verso le ore 3. Fino all'alba del 22 non è stato veduto nulla.

Anche durante il giorno su "l'Eremita non è stato notato alcun movimento.

Sul pendio che porta a Calomini in una capanna ed in un bunker, distante dalla capanna circa 100 metri è stata osservata la presenza di negri. La loro presenza è stata rilevata dalle voci.

Tra il bunker e la capanna è stata notata una postazione di mitraglieri e due di fucilieri.

Alle ore 18,30 si è messa in marcia per rientrare, spostandosi un pò verso sinistra per evitare di essere vista dagli uomini della succitata capanna del bunker.

Ad un certo punto, fra Calomini e l'Eremita la pattuglia avvistava un individuo che si dirigeva verso di essa. Allora i tre componenti si sono nascosti dietro le piante. Favoriti dalla luce lunare hanno potuto vedere che si trattava di un militare nero ed allora, quando il medesimo si è trovato a passare nelle vicinanze, il S.Capo Montonati ed il Marò Marlozzi son mossi fulminea si sono alzati e colpivano a colpi di pugnale il soldato nemico che cadeva morto. Al predetto militare nemico sono stati presi i documenti trovatili in tasca.

Riprendendo la marcia ci rientrò, attraversando il fosso, la pattuglia ha diretto su Brusciano se sa notare nulla di speciale.

Alle ore 20 è rientrata nelle nostre linee.

IL S. TENENTE DI CORVETTA
Comandante
(Luigi UCCELLI)

DIVISIONE ALPINA MONTE ROSÁ
IL COMANDANTE

SEGRETO = PERSONALE = URGENTISSIMO

n. 18 S.M.=   9 Febbraio 1945/XXIII°=

OGGETTO.= Situazione sul fronte della Garfagnana.
            Comportamento reparti divisione Italia.=

        AL SIGNOR MARESCIALLO D'ITALIA R.GRAZIANI
        Comandante gruppo armate Liguria-Ministro delle FF.AA.=

        I recenti avvenimenti svoltisi sul fronte della Garfagnana mi portano
a queste considerazioni :
- a conclusione dell'azione " Wintergewitter" la situazione nel mio set=
tore era la seguente :
- forte contraccolpo morale per il nemico che ha inoltre subito perdite
in uomini e materiali eccezionalmente elevate;
- spirito molto elevato e atteggiamento risoluto ed aggressivo nelle
nostre truppe, ormai impostesi in modo deciso all'avversario;
- miglioramento della nostra sistemazione difensiva con l'occupazione
e l'apprestamento di una linea di avamposti laddove il nemico aveva
precedentemente stabilito di organizzare la propria linea di resistenza;=
        Questi avamposti, oltre a dare respiro a tutto il nostro schieramento,
erano in condizioni - data la loro dislocazione - di adempiere in pieno
i compiti ad esso affidati, non ultimo quello di sorvegliare, vigilare
e controllare da vicino l'attività operativa e logistica del nemico;
- gli avamposti di riva destra del Serchio (Le Tese - Vergemoli - Calo=
mini - M.Faeto - q.437 - Le Casette - Conti),occupati durante l'azione
"Wintergewitter" dai reparti italiani, vennero in seguito da essi presi=
diati e difesi con successo, cosicchè il nemico non potè mai riporre
piede in alcuna di tali posizioni, e la linea degli avamposti di riva
destra del Serchio rimase intatta a adempì in pieno a tutte le sue funzio
ni fino al giorno in cui le truppe della divisione Monte Rosa, che la
presidiavano, non vennero in gran parte disolte da tale compito e sosti=
tuite dai reparti della divisione Italia ;

                            048092

Rapporto al Maresciallo Graziani sulla situazione della Divisione "Italia"

- gli avamposti di riva sinistra del Serchio, occuoati dalle truppe ger=
maniche durante la "Wintergewitter" furono poi affidati ai reparti del
286° rgt. granatieri germanico schierato nel settore, alle miedipenden=
ze; e vennero in un primo tempo stabiliti lungo il corso del torrente
Corsonna. Successivamente furono fissati in zona più arretrata e preci=
samente : gruppo di case immediatamente a sudnest di Castelvecchio,
q.791 nor di Sommocolonia.

Questa situazione nel settore della Garfagnana all'atto dell'immis=
sione in linea dei bersaglieri della divisione Italia. Situazione che
poteva considerarsi particolarmente favorevole e tranquillizzante, so=
pratutto se si considera che, quando io assunsi la responsabilità del
settore, la nostra occupazione era limitata alla sola linea di resisten=
za dove i miei soldati hanno dovuto tenersi quasi aggrappati, ma da
dove ogni attacco nemico venne da essi contenuto e respinto, fino a che
grazie alla tenacia, all'abnegazione e al valore delle mie truppe - la
situazione non venne risolta con il passaggio dalla posizione difensiva
à quella di attacco e con lo spostamento in avanti del nostro sistema
difensivo.

Il prestigio del soldato italiano nella considerazione degli allea=
ti e di fronte allo stesso nemico, era divenuto assai notevole e tale
da rappresentare un fattore determinante nella situazione militare
della zona, oltre che un elemento di ordine morale la cui importanza
era andata sensibilmente aumentando con le nuove affermazioni ed i
nuovi successi conseguiti dagli alpini della Monte Rosa.

Quando ebbi notizia della destinazione al mio settore di reparti
della divisione Italia ho ritenuto che essi - giunti da poco dalla Ger=
mania - si trovassero in condizioni di efficienza e che, pertanto,
rappresentassero - sotto tutti i punti di vista - un elemento sul quale
si potesse fare buon assegnamento.

Inoltre, in un primo tempo, tutto faceva presumere che i reparti
della divisione Italia venissero a rinforzare il mio settore, fermo
restando che sarebbero rimasti in zona - dove avrei loro concesso il
necessario riposo - i reparti della mia divisione saldi nello spirito,
battaglieri e di sicura fiducia o quanto meno il II/6° S.Marco sarebbe
stato sostituito dal III/5° della stessa divisione (che sapevo un buon
btg.), il Brescia dal Morbegno (del quale avevo fiducia) e il mio XXIII
gruppo esplorante sarebbe rimasto in zona dove l'avrei ricostituito

Aiuto materiale e morale ai reparti della divisione Italia

Mentre si svolgevano i fatti sopra esposti, da parte mia e del mio comando veniva dato - fin dal primo istante - tutto il possibile aiuto materiale e il più completo e fraterno appoggio morale ai camerati del= la divisione Italia.

Premetto che quanto la Monte Rosa - che pur si trovava già per suo conto nelle difficoltà a Voi ben note - ha fatto e sta facendo per la divisione Italia, trascende i limiti del cameratismo fra soldati della stessa causa, e rappresenta un contributo che solamente è possibile fra fratelli legati da indistruttibili vincoli di sangue.

Tutto ciò che era umanamente possibile fare è stato fatto : comandan= ti e bersaglieri dei reparti ai miei ordini l'hanno compreso e - seppure alcuni traditori se ne sono resi indegni con il passaggio al nemico, la massa ha saputo valutare e appieno l'apporto generoso, fraterno e spon= taneo degli alpini della Monte Rosa.

Le difficioltà e le esigenze dei reparti bersaglieri - appena note - sono state segnalate alle superiori autorità con il calore e l'energia necessari, talchè è stata fatta, fin dal 20 gennaio, un'assegnazione di armi e materiali di vestiario - equipaggiamento ai reparti, seppure in misura inadeguata alle necessità.

Altri provvedimenti sono stati da me disposti e ne ho fatta menzio= na nel foglio n.395/45 Op. in data 1 febbraio, a Voi diretto per co= noscenza, e altri ancora di varia natura sono attuati quotidinamanete allo scopo di facilitare e rendere più agevoli ai reparti della divisio= ne Italia il loro compito.

Il peso più oneroso è stato sopratutto dei servizi della mia divi= sione che, in queste ultime settimane, sono stati sottoposti ad un duro e difficile compito.

Con gli scarsi mezzi a disposizione - già inadeguati alle esigenze del precedente schieramento - si è dovuto far fronte :
- alle necessità normali dei reparti in linea e del fronte operativo ;
- ai trasporti relativi agli elementi della divisione Italia che non avevano mezzi propri;
- alle esigenze dei reparti della mia divisione che, dopo il cambio, hanno intrapreso il trasferimento verso la nuova zona di impiego o verso gli scali ferroviari ;
- e, infine, alle necessità derivanti dalla ripresa operativa sul

948096

fronte.

Vi ciò aggravato dalla deficienza grave di carburante come situazione normale, e dalla mancanza assoluta di esso in alcune circostanze.

Gli accorgimenti che si sono dovuti attuare, le difficoltà cui si è dovuto far fonte sono state tali da mettere a bene dura prova gli organi a ciò preposti.

Tuttavia si è riusciti a provvedere a tutto e i reparti della divisione Italia hanno avuto sempre la precedenza in ogni circostanza.

Per quanto riguarda la deficienza di mezzi ho già provveduto alle relative segnalazioni al comando del LI C.d'A. dal quale dipendo.

Per ciò che si riferisce all'azione morale esercitata da me direttamente e dagli enti da me dipendenti, essa è stata immediata e fatta con tutti i mezzi a disposizione compresi i generi di assistenza che non ho esitato a sottrarre alle truppe della mia divisione.

Gli avvenimenti svoltisi in questi ultimi giorni sul fronte della Garfagnana hanno dimostrato in pieno che il mio giudizio circa l'efficienza e l'impiego dei reparti della divisione Italia ivi impegnati, era esatto.

Mentre i reparti schierati sulla destra del Serchio, sotto il diretto comando del col. Zelli Iacobuzzi, comandante il 1° bersaglieri (e cioè il I e il III btg. del reggimento) non hanno dato segni di sbandamento, ma in complesso hanno combattuto discretamente, il II° btg. schierato sulla sinistra del Serchio alle dipendenze tattiche del 286° rgt. granatieri germanico - dopo aver avuto in due giorni (dal 3 al 5 corrente) 2 ufficiali, 5 sottufficiali e 60 uomini disertori - di fronte all'attacco sferrato contro le sue posizioni dal nemico non ha resistito ed ha determinato una sfavorevole e delicata situazione nel settore a;lui affidato.

Sono energicamente intervenuto per stroncare le diserzioni, ripristinare l'ordine e l'autorità in seno al reparto e, sopratutto, per ristabilire la situazione sul fronte.

Con l'impiego delle riserve germaniche mi è stato possibile strappare al nemico le quote e le località perdute, stroncare i suoi tentativi di travolgere il nostro schieramento sulla sinistra del Serchio, ributtarlo al di là della linea di resistenza ora nuovamente in nostro possesso in tutta la sua estensione.

948097

Gli avamposti di riva sinistra del Serchio non sono stati per ora riooccupati.

Dei due di riva destra (q.437 e Calomini) che avevano dovuto essere sgombrati di fronte alla preponderanza del numero e del fuoco nemico, il primo è stato successivamente ripreso in contrattacco dai bersaglie= ri del 1° rgt. e dai marò del II/6° S. Marco.

Circa lo svolgimento di questi combattimenti - che sono tuttora in corso - mi riservo di trasmettervi una relazione completa ed esauriente non appena la fase operativa sul fronte sarà conclusa e mi sarà possi= bile farvi un'esposizione definitiva degli avvenimenti e trarre le dedu= zioni ad essi relative.

Per quanto concerne il II btg. bersaglieri - non appena la situazione sul fronte lo consentirà - ho disposto che sia ritirato dalla linea (dove verrà sostiuito da reparti germanici di riserva) e raccolto nelle retrovie per esservi riordinato e sottoposto adun'energica azione toni= ficatrice, eventualmente ad una drastica e radicale epurazione e boni= fica.

Ho preso accordi con il generale Manardi circa l'afflusso in zona di un contingente di bersaglieri da immettere nei ranghi del btg. per ridargli, dal lato numerico, la necessaria consistenza.

Ho attuato, tra gli altri, i provvedimenti contenuti nel foglio n.15/S.M. in data 6 febbraio, trasmesso al comando del LI C.d'A. alpino con allegata copia degli ordini verbali da me impartiti al comandante del II btg. bersaglieri.

L'ufficiale, di cui al foglio stesso, ha riscattato il suo onore con la morte in combattimento alla testa del suo reparto.

Oggi ho fatto giudicare dalla corte marziale un ufficiale e 3 bersa= glieri del II btg. rei, il primo di abbandono di posto di fronte al nemi= co; gli altri di resa al nemico.

Ritengo che, superato il collaudo del fuoco, i bersaglieri della di= visione Italia riusciranno a riprendere spirito e a comportarsi da bra= vi soldati.

In questo senso darò, fino a quando resterò nel settore, tutta la mia passione ed il mio personale impulso di italiano e di vecchio ber= sagliera perchè i soldati della divisione Italia si rimettano in linea

048098

e ritrovino quella baldanzosa fierezza e quello slancio che costituisco=
no il fondamento e l'essenza della loro tradizioni.

Poteta essere sicuro, signor Maresciallo, che io considero questa
situazione con animo e cuore di italiano e di combattente della Repub=
blica Sociale che ha un solo scopo ed una sola aspirazione: dare tutto
ed in ogni circostanza perchè le nostre bandiererestino alte e immacola=
te ed i compiti affidati ai nostri soldati siano da essi onorevolmente
assolti.=

                        IL GENERALE DI BRIGATA i.g.s.
                        COMANDANTE LA DIVISIONE
                        F.to Mario Carloni

                                                    046099

P R O M E M O R I A (Riassunto del rapporto al Duce del 25/1/45/XXIII

Questioni inerenti la Divisione "Monterosa"

1) Complementi: urge invio immediato presso la Divisione operante nel settore appenninico, di complementi scelti fra elementi volontari dei vari Corpi e Reparti dislocati nel territorio.

     1000 Alpini
      400 Artiglieri
      200 Bersaglieri
      200 Pionieri
       50 Marconisti e Telefonisti
       50 Automobilisti

E' necessario che sia fatto obbligo assoluto ai vari Comandanti, sotto pena di gravi sanzioni, di dar libero corso a tutte le domande di arruolamento volontario presso la Divisione "Monterosa". Questo indipendentemente dal reclutamento già disposto dal Maresciallo d'Italia Graziani.

2) Disposizioni a tutti gli Enti Militari e Civili perchè sia ben chiarito che il Bando di Amnistia del Duce non riguarda i disertori delle Divisioni addestrate in Germania, ma, che questi devono essere avviati ai loro reparti.

3) Mezzi di trasporto: urge l'assegnazione di automezzi e mezzi di trasporto in genere, sufficienti per i servizi della Divisione e dei reparti ad essa assegnati.

4) Propaganda: assegnazione sicura di un numero sufficiente di periodici per la truppa.

5) Il Sig. Maresciallo Graziani già si occupa da tempo per tutte queste cose. Occorrerebbe rimuovere gli eventuali ostacoli di ambienti esterni.

Questioni inerenti la Divisione Bersaglieri "Italia"

1) Armamento ed equipaggiamento: urge l'assegnazione di armi, specialmente individuali e mitragliatrici.
Assegnazione di uniformi decenti ed adeguate al servizio di montagna, principalmente scarpe e pantaloni.

2) Mezzi di trasporto: occorrono subito almeno 30 tonnellate di autocarri per i reparti della Divisione "Italia" assegnati alla "Monterosa".
E' opinione di tutti che si potrebbero facilmente avere, detraendoli dalla GNR dalle Brigate Nere e dalla Xª Mas, che ne hanno un bisogno evidentemente minore delle truppe che devono operare contro il nemico, oppure assegnazione da parte degli Enti Germanici.

3) Quadrupedi e carreggio: i reparti sono dotati di cavallini russi che danno una impressione poco gradevole rispetto all'ordine.

Questioni di carattere generale

1) Disertori; renitenti: se si continua con il sistema di lasciare indisturbati e ben pagati i disertori, i renitenti, si va fatalmente incontro allo sfaldamento dei reparti regolari.
Le Autorità Civili, a questo proposito, devono essere severamente richiamate all'ordine (caso Questore di Como). Il Maresciallo Graziani già si occupa della cosa.

2) Decorazioni al valore: ho concesso per i combattimenti svoltisi al fronte numerose decorazioni al valore, ma non ho potuto dare finora che carta, non essendovi ancora medaglie al valore della Repubblica. Non ritengo possibile decorare un militare repubblicano con medaglie con la croce dei Savoia.

3) Istituzione di distintivi di combattimento corpo a corpo, permanenza in linea, sul tipo di quelli già in uso presso l'Esercito Germanico, perchè hanno un [...] il vero combattente degli altri.

Riassunto del rapporto al Duce del 25 gennaio 1945 sulle unità dell'ENR sulla Linea Gotica.

4) Avanzamento Ufficiali : sancire che hanno diritto alle promozioni solo gli Ufficiali appartenenti a reparti operanti, e siano promossi particolarmente e sollecitamente i giovani Ufficiali che hanno partecipato all'addestramento in Germania, perovvie ragioni di carattere politico e morale.

5) Assistenza e propaganda: rilievo morale e vantaggi materiali, specie di assistenza, ai combattenti al fronte ed alle loro famiglie.
In questo campo importante, credo necessario e facile, atti concreti più che disposizioni scritte e verbali.

6) Popolazione: la popolazione della Garfagnana, dove opera la Divisione è in condizioni pietose. Il Prefetto di Apuania, dietro mie insistenze, è stato interessato di occuparsi della popolazione che è in un vero stato di anarchia per la mancanza assoluta di Autorità Civili e conserva ancora, per la maggior parte, un sano spirito nazionale a differenza delle altre popolazioni.
Urge svolgere a favore di questa popolazione una profonda assistenza morale e materiale.

7) Promozione Ten.Colonnello Grossi, Comandante del 4° Rgt.Artiglieria Alpina della "Monterosa", al grado di Colonnello.
Promozione del Comandante di Corvetta Uccelli, Comandante del II° Battaglione del 6° Rgt.Della Divisione "S.Marco", al grado di Comandante di Fregata per la sua brillantissima azione di comando svolta in questo periodo operativo.

IL COMANDANTE LA DIVISIONE ALPINA "MONTEROSA"
Generale Mario Carloni

Carloni.

048128

AL COMANDO I REGGIMENTO ALPINI

OGGETTO : Rapporto sui fatti d'arme del 16,17,18 Novembre 1944 nel
settore di Eglio.-

I).- Combattimenti del 16 Novembre .

Nella mattina del 16 Novembre fanteria negra americana,valutata a una
compagnia rinforzata da mortai,riusciva con numerose infiltrazioni a
raggiungere le pendici sud di ..... e imposse.arsi del colletto
compreso fra ..832 e q.1029.-

Le squadre della 7a Cp. S.Marco che difendeva Q.832,avuti alcuni uomini
dispersi,si ritirava verso C.Croce,dove nel frattempo era giunto il
Tenente Calcaterra con alcuni uomini del C.do della 9a Cp.S.Marco.-

Contemporaneamente altre forze americane attaccavano le posizioni di
C.Croce e C.Ressole. La squadra artiglieri della 9a Cp.S.Marco che
difendeva C.Croce,perduto il .... squadra,si ritirava verso
Eglio.-

Un'altra compagnia americana .... pendici di q.1031 attaccava la quota stessa.-Le squadre delle 7a Cp. .... che difendeva la quota e la
squadra della 9a Cp.S.Marco, ... ta .. ..1029,si ritiravano col Tenente .... Guerra verso ..168.-

Verso le ore 12 del giorno 16,il nemico si era perciò impadronito del
tratto di linea di resistenza compreso fra C.Ressole,validamente .....
ta da elementi del 2o Squadrone del .... Gruppo squadroni e della
6a Cp.S.Marco,e ..168,dove si .... vene raccogliendo i resti della
7a Compagnia.-

L'avanzata americana preceduta .. intensi concentramenti di artiglieria e di mortai,che battevano le nostre retrolinee fino oltre l'abitato di Casni,precedeva lenta. ....inge.-

Alle ore 14 giungeva a M.d'anima il .... Marcarino inviato dal
Comandante di Divisione a raccogliere le truppe dal .. cama per mantenere ad ogni costo le posizioni di ..lte - M.d'nima.- Raccolta la
squadra della 9a Cp. che si .r. .....r.t da C.Croce e Eglio,essa veniva riunita al plotone Carboni e ... 2o Squadrone bersaglieri dislocan-
do nelle vicinanze di Eglio e ....t. ad occupare le quote di M.d'A-
nima.-

A M.d'anima rimaneva al proprio p. . l'osservatorio del 1154 Gruppo
Art.tedesco col maresciallo .chtourost.-

Verso le ore 15 l'avanzat. .... ri.....v. . la fanteria negra ufen-
siva o il colletto lanciand. .tt.glie verso C..sea,sulle pendici di
..1029 e verso .832.-

Su que t'ultim. quota,provenende d. C.Ro.uole,era avanzata una squadra del 2o .. squadron bersaglieri.- .tt. segno . forte fuoco di armi
auto. .... e pendici di .l.c. e ... ntramenti di mortai,essa
era costretta a ritirarsi sulle posizioni di partenza verso le ore
15,30.-

A C.Foce resisteva le squadre del Tenente Calcaterra.- Sopra la casa
pare'si concentrava un intenso fuoco di artiglieria medica e verso le
ore 16. .. la casa a veva essere .... dopo alcune perdite.-Gli
elementi del Tenente Calcaterra ritiravane lungo le pendici ovest di
M.d'anima fino . glio,dove nel . terzo sera furono solmente in parte
ricuperati.-

./ ./ ./ ./ ./ ./ ./

Rapporto sui combattimenti del 16-18 novembre 1944 nel settore di Eglio

L'avanzata nemica era per'validamente contrastata dalle nostre armi di artiglieria che il S.Tenente Ader,del 154 Gruppo,dal suo osservatorio presso C.Rossola dirigeva sull'affluenza dei rincalzi avversari sulle pendici sud di Q.832 e da quelle che il maresciallo Nächtebreek dirigeva sul colletto e sulle pendici di Q.1129.-

Non di meno verso le ore 16,30 l'avanzata nemica raggiunta C.Foce accennava ad aggirare verso le posizioni di M.d'Anima,avvicinandosi al cimitero di Eglio.-

Per arrestarla furono impiegate le riserve che fino allora erano rimaste a difesa delle cime di M.d'Anima:

Mentre l'artiglieria batteva le pendici di Q.1029 e i mortai della 8a Cp.S.Marco,concentravano il loro fuoco nel vallone compreso fra quota 832 e quota 1029,il plotone Carboni al quale si era aggiunto come volontario il S.Tenente Perruzzi del C.do Divisione,avanzava sul crinale di M.d'Anima obbligando il nemico a ripiegare da C.Foce.-

Una Squadra della 9a Cp.S.Marco guidata dal Tenente Coggi avanzava sulle pendici est di M.d'Anima e riusciva a svolgere una sorpresa di fuoco armata da successo contro i negri che si erano infiltrati nel vallone.-

Alle ore 17,00 l'avanzata nemica poteva dirsi arrestata e il plotone pionieri tedesco comandato dal Tenente Schlmann,giunto nel frattempo, occupando le posizioni di Eglio e le pendici est di M.d'Anima dava la sicurezza sul fianco.-

Nella notte due pattuglie comandate rispettivamente dal S.Tenente Perruzzi e dal Tenente Coggi,avanzarono fino a C.Foce,accertando la esistenza di elementi nemici intenti a fortificarsi sulle pendici di Q.1029 e di Q.832.-

Sulla sinistra veniva rinsaldato il collegamento con la 6a Cp.S.Marco. A destra non era possibile riprendere il collegamento con la 7a Cp. S.Marco,che aveva abbandonato le proprie posizioni.-

II).- Combattimenti del 17 Novembre :

Nella notte sul giorno 17 giungevano nuove forze per il contrattacco :

- la 4a Cp. Hochgebirgsjäger (S.Tenente Ziegler) a C.Rossola ;
- la 2a Cp. 25 Jäger (S.Tenente Geisler) a Eglio ;
- una squadra mortai del Btg.Brescia (Capitano Marcarino) a M.d'Anima.

All'alba del giorno 17 iniziò la preparazione di artiglieria contro la quota 832 e venivano riconosciuti gli obbiettivi avversari.-

Risultavano occupati dal nemico :

- la quota di destra della 832 e il colletto ;
- la cima di Q.1029 ;
- la cima di Q.1031 ;

Inoltre elementi avversari discendevano da Q.1068 verso C.Carmela. Alle ore 7,45 iniziava l'attacco della colonna Ziegler contro la Q.832 mentre i mortai del Brescia battevano la quota di destra e il colletto.-

Alla stessa ora la 2a Cp. del 25 Jäger rinforzata da plotone di bersaglieri Carboni,guidate dal Tenente Coggi,dalle pendici ovest di Monte d'Anima iniziava l'attacco di Q.1029.-

Alcuni concentramenti di mortai del Brescia,ben diretti,obbligavano il nemico alla fuga e la quota veniva occupata senza colpo ferire ricuperando le armi abbandonate dalla 9a Cp.S.Marco.-

.//.//.//.//.

Dalla Q.1029 gli uomini del Tenente Coggi si spingevano a Q.1068 che conquistava dopo avvisaglia col nemico.- Gli elementi avversari che avanzavano verso C.Cornola,riguadagnavano in fretta la cresta e spa - rivano nell'altre versante.-

Il plotone Carboni poteva così percorrere tutta la cresta e riprendere collegamento con due squadre della 7a Cp.S.Marco che avevano conser - vato le proprie posizioni sulla linea di resistenza.-

Intanto la colonna Ziegler aveva riconquistato la Q.832 dopo intensa preparazione di artiglieria.- Sebbene l'artiglieria nemica causasse perdite mediante forti concentramenti,la colonna poteva arrecare forti perdite al nemico che stretto nella tenaglia fra Q.832 e Q.1029 cer- cava di ripiegare.-

Il nemico lasciava sul terreno alcune decine di morti e molte armi tra cui un mortaio.- *Rimaneva il nemico nella Quota 1031.-*

Una pattuglia di bersaglieri guidata dal Tenente Coggi raggiungeva la cima della quota e ne accertava lo schieramento prendendo contatto al- le minime distanze.- A suo sostegno un plotone della 2/25 Jäger rag - giungeva pure la quota.-Ma fatto segno a intenso concentramento di mortai e tiri di artiglieria,guidati dall'aviazione,le nostre truppe ripiegavano sulle posizioni di partenza di Q.1029 e di Q.1068 senza aver subito perdite.-

III). Combattimenti del 18 Novembre :

Nella notte sul 18 giungevano nuove truppe :

- 4a Cp. del 286 Rgt.Ftr.tedesco ;
- la Squadrone del XXIII Gruppo Esplorante (Capitano Heinz)

La 4a Cp.veniva assegnata alla colonna Ziegler insieme al plotone ber- saglieri Carboni col compito di ricacciare definitivamente il nemico dalle pendici sud di Q.832.-

Al la Squadrone che aveva raggiunto il costone di C.Cornola venivano assegnati la 2a Cp. del 25 Jäger e tutti gli elementi della 7a Comp. S.Marco con l'incarico di riconquistare la Q.1031 e risccupare tutta le destre del settore.-

Alle ore 08.00 iniziava l'attacco la colonna Ziegler,che sostenuta dal- le artiglieria,ricacciava il nemico fin presso Bruccio arrecandogli gravi perdite.- Fatta segno di forti concentramenti di fuoco,subiva a sua volta perdite sensibili,ma conservava le posizioni occupate.-

Nel pomeriggio un attacco di due compagnie americane veniva respinto col fuoco arrecando nuove perdite al nemico.- Nella notte veniva as- sunto uno schieramento di sicurezza che pur conservando il possesso della linea di resistenza,sottraeva le nostre truppe da posizioni troppo osservate e troppo battute.-

Sulle altre destre del settore verso le ore 16,30 la 2/25 Jäger guidata dal S.Tenente Seidler e rinforzata da un plotone di bersaglieri occupava di slancio la quota. - Sottoposta a forte concentramento di artiglie- ria e mortai che causavano perdite sensibili,essa ripiegava sulle pendici settentrionali dove si rafforzava.-

Nelle notte con azioni di pattuglia essa obbligava il nemico a ripie- gare sulle pendici sud orientali.-

Nei giorni 19 e 20 l'attività del nemico si limitava ad azioni di artig- glieria e mortai che non arrecavano pere perdite.-

./. ./. ./. ./. ./. ./.

Le nostre truppe ne approfittavano per rastrellare il terreno anti =
stante con intensa attività di pattuglia e per rafforzarsi sulle po=
sizioni riconquistate.-

IV).- P e r d i t e .

    a) - **nemiche** :- 3 morti . .1 ft
                - 3 morti e 40 feriti rinvenuti nel vallone tra
                       .920 e .1025
                -35 morti sulle pen. a oriente di q. .832.-

L'intenso movimento di automobili e nella zona di Galliosne e di
Bruc...... permette che le perdite nemiche si possano valutare a
oltre .... morti e 150 feriti.-

    b) - **n o s t r e** :   morti   feriti

    - 16 Novembre

	morti	feriti
9ª Cp. S.Marco - militi italiani	1	
- sottuff. italiani	1	
- sottuff. tedeschi		1
7ª Cp.S.Marco - militi tedeschi		1

    - 17 Novembre

	morti	feriti
4ª Cp. Schgebirgsjager -		
- truppa tedesca	1	18

    - 18 Novembre

	morti	feriti
4ª Cp.Hohgebirgs jager	6	14
2ª Cp./25 Jager	3	5
1ª Squadrone XXII grupp. tedesche		
- uffic. italiani		1
- sottuff. italiani		2
- truppa italiani		1
2ª batteria XXI gruppo tedesco		
- truppa italiani	1	2
4ª Cp./255 str.tec.	1	2
	———	———
....	14	47

    p. IL COMANDANTE
      IL.S.IN e....... .CC.
      (Aurelio Marcarino)

      A.Marcarino

COMANDO II/6. BTG.MARINA "S.MARCO   Zona di Operaz. 8.12.1944 XXIII

FATTI D'ARME DEL GIORNO 27 NOVEMBRE 1944 XXIII

Dopo un'azione esplorativa svolta da pattuglia nemica nelle prime ore del mattino (3,45) sul settore di destra, avanti alla nostra postazione avanzata n.114, alle ore 7,50, reparti di negri sono apparsi nella zona antistante la nostra linea compresa fra la postazione Alfa e la 113, precedute da un'intensa concentrazione di fuoco dell'artiglieria nemica sulle nostre postazioni con impiego di nebbia artificiale sul terreno antistante.

Alla reazione delle nostre armi il nemico ha momentaneamente ripiegato sulle sue posizioni per riprendere decisamente l'attacco in forza, sotto la protezione del fuoco delle loro artiglierie.

Superando gli sbarramenti del nostro fuoco di mortai e di batteria le preponderanti forze avversarie hanno quindi investito la nostra difesa tentando di penetrare nelle nostre linee senza peraltro riuscire nell'intento.

Scopo del nemico: quello di raggiungere attraverso una rapida infiltrazione il vallone a levante della quota 832 e che porta direttamente a Castelnuovo.

Alle ore 9 il nemico con forze superiori ad una compagnia e con rinnovato impeto ha investito su ambedue i fianchi la postazione 113 gravitando con altre forze sulla zona antistante Casa Pozza, incontrando però una anche più dura resistenza da parte degli uomini della difesa.

Nonostante le forti perdite che subiva il nemico ha insistito nell'azione riuscendo a portarsi sotto la nostra postazione 114 a distanza ravvicinata.

Alle ore 10, forte della superiorità numerica, il nemico dopo un'ora di lotta quasi sempre all'arma bianca riusciva a porre piede nella casa già diroccata della postazione 114, ma un pronto contrassalto condotto con estrema decisione degli uomini ancora validi ricacciava il nemico a colpi di pugnale e bombe a mano, cosicché alle ore 10,45 la linea era completamente ristabilita mentre le riserve locali già intervenivano nella lotta.

Il nemico tentava subito nuovamente un contrattacco contro la posizione perduta ma questo veniva stroncato nettamente dalla difesa.

Visto fallito qualsiasi tentativo di penetrazione, il nemico, in seguito alle gravissime perdite subite, desisteva dalla lotta iniziando alle ore 11,25 il ripiegamento che si è mutato in rapida fuga abbandonando sul terreno numerosi morti che aveva tentato di trasportare, inseguito dal fuoco concentrato dei mortai, mentre l'artiglieria batteva alle spalle dei reparti nemici.

Alle ore 11,45 l'azione aveva termine

Perdite nostre: un morto e diciotto feriti oltre alcuni leggeri che fattisi medicare sono rimasti in linea.

Perdite del nemico: solo davanti alla postazione 114 si sono contati 12 morti, altri giacevano davanti alla 113, Casa Pozza ed Alfa.

Si possono agevolmente valutare oltre trenta morti, salvo quelle inflitte dalla nostra artiglieria. Feriti in proporzione.

IL COMANDANTE DI CORVETTA
Comandante
(Luigi UCCELLI)

Resoconto sui combattimenti del 27 novembre 1944, firmato dal C.C. Luigi Uccelli.

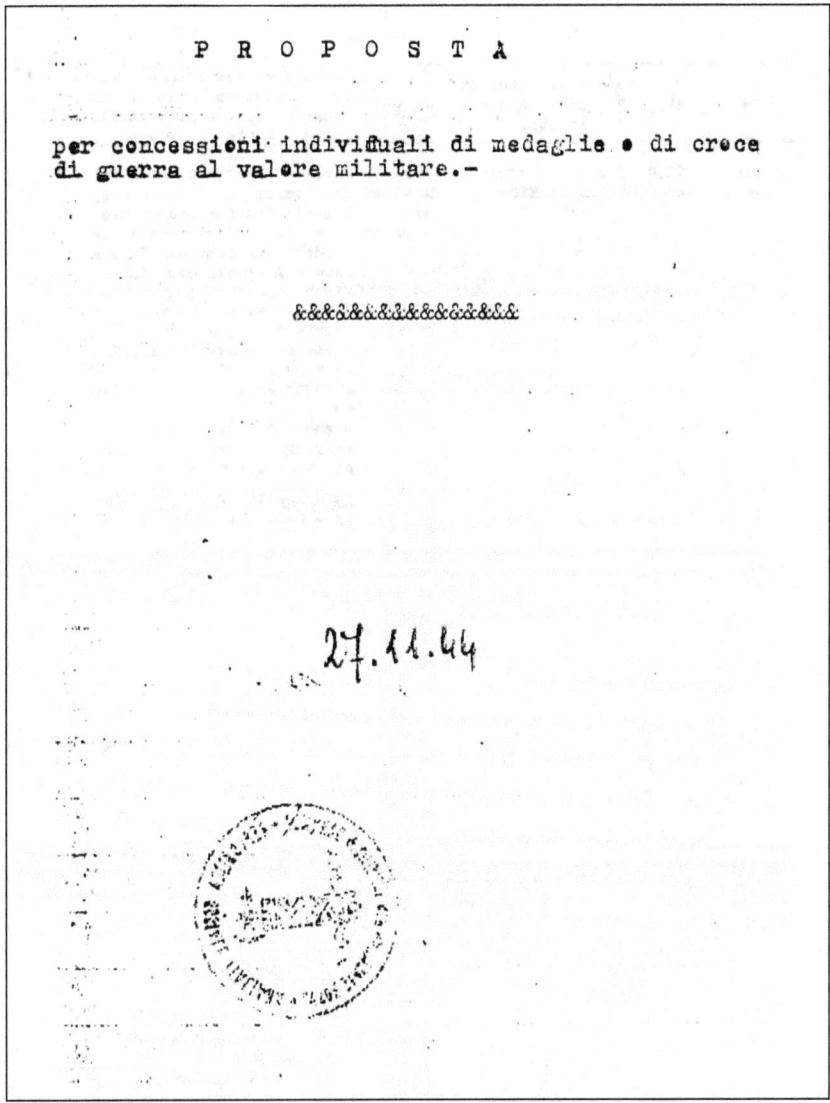

Il carteggio della proposta per la concessione di una ricompensa al Valor Militare a un Sergente del Btg. Uccelli.

Grade	Cognome e nome, paternità, maternità, data e luogo di nascita.	Corpo	Narrazione sommaria del fatto che si ritiene degno di decorazione al V.M. e grado della decorazione che si propone.
Sergente A.U.	TOSCANI Gino fu Vincenzo e di Sgarbi Bice nato il 17.9.1924 a	II°/6° Rgt.Ftr. Marina "S.Marco"	Durante un attacco condotto dal nemico con forze preponderanti incitava con la voce e l'esempio i propri dipendenti affrontando il nemico con grande decisione finchè rimaneva gravemente ferito. Mentre veniva trasportato al posto di medicazione continuava ad incitare i suoi uomini invitandoli a trasportarlo per ultimo. Caposquadra di grandi doti militari, esempio di tenacia e di eroica abnegazione. Medaglia di Bronzo al V.M. Casa Croce di Sopra 27.11.1944

Indicazioni di documenti allegati	Ricompense ottenute per fatti o benemerenze precedenti	Ricompense delle quali il proposto sia stato precedentemente private.	Condotta morale e politica
Rapporto informativo	Promosso sul Campo per merito di Guerra al Grado di 2 Capo con decorrenza di 96 in data 3.12.44. del Comando divisione conte Rosa.-		Ottima

IL COMANDANTE DI CORVETTA
    Comandante
   (Luigi UCCELLI)

R.U.Li, 9 dicembre 1944.XXIII

<u>PARERE DELLE AUTORITA'GERARCHICHE</u>

<u>E INDICAZIONE DEL GRADO DELLA RICOMPENSA CHE SI PROPONE</u>

1.Reggimento Alpini - Comando -
------ --- ---- -- ---- --------------

Concordo con il proponente per la concessione della Medaglia
di Bronzo al V.M.-

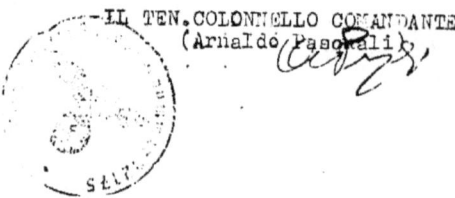

IL TEN.COLONNELLO COMANDANTE
(Arnaldo Pasquali)

COMANDO 4 DIVISIONE ALPINA "MONTE ROSA"

CONCEDO AL Sergente A. U. TOSCANI Gino la Croce di Guerra al
V. M. sul Campo.-

IL GENERALE DI BRIGATA
COMANDANTE LA DIVISIONE

(Mario Carloni)

La Forza di Spedizione Brasiliana in Italia
di Andrea Giannasi

La FEB (Forza di Spedizione Brasiliana) in Italia fu aggregata al IV Corpo d'Armata (del generale Willys Crittenberger) della 5ª Armata (del generale Mark Clark). La 5ª e l'8ª facevano parte del XV Gruppo d'Armate comandato dal maresciallo Alexander. Il primo scaglione delle truppe brasiliane sbarcò il 16 luglio nel porto di Napoli e fu subito trasferito con autocarri in una vicina area destinata alla prima fase dell'addestramento. In realtà, nei piani alleati, il punto d'arrivo della FEB avrebbe dovuto essere l'Africa, dove già esistevano campi di addestramento utilizzati dalle truppe inglesi e americane; il mutare della situazione militare fece cambiare i piani e quando i sudamericani sbarcarono in Italia nel campo base loro destinato non trovarono altro che alberi da frutta.

Oltre a mancare la dotazione del campo non giunse neppure l'armamento così come l'equipaggiamento. Non rimase che riproporre nuovamente un programma di addestramento fisico. A rallentare la preparazione anche un lungo litigio tra i comandi. Gli americani infatti inviarono 5.000 fucili "Springfield" M-1903, ma il comandante della FEB, Mascarenhas de Moraes, avendo capito che le sue truppe avrebbero ricevuto dagli americani i nuovi fucili semiautomatici "Garand" M-1 rifiutò i M-1903 ormai superati. Trascorsero così altre due settimane di paralisi.
Lentamente poi ogni reparto iniziò a ricevere il necessario per iniziare l'addestramento, ma prima ancora di preparare un buon programma il contingente fu trasferito a Tarquinia dove gli istruttori statunitensi, affrontando anche il problema della differenza di lingua, iniziarono il lavoro.
Il 18 agosto cominciò un nuovo trasferimento nei pressi di Vada (Livorno) e l'indomani arrivò, proveniente dalla 5ª Armata, il reparto istruttori: ufficiali e uomini di truppa di divisioni americane sperimentate in combattimento. Per completare con le prove sul campo il periodo stabilito di 3 settimane. Troppo poco, come vedremo per dire di aver formato sufficientemente il contingente.
Il giorno successivo all'arrivo dei brasiliani a Vada, 19 agosto, la FEB ricevette la visita del Primo ministro inglese Winston Churchill.

Durante i giorni di Vada si procedette a formare anche il corpo autisti del Corpo di Spedizione, che mancava totalmente di esperienza di guida. Così per tutto il periodo di guerra si ebbero incidenti di ogni tipo, e perdite di mezzi per banali uscite di strada (anche lontano dalla linea del fronte). E alla fine della guerra su un totale di 457 caduti della FEB furono ben 24 i morti per incidente d'auto (7 per incidenti da arma da fuoco, 4 per annegamento, 3 per omicidio, 1 per suicidio).

Finalmente poi a fine agosto dalla P.B.S. (Peninsular Base Section) giunsero a Vada i camion carichi di materiali: fucili, mitragliatrici, radio, elmetti, uniformi, borracce, ecc. A quel punto molti credettero di aver preparato i brasiliani alla guerra ma già dai primi giorni di settembre apparvero subito evidenti le carenze nell'addestramento della FEB. La 5ª armata aveva però bisogno di uomini per l'operazione Olive e il 9 settembre fu deciso di sostituire gli elementi della 1ª Divisione corazzata USA del generale Vernon Prichard con la FEB. Il I gruppo d'artiglieria della FEB, al comando del colonnello Da Camino, avrebbe sostituito il 434° battaglione statunitense. I brasiliani avrebbero preso contatto con i tedeschi dopo Vecchiano (Pisa) risalendo poi le coste delle Alpi Apuane in direzione di Massarosa e Camaiore.

I primi reparti brasiliani furono inseriti nella 45ª Task Force americana che era una formazione assai eterogenea, composta da americani bianchi (598° battaglione di artiglieria da campo USA), americani di origine giapponese (il 100° battaglione fanteria nippo-americano del 442° gruppo da combattimento), americani neri (370° reggimento di fanteria della 92ª Divisione USA "Buffalo"), britannici (un reparto di contraerea) e i brasiliani del 6° R.I.

Il 18 settembre il primo plotone della 1ª compagnia del genio, al comando del tenente Paulo Nunes Leal, raggiunse la cittadina di Camaiore e fu accolto dalla formazione partigiana "Garosi". Il rapporto con i partigiani italiani fu prezioso per i sudamericani durante tutto il periodo bellico. Questi ricercarono la collaborazione degli italiani e spesso li usarono per le pattuglie o sortite ma dopo la guerra la memorialista lentamente ha cercato di seppellire questa vicenda. Aggregato alla FEB si trovava come ufficiale di collegamento il colonnello N.S. Mathewson, che ha lasciato una importante "Storia operativa della 1° B.E.F. (Brazilian Expeditionary Force)" nella quale viene tracciata – tra luci e ombre – la vicenda della FEB in Italia.

In quei giorni si registrò anche la prima vittima brasiliana. Il caduto apparteneva alla 9ª compagnia del II/6° ed era soprannominato Mussolini per la sua somiglianza con il dittatore italiano. Morì ucciso nottetempo dalla sventagliata di una mitragliatrice manovrata troppo precipitosamente da un suo compagno. Si chiamava Antenor Chirlanda ed era originario di San Paolo.

Nel frattempo le unità brasiliane proseguivano nella loro progressione raggiungendo le pendici versiliesi delle Apuane sotto il Monte Prana. Il 28 settembre l'unità brasiliana ricevette l'ordine di spostarsi nel settore della Valle del Serchio con il compito di raggiungere Castelnuovo di Garfagnana. Durante la notte tra il 29 ed il 30 settembre gli uomini del magg. Nobrega (III/6°) raggiunsero la zona di Pescaglia-Borgo a Mozzano e sostituirono gli effettivi di colore del III/370° (92ª divisione USA). Dopo alcuni giorni di spostamenti finalmente il 2 ottobre, sotto una pioggia che cadeva da oltre 24 ore, il distaccamento brasiliano concluse il suo nuovo schieramento, sistemando il I/6° e il III/6° lungo la Valle del Serchio e il II/6° in copertura nella zona montagnosa ad occidente del fiume.

I tedeschi in quel settore avevano già raggiunto e armato una linea di difesa che lasceranno sono nell'aprile del 1945 e per alcuni giorni si creò tra Borgo a Mozzano e Castelnuovo di Garfagnana una fascia terra di nessuno all'interno della quale solo i partigiani scesi dalle montagne avevano un parziale controllo. Il comando brasiliano infatti fermò ogni tipo di azione rimanendo immobile sulle posizioni di partenza. Il caso più eclatante si compì a Barga – a pochi chilometri da Borgo a Mozzano – che fu abbandonata dai tedeschi il 4 ottobre e raggiunta dai brasiliani solo sette giorni dopo. Nel settore avversario dal 19 ottobre, era giunta in Garfagnana la divisione alpina "Monterosa" della Repubblica Sociale Italiana. L'unità al comando del gen. Mario Carloni, era rinforzata dal II battaglione del 6° reggimento della divisione di fanteria di Marina "San Marco" (meglio conosciuto come battaglione "Uccelli" dal nome del suo comandante) e dal 285° reggimento della 148ª divisione tedesca.

Il 21 ottobre i brasiliani avanzarono nel settore dell'Aosta che da poche ore si trovava in prima linea riuscendo a superare la linea. Ma il successo – seppur parziale – non venne colto e unità tedesche della 232ª divisione tedesca e le riserve dell'Aosta e del battaglione Brescia in poche ore ristabilirono la difesa passando al contrattacco. Il fronte poi si arrestò e la FEB ricevette l'ordine di spostarsi nella zona di Porretta Terme. In questa prima fase si ebbero 13 morti, 151 feriti ed infortunati e 29 dispersi.

Dopo il brusco fallimento dell'Operazione "Olive", che avrebbe dovuto portare allo sfondamento del fronte italiano, nuovi scenari andavano maturando in seno ai comandi militari angloamericani e ben presto la posizione dei brasiliani come combattenti alleati cambiò radicalmente. Il gen. Clark alla Conferenza della Futa il 31 ottobre 1944 decise di gettare nella mischia nuove unità: la 1ª DIE e la 92ª Divisione USA, sostituendo la 88ª Divisione USA del magg. gen. Kendall, che aveva sostenuto l'attacco e che da 2 mesi viveva in prima linea.
Fu così che nei primi giorni di novembre il generale Mascarenhas de Moraes trasferì il comando generale della FEB dalla base di Pisa a quella di Pistoia, mentre il P.C. (Posto Comando) Avanzato fu spostato dal piccolo centro della Valle del Serchio, Borgo a Mozzano, a Porretta Terme.

Il 5 novembre tutte le unità della FEB si erano schierate nel nuovo settore e al termine degli spostamenti il nuovo dispositivo del IV Corpo d'Armata si presentava eterogeneo: a sinistra della valle del Reno si trovava la 6ª Divisione Blindata sudafricana del magg. gen. Poole, al centro la FEB del gen. Mascarenhas e a destra della valle del Reno si trovava la 45ª Task Force del gen. Rutledge, rinforzata dalla 1ª Divisione Blindata USA. I tedeschi difendevano il settore centrale con il XIV Corpo Panzer, composto da 5 divisioni, che dipendeva dalla 10ª Armata. Nel settore specifico difeso dai brasiliani si trovava la 232ª Divisione di fanteria del gen. Eckard von Gablenz.
Il nuovo fronte si presentò come un settore maggiormente impegnativo, rispetto al terreno della valle del Serchio e alla veloce azione svolta dai brasiliani durante i primi giorni di guerra in settembre. L'artiglieria germanica, da posizioni dominanti, era in grado di battere la zona occupata dalle truppe brasiliane con precisione e continuità e l'attività delle pattuglie era sempre vivace.

Gli uomini della FEB rimasero fino al 15 novembre praticamente inattivi per gli inconsistenti attacchi del nemico, poi il 16 la 2ª e la 3ª compagnia del 6° reggimento occuparono quota 670, meglio conosciuta come Torre di Nerone.

Si trattava di un'azione legata all'operazione denominata "Preliminary" che doveva portare alla conquista di Monte Castello, un'impervia collina alta 887 metri posta tra la congiunzione della divisione brasiliana e la Task Force.

La presa di Monte Castello avrebbe permesso alle unità alleate di poter sferrare un attacco al Monte Belvedere – quota 1200 – che rappresentava la chiave dell'intero settore. Fu così che nella notte tra il 28 ed il 29 novembre il I/1° (magg. Uzeda), il III/11° (magg. Candido) e il III/6° (magg. Nobrega) con l'appoggio dell'artiglieria, sotto il diretto comando del gen. Cordeiro de Faria, iniziarono la manovra verso l'obiettivo. Fin dalle prime ore però fu chiaro che l'intento sarebbe fallito. Le unità giunsero al contatto con i tedeschi in maniera disgregata e in poche ore persero 190 tra morti, feriti e dispersi. Fu un vero disastro tecnico e tattico e mentre i comandanti sudamericani cercavano di studiare un'operazione d'attacco che potesse garantire una pronta rivincita, i tedeschi operarono tra il 30 novembre e il 2 dicembre profonde penetrazioni nelle linee brasiliane. Le unità sudamericane che avevano attaccato il 29 novembre avevano il morale molto basso per le alte perdite subite furono rimpiazzate da reparti freschi tra il primo ed il 3 dicembre. Ma era chiaro che la FEB non era pronta alla guerra. In questa fase il col. Mathewson, parlò nel suo diario di "situazione critica" per il Corpo di Spedizione brasiliano che nel mese di novembre aveva perso ben 340 uomini (48 morti, 289 feriti e 3 dispersi). Solo a partire dal 5 dicembre la linea difensiva fu pienamente ristabilita e tornò ad una certa normalità.

Ma lo smacco di Monte Castello bruciava e il 12 dicembre i brasiliani tornarono all'attacco della collina.

Per la seconda azione brasiliana contro Monte Castello fu affidato il comando delle operazioni al gen. Zenobio da Costa, il "conquistatore" di Camaiore. Il piano prevedeva l'avanzata coordinata del II/1° e del III/1°, in direzione di Casa Guanella e Quota 887, mentre un distaccamento misto di uomini del 6° reggimento al comando del col. Nelson de Mello avrebbe creato una azione diversiva sul fianco destro. Per l'occasione tutti i gruppi d'artiglieria furono preparati e rinforzati dai pezzi del 68° battaglione da campo USA.

L'ora X era stata stabilita alle 06.00 della mattina del 12 dicembre, ma le pesanti condizioni del terreno aggravarono notevolmente il compito degli attaccanti, e ben presto il II/1° del magg. Syseno non poté mantenere i tempi di marcia, mentre il III/1° del magg. Franklin avanzò sotto un fitto fuoco di mitragliatrici e, constatata l'impossibilità di procedere, ripiegò, lasciando senza copertura il II/1° e nei duri scontri successivi la 7ª e la 9ª compagnia subirono ingenti perdite.

Nel tardo pomeriggio il gen. Zenobio da Costa ordinò un ripiegamento generale sulle posizioni di partenza.

I brasiliani subirono 250 perdite (tra questi ben 49 morti) e l'ordine perentorio da parte degli americani di rinforzare le posizioni e lasciar passare l'inverno. E le polemiche e i litigi aumentarono tra statunitensi, sudamericani e in seno ai comandi stessi del corpo di spedizione. Lo stesso Vargas richiamò in patria il capo di stato maggiore De Lima Brayner, mentre la stampa diffondeva notizie sulla disfatta.

Gennaio 1945 fu dunque il mese della completa riorganizzazione militare e psicologica dei reparti della FEB.

L'arrivo poi nel settore della 10ª divisione USA rappresentò per i brasiliani la possibilità di un futuro riscatto dalla sconfitta di Monte Castello, essendo questa una grande unità specializzata nei terreni di montagna.

L'8 febbraio a Lucca il generale Crittenberger presentò l'operazione "Encore" che prevedeva lo sfondamento della Linea Gotica nel settore del IV Corpo d'armata, dove la linea era chiamata "Gengis Khan". Monte Belvedere rimaneva la quota più importante del settore con Monte Castello a fare da cerniera sul punto cardine. Il 19 febbraio fu sferrato l'attacco che – seppur tra mille difficoltà – condusse i brasiliani a conquistare la vetta. Non mancarono le polemiche perché per dimostrare di aver raggiunto la piena maturità militare i comandi della FEB avevano preteso di prendere da soli Monte Castello. Certo che l'avanzata americana aveva giocato un ruolo fondamentale nello scardinamento della linea difensiva. In Brasile la conquista venne festeggiata e ancora oggi rappresenta un vanto militare di tutto rispetto.

Raggiunti gli obiettivi prefissati, l'azione offensiva delle unità del IV Corpo d'armata del gen. Crittenberger si fermò. Monte Belvedere e Monte Castello furono occupati e difesi dai contrattacchi tedeschi, che per alcuni giorni cercarono di riconquistare le posizioni perse.

Il 4 marzo i brasiliani occuparono l'abitato di Castelnuovo dopo sanguinosi scontri e tra questi un combattimento all'arma bianca che vide soccombere i sudamericani con piccole e veloci unità tedesche[55].

Nel mese di marzo gli alti comandi alleati studiarono un nuovo piano d'attacco per scardinare definitivamente le linee tedesche. Nella nuova strategia Alexander e Clark accantonarono l'ipotesi di raggiungere Bologna e concertarono con il comandante dell'8ª Armata, gen. McCreery, l'apertura di un varco lungo la strada di Argenta. Le istruzioni prevedevano un primo attacco dell'8ª Armata e, il giorno 14, la spallata degli americani della 5ª Armata.

Lo schieramento alleato del XV Gruppo d'Armate al comando del gen. Clark era composto da 20 divisioni e 10 brigate così disposte sulla linea: il settore occidentale tirrenico era stato affidato ai neri della 92ª divisione di fanteria "Buffalo" (sotto il diretto controllo del comando della 5ª Armata); tra la valle del Serchio e la statale 64 furono disposte la 1ª divisione brasiliana, la 10ª divisione da montagna USA e la 1ª divisione corazzata USA (tutte unità del IV Corpo d'Armata del gen. Crittenberger). Al centro dello scacchiere trovarono posto la 6ª divisione corazzata sudafricana, la 88ª, 91ª, 34ª, e 85ª divisioni di fanteria USA (del II Corpo d'Armata del gen. Keyes). Nel settore orientale difeso dalle unità dell'8ª Armata del gen. McCreery si trovavano: al centro, in corrispondenza del fiume Santerno, la 1ª divisione di fanteria britannica,

---

[55] Dal 5 novembre 1944 al 16 marzo 1945, la FEB perse in questi combattimenti con le provate unità della *232. Infanterie-Division* e i reparti da essa dipendenti 1.666 uomini: 240 caduti, 1.382 feriti e 44 dispersi.

la 6ª divisione corazzata britannica, la 8ª divisione indiana e la 1ª divisione corazzata canadese (tutte unità del XIII Corpo d'Armata del gen. Kirkman). In prossimità di Imola furono disposte le unità del X Corpo d'Armata britannico del gen. Hawksworth; sulla direttrice della Via Emilia la 3ª e la 5ª divisioni di fanteria polacche (del II Corpo d'Armata polacco del gen. Anders). Infine nel settore di Ravenna furono disposte la 2ª divisione di fanteria neozelandese, la 78ª divisione di fanteria britannica, la 56ª divisione di fanteria britannica (unità del V Corpo d'Armata del gen. Keightley), insieme con i Gruppi di combattimento italiani "Legnano", "Cremona", "Friuli" e "Folgore" e alcune brigate britanniche, indiane, polacche e una composta da ebrei.

I brasiliani ricevettero il compito di prendere la cittadina di Montese e poi salire fino a Zocca. I tedeschi e i repubblichini [sic] aveva disposte sul campo il Gruppo d'Armate Liguria, nel settore tirrenico, al comando del gen. Graziani (tra alcune unità tedesche troviamo le divisioni della R.S.I. "Monterosa", "San Marco", "Italia" e "Littorio"), al centro la 14ª Armata del gen. Lemelsen e a difesa del settore adriatico la 10ª Armata del gen. Herr.

Il 14 aprile alle ore 09.45 tutto il settore centrale della Linea Gotica si mosse in avanti dopo un intenso fuoco delle artiglierie e gli attacchi a volo radente degli aerei alleati. I primi reparti ad avanzare furono i reggimenti della 10ª divisione da montagna che occuparono in poche ore le posizioni di Castel d'Aiano. I secondi a partire dalle linee furono gli uomini della 1ª divisione corazzata che presero Susano e Vergato. Alle ore 10.15 si mossero gli uomini della 1ª divisione di fanteria brasiliana che, nelle prime ore di avanzata, incontrò una debole resistenza nemica. Ma prima di sera lungo il settore tutte le unità della FEB avevano preso contatto con il nemico subendo in alcuni casi dure perdite.

Solo durante la notte tra il 18 e il 19 aprile, i reparti della 114ª divisione tedesca, che difendeva il settore attaccato dalla FEB, ricevettero l'ordine di ritirata fino al fiume Panaro. Montese fu occupato lamentando 34 morti, 382 feriti e 10 dispersi, per un totale di 426 uomini fuori combattimento.

I tedeschi, dopo aver abbandonato le posizioni di Montese, si ritirarono nell'area di Zocca e, da quella nuova posizione, continuarono a bombardare le linee brasiliane. Tutto il settore centrale del fronte si fermò per una necessaria riorganizzazione ma già il 20 aprile tutte le unità del settore centrale della Linea Gotica erano nuovamente in movimento e le unità esploranti del cap. Plinio Pitalunga del Corpo di Spedizione Brasiliano ricevettero l'ordine di conquistare le posizioni a nord di Zocca.

Ormai il fronte era crollato, ma mentre le unità americano correvano verso la Pianura Padana i brasiliani si ritrovarono senza mezzi. A quel punto il comando brasiliano decise di costituire una unità celere per chiudere la valle del Panaro e bloccare la via delle unità nemiche in ritirata dalla Garfagnana.

Il gruppo celere costituito prese il nome dal suo comandante e divenne "Grupamento Coronel Nelson de Mello" e fu composto dal II/6° e dal II/1° fanteria, da una compagnia di obici del 6°, da quattro plotoni di carri armati americani del 894° battaglione e da unità di sanità, trasmissioni e genio.

Il 25 aprile il comando della 1ª divisione brasiliana fu trasferito da Vignola a Montecchio Emilia e tutte le unità del corpo affluirono in pianura. Dal 26 al 30 aprile brasiliani, tedeschi, repubblichini [sic] e naturalmente partigiani si misurarono in un duro scontro distinto in tre fasi: la prima, avvenuta tra il 26 ed il 27 aprile, è ricordata come combattimento di Collecchio; la seconda, svoltasi il 28 aprile, è nota come combattimento di Fornovo. La terza, avvenuta tra il 29 ed il 30 aprile, rappresenta l'apice della partecipazione brasiliana in Italia, ed è passata a memoria come la giornata della resa del nemico. Si consegnarono infatti nelle mani dei brasiliani 13.579 prigionieri e tra questi alle 18.30 del 29, insieme alla truppa, giunse il gen. Carloni con tutto il suo Stato Maggiore, mentre alle 18.00 del 30 aprile arrivò infine, con gli ultimi uomini della sua divisione, anche il generale tedesco Fretter Pico.

Il 30 aprile la FEB ricevette l'ordine di occupare una zona nei pressi di Alessandria e lì attendere nuovi ordini.

Unità brasiliane sfilarono a Milano assieme ai partigiani lombardi, il Combat Command B della 1ª divisione blindata USA, il II/135 reggimento della 34ª divisione USA, la compagnia A del 1° battaglione di carri della 1ª divisione blindata USA, un plotone del reggimento speciale della Raggruppamento "Legnano", una batteria d'artiglieria del 7° gruppo dell'artiglieria inglese, una sezione del 26° reggimento d'artiglieria contraerea inglese, due plotoni della compagnia A del 751° battaglione carri da combattimento USA.

Il 4 luglio 1945 la FEB ricevette l'ordine di spostarsi nei pressi di Napoli per iniziare le operazioni preliminari di imbarco per il rimpatrio. Il presidente Vargas temendo l'arrivo di un eroe di guerra e di 25.000 soldati ben armati e ben addestrati decise di "seppellire" la memoria e i febiani. Il gen. Mascarenhas de Moraes fu rimpatriato in aereo e una volta giunto a Rio de Janeiro fu accompagnato nella sua residenza privata dallo stesso Ministro della Guerra gen. Dutra. Pochi giorni dopo, il 23 luglio, il generale fu inviato in Perù per una missione diplomatica che lo tenne lontano dal paese. Nel frattempo le partenze dei soldati, come citato, iniziarono dal porto di Napoli il 6 luglio e si conclusero il 19 settembre. Ma poche ore prima del ritorno a casa i comandi brasiliani fecero stampare in fretta e furia dalla tipografia milanese A. Macchi & C., migliaia di congedi che furono rilasciati ai soldati durante il viaggio. Al loro arrivo il Ministro della Guerra ordinò che entro 8 giorni dallo sbarco le divise, i distintivi con il Cobra e lo stemma della 5ª Armata dovevano scomparire per sempre dal Brasile. [...] Estromesso dalle trattative per i risarcimenti di guerra [il Brasile] dovette pagare interamente il prestito di guerra che gli Stati Uniti avevano accordato a Vargas nel 1942. L'ultima rata dei 361 milioni di dollari giunti in Sudamerica fu pagata il 1° luglio 1954. Il totale dei danni, delle spese, dei prestiti da restituire e degli interessi da pagare sommava a 12 bilioni di cruzeiros (2 milioni di sterline o 2 milioni di marchi, del 1945), e tale perdita non fu mai più pareggiata.

Certamente l'amarezza per il torto subito dagli ex-alleati non alimentò tentativi di facili ritorsioni verso i vecchi nemici. Il governo di Rio de Janeiro, che aveva confiscato all'inizio della guerra tutti i beni dei paesi e dei cittadini tedeschi, italiani e giapponesi, superò ogni rancore e restituì tutti i beni sequestrati ai legittimi proprietari. Con questo gesto terminarono tutte le vicende aperte con l'inizio della seconda guerra mondiale ed il Brasile, che aveva vinto la guerra, finì per pagare un conto fin troppo elevato.

LA 92ND INFANTRY DIVISION "BUFFALO"

La *92nd Infantry Division* fu una delle due Divisioni completamente formate da neri ad aver combattuto nella seconda guerra mondiale. Il nome *"Buffalo"* era quello dato dai nativi americani ai soldati di colore alla fine dell'800. La Divisione, al comando del *Major General* Edward M. Almond, arrivò in Italia nell'estate del 1944 (la prima unità ad entrare in azione, il 24 agosto 1944, fu il *370th Infantry Regiment*), combattendo tra il settembre e il novembre 1944 a Lucca e Massa. La Divisione, schierata con il suo *370th Regimental Combat Team* nel dicembre 1944 tra il Serchio e le Apuane, fu duramente colpita durante l'operazione *Wintergewitter*, e in questa occasione le truppe di colore furono tacciate di scarsa capacità combattiva da diversi commentatori militari e Ufficiali americani. In realtà, le responsabilità della *debacle*, oltre che nella riuscita esecuzione italo-tedesca dell'attacco, vanno ricercate negli ordini contraddittori dati dal comando divisionale, poco prima di *Wintergewitter*, e dalla scarsa fiducia, sconfinante talvolta in aperto razzismo, degli Ufficiali bianchi nei confronti dei loro soldati neri, come ricostruito nelle inchieste militari istituite dall'*US Army*, e volute da Eleanor Roosevelt, che aveva preso a cuore il problema dell'emancipazione razziale negli USA e pertanto le sorti della *"Buffalo"*, tanto che per alcuni la Divisione era "il giocattolo della signora Roosevelt". Durante la prima fase del suo impiego in Italia, i Reggimenti di fanteria furono talvolta utilizzati per scopi di presidio, come la difesa del porto di Livorno. Le altre unità divisionali come l'artiglieria e il genio furono invece quasi sempre impiegate proficuamente in prima linea. Notare che gli elementi della Divisione *Monterosa* in Garfagnana furono a contatto più con i *GI* della *Task Force 45* (unità formata da personale in eccesso dell'artiglieria contraerea americana, inglese e canadese) che non con la *"Buffalo"*. A causa della sfiducia verso l'attitudine militare dei neri, la *"Buffalo"* fu quindi riorganizzata, e due Reggimenti di colore furono distaccati dalla Divisione, anche se continuarono a prestare servizio come fanteria subordinati al *IV Corps*. Il nuovo organico della *"Buffalo"* comprendeva il *473rd Regimental Combat Team* (con *GI* bianchi), il *442nd Regimental Combat Team* (formato da *Nisei*, ossia da nippo-americani) e il solo rimanente Reggimento di truppe di colore, il *370th Infantry*. La truppa e qualche Ufficiale inferiore delle restanti unità organiche era di colore. Al comando di tutte le Compagnie del *370th Infantry Regiment* furono posti Ufficiali bianchi, e solamente qualche Ufficiale inferiore era di colore. Durante l'offensiva primaverile dell'aprile 1945, la Divisione avanzò lungo la costa ligure, entrando a La Spezia e quindi a Genova il 27 aprile 1945.

Headquarters, 92nd Infantry Division
Special Troops
Headquarters and Headquarters Company, Special Troops
Headquarters Company, 92nd Infantry Division
792nd Ordnance Light Maintenance Company
92nd Quartermaster Company
92nd Signal Company
Military Police
92nd Infantry Division Band
92nd Cavalry Reconnaissance Troop
317th Engineer Combat Battalion
317th Medical Battalion
92nd Division Artillery Headquarters and Headquarters Battery
597th Field Artillery Battalion (105mm)
598th Field Artillery Battalion (105mm)
599th Field Artillery Battalion (105mm)
600th Field Artillery Battalion (155mm)
365th Infantry Regiment [aggregato al *IV Corps*]
370th Infantry Regiment
371st Infantry Regiment [aggregato al *IV Corps*]
442nd Infantry Regiment
232nd Engineer Combat Company
206th Army Ground Forces Band
473rd Infantry Regiment
Headquarters e Headquarters Battery, 428th Field Artillery Group
75th Field Artillery Battalion (155mm)
530th Field Artillery Battalion (155mm), 1 Batteria
179th Chemical Smoke Generating Company, 1 Plotone
758th Light Tank Battalion (carri armati leggeri)
760th Tank Battalion (due Compagnie su carri medi)
679th Tank Destroyer Battalion (cannoni c/c a traino meccanico)
804th Tank Destroyer Battalion (una Compagnia semoventi)
17th Medium Regiment, Royal Artillery
56th Battery, 8th Survey Regiment (inglese)
111st Field Regiment, Royal Artillery (inglese)
1th Battery, 26th Light Anti-Aircraft Regiment (inglese)
76th Heavy Anti-Aircraft Regiment (inglese)

LA TASK FORCE 45 E IL 473RD REGIMENTAL COMBAT TEAM

La *Task Force 45* fu una unità ad hoc creata il 24 luglio 1944 dal *Major General* Willis D. Crittenberger, comandante del *IV US Corps*, e dal *Brigadier General* Paul W. Rutledge, comandante della *45th AAA Brigade* (artiglieria contraerea), impiegando parte della Brigata e elementi di altri reparti per costituire una unità di fanteria provvisoria. Gli effettivi della *TF 45* variarono dai 3.000 agli 8.000 effettivi, a seconda delle unità che vi furono aggregate, comprendenti:

Unità contraeree americane
45th AAA Brigade, Headquarters and Headquarters Battery*
45th AAA Operations Detachment*
91st AAA Group
107th AAA Group*
Battery C, 351th AAA Searchlight Battalion*
403rd AAA Gun Battalion (Mobile)*
434th AAA Automatic Weapons Battalion*
435th AAA Automatic Weapons Battalion*
439th AAA Automatic Weapons Battalion
Battery C, 450th AAA Automatic Weapons Battalion
536th AAA Automatic Weapons Battalion*
898th AAA Automatic Weapons Battalion*
900th AAA Automatic Weapons Battalion*

Unità d'artiglieria campale americane
68th Armored FA Battalion, 1st Armored Division
125th FA Battalion (105mm), 34th Infantry Division
151st FA Battalion (105mm), 34th Infantry Division
175th FA Battalion (105mm), 34th Infantry Division
185th FA Battalion (155mm), 34th Infantry Division
194th FA Group
424th FA Group
Battery C, 194th FA Battalion
338th FA Battalion, 88th Infantry Division
598th FA Battalion (Colored), 92nd Infantry Division
Battery C, 697th FA Battalion
910th FA Battalion, 85th Infantry Division

Unità di fanteria americane
85th Mountain Infantry Regiment, 10th Mountain Division
86th Mountain Infantry Regiment, 10th Mountain Division

---

* Unità precedentemente della *45th AAA Brigade*.

100th Infantry Battalion, 442nd Infantry Regiment
339th Infantry Regimental Combat Team, 85th Infantry Division
370th Infantry Regimental Combat Team (Colored), 92nd Infantry Division

Unità corazzate e controcarro americane
2nd Armored Group, Headquarters and Headquarters Company
2nd Platoon, Company B, 13th Tank Battalion, 1st Armored Division
1st and 2nd Platoons, Company D, 13th Tank Battalion, 1st Armored Division
Troop A, 81st Cavalry Reconnaissance Squadron, 1st Armored Division
91st Cavalry Reconnaissance Squadron
751st Tank Battalion
755th Tank Battalion
805th Tank Destroyer Battalion
894th Tank Destroyer Battalion

Altre unità americane
34th Quartermaster War Dog Platoon
62nd Signal Battalion (4 sezioni)
84th Chemical Company (Mortai da 4.2")
179th Chemical Smoke Generating Company
1st Platoon, Company C, 310th Engineer Battalion, 85th Infantry Division
Company C, 310th Medical Battalion, 85th Infantry Division
615th Medical Clearing Station
671st Medical Collecting Company
672nd Medical Collecting Company
673rd Medical Collecting Company
1108th Engineer Combat Group elements
Unità contraeree inglesi
39th (Br) Light AA Regiment
47th (Br) Light AA Regiment
U Troop, 167 Battery, 56 (Br) Light AA Regiment
168 Battery, 56 (Br) Light AA Regiment
71st Heavy (Br) AA Regiment
73rd Heavy (Br) AA Regiment
74th Heavy (Br) AA Regiment
80th Heavy (Br) AA Regiment

Unità brasiliane
1st Battalion, 1st Infantry Regiment, 1st (Braz) Infantry Division
2nd Battalion, 6th Infantry Regiment, 1st (Braz) Infantry Division
3rd Battalion, 6th Infantry Regiment, 1st (Braz) Infantry Division
1st Cavalry Reconnaissance Troop (Mechanized), 1st (Braz) Infantry Division

Unità italiane[56]
5ᵗʰ Mule Pack Company (Compagnia someggiata)
23ʳᵈ Engineer Regiment (Artieri)

Quando l'unità fu sciolta agli inizi del 1945, sue parti furono impiegate nella costituzione del *473ᵗʰ Regimental Combat Team* (le CC del *2ⁿᵈ Armored Group* e del *435ᵗʰ AAA Bn.* formarono il Comando e la CCR del *473ʳᵈ Infantry Regiment*, il *434ᵗʰ AAA Bn.* divenne il *1ˢᵗ Bn.* del *473ᵗʰ Regimental Combat Team*, il *532ⁿᵈ AAA Bn.* il *2ⁿᵈ Bn.*, e il *900ᵗʰ AAA Bn.* il *3ʳᵈ Bn.*) attivato nel gennaio 1945 e assegnato il 24 febbraio 1945 alla *92ᵗʰ Infantry Division "Buffalo"*, in sostituzione del suo *365ᵗʰ Infantry Regiment*, a sua volta assegnato al *IV US Corps*.

---

[56] Reparti formati da civili italiani militarizzati.

Bibliografia essenziale

Opere con specifici riferimenti ai settori della Linea Gotica tenuti dal II/6° e III/5° della Divisione FM *San Marco*:

Daniele Amicarella, *Quelli della San Marco*, Milano 2005
Pieramedeo Baldrati, *San Marco... San Marco... Storia di una Divisione*, 1989
Giancarlo Bolognesi, *Un marconista dalla G.a.F. a la S. Marco*, Bologna, 2006
Heinrich Boucsein, *Bomber, Jabo, Partisanen*, Potsdam 2000
Carlo Cornia, *Monterosa - Storia della Divisione Alpina Monterosa della RSI*, Udine 1971
Carlo Cucut, *Le FF.AA. della RSI, Forze di terra*, Trento 2005
Fabrizio Federigi, *Val di Serchio e Versilia - Linea Gotica*, Querceta 1979
Cesare Fiaschi, *La Guerra sulla Linea Gotica Occidentale*, Bologna 1999
Andrea Giannasi, *Il Brasile in guerra. La partecipazione della Força Expedicionaria Brasileira alla Campagna d'Italia (1944-1945).* Roma 2004
Paul Goodman, *A fragment of victory in Italy*, Nashville 1993
Oscar Guidi, *Garfagnana 1943-1945, La Guerra - La Resistenza*, Lucca 1994
Inter-Services Public Relations Directorate (cur.), *The tiger triumphs: The story of three great divisions in Italy*, Londra 1946
Ulysses Lee, *The employment of negro troops*, Washington 2000
Giancarlo Leonardi, *Senza Patria*, Genova 2009
Mario Pellegrinetti, *Appunti per una storia della guerra civile in Garfagnana*, Lucca 2003
Luigi Piantato, *Nato nel giorno di San Marco*, Pinerolo 2005
Giorgio Pisanò, *Gli ultimi in grigioverde*, Milano 1994
Peter Shelton, *Climb to conquer, The Untold Story of WWII's 10th Mountain Division Ski Troops*, New York 2003
Thomas St. John Arnold, *Buffalo Soldiers*, Manhattan 1991

Bollettino dell'Associazione Divisione F.M. *San Marco*

Opere generali sulla campagna d'Italia:

AA.VV., *L'Italia in guerra. Il quinto anno 1944*, Roma, 1995
James Holland, *Italy's sorrow*, Londra 2009
Edwin P. Hoyt, *Backwater war*, Mechanicsburg 2007
Franz Kurowski, *Battleground Italy*, 1943-1945, Manitoba 2003
Eric Morris, *La guerra inutile*, Milano 1993
Helmut Wilhelmsmeyer, *Der Krieg in Italien, 1943-1945*, Graz 1995

INDICE

APPENDICI

L'AUTORE

Pieramedeo Baldrati nasce a Como nel 1929. "Fiamma bianca" aggregata ai VV.FF., reparto "Santa Barbara", nell'estate del 1944 si arruolò volontario a soli quindici anni nella XI Brigata Nera "Cesare Rodini" della sua città, e, inquadrato come mitragliere nel II Battaglione Operativo, prestò servizio sino alla fine del reparto, il 26 aprile 1945. Entrato nell'E.I. nel 1950, si congederà come Tenente Colonnello nel 1985. La sua grande passione per gli studi storici si tradurrà in due opere basilari per lo studio delle FF.AA. della RSI: *Gli ultimi in grigioverde*, raccogliendo la documentazione poi utilizzata da Giorgio Pisanò per la stesura della monumentale pubblicazione, e il trittico *San Marco... San Marco. Storia di una Divisione*.

www.ingramcontent.com/pod-product-compliance
Lightning Source LLC
Chambersburg PA
CBHW081654120626
46550CB00010B/2896